IM SCHATTEN DES DOMES

D1729723

Im Schatten des Domes

Theologische Ausbildung in Naumburg
1949–1993

Herausgegeben von Ulrich Schröter und Harald Schultze
in Verbindung mit Peter Lehmann,
Axel Noack und Albrecht Steinhäuser

EVANGELISCHE VERLAGSANSTALT
Leipzig

Ein Projekt der Evangelischen Akademie Sachsen-Anhalt e. V.,
gedruckt mit freundlicher Unterstützung durch die
Landeszentrale für politische Bildung Sachsen-Anhalt
und die Evangelische Kirche in Mitteldeutschland.

Bibliographische Information der Deutschen Nationalbibliothek
Die Deutsche Nationalbibliothek verzeichnet diese Publikation
in der Deutschen Nationalbibliographie; detaillierte bibliographische
Daten sind im Internet über http://dnb.dnb.de abrufbar.

2., korr. Auflage 2012
© 2012 by Evangelische Verlagsanstalt GmbH · Leipzig
Printed in Germany · H 7524

Das Buch wurde auf alterungsbeständigem Papier gedruckt.

Cover: Kai-Michael Gustmann, Leipzig
Satz: Steffi Glauche, Leipzig
Druck und Binden: Hubert & Co., Göttingen

ISBN 978-3-374-03048-4
www.eva-leipzig.de

VORWORT

Es ist eigentümlich: Nachdem die DDR 1990 aufgehört hatte zu bestehen, wurden auch die drei Kirchlichen Hochschulen in der DDR – das Katechetische Oberseminar Naumburg, das Theologische Seminar Leipzig und das Sprachenkonvikt in Ostberlin – nicht weiter erhalten. Sie waren w e g e n der Hochschul- und Bildungspolitik der DDR gegründet worden. Nach der Friedlichen Revolution und der Wiederherstellung der deutschen Einheit entfiel der Bedarf – die Rahmenbedingungen hatten sich geändert.

Im Schatten des Domes war Naumburg durch Jahrzehnte ein Zentrum kirchlicher Ausbildung. Das Kirchliche Proseminar führte zum kirchlichen Abitur. Das Katechetische Seminar bildete für die Christenlehre in der Gemeinde aus. Am Katechetischen Oberseminar wurde Religionspädagogik (Katechetik) und Theologie studiert. Damit war ein mehrgliedriges System geschaffen, das den neuen, staatlich so eingeschränkten Bedingungen in der Zeit der SBZ und der DDR kirchlicherseits Rechnung trug. Weil es keinen Religionsunterricht an den Oberschulen mehr geben sollte, musste die Kirche eine eigene Ausbildung für diesen Aufgabenbereich schaffen. Weil Kinder von Pfarrern und kirchlichen Mitarbeitern vielfach nicht mehr zum Abitur zugelassen wurden, musste ein eigener Weg zur Hochschulreife etabliert werden. Für diejenigen, denen an den Universitäten die Immatrikulation verweigert wurde, musste eine Studienmöglichkeit geboten werden. So war es dringend nötig, Kirchliche Hochschulen ins Leben zu rufen. Das erforderte Weitblick und Mut der Trägerkirchen. Auch in finanzieller Hinsicht – konnte doch auf die staatliche Anerkennung oder gar Förderung nicht gerechnet werden. Voraussetzung für das Gelingen war der Anspruch, dass die Kirchlichen Hochschulen dem akademischen Niveau der weiterhin bestehenden Theologischen Fakultäten an den DDR-Universitäten gleichrangig waren. Das Ziel ist erreicht worden.

Von diesem Prozess, seinen Risiken und Rahmenbedingungen gibt dieses Buch im Blick auf das Katechetische Oberseminar Rechenschaft. Wegen dessen exemplarischer Bedeutung hat die Evangelische Akademie Sachsen-Anhalt e. V. sich diesem Projekt zugewandt. Umfangreiches Archivmaterial wurde gesichtet. Schilderungen von Zeitzeugen wurden aufgenommen, weil die Lebensumstände eines solchen Instituts in den Akten nur unzureichend erfasst sind. Wesentlich ist zugleich die Berücksichtigung des Kontextes: die Verbundenheit mit den anderen Kirchlichen Hochschulen, das Gegenüber zu den Theologischen Fakultäten, die Verhandlungen mit den staatlichen Organen und deren Kontrollmaßnahmen. Trotz seiner Insellage bestand im Naumburger Oberseminar eine lebhafte Verbundenheit mit theologischer, kirchlicher und gesellschaftlicher Arbeit in beiden deutschen Staaten, mit ökumenischen Gremien und Gästen sowie theologischen Hochschullehrern des Auslandes.

Wir danken den Autorinnen und Autoren, die ihre Erfahrung mit dem Katechetischen Oberseminar in ihren Beiträgen beschreiben. Viele Ehemalige haben uns bei Nachfragen geholfen, haben Bildmaterial zur Verfügung gestellt. Vielmals danken wir der bereitwilligen Unterstützung durch die Archive und deren Mitarbeiter, vor allem dem Archiv der Kirchenprovinz Sachsen mit seiner Leiterin, Kirchenarchivrätin Dr. Margit Scholz, ebenso aber auch dem Bundesarchiv Berlin und der Außenstelle des Bundesbeauftragten für die Unterlagen des Staatssicherheitsdienstes in Magdeburg. Mit einer gründlichen redaktionellen Durchsicht des Gesamtmanuskripts hat uns die journalistische Erfahrung von Superintendentin i. R. Waltraut Zachhuber sehr geholfen. Wichtig für unser Projekt sind die Zuschüsse für die Druckkosten, die wir von der Landeszentrale für politische Bildung Sachsen-Anhalt, von der Evangelischen Kirche in Mitteldeutschland und von Beiträgen der ehemaligen Naumburger dankenswerterweise erhalten haben. Dank gebührt selbstverständlich auch der Evangelischen Verlagsanstalt für die sorgfältige Betreuung des Drucks.

Mit dem Beitritt der DDR zur Bundesrepublik Deutschland änderten sich die Voraussetzungen, die die Eigenständigkeit Kirchlicher Hochschulen nötig gemacht hatten. Die Realisierung des Beschlusses, auch die Kirchliche Hochschule Naumburg 1993 zu schließen, war schmerzlich und hinterließ Narben, zumal zwei Jahre hindurch versucht worden war, die Arbeit in veränderter Form an anderem Ort weiterzuführen. Uns scheint jedoch so viel sicher zu sein: Falls es einmal gesellschaftliche und gemeindliche Situationen erfordern sollten, müssten und könnten die Kirchen wiederum entschlossen reagieren. Heute aber bleibt uns die dankbare Rückschau darauf, wie in Forschung und Lehre, geistlichem und geselligem Leben in den Jahren zwischen 1949 und 1993 in Naumburg theologische Ausbildung gestaltet werden konnte.

Der Redaktionskreis
Peter Lehmann, Axel Noack, Ulrich Schröter,
Harald Schultze, Albrecht Steinhäuser

Naumburg, Frühjahr 2012

INHALT

1 Das Projekt im Wandel

Oberschulkatechetik – Hochschultheologie –
Gemeindepädagogik – Religionspädagogik

Raimund Hoenen[1]

1 Die Ausgangsvoraussetzungen für die Einrichtung eines Seminars für Katecheten an Oberschulen

Wer die Entscheidungen der Kirchen nach 1945 im katechetischen Arbeitsfeld verstehen will, muss die gesellschaftlich-politische Lage nach dem Ende des II. Weltkriegs, die schulischen Verhältnisse und die kirchliche Situation in der Sowjetischen Besatzungszone (SBZ) berücksichtigen.[2]

Im Mai 1945 waren in Deutschland nicht nur die äußeren Lebensumstände weitgehend zerstört, sondern auch die inneren persönlich-geistigen Lebensgrundlagen der Menschen zusammengebrochen. Der Aufbau in den Besatzungszonen orientierte sich an den lebensfähigen und zukunftsweisenden deutschen Traditionen, an den reformerischen Kräften des Widerstands gegen den Nationalsozialismus und an der restaurativen Anknüpfung an die Weimarer Republik. Zugleich nahmen die jeweiligen Besatzungsmächte Einfluss auf den Neuaufbau. In der SBZ war das die Sowjetunion mit einer kommunistischen Ideologie, welche die deutsche Kommunistische Partei (KPD) teilte und seit 1946 in der Sozialistischen Einheitspartei (SED) mit staatsleitendem Führungsanspruch umzusetzen begann. Sie setzte die strikte Trennung von Religion und Politik, von Kirche und Staat in allen Bereichen durch.

Mit dem Schulbeginn am 1. Oktober 1945 in der SBZ war Religionsunterricht nicht mehr im Stundenplan vorgesehen, eine Ausbildung für Religionslehrer fand nicht mehr statt. Da die schulische Bildung und Erziehung ausschließlich Angelegenheit des Staates wurde, waren Privatschulen, also auch kirchliche Schulen, nicht mehr erlaubt. Den Kirchen wurde allerdings

---

[1]   Raimund Hoenen war Dozent in Naumburg.
[2]   Ausführlich: Hoenen 2007b, S. 299 ff.

zugestanden, in den Räumen der Schule Religionsunterricht mit eigenen Lehrkräften – das konnten auch Lehrer auf freiwilliger Basis sein – zu erteilen. Zum 1. Oktober 1945 mussten folglich auch die ostdeutschen Kirchen möglichst handlungsfähig sein, um Kindern Religionsunterricht nun als »Christenlehre« anbieten zu können. Die Kirchen nahmen die Pfarrer für die Organisation und Durchführung in die Pflicht, um auch Mitarbeitende zu gewinnen. Auf der Ebene der Kirchenkreise wurden in Verantwortung der Superintendenten »Katechetische Ämter« aus den Mitarbeitenden gebildet. Unter den äußerst schwierigen Nachkriegsbedingungen entstanden ab 1946 katechetische Seminare für Kurzlehrgänge bzw. Kurse (in Verbindung mit der Praxis) und für längerfristige Aus- und Weiterbildungs-Lehrgänge. Die Kirchenleitungen bildeten ebenso Katechetische Ämter oder Kammern und schufen katechetische Funktionsstellen (Schulreferenten, Provinzial- bzw. Landes-, Propstei-, Kreiskatecheten) zur Koordinierung von Plänen, Materialien und Unterrichtseinsätzen. Alle genannten Maßnahmen dienten der Durchführung der Christenlehre für die Grundschuljahrgänge. Der Konfirmandenunterricht – in der Regel zweijährig im 7. und 8. Schuljahr – war traditionell dem Pfarramt vorbehalten.

Die evangelischen Kirchen auf dem Gebiet der SBZ gehörten weiter der Evangelischen Kirche in Deutschland an, bildeten aber durch Initiative des Berliner Bischofs Otto Dibelius im September 1945 die Kirchliche Ostkonferenz (KOK),[3] die am 2./3. April 1946 die »Kirchliche Erziehungskammer Ost« mit Sitz in der Kirchenkanzlei – Berliner Stelle (KB) gründete.[4] Von der KOK wurden die Sprachregelungen »Christenlehre« und »Katechet/Katechetin« eingeführt. Der Vorsitzende der Erziehungskammer Ost, OKR Walter Zimmermann aus Thüringen, plädierte für eine einheitliche katechetische Ausbildung in allen Landeskirchen und für einen hauptberuflichen Katechetenstand. Angesichts der vielfachen Schwierigkeiten mit der Durchführung der Kurzkurse votierte der Geschäftsführer Herwig Hafa dafür, den katechetischen Dienst mit anderen kirchlichen Diensten (diakonischen, kirchenmusikalischen) zu verbinden. Im Zusammenhang mit der Erarbeitung einer Rahmenprüfungs-Ordnung legte die Erziehungskammer im April 1949 ein Modell für eine differenzierte Ausbildung von nebenamtlichen C-Katecheten, von hauptamtlichen B-Katecheten mit mindestens zweijähriger Direktausbildung und von A-Katecheten (für die Oberstufe der 9.–12. Klassen)

---

[3]   Kühne 2005, S. 61 ff.
[4]   Hoenen 2009, S. 90 ff.

vor, das für die Strukturierung des Katechetenstandes richtungweisend wurde.[5]

In der Evangelischen Kirche der Kirchenprovinz Sachsen wurde das Katechetische Amt am 8. November 1946 mit der Dezernentin Ingeborg Zippel (1914–1975) besetzt, am 6. August 1947 um den Provinzialpfarrer Otto Glüer (1904–1972) aus Naumburg und am 5. November 1947 um den Provinzialkatecheten Lic. Otto Güldenberg (1891–1975) ebenso aus Naumburg nach dessen Rehabilitation erweitert. Seit Juni 1947 hatte bereits das Katechetische Seminar in Naumburg seine Arbeit mit Vierteljahreskursen für die C-Ausbildung aufgenommen, denen seit 1948 Zweijahreskurse für die B-Ausbildung folgten. Organisation, Studienplanung und -gestaltung trugen die Handschrift des Religionspädagogen Güldenberg aus seiner Tätigkeit als Professor für Evangelische Religionslehre und Methodik des Religionsunterrichts an den Hochschulen für Lehrerbildung in Hirschberg/Schlesien und Hannover von 1934–1941.[6]

2 Die Gründung eines katechetischen Seminars für Lehrkräfte an Oberschulen – ein Wagnis

Schon im April 1947 hatte Prof. Otto Eißfeldt von der Theologischen Fakultät in Halle in der Sitzung der Vorläufigen Kirchenleitung der KPS auf die Notwendigkeit hingewiesen, Lehrkräfte für den Religionsunterricht an höheren Schulen und pädagogischen Akademien auszubilden. Die Kirchenleitung solle für Einsatzmöglichkeiten solcher Katecheten sorgen.[7] Dieser Vorstoß war 1947 verfrüht, da weder die personellen Ressourcen wegen des notwendigen Aufbaues der Grundschul-Katechetik noch die finanziellen Mittel für ein weiteres Institut zur Verfügung standen. Die Kirchen mussten für die katechetische Arbeit Mittel aufwenden, die früher der Staat und die Länder in den Bildungshaushalten zur Verfügung stellten. Die finanzielle Situation verschärfte sich durch die spätere Währungsreform vom 21. Juni 1948 mit der Abwertung der Ostmark im Verhältnis 10:1. Ohne die finanzielle und materielle Unterstützung des Hilfswerks der EKD wäre der Aufbau der Katechetik nicht möglich gewesen. Gleichzeitig hofften die Kirchen immer noch, dass Katecheten für Oberschulen an Pädagogischen Hochschulen oder Theologischen Fakultäten ausgebildet werden könnten. Auf der 10. Sitzung der KOK am 20. Ok-

---

5   Ebd., S. 95.
6   Hoenen 2003, S. 33 ff.
7   AKPS, Rep. C 2; vgl. auch Hoenen 2009, S. 101.

tober 1947 teilte Generalsuperintendent Friedrich Wilhelm Krummacher mit, dass die theologischen Fakultäten vereinbart haben, nur Sonderkurse für Pädagogikstudenten einzurichten, wie in Berlin bereits geschehen.[8]

1949 wurden Geldmittel für die Katechetik in der KPS frei, weil die Seminare für Kurzausbildungen in Halberstadt, Schönebeck, Schlieben und Seehausen aufgelöst wurden – zugunsten längerer B-Ausbildungen. Nach Vorbereitungen durch das Katechetische Amt beschloss die Vorläufige Kirchenleitung der KPS im März 1949 die Einrichtung eines Katechetischen Seminars für Oberschulkatecheten möglichst noch im gleichen Jahr in Wittenberg.[9] Hier boten sich die nicht benötigten Räumlichkeiten des Predigerseminars an und neben Propst Wolfgang Staemmler Dozenten des Predigerseminars und der Predigerschule. Das Katechetische Amt wurde beauftragt, die Voraussetzungen für die Eröffnung der vorgesehenen akademischen Ausbildung zu schaffen. In der von Bischof Ludolf Müller unterzeichneten Rundverfügung mit einer Kanzelabkündigung vom Juli 1949[10] war eine dreijährige Ausbildung nach den Sprachabschlüssen in Latein und Griechisch vorgesehen. Die Kosten für Internatsunterbringung, Verpflegung und Studiengebühren sollten 120 DM monatlich betragen. Als stellvertretende Leiterin und Dozentin wurde Vikarin Hanna Winterberg verh. Heckmann berufen, da sich noch kein Leiter gefunden hatte, als das Seminar am 15. September 1949 mit 13 Seminarteilnehmern eröffnet wurde. Der Studienplan war von Güldenberg für die Erfordernisse gymnasialer Lehrerausbildung vorgesehen: zu den alten Sprachen traten theologische Fächer, Pädagogik, Philosophie, Naturwissenschaften und Musik. Der Wittenberger Start war nicht auf längere Zeit angelegt, die Interessen Zippels, Güldenbergs und Glüers lagen auf einer Konzentration der katechetischen Ausbildung der KPS in Naumburg. Da dort in den Räumen des früheren Domgymnasiums zum Jahresende Platz entstand, beschloss die Kirchenleitung schon am 15. Dezember 1949 den Umzug für das kommende Frühjahrssemester 1950 nach Naumburg.[11] Erst zum Herbstsemester 1950 konnte der Kirchengeschichtler Dr. Ernst Kähler aus Halle als Rektor für das »Katechetische Oberseminar« (KOS) gewonnen werden, das sich mit diesem Namen vom Katechetischen Seminar unterschied.

Unter dem fünfjährigen Rektorat Kählers erhielt das KOS sein erstes strukturelles Profil. Die inhaltliche Gestaltung des Studiums lag in den Hän-

---

[8]   Kühne 2005, S. 199 f.

[9]   Dok. 1 unter a).

[10]   Dok. 2.

[11]   Dok. 1 unter b), s. auch Foto.

den von Güldenberg, der wegen seiner provinzialkatechetischen Aufgaben nicht das Rektorat übernahm. Das Internatsleben wurde von der neu berufenen Katechetik-Dozentin und Konviktsleiterin Eva Heßler geprägt. Die Zuständigkeit für die gesamte Ausbildung behielten Kirchenleitung und Konsistorium der KPS in alleiniger Verantwortung, organisatorisch vertreten durch das Katechetische Amt, das mit dem Rektor und dem Dozentenkollegium unmittelbar verhandelte. Unter Kähler erschien 1951 das erste gedruckte Informations- und Werbeblatt, das auf vier Seiten ausführlich informierte und für ein kirchliches Lehramt warb, das für die Oberschulkatechetik eine sowohl theologische als auch pädagogische Qualifizierung auswies.[12] In der Zeitschrift »Die Christenlehre« teilte Kähler im gleichen Jahr mit, dass das Oberseminar »seine Aufgabe nicht nur in der fortlaufenden Ausbildung eines wissenschaftlichen Nachwuchses (sieht), sondern auch in der Zusammenarbeit mit den bereits im Beruf stehenden Katecheten.«[13]

Das Wagnis der Einrichtung des KOS bestand in mehrfacher Hinsicht: Die KPS war zunächst alleiniger Träger einer Ausbildung, an der sich die anderen ostdeutschen Kirchen nicht beteiligen wollten, weil sie deren Zweckmäßigkeit in Frage stellten. Die KPS musste die finanzielle Hauptlast allein tragen, wurde aber später von der EKU und vom Hilfswerk unterstützt. Die KOK betrachtete nach wie vor die Ausbildung für hauptamtliche Katecheten mit Skepsis.[14] Fraglich blieb die berufliche Perspektive für den Einsatz und Bedarf von Oberschulkatecheten unter den Verhältnissen der 1949 gegründeten DDR.

3 Die Orientierung des Ausbildungskonzepts an der höheren Lehrerausbildung

Otto Güldenberg als spiritus rector der inhaltlichen Studiengestaltung hat sich mehrfach zum Lehrplan des KOS geäußert, ausführlich 1954 gegenüber dem Katechetischen Amt: »Zur Entwicklung der Studien am katechetischen Oberseminar in Naumburg (Saale)« und rückblickend aus einer schon veränderten Situation 1957 auf der weiterbildenden Naumburger Arbeitstagung für den kirchlichen Unterricht der Konfirmierten: »Betrachtungen über eine rechtschaffene pädagogische Vorbildung für kirchlichen Unterricht«. Leider

---

[12]   Dok. 3.
[13]   Kähler 1951, S. 251.
[14]   Kühne 2005, S. 354f., in Verbindung mit AKPS, Rep. A Gen., Nr. 4005.

liegen beide Beiträge nur als ungedruckte Manuskripte vor. Der Gesamt-
lehrplan wurde aber mit dem Druck von Kählers Merkblatt 1951 veröffentlicht. Das Studium von sechs Fachsemestern nach zwei Vorsemestern auf der
Grundlage des humanistischen Abiturs orientierte sich an der Ausbildung für
das höhere Lehramt an einer Pädagogischen Hochschule.

»(Das Institut) war gedacht als pädagogisches Seminar unserer provinzialsäch-
sischen Kirche, als eine Art theologisch-katechetischer, genauer theologisch-pädagogischer Schule akademischen Charakters, ähnlich den Pädagogischen Akademien, aber eingegrenzt auf die Arbeit der kirchlichen Unterweisung in ihrer
ganzen Breite und vornehmlich im Ober- und Berufsschulalter, kirchlich geredet:
bei den bereits Konfirmierten«.[15]

Im Unterschied zur theologischen Pfarramtsausbildung fehlten noch Hebräisch als Pflichtsprache, die praktisch-theologischen Fächer sowie die inhaltliche Differenzierung und personelle Ausweitung der theologischen Disziplinen.

Allerdings musste sich der Charakter einer allein katechetischen Ausbildung durch die Aufnahme von Theologiestudierenden ab Herbstsemester
1952 ändern, nachdem die Kirchenleitung 1951 die Erweiterung des KOS für
die Ausbildung von Pfarramtstheologen beschlossen hatte. Damit liefen in der
äußerlich kleinen Einrichtung zwei Ausbildungslehrgänge nebeneinander
her, die sich im Laufe der nächsten Jahre zu Lasten der Oberschulkatechetik
verschoben: Ihre Studierenden-Zahl wurde immer kleiner, Katechetik-Stu-
dierende wechselten zum attraktiveren Pfarramtsstudium, in den Sprach-
kursen des Herbstsemesters 1954 gab es keine Kandidaten für das Katche-
tikstudium – so Güldenberg gegenüber dem Katechetischen Amt 1954.[16] Ziel
seiner Vorschläge war die Annäherung der beiden Studiengänge in der Teil-
verschmelzung des Theologiestudiums mit den beiden Berufszielen »Pfarrer«
(mit stärkerer katechetischer Ausbildung) und »Pfarrkatechet« (Geistlicher im
Sinn der Gesetze). Das erfordere eine Verlängerung des Fachstudiums auf
acht Semester mit einer Aufstockung des Lehrangebots in allen Disziplinen
und speziell für die Disziplinen Pädagogik, Psychologie und Katechetik ein
Mindestangebot von insgesamt 26 Semesterwochenstunden. Für die Erste

---

[15]   Otto Güldenberg, Betrachtungen über eine rechtschaffene pädagogische Vorbildung
für kirchlichen Unterricht. Naumburger Arbeitstagung für den kirchlichen Unterricht der
Konfirmierten, 1.–3. Oktober 1957 (MS 24 S. mit Anlagen; Privatarchiv Hoenen), S. 19.
[16]   Otto Güldenberg, Zur Entwicklung der Studien am katechetischen Oberseminar in
Naumburg (Saale), 1954 (MS 12 S.; Privatarchiv Hoenen); vgl. auch Hoenen 2009, S. 104 f.

theologische Pfarramtsprüfung sollten von den drei pädagogischen Disziplinen je vier Semesterwochenstunden verbindlich gemacht werden. Die Durchsetzung dieses Maximalplans scheiterte auch daran, dass eine erforderliche dritte pädagogisch-katechetische Dozentur nicht eingerichtet wurde, während neue hauptamtliche theologische Dozenturen geschaffen und besetzt wurden (Altes Testament: Dr. Konrad von Rabenau; Neues Testament: Wilhelm von Rohden, Heinz Noetzel; Kirchengeschichte: Rudolf Lorenz; Systematische Theologie: Dr. Horst Lahr; Praktische Theologie: Johannes Hamel). Dennoch wurden mit den Vorschlägen Güldenbergs die Weichen gestellt für den katechetischen Dienst an Oberschulen in Verbindung mit dem Pfarramt: die Qualifikation zum »Pfarrer / zur Pfarrvikarin im katechetischen Dienst«, beschlossen mit Kirchengesetz vom 3. Mai 1957.

Güldenberg stellte in seinem Beitrag von 1957[17] die Frage: »Was für ein eigenartiges Gebilde ist … dies Oberseminar?«, und antwortete:

> »Es passt nicht in die Vorstellung eines Seminars, die sein Name nahe legt. Es ähnelt jetzt auch nicht mehr der Pädagogischen Hochschule, wie das in seinen Anfängen der Fall war, es nimmt in einer Art Notausbildung die Aufgabe der theologischen Fakultät wahr, erweitert diesen Dienst aber durch seine Bemühungen um eine verstärkte pädagogische Vorbildung der Theologen, die sich sonderlich im katechetischen Bereich betätigen wollen.«

Für ein Seminar ist die enge Verbindung von Theorie und beruflicher Praxis charakteristisch. Das Katechetische Oberseminar entsprach dem in der Verbindung von theologisch-wissenschaftlicher Theorie mit katechetischer Praxis und deren pädagogischer Reflexion. Das Theologiestudium wurde durch die Lehrangebote des katechetischen Studiengangs wie Philosophie, Naturwissenschaften, Musik und Instrumentenspiel bereichert. In beiden Ausbildungsgängen wurde Wert gelegt auf die Praktika, die innerhalb des Studiums vorbereitet, durchgeführt und ausgewertet wurden. Mit dem größeren Angebot stiegen auch die Anforderungen, aber sie wurden kompensiert durch eine stärkere berufliche Motivation der Studierenden. Die Studienplanung musste darauf achten, dass sich für die Pfarramtsstudierenden die Katechetik nicht bloß auf das Methodische des Unterrichtens reduzierte, ebenso wenig wie für die Katechetikstudierenden die Theologie auf einen Grundkurs in Glaubensfragen. Die Besonderheiten eines pädagogischen Seminars kennzeichneten auch das KOS: eine strenger geregelte Studienorganisation mit klar beschriebenen Berufszielen, eine pädagogisch-didaktische Kompetenz

---

[17] Güldenberg, Betrachtungen …, 1957, S. 20.

des Lehrkörpers und die Verbindung von Studium und Leben innerhalb einer Internatsgemeinschaft. Dazu gehörten gemeinsame Mahlzeiten und Feste, Andachten und die Einbindung in die Arbeit der Kirchengemeinden Naumburgs.[18] Diesen Charakter hat das KOS mit dem Ziel kirchlicher Berufsausbildung bewahrt und ihn zugleich verbunden mit dem Anspruch einer akademischen Hochschulausbildung theologischer Lehre und Forschung. Das KOS war nicht nur, durch die Umstände bedingt, eine Ausbildungsstätte für kirchliche Berufe, sondern eine Bildungsstätte mit der Beanspruchung der Persönlichkeit und der Entwicklung geistiger, kultureller und sozialer Kompetenzen der Studierenden.

Inhalte und Ziele der Ausbildung und der katechetischen Praxis waren von Güldenberg in den Rahmen des kirchlichen Katechumenats als Sakramentsunterweisung – wie in der gesamten DDR-Katechetik – gestellt, allerdings bei ihm dadurch unterschieden, dass es an dem Schulkatechumenat als einer »zusammenhängenden planmäßig gestuften Jugendlehre« festhielt.[19]

4 Die institutionelle Konsolidierung des Katechetischen Oberseminars als akademisch-theologische Ausbildungsstätte

Nach dem Ende des Rektorats von Ernst Kähler infolge seiner Berufung zum Professor für Kirchengeschichte in Greifswald 1955 entschied sich das Dozentenkollegium für einen in der Regel einjährigen Rektoratswechsel aus dem Kreis der Hauptamtlichen. Damit wurde die Kontinuität der Leitung des Oberseminars geschwächt, andererseits standen die Dozenten für ihren eigentlichen Lehrauftrag intensiver zur Verfügung. Gleichzeitig stieg die Zahl der Studierenden und der Mitarbeiter an, so dass die finanziell-ökonomische Lage für die Kirchenprovinz immer belastender wurde. Es musste Ausschau gehalten werden nach einer größeren Mitbeteiligung der anderen Kirchen in der EKU – und über sie hinaus – sowie nach deren Inanspruchnahme für die Ausbildung am Oberseminar.

Anlässlich der Tagung der EKU-Synode in Berlin-Spandau fand am 6. Mai 1955 ein Gespräch von Vertretern des KOS (Ernst Kähler, Otto Güldenberg, Horst Lahr) und der Kirchenleitung der KPS (Bischof Ludolf Müller, Propst Max Müller, Konsistorialpräsident Kurt Grünbaum) mit EKU-Präsident Franz-Reinhold Hildebrandt statt. Dabei wurden die erforderlichen Voraussetzungen

---

18   Vgl. Kap. II.4.5, S. 148 ff., Kap. III.3, S. 189 ff. und Kap. V. 2, S. 236 ff.
19   Güldenberg 1952, S. 5.

für eine Ausweitung des Oberseminars benannt: die Bildung eines mitverantwortlichen Kuratoriums nach dem Muster ähnlicher kirchlicher Einrichtungen und die Übertragung von Kompetenzen des Konsistoriums der KPS an das Kuratorium.[20] Nach ausgiebigen Recherchen und Überlegungen und dank der Aktivitäten der Rektoren Horst Lahr, Heinz Noetzel, Johannes Hamel und Konrad von Rabenau konnte die Kirchenleitung am 16. Dezember 1959 das »Statut des Katechetischen Oberseminars Naumburg« beschließen und zum 1. Januar 1960 in Kraft setzen.[21] Statt des nicht mehr ganz sachgemäßen Namens kam der Vorschlag »Kirchliche Hochschule« ins Spiel, doch mit dem Verweis auf die bildungspolitische Situation in der DDR, die für Schulen nur eine staatliche Zuständigkeit erlaubte, blieb es bei dem Namen. Es definierte sich als »akademische Lehranstalt der Evangelischen Kirche der Kirchenprovinz Sachsen« (§ 1) mit folgender Zweckbestimmung (§ 2):

> »Das katechetische Oberseminar rüstet für den Einsatz von Pfarrern und Pfarrvikarinnen im katechetischen Dienst, für das Gemeindepfarramt oder für das Lehramt an theologischen und katechetischen Ausbildungsstätten der Kirche zu und dient der theologischen Forschung der Kirche« (§ 2).[22]

Bemerkenswert ist, dass die Pfarrer und Pfarrvikarinnen im katechetischen Dienst zuerst genannt wurden, gefolgt vom Gemeindepfarramt, auch mit der Perspektive der Übernahme von Lehrämtern an kirchlichen Ausbildungsstätten.

Als Leitungsorgane des institutionell verselbständigten Oberseminars wurden das Kuratorium, der Verwaltungsausschuss, das Dozentenkollegium und der Rektor benannt.

(1) Das Kuratorium leitete in den Grenzen der Befugnisse der anderen Organe das KOS und vertrat die Kirchenleitung in Sachen des KOS nach innen und außen. Die Kirchenleitung behielt sich das Recht der Berufung und Entlassung hauptamtlicher Dozenten und der Errichtung ihrer Stellen vor, da sie als Provinzialpfarrstellen aus dem provinzialkirchlichen Haushalt bezahlt wurden. Die Stellung der KPS war durch den Bischof als Vorsitzenden und die Mitgliedschaft des Konsistorialpräsidenten, des Naumburger Propstes und von zwei Dezernenten des Konsistoriums hervorgehoben. Weitere Mitglieder

---

[20] AKPS, Rep. D 3, Nr. 272.
[21] Text in der Fassung von 1972 in Dok. 4.
[22] AKPS, Rep. D 3, Nr. 246.

kraft Amtes waren der Präsident der Kirchenkanzlei der EKU, der Rektor und Prorektor des KOS und der Ephorus des Predigerseminars Wittenberg. Darüber hinaus wurden drei Mitglieder (ein rechtskundiger Laie, ein Vertreter der katechetischen Arbeit, ein Mitglied der Theologischen Fakultät Halle) gewählt und bis zu fünf Mitglieder von anderen Gliedkirchen delegiert. Das Kuratorium beantragte den Stellenplan für die hauptamtlichen Dozenten bei der Kirchenleitung, stellte selbst die nebenamtlichen Dozenten und Mitarbeiter an, stellte den Haushaltplan auf und beschloss über die finanziellen Mittel und die Rechnungslegung. Das Kuratorium bildete einen Beschwerdeausschuss (§ 18 (2)) und beschloss über weitere Ordnungen auf Vorschlag des Dozentenkollegiums (§ 20).

(2) Für Entscheidungen, die das Kuratorium in seinen beiden jährlichen Sitzungen nicht unbedingt treffen musste, die aber keinen Aufschub duldeten, trat der Verwaltungsausschuss zusammen, bestehend aus dem Rektor des KOS, dem stellvertretenden Kuratoriums-Vorsitzenden und einem rechtskundigen Mitglied des Kuratoriums.

(3) Das Dozentenkollegium bestand aus den hauptamtlichen Dozenten und zwei von ihm gewählten nebenamtlichen Dozenten und sollte in der Regel einmal monatlich zu einer Konferenz unter dem Vorsitz des Rektors zusammenkommen. Zu seinen Kompetenzen gehörten: die Verantwortlichkeit für wissenschaftliche Forschung und Lehre in akademischer Selbstverwaltung, die Studien- und Lehrplanung, das Vorschlagsrecht für die Besetzung der Dozentenstellen, Entscheidungen in Stipendienangelegenheiten der Studierenden und über Immatrikulationen und Exmatrikulationen. Zu Angelegenheiten der Studierenden konnten die Vertrauensstudenten beratend hinzugezogen werden.

(4) Der Rektor war verpflichtet, das KOS zu repräsentieren, für die Erledigung der laufenden Geschäfte und die Durchführung der Beschlüsse der anderen Gremien zu sorgen. Bei der Amtseinführung sollte er eine wissenschaftliche Antrittsrede halten, bei der Amtsübergabe einen Rechenschaftsbericht über das akademische Leben am KOS erstatten.

Das Statut stellte den Rahmen für die Ordnungs- und Leitungsstrukturen am KOS her. Auf der Basis dieses Statuts wurden weitere Ordnungen beschlossen: 1961 die Hausordnung, 1962 die Ordnung der Studentenschaft, 1965 die Repetenten- und Assistenten-Ordnung und die Zulassungsordnung. Die Ordnung der Studentenschaft verband in ihrer Präambel die Verpflichtung der Studierenden »zu ernster wissenschaftlicher Arbeit und zur Teilnahme am gemeinsamen Leben des Oberseminars«; dieser Passus wurde in den folgenden Ordnungen nicht mehr aufgenommen. Nicht alle Rechte und Pflichten waren durch das Statut erfasst, z. B. diejenigen, die aus der kirchlichen Anstellung für Dozenten, Assistenten und Repetenten resultierten, und diejenigen der Mitwirkung in Ausschüssen, Fachgremien, Kirchen und Hochschulen. Die Kirchenleitung behielt weiter die Prüfungshoheit für die Abschlussexamina. Die Studierenden waren nicht direkt an den Leitungsaufgaben beteiligt. Mit dem Statut war der erste Schritt der erweiterten Mitbeteiligung der anderen Gliedkirchen getan. Allerdings lehnten die Mitgliedskirchen der VELKD Sachsen, Thüringen und Mecklenburg ihre Mitgliedschaft im Kuratorium zunächst ab, da sie ihre theologische Ausbildung auf das Theologische Seminar in Leipzig konzentrieren wollten. An den finanziellen Lasten beteiligten sich neben den Hauptgeldgebern KPS und EKU auch das Lutherische Kirchenamt und das Hilfswerk der EKD (ab 1963 Diakonisches Werk).

Mit der Bildung des Bundes der Evangelischen Kirchen in der DDR (BEK) 1969 und der gleichzeitig in der Studentenschaft des KOS auftretenden Forderung nach Studienreformen und Mitbeteiligung an Lehre und Leitung konnte das Statut von 1960 den Anforderungen nicht mehr genügen. Der Ausbildungsreferent im Sekretariat des BEK wurde weiteres Mitglied des Kuratoriums. Alle Gliedkirchen des BEK waren im Kuratorium vertreten und beteiligten sich an der Finanzierung. Als neues Gremium der Mitbestimmung wurde 1970 der Konvent gegründet, der als weiteres Organ in die Neufassung des Statuts vom 1. Oktober 1972 aufgenommen wurde (§§ 15–17).[23] Im Konvent waren je fünf Mitglieder des Dozentenkollegiums (einschließlich Rektor als Vorsitzendem und Prorektor) und fünf Studierende (einschließlich der beiden Vertrauensstudenten/Senioren) und ein Assistent/Repetent vertreten. Der Konvent war zuständig für die Studiengestaltung, den Vorlesungsplan im Einvernehmen mit den Dozenten, die Studienberatung und die Hausordnung. Er hatte das Recht, für Dozentenberufungen Vorschläge zu machen, zum Vorschlag des Dozentenkollegiums gegenüber dem Kuratorium zu votieren und sich an der Beurteilung der Studierenden durch das Dozentenkollegium und an Entscheidungen über Exmatrikulationen zu beteiligen.

Die übrigen Ordnungen wurden an das neue Statut und an die Rahmenordnungen des BEK angepasst. Das KOS entfernte sich als »theologisch-wis-

---

23   Siehe Dok. 4.

senschaftliche Lehranstalt« (§ 1 des Statuts 1972) noch weiter vom katechetischen Bezug seines Namens, doch dies entsprach auch der eingetretenen Situation. Der anfangs selbständige Studiengang für Oberschulkatecheten war seit 1960 aufgegeben. Nach dem Ruhestand Otto Güldenbergs war Eva Heßler allein hauptamtlich für die Katechetik zuständig, aber bis zur Berufung Reimund Blühms 1969 blieb die zweite hauptamtliche Stelle unbesetzt; von einer dritten katechetischen Stelle konnte gar keine Rede sein. Das Schwergewicht des KOS verschob sich auf die akademische Theologenausbildung. Die Studierenden mussten sich bis zum Ende des sechsten Studiensemesters für ein Gemeindepfarramt mit Erster theologischer Prüfung oder für ein Pfarramt im katechetischen Dienst mit erweiterter Erster theologisch-pädagogischer Prüfung nach der Prüfungsordnung von 1971 entscheiden. Letzteren wurde ein weiteres Studiensemester gewährt. Die theologisch-pädagogische Prüfung konnte auch nach einem mindestens zweisemestrigen Zusatzstudium postgradual abgelegt werden. In den vierzig Jahren des Bestehens der Ausbildung erlangten insgesamt ca. 120 Absolventen die Befähigung zum »Pfarramt im katechetischen Dienst«.

Die zusätzlichen katechetisch-pädagogischen Anforderungen waren auf die ganze Breite der katechetischen Arbeit zugeschnitten, speziell aber auf die mit Oberschülern. Die Studierenden mussten spezielle Kenntnisse der Pädagogik, der Psychologie, der Didaktik und Katechetik erwerben und nachweisen. Im Fach Praktische Theologie wurde zusätzlich Katechetik geprüft, die wissenschaftliche Hausarbeit sollte aus diesem Gebiet gestellt werden, die schriftliche Katechese hatte erhöhte Anforderungen. Diese betrafen seit Güldenberg Stufungsaufgaben mit der Entwicklung »katechetischer Gesichtspunkte« für unterschiedliche Unterrichtsalter und für die Oberstufe die Zuordnung von biblischen Texten mit anderen Texten, auch aus der Literatur (»Differenzierung, Variation und Komposition«). Die thematischen Schwerpunkte der Oberschulkatechetik galten Fragen nach Bibel, Glauben und Handeln, Kirchengeschichte und der geistigen Auseinandersetzung von Theologie, Philosophie und Religionswissenschaften, die didaktisch-methodisch aufbereitet werden mussten. Neuerlich veröffentlichte Beispiele aus deren früherer Praxis zeigen das anschaulich.[24] Zu einem gedruckten Oberschul-Lehrplanvorschlag aus Naumburg ist es nicht gekommen. Die ersten Absolventen nach 1954 haben sich im gegenseitigen Erfahrungsaustausch und mit maschinenschriftlichen Materiallisten für den Unterricht ausgeholfen. Oskar

---

[24]   Holtermann und Müller 2009, S. 21 f.; 32–34 und 23–25.

Ziegner (1892–1963) veröffentlichte 1955 einen »Lehrplanentwurf für das neunte bis zwölfte Christenlehrejahr«.[25] Ihm folgte erst 1969 der grob skizzierte Kurs VI (für 15–18-Jährige) im »Modell eines katechetischen Perikopen- und Themenplans« auf der Ebene des BEK.

5 Gemeindepädagogik am KOS

Die Parallelität der Studiengänge für das Gemeindepfarramt und das katechetische Pfarramt mit einem gemeinsamen theologischen Grundstock von drei biblischen Altsprachen und allen theologischen Hauptfächern bot die einzigartige Chance, von Beginn des Studiums an Theologie und Pädagogik aufeinander zu beziehen. Beide Disziplinen hatten sich seit dem 19. Jahrhundert voneinander entfernt und begegneten sich oft in ihren Praxisfeldern – Pfarramt und katechetischem Dienst – in kritischer Distanz. Die Katechetik musste in der Theologie um ihre Anerkennung kämpfen ebenso wie die Religionspädagogik innerhalb der Erziehungswissenschaften. Das Anliegen Güldenbergs als Religionspädagoge bestand darin, am KOS von Anfang des Theologiestudiums an erziehungswissenschaftliche und katechetische Anteile zu integrieren und sie nicht an den praktischen zweiten Teil der Ausbildung anzuhängen.[26] Auch die Studierenden, die sich nicht für die theologisch-pädagogische Ausbildung entschieden, konnten von dem vielseitigen Angebot profitieren. Die integrative Zuordnung von Theologie und Pädagogik und das kooperative disziplinübergreifende Arbeiten, beides von Güldenberg initiiert, wurden von den Nachfolgern des Faches fortgeführt.

Eva Heßler fokussierte die Frage nach dem Verhältnis von Theologie und Pädagogik auf die praktisch-theologische Disziplin der »Katechetik«, indem sie in ihrer Festrede zum 25-jährigen Bestehen des KOS 1974 den Begriff der »Gemeindepädagogik« aus der Diskussion um die Neuordnung der kirchlichen Dienste auf der Ebene des BEK aufnahm.[27] In ihrem Berliner Vortrag von 1975 »Die Gemeinde und ihre Erziehung« setzte sie die Überlegungen zur Gemeindepädagogik fort.[28] Leider konnten beide Vorträge in der DDR nicht veröffentlicht werden, weil sie aus staatlicher Sicht auf dem Hintergrund bundesdeutscher Entwicklungen argumentierten und kritisches Potential

---

[25] Ziegner 1955, S. 27–34.
[26] Güldenberg, Betrachtungen … 1957, S. 20 f.
[27] Heßler 1974, gedruckt 1994, S. 15–22.
[28] Eva Heßler: Die Gemeinde und ihre Erziehung, 1975 (MS 13 S.; Privatarchiv Hoenen).

gegenüber der DDR-Pädagogik enthielten. Heßler hob hervor, dass die »Gemeindepädagogik« die »Katechetik« aus dem Missverständnis einer Begrenzung auf das Methodische des kirchlichen Unterrichts befreie, indem sie die theologischen Inhalte und den pädagogischen Prozess aufeinander beziehe. Vorausgesetzt werden müsse

> »eine Theologie, die der christlichen Verkündigung nicht entlaufen, eine Pädagogik, die ihren kirchlichen Dienst nicht quittieren will .... Die Theologie muß die Pädagogik als ihre Handlungswissenschaft begreifen lernen. Die Pädagogik muß sich der Theologie bedienen, sie beanspruchen. Das Verhältnis darf nicht additiv, sondern es muß integrativ gedacht werden.«[29]

In der Gemeindepädagogik habe die Theologie die Aufgabe des »Maßstäblichen« – »Gottes immerwährendes Schaffen als ihre lebendige Hoffnung«. Die Theologie müsse sich in ihrer gesellschaftlich-sozialen Funktion der erzieherischen Aufgabe stellen ohne Angst vor einer Pädagogisierung. Dennoch sei der Begriff »Gemeindepädagogik« auch schillernd. Das Problematische liege in dem Verständnis von »Gemeinde«. Die »Gemeinde«, die in ihren empirischen Erscheinungsformen von Gemeinden existiert, und die »Gemeinde« als vorhandene Gestalt der Kirche können kein pädagogisches Kriterium sein. Auch ist

> »die Gemeinde nicht ein Produkt ihrer Erziehung, sondern ein Geschöpf, das die Erziehung zu betreuen und zu besorgen hat. Die Erziehung soll sie nicht verbessern, sondern ihr zu sich selbst verhelfen.«[30]

Gemeinde dürfe also nicht ideelles Lernziel werden analog zu den lerntheoretischen Didaktiken oder zur sozialistischen Pädagogik, weil die christliche Verkündigung und ihre Existenzform in der Gemeinde in solcher Weise nicht operabel gemacht werden können. Denn ihre Hauptaufgabe sollte sein: »Ein gemeinsames Leben führen lernen aus der Liebe Gottes«. Pädagogische Prinzipien und Lernzieldidaktiken können eine solche Wirklichkeit nicht erfassen.

Auf dem Hintergrund der Argumentation Eva Heßlers war die Kritik verständlich, die das KOS 1977 in seinem Gutachten, federführend von Reimund Blühm, am thematisch-problemorientierten »Rahmenplan für die kirchliche Arbeit mit Kindern und Jugendlichen (Konfirmanden)« geübt

---

[29] Heßler 1974, S. 16.
[30] Heßler: Die Gemeinde ..., 1975, S. 11.

hat.[31] Heßler und Blühm[32] ging es darum, in der Didaktik der (Gemeinde-) Pädagogik die Theologie als Korrektiv zu erhalten und sie nicht durch die Problemorientierung zu verdrängen: Das Evangelium und der Glaube stünden in Distanz zur Erfahrung als anthropologischer Kategorie, auch wenn jene wiederum zu Erfahrung werden. Obwohl der Rahmenplan auf die Verschränkung von Theologie und Anthropologie angelegt war, wollte das Naumburger Gutachten vor einer einseitigen Ableitung der Lernziele aus der Situation der Teilnehmenden warnen. Tatsächlich hat der Rahmenplan eine große Reduktion biblischer Inhalte vorgenommen, aber auch den Raum geöffnet für die Tätigkeitsfelder kirchlicher Unterweisung, die oft nur mit einem Stichwort beschrieben wurden, z. B.:»Konfirmation« im Zusammenhang kirchlicher Feste für den Kurs der 12-15-Jährigen.

In der Mitte der 70er Jahre setzten in den Kommissionen des BEK für »Zeugnis und Gestalt der Gemeinde« und für »Ausbildung« mit ihrem Sekretär Dr. Konrad von Rabenau (von 1951 bis 1974 Dozent für Altes Testament am KOS) Überlegungen für die Neuordnung der geistlichen Dienste und ihrer Ausbildung ein. Sie hatten zum Ziel, für die hauptamtlichen Mitarbeiter in der Kirche eine Gleichstellung zu erreichen und die dominante Stellung des Pfarramts aufzuheben. Auf dem Grundstock einer pastoralen Grundausbildung für alle Berufe zur Wahrnehmung pastoraler Grundfunktionen sollten sich vier spezialisierte Schwerpunktberufe ausdifferenzieren: Gemeindetheologe, Gemeindepädagoge, Gemeindefürsorger und Gemeindemusiker. Diese Konzeption fand 1975 auf der Bundessynode des BEK keine Mehrheit. Aber der Weg wurde geöffnet für eine eigenständige Ausbildung von Gemeindepädagogen, die 1978 in der Ausbildungsstätte in Potsdam mit Fachhochschulcharakter begann. Die Ausbildung war problem- und praxisorientiert angelegt und theologisch auf pastorale Grundfunktionen ausgerichtet, so dass die Gemeindepädagogen pfarramtliche Tätigkeiten ausüben und ordiniert werden konnten.

Im Kontext der Ausbildungsreform fand am 5. September 1978 eine Sondersitzung des Kuratoriums des KOS statt zum Thema »Zukunftsplanung des KOS«. Es wurde deutlich, dass die Reformüberlegungen auch mit Einspar- und Synergie-Effekten verbunden waren:
(1) Der Vorschlag, den Altsprachenunterricht am KOS mit dem des Proseminars in Naumburg zusammenzulegen, um sowohl das Studium wie den Fi-

---

31   Naumburger Gutachten, in: Schwerin 1989, S. 114-119.
32   Vgl. Blühm 1975, S. 300 ff., 340 ff.

nanzhaushalt des KOS zu entlasten, wurde vom Kuratorium abgelehnt. Beide Ausbildungsstätten hielten den Vorschlag organisatorisch nicht für machbar.

(2) Das KOS sollte zur Ausbildung der Gemeindepädagogen an der Potsdamer Ausbildungsstätte Stellung nehmen. Doch deren Konzeption stand bereits fest. Bischof Krusche fasste das Ergebnis der Diskussion zusammen:

> »Es erscheint nicht mehr sinnvoll, das Kollegium zu bitten, über eine Beteiligung des KOS an der Ausbildung der Gemeindepädagogen nachzudenken. Doch es kann jedenfalls auch keine Rede davon sein, dass das KOS sich gegen die Übernahme der Gemeindepädagogenausbildung gesträubt habe; es ist danach nicht gefragt worden.«

Dr. Peter Schicketanz, der Ausbildungsdezernent des Konsistoriums und designierte Leiter der Potsdamer Ausbildung, und Dr. von Rabenau hoben die Unterschiede zwischen der praxisorientierten Potsdamer Fachschulausbildung ohne Altsprachenverpflichtung und der Naumburger akademisch-theologischen Ausbildung hervor: »Das KOS kann keine Alternative zu dem geplanten Potsdamer Institut sein.« Deshalb setzte das KOS seine besondere katechetisch-pädagogische Schwerpunktbildung im Zusammenhang mit der Pfarramtsausbildung fort.[33]

Scharfe Kritik an der akademisch-theologischen Ausbildung wurde von den Professoren Max L. Stackhouse und M. Douglas Meeks von der UCC (United Church of Christ) in den USA geübt, die 1976 auf Einladung der EKU-Partnerkirche Ausbildungsstätten der DDR besuchten: Eine erstarrte lutherische Theologie, die an einer »schizoiden Teilung zwischen Praxis und Theorie, Dienst und Bekenntnis, Leben und Glauben (belief), Wirklichkeit und Glauben (faith)« festhält, stände einer Reform der theologischen Ausbildung und der Kirche selbst im Wege. Die geplante Ausbildungs-Reform sei nicht radikal genug. Die Fixierung auf die »Bezugsperson« hätte die Ermöglichung der kollegialen Zusammenarbeit zwischen allen beteiligten Hochschulen erfordert. Nur die kirchlichen Hochschulen seien in ihrer Lehrfreiheit »der Schlüssel« für die Ausbildungsreform, müssten aber dazu auch ihre aktuelle Ausbildung umstrukturieren: Reorganisation des ersten Studienjahres mit persönlichen, praktischen und gesellschaftlichen Aspekten, Infragestellung

---

[33]   Protokoll vom 15. 09. 1978 (AKPS, Rep. D 3, Nr. 179). Anders als sonst üblich handelt es sich um ein ausführliches Gesprächsverlaufs-Protokoll.

des Altsprachenstarts, weltlicher Beruf als Voraussetzung des Theologiestudiums u. a. in Entsprechung zur Ausbildung an den UCC-Seminaren.[34] Das KOS hat – wie auch die anderen Kirchlichen Hochschulen – diese Anregungen im Kontext der kirchlichen Verhältnisse in der DDR nicht aufgenommen. Mit seinen konsolidierten Strukturen, an denen es auch in den 80er Jahren keine grundsätzlichen Veränderungen gab, konnte es 1990 in die veränderte Situation der deutschen Einheit mit neuen Aufgabenstellungen hineingehen und sich ohne Brüche den Anforderungen der universitären theologischen Ausbildung stellen.

6 Gemeindepädagogik und Religionspädagogik an der »Kirchlichen Hochschule«

Das KOS erhielt noch unter der Regierung de Maizière am 1. September 1990 den Titel einer »Kirchlichen Hochschule« zuerkannt, der ihrem Status entsprach. Die hauptamtlichen Dozentenstellen wurden in Professorenstellen umgewandelt, blieben aber weiter Provinzialpfarrstellen der KPS. Die Stelleninhaber wurden nach einem Evaluationsverfahren Professoren neuen Rechts. Die am KOS erworbenen Qualifikationsgrade wurden als Promotionen bzw. Habilitationen anerkannt.

Die katechetischen Stelleninhaber, seit 1984 Raimund Hoenen und seit 1988 Roland Biewald, konnten nicht nur das gemeindepädagogische Lehrangebot fortsetzen, sondern auch religionspädagogische Konzeptionen aufgreifen. Güldenbergs Anliegen eines schulischen Religionsunterrichts kam auf eine neue Weise zum Ziel, obwohl dieser sich nicht nur gegenüber dem DDR-Schulsystem, sondern auch gegen Widerstand und Unverständnis in den ostdeutschen Kirchen behaupten musste. Die Kirche erhielt wieder eine doppelte pädagogische Aufgabe: die christliche Erziehung in der Gemeinde und die religiöse Bildung in Schule und Öffentlichkeit, allerdings nun unter den Voraussetzungen einer weithin konfessionslosen Gesellschaft. Der Kirchlichen Hochschule blieb nach 1990 keine Zeit und Gelegenheit mehr, selbst eine Lehrerausbildung einzurichten, die ihrem Gründungsauftrag entsprochen hätte. Es stellte sich schnell heraus, dass in Naumburg die äußeren Be-

---

[34]   AKPS, Rep. D 2, Nr. 27: Anlage 1 zu 1382/76-020-2 (EKU), 4 S.: »Beobachtungen zur theologischen Ausbildung in der DDR, Thesen der Professoren Dr. Meeks und Dr. Stackhouse (UCC) und Rev. Meister vorgelegt in einem Schlußgespräch am 17. 06. 1976 in der Kirchenkanzlei der EKU«.

dingungen für eine Hochschule in kirchlicher Trägerschaft nicht ausreichten und dass die finanziellen Mittel für eine der Bundesrepublik entsprechende Bezahlung der Mitarbeiter und für eine den Standards von Lehre und Forschung angemessene Ausstattung nicht zur Verfügung gestellt werden konnten. Deshalb beschlossen die Kirchenleitung und die Synode der KPS im Mai 1992, die Arbeit der Kirchlichen Hochschule zum Ende des Sommersemesters 1993 einzustellen.[35] Die Studierenden konnten ihr Studium an theologischen Fakultäten und Hochschulen fortsetzen. Viele Kollegen wurden zusätzlich in der Lehrerweiterbildung tätig. Roland Biewald wurde schon 1991 Direktor des neu eingerichteten Pädagogisch-Theologischen Instituts in Naumburg für die religionspädagogische Aus- und Weiterbildung, 1993 Professor für Religionspädagogik an der Technischen Universität Dresden. Raimund Hoenen baute zusätzlich seit 1991 die Religionslehrerausbildung an der Pädagogischen Hochschule in Erfurt auf, in die 1993 drei weitere Kollegen und fünf Assistenten aus Naumburg wechselten. Eine Überführung der Naumburger Hochschule in die Neugründung der Universität Erfurt scheiterte am Gutachten des Wissenschaftsrates und der Strukturkommission für die Hochschulen im Land Thüringen. Nach 1993 wurde die Ausbildung von Pfarrern im katechetischen Dienst an theologischen Fakultäten nicht fortgesetzt, da ihre Aufgaben nun den Lehrkräften für Evangelische Religion zufielen. Für ihre Ausbildung wurden seit 1991 in den ostdeutschen Ländern an allen evangelisch-theologischen Fakultäten sowie an Hochschulen mit Lehrerausbildung Professuren für Religionspädagogik eingerichtet. An kirchlichen theologisch-pädagogischen Instituten und an staatlichen Hochschulen werden seitdem Gemeindepädagoginnen und Gemeindepädagogen ausgebildet, die den Berufsstand der Katechetinnen und Katecheten ablösen.

Das »Projekt« des Katechetischen Oberseminars bzw. der Kirchlichen Hochschule Naumburg bleibt auch nach der Einstellung seiner Tätigkeit im August 1993 ein impulsgebendes Konzept für richtungweisende Ansätze einer akademischen integrativen theologisch-pädagogischen Ausbildung an kirchlichen und staatlichen Hochschulen.

---

[35]   Siehe Dok. 13.

II Die Hochschule im Wandel der Jahrzehnte

II.1 Anfangszeit 1949–1952/53: Katechetisches Oberseminar

Peter Lehmann[1]

Nach dem Ende des Zweiten Weltkrieges und der Aufteilung Deutschlands in die vier Zonen der Siegermächte wurde in der sowjetisch besetzten Zone durch den Befehl Nr. 40 vom 25. August 1945 der Beginn der ordentlichen Schule auf den 1. Oktober festgelegt.[2] Ein Religionsunterricht wurde zwar gestattet, aber er lag aufgrund der strikten Trennung von Staat und Kirche ganz in den Händen der Kirche.[3] »Christenlehre« wurde als Unterricht von Katechetinnen und Katecheten, teilweise auch von Pfarrern in schulischen Räumen erteilt und von der Kirche finanziert.[4] Damit knüpfte die Kirche an der in der Bekennenden Kirche entstandenen Konzeption für eine »Christenlehre« bzw. eines »kirchlichen Unterrichts« an.[5]

---

[1] Peter Lehmann war Student in Naumburg.

[2] Der SMAD-Befehl findet sich in: Monumenta Paedagogica, Bd. VI, Volk und Wissen Berlin 1970.

[3] »Kirche und Schule wurden getrennt, das heißt, die religiöse Unterweisung und Erziehung der Kinder wurde aus dem Schulunterricht herausgelöst und ausschließlich den Religionsgemeinschaften überlassen. Diese Regelung sicherte die Freiheit des Glaubensbekenntnisses. Aber sie verhinderte gleichzeitig, daß reaktionäre Kreise konfessionelle Streitigkeiten in das Schulwesen trugen, die Einheit der antifaschistisch-demokratischen Kräfte gefährdeten und von der Hauptaufgabe der Erziehung, dem Kampf gegen den deutschen Imperialismus, ablenkten.« (Günther/Uhlig 1974, S. 47).

[4] Von Eltern wurde ein »Christenlehre-Opfer« erbeten. Bei den Erläuterungen wurde darauf verwiesen, dass »Christenlehre« das sei, »was wir früher Religionsunterricht nannten«.

[5] Martin Albertz / Bernhard Heinrich Forck: Evangelische Christenlehre. Ein Alters-

Auf der 1. Tagung der I. Synode der Evangelischen Kirche der Kirchenprovinz Sachsen (KPS) in Halle am 22. Oktober 1946 beschrieb Ludolf Müller, der auf dieser Synode zum Bischof gewählt wurde, die Situation:

>»Die wichtigste Aufgabe, die die Kirche heute hat, ist der Religionsunterricht.
>Durch die Errichtung der Einheitsschule ist für den Religionsunterricht kein
>Platz mehr in der Schule.« Es sei darum »zu einer unabweisbaren Pflicht der Kir
>che geworden, diesen Unterricht selbst in die Hand zu nehmen. Wir kennen die
>Schwierigkeiten, die sich für die Kirche ergeben. Woher sollen wir die Lehr
>kräfte nehmen, woher die Räume für den Unterricht, woher die Stunden, die ne
>ben dem Schulunterricht für die Kinder möglich sind?«[6]

Eine ausgebildete Lehrerschaft stand auch der Kirchenprovinz Sachsen nicht zur Verfügung. In Sonderkursen wurden Frauen und Männer auf ihre Aufgabe als Katechetinnen und Katecheten vorbereitet. Für diesen »Ausbau des Katechetischen Werkes in unserer Provinz«[7] standen zunächst Gemeindehelferinnen, Diakonissen und Kindergottesdiensthelferinnen sowie auch einzelne Lehrer, die in den Schuldienst übernommen worden waren, zur Verfügung. Wegen ihrer Zugehörigkeit zur NSDAP aus dem Schuldienst entlassene Lehrer suchten bei der Kirche einen neuen Anfang. Für die Vor- bzw. Ausbildung nutzte die Kirche bestehende Einrichtungen und gründete mehrere »Katechetische Seminare«.[8]

Während für Grundschüler - wenn auch nicht ausreichend - kirchliche Lehrkräfte zur Verfügung standen, fehlten sie für eine »Christenlehre an Oberschülern«. An den Universitäten wurden keine Religionslehrer mehr ausgebildet. Qualifizierte Lehrerinnen und Lehrer bzw. Studienräte standen kaum zur Verfügung. Auch die Ausbildung von Theologen an den Universitäten wurde drastisch beschnitten: 1948 waren an der Theologischen Fakultät in Halle die Lehrstühle für Neues Testament, Praktische Theologie, Systematische Theologie und Mission unbesetzt. Von 110 Studienbewerbern sollten nur 70 zugelassen werden, letztlich waren es aber lediglich 35 Studierende. Das einzige Predigerseminar in Wittenberg hatte keine Kandidaten mehr für die zweite Ausbildungsstufe zum Pfarrer.[9]

---

stufen-Lehrplan. Wuppertal–Barmen 1938; Oskar Hammelsbeck: Der kirchliche Unterricht. Aufgabe - Umfang - Einheit. München 1939.

[6]   Schultze 2005, S. 44 f.

[7]   Bischofsbericht von Ludolf Müller vor der Provinzialsynode 11.–17. Okt. 1948 in Halle (AKPS, Rep. C 1, Nr. 81).

[8]   Vgl. ausführlich Hoenen 2009, S. 89–115.

[9]   Bischofsbericht auf der Provinzialsynode 1948 (AKPS, Rep. C 1, Nr. 81).

Die Leiterin des Katechetischen Amtes, Konsistorialrätin Ingeborg Zippel, meldete am 28. Februar 1949 bei OKR Johannes Anz zur Beratung im Rat der Kirchenleitung die »Beschlußfassung über die Gründung eines Katechetischen Seminars für Oberschulen« an.

> »Geplant ist ein solches Seminar ja schon lange«, heißt es, denn »nirgends liegt der Unterricht so brach wie an den Oberklassen der höheren Schulen, weil wir kaum Pfarrer und Katecheten haben, die dieser Jugend gewachsen sind«.[10]

Am selben Tag führte KRn Zippel ein Gespräch mit Propst Wolfgang Staemmler in Wittenberg. Dabei wurde festgestellt, dass wegen des Fehlens von Vikaren im Predigerseminar im Augusteum Platz für ein Seminar sei. Schwierig allerdings sei die Frage der Betten. Zwar ließen sich in Neinstedt Bettstellen auftreiben, da sie aber ohne Matratzen seien, müssten Strohsäcke beschafft werden.[11] Als Lehrkräfte stünden außer Propst Staemmler noch Studieninspektor Erich Reusche und Propsteikatechet Ernst Witte zur Verfügung.

Überraschend ist, dass diese Überlegungen mit den Propsteikatecheten nicht erörtert wurden. Die Protokolle[12] der Konvente vermerken lediglich, dass sie über »eine Katechetenausbildung für höhere Schulen in Wittenberg« unterrichtet worden sind, obwohl »Christenlehre an Oberschulen zu unseren Aufgaben« gehöre. Im November 1949 wird bedauert, dass die neu gegründete Zeitschrift »Die Christenlehre« es abgelehnt hat, den Aufruf zur Ausbildung von Oberschulkatecheten in Wittenberg abzudrucken. Hintergrund: Die »Kirchliche Ostkonferenz« und die von ihr gegründete »Erziehungskammer Ost« gingen noch davon aus, Katecheten an Pädagogischen Hochschulen bzw. Theologischen Fakultäten auszubilden. Dem Vorhaben, Katecheten zu hauptamtlichen kirchlichen Mitarbeitern auszubilden, stand die Erziehungskammer Ost »recht feindlich« gegenüber, wie das November-Protokoll 1949 vermerkt.[13]

Den Antrag des Katechetischen Amtes zur Gründung eines »Katechetischen Seminars für Oberschulen« in Wittenberg entschied die Kirchenleitung am 23. März 1949:

---

10 AKPS, Rep. A Gen., Nr. 4005.
11 Ebd.
12 AKPS, Rep. A Gen., Nr. 6467.
13 Zur Kirchlichen Erziehungskammer Ost vgl. Kap. I, S. 12 f.

»Es hat sich als notwendig erwiesen, eigens für die Oberschulen geeignete Katecheten vorzubilden. … Es wird daher ein besonderes Seminar von akademischer Grundhaltung geplant, in welchem geeignete Abiturienten aufgenommen werden …«

Über einen Ausbildungsplan soll später entschieden werden.[14]

Um geeignete Bewerber für das »Seminar für Katecheten an Oberschulen« – so der Name im offiziellen Schriftverkehr des Konsistoriums für die neue Ausbildungsstätte – zu gewinnen, wurde am 7. Juli 1949 eine Kanzelabkündigung veranlasst und eine persönliche Werbung empfohlen.[15] Darin wird betont, dass Jugendlichen an den Oberschulen »das Wort Gottes so zu lehren (sei), daß sie es zu ergreifen vermögen in ihrer besonderen Situation, die durch den höheren geistigen Anspruch und die tiefergreifende weltanschauliche Auseinandersetzung – insbesondere auch auf naturwissenschaftlichem und geschichtsphilosophischem Gebiet – gekennzeichnet ist«.

Aus alledem geht hervor, dass die Kirchenprovinz Sachsen eine Ausbildung auf akademischer Ebene anstrebte, vergleichbar einer Lehrerausbildung. Auf der Herbstsynode 1949 stellte ein Synodaler den Antrag, »das Oberseminar Wittenberg in eine religionspädagogische Fakultät für die ganze Ostzone umzuwandeln«. Der Antrag wurde vertagt. Spätere Verhandlungen mit anderen Landeskirchen scheiterten. Schwerpunkt neben der theologischen und pädagogischen Grundbildung sollte aber die naturwissenschaftliche und philosophische Ausbildung werden. Damit reagierte die Kirche auf die Ansprüche von Oberschülern, die sich als Christen bekannten und die einer verstärkten Polemik und Indoktrination aus marxistisch-leninistischer Sicht ausgesetzt waren. Besonders in den Fächern Biologie (Schöpfung), Physik (Weltall) und Geschichte (Kirchengeschichte) wurden sie mit der »Grundfrage der Philosophie« nach Friedrich Engels konfrontiert: Denken und Sein, Geist und Natur, Materialist oder Idealist.[16]

Alle diese Überlegungen zur Einrichtung einer kirchlichen Ausbildungsstätte in der SBZ fallen in die Zeit nach der Währungsreform in den drei westlichen Zonen am 20. Juni 1948, der Gründung der Bundesrepublik Deutschland und der Verkündung des Grundgesetzes am 23. Mai 1949 sowie der nachfolgenden Gründung der DDR und der Verkündung der Verfassung der DDR am 7. Oktober 1949.

---

[14]   Vollständiger Beschlusstext s. Dok. 1 unter a).

[15]   Dok. 2.

[16]   Zum gesamten Vorgang der Gründung vgl. auch Onnasch 1993, S. 134 ff. und Kap. I, S. 13 ff.

Am 15. September 1949 begann die Ausbildung in den Räumen des Predigerseminars in Wittenberg.[17] Als Dozenten waren berufen worden: Provinzialpfarrer Otto Glüer (Altes Testament), Propst Wolfgang Staemmler (Neues Testament), StR Dr. Bruno Wiese (aus Leipzig, Naturwissenschaften), Prof. Dr. Gerhard Stammler (aus Halle, Philosophie), OStD Heinrich Heubner (aus Wittenberg, Latein und Griechisch) und Vikarin Hanna Winterberg (Methodik, Musik).

Der erste Kursus bestand aus 12 Frauen und einem Mann. Reinhard Kirsten, später Provinzialpfarrer und Propsteikatechet in Halle, erinnert sich an den Beginn des Studiums:[18]

»Alle gängigen Vorstellungen vom ordnungsgemäßen Beginn einer akademischen Ausbildung … sollte man hinter sich lassen. Weder alle Dozenten noch die Zahl der Studierenden, ja nicht einmal der genaue Zeitpunkt des Studienbeginns standen im August 1949 fest. Am 14. September 1949 erfolgte die Anreise, gefolgt von einem liebenswürdigen Empfang durch Vikarin Hanna Winterberg, die unsere zukünftige Leiterin, dann aber auch Dozentin, Lektorin klassischer Literatur, Chorleiterin, ›Domina‹ (Studieninspektorin) und damit auch Beraterin bei gescheiterten ›Liebeleien‹ der Studierenden gewesen ist. Otto Güldenberg gab mir einst den dezenten Hinweis: neben den Männern können im Semester auch einige Frauen – er sagte ›Mädchen‹ – mit studieren. Meine Unterbringung in den ersten Wochen geschah im Hörsaal auf einem Alu-Feldbett mit Strohsackmatratze, die leider auch von anderen kleinen Lebewesen bevölkert war. – Trotz mancher diverser Unannehmlichkeiten fühlten wir uns aber selbstbewusst als Protagonisten einer speziellen akademischen Laufbahn. Davon zeugt auch eine archivierte Postkarte, die im Stempelaufdruck den Stolz des Absenders verriet: ›stud. kat.‹. Neben der spartanischen Unterbringung in Mehrbettzimmern belastete der tägliche zweistündige Küchendienst das Studium. Es versammelten sich zu den Mahlzeiten im großen Esssaal zur Zeit der Lebensmittelkarten nicht nur unsere 13 ›Frischlinge‹ samt Dozentenschaft, sondern auch noch ca. 50 Predigerschüler, dazu die Propstfamilie nebst einigen speziellen Kostgängern. Das Studium nahm seinen Lauf mit seinen enormen Anforderungen. Es wurde aber zugleich von uns dankbar angenommen als eine hochgeschätzte Horizonterweiterung an geistes-, naturwissenschaftlichem und pädagogischem Wissen. Die

---

[17] Ebenfalls im Hause des Augusteums in Wittenberg befand sich die Predigerschule unter Leitung von Propst Wolfgang Staemmler. Um dem Mangel an akademisch ausgebildeten Pfarrern abzuhelfen, hatte die Kirchenprovinz damit begonnen, eine Ausbildung auf Fachschul-Ebene zu Predigern einzurichten.

[18] Unveröffentlichte »Erinnerungen an den Beginn des Studiums am Katechetischen Oberseminar«, 2011; hier gekürzt und leicht bearbeitet.

nahen Lutherstätten hinterließen tiefe prägende Eindrücke in unserer geistig-geistlichen Persönlichkeitsbildung.«

Es mutet wie das Streben nach Synergieeffekten an, wenn Provinzialkatechet Otto Güldenberg[19] schon am Beginn der Ausbildung in Wittenberg deren Verlagerung nach Naumburg vorschlug. Man könne dort einen größeren Pool von Dozenten vor allem für die praktische Ausbildung finden. Es stünden auch geeignete Gruppen für Lehrproben und entsprechende Mentoren zur Verfügung. Ende des Jahres 1949 waren auch die äußeren Voraussetzungen gegeben. Am 15. Dezember 1949 beschloss der Rat der Kirchenleitung, nachdem ein Mietvertrag mit dem Domgymnasium Naumburg zustande gekommen war, »einmütig« die Verlegung des »Seminars für Katecheten an Oberschulen« von Wittenberg nach Naumburg, um zu einer »großen Konzentrierung der gesamten Arbeit« zu gelangen. Die Leitung sollte Prof. Güldenberg übernehmen. Als Umzugstermin wurde festgelegt: nach dem ersten Semester – also im Februar 1950.[20]

Mitten im Winter zogen Studierende und Dozenten in den »Schatten des Domes« von Naumburg, in das ehemalige Domhospital, Hinter dem Dom 1–2, um. Heute gehört das Gelände zu den Einrichtungen des Oberlandesgerichtes, damals zur sowjetischen Kommandantur. 1952, als das Haus angeblich von der Kommandantur unbedingt benötigt wurde, zog die Ausbildungsstätte in die Ägidienkurie Am Domplatz 8.

Durch den Umzug nach Naumburg entstand eine Kooperation der beiden katechetischen Ausbildungsstätten, die sich auch im Namen ausdrückte. Die Fachschulausbildung für die Christenlehre an Grundschülern (bis zur 8. Klasse) fand am »Katechetischen Seminar«, die akademische theologisch-pädagogische Ausbildung am »Katechetischen Oberseminar« statt. Von Anfang an verstand sich das Oberseminar als eine Hochschule, erhielt diesen Status aber erst 1990 nach der Friedlichen Revolution.

Das erste Kollegium bestand aus vier Dozenten: Dr. Ernst Kähler, dem in Halle sein Lehrauftrag entzogen war (Kirchengeschichte, Neues Testament), Dr. Gerhard Steinkopf (Altphilologie, Neues Testament), Eva Heßler (Katechetik) und nebenamtlich Prof. Dr. Otto Güldenberg. Eva Heßler,[21] ausgebildete Lehrerin mit Religionsfakultas, war für die gesamte theoretische und

---

Zum Aufbau der Katechetik und der Ausbildungsstätten hat Otto Güldenberg wesentlich beigetragen; vgl. Hoenen 2007 und Kap. I, S. 13 ff.
[20] Siehe Dok. 1 unter b).
[21] Vgl. Hahn 2007 und Rahner 1997.

praktische Ausbildung zuständig, zugleich auch Studien- und Internatsleiterin. Güldenberg hat sich auf das Katechetische Seminar und die provinzialkirchlichen Aufgaben konzentriert. Das Rektorat übernahm er nicht.

Mit Beginn des zweiten Ausbildungsganges[22] am 15. September 1950 wurde Ernst Kähler zum Rektor berufen. Er prägte die weitere Entwicklung des KOS. Dem Katechetischen Amt hatte er vertraulich mitgeteilt, dass an der Theologischen Fakultät Halle von 70 Bewerbern nur 35 zugelassen wurden, und gefragt: Was passiert mit den anderen? Die Kirchliche Hochschule in Berlin könne »diese Massen« nicht aufnehmen. Allerdings machte er keinen Vorschlag, die Bewerber zum Katechetischen Oberseminar nach Naumburg umzulenken. Nach dem Eröffnungsgottesdienst und der Einführung des Rektors am 20. September 1950 hielt Kähler einen Vortrag zum Thema: »Der Ertrag des pelagianischen Streites für den Katecheten«.

Der Ausbau zu einer Hochschule wurde auch aus dem Bericht von KRn Zippel über das Sommersemester 1950 deutlich, in dem sie »über den Weg der katechetischen Hochschulbildung und Bedeutung ihres künftigen Berufes« sprach. 1951 befassten sich das Katechetische Amt, das Konsistorium und die Kirchenleitung mehrfach mit der Frage »der Erweiterung des Katechetischen Oberseminars zu einer Kirchlichen Hochschule der Kirchenprovinz Sachsen«.[23]

Rektor Kähler legte dem Konsistorium am 31. Januar 1951 ein Manuskript für einen Prospekt des KOS vor, der im Juni gedruckt wurde und bis 1953 in mehreren tausend Exemplaren über die Ausbildung in Naumburg informierte.[24] Darin wurde unterstrichen, dass das KOS »der wissenschaftlichen und praktischen theologischen und pädagogischen Ausbildung von hauptamtlichen Katecheten« diene, die an Ober- und Berufsschulen eingesetzt werden »sowie für den gehobenen katechetischen Dienst« vorgesehen sind. Das Besondere sei die Ausbildung zu einem »kirchlichen Lehramt«, das sich sowohl von einem früheren Religionsunterricht als auch vom Predigt- und Seelsorgeamt des Pfarrers unterscheide. Es handele sich um ein theologisches und pädagogisches Studium, erweitert durch eine gründliche Einführung in die Naturwissenschaften und in die Philosophie.

Abgesehen davon, dass die äußeren Bedingungen in der Nachkriegszeit kompliziert waren, musste die Ausbildung ständig im Vollzug ausgebaut wer-

---

[22] Vgl. Wichmann 2009, S. 28–29.

[23] Protokoll der Sitzung der Kirchenleitung am 18. 04. 1951 (AKPS, Rep. A Gen., Nr. 4005).

[24] Dok. 3.

den: geeignete Dozenten waren zu suchen, Mentorate und Praktika waren einzurichten, eine Bibliothek musste aufgebaut und vor allem eine Studien- und Prüfungsordnung entwickelt werden. Ein Büro oder eine Sekretärin standen ebenso wenig zur Verfügung wie wissenschaftliche Hilfskräfte. Völlig ungeklärt war auch, welchen Status die Absolventen einmal haben sollten. Stellen für sie waren noch gar nicht geschaffen.

Zu fragen bleibt auch,

»ob die Kirche, die dieses Unternehmen gründete und sich viel von ihm erhoffte, sich auch über das Ausmaß des Auftrags klar war. Die wissenschaftliche Ausbildung hielt sich an den üblichen Stil: Vorlesungen, Seminare, Kolloquien. Die praktische Ausbildung wurde aber ebenfalls erwartet. Übungen verschiedener Schwierigkeitsgrade, Lektionen, die vorbereitet, gehalten und besprochen wurden, fanden während des Semesters statt, Praktika während der Semesterferien. Dafür mussten Mentorinnen gesucht werden, die ein einigermaßen repräsentatives Arbeitsfeld aufweisen konnten und befähigt waren, die Betreuung der Praktikanten zu übernehmen.«[25]

Eine völlig neue Situation entstand 1952/1953, als Theologiestudenten aus der DDR, die in der Bundesrepublik studierten, zurückgerufen wurden, aber ihre Ausbildung nicht an Theologischen Fakultäten der sechs Universitäten in der DDR fortsetzen durften. Sollten sie am KOS für einen Katechetenberuf gewonnen werden oder sollte das KOS sich neu ausrichten? Die Entscheidung fiel für einen gemeinsamen Ausbildungsgang, aber unterschiedlicher Gewichtung der Fächer und für zwei verschiedene Examina: eine theologisch-pädagogische und eine theologisch-seelsorgerische Ausrichtung.

II.2   VOM OBERSEMINAR ZUR HOCHSCHULE 1953–1993

II.2.1   ERWEITERUNG UM DIE THEOLOGENAUSBILDUNG 1953–1960

Peter Lehmann

Nach seinem Umzug von Wittenberg nach Naumburg wurde die weitere Entwicklung des KOS wesentlich durch Dr. Ernst Kähler geprägt, der das Rektorat im Frühjahr 1950 übernommen und bis 1955 innehatte. Er betrieb den

---

25   Rahner 2007, S. 246.

weiteren Ausbau der akademischen Ausbildung und hielt den nicht immer spannungsfreien Kontakt zu den Theologischen Fakultäten in Halle und Jena. Im Zusammenwirken mit Katechetischem Amt und Kirchenleitung sorgte Kähler für weitere Berufungen in den Lehrkörper der jungen Ausbildungsstätte sowie den Aufbau einer Bibliothek. Das war auch nötig, denn seit 1952 waren 35 Theologiestudentinnen und –studenten am KOS eingeschrieben, die eigentlich aus der DDR kamen, aber ihr Studium an westdeutschen Hochschulen begonnen hatten.

Hintergrund war die 2. Hochschulreform in der DDR. Sie schrieb für die Studierenden aller Fakultäten ein »gesellschaftswissenschaftliches Grundstudium« in Marxismus-Leninismus vor. Einige Theologiestudenten begannen deswegen ihre Ausbildung in Westdeutschland bzw. an der Kirchlichen Hochschule Berlin. Aufgrund des akuten Mangels an Pfarrern rief die Kirchenleitung »ihre Studierenden« zurück.[26] Da auf dem Verordnungsweg 1952 allen Personen, die außerhalb der DDR lebten, der Personalausweis entzogen worden war, wurde den »Rückkehrern« meist eine begrenzte Aufenthalts-, aber nur bedingt eine Zuzugsgenehmigung ausgestellt. Damit hingen die »Rückkehrer« in der Luft und konnten ihr Studium nicht in der DDR beenden, falls sie nicht vom KOS aufgenommen wurden. Das wiederum erforderte eine Veränderung der Ausbildung.[27]

Auf die Anfrage einer Studentin an der Kirchlichen Hochschule (KiHo) in Berlin-Zehlendorf, ob sie ihr Studium in Naumburg fortsetzen könne, antwortete Rektor Kähler:

> Die Kirchenleitung sei bemüht, »den z. Zt. ohne andere Ausbildungsmöglichkeit dastehenden Theologiestudenten ein zureichendes Weiterstudium zu ermöglichen.« Sie würden »formal als Studierende am Katechetischen Oberseminar« eingeschrieben und »die hier zugebrachten Semester werden voll als theologische Semester anerkannt.«[28]

Aber im selben Jahr 1952 wechselten auch drei Studierende des KOS für ein Semester an die KiHo Berlin. Das KOS befürwortete zwar diesen Wechsel, das Konsistorium begrenzte ihn aber auf ein Semester aus Sorge, dass die Studierenden nicht wieder zurückkehrten.

---

[26]   Aufforderung an alle Theologiestudenten mit Schreiben vom 23. 07. 1952 (Kons. I/777/52); auch Schreiben vom 30. 08. 1952 (K.A. 3469/52), das im Archiv KPS zwar erwähnt, aber nicht auffindbar ist.

[27]   Zum Vorgang vgl. Onnasch 1993, S. 136 ff.

[28]   Undatiertes Scheiben von Anfang September 1952 (AKPS, Rep. D 3, Nr. 275).

Die Theologischen Fakultäten in der DDR waren auch durch Zulassungsbeschränkungen unter Druck geraten. Ministerpräsident Otto Grotewohl unterbreitete dem Ratsvorsitzenden der EKD, Bischof Otto Dibelius, den »Vorschlag, die Theologischen Fakultäten aus den Universitäten herauszunehmen und an ihrer Stelle den östlichen evangelischen Kirchen eine kirchliche Hochschule zu gewähren«[29]. Es bestand die Absicht, eine »Theologische Akademie« an einem Standort ohne Universität zu gründen, um die Ausbildung von Pfarrern besser kontrollieren zu können. Der Vorschlag lag ganz auf der ideologischen Linie von Partei- und Staatsführung, die Kirche aus der Gesellschaft der DDR zu verdrängen.

Dadurch gerieten Fakultäten und Kirche in eine verzwickte Situation. Einerseits mussten die Theologischen Fakultäten gesichert und der Vorstoß zurück gewiesen werden, andererseits aber sollte das akademische Studium in Naumburg gestärkt werden. Ein Vorgang aus 1954 wirft ein bezeichnendes Licht auf die aufgetretenen Spannungen. Dekan Arno Lehmann (Universität Halle) empfahl den »Rückkehrern« nach einem Gespräch mit dem Staatssekretär in Berlin, »sich in aller Form um Zulassung« an der Theologischen Fakultät zu bewerben.[30] Er wurde unterstützt von Prof. Leonhard Rost (Berlin), der anmerkte, »daß die Meldungen über mich gehen« sollen.[31] Schließlich schrieb Lehmann an Kähler: er habe diesen Schritt »sonderlich im Blick auf unsere Naumburger Leute« unternommen.[32] Kähler antwortete wenige Tage später kurz und bündig, es seien jetzt über zwei Jahre vergangen und die »Mehrzahl hat bereits Examen gemacht oder befindet sich im Examen«.[33] Er fügte noch die »Tatarenmeldung« hinzu, dass in Greifswald einem Studenten die Studiengenehmigung wieder entzogen worden sei, weil er an der Kirchlichen Hochschule Berlin studiert habe.

Im Bischofsbericht auf der Provinzialsynode vom 2.–7. Mai 1954 findet sich der Satz:

»Das Oberseminar in Naumburg umfaßt neben 36 Studenten der Katechetik auch 63 Theologiestudenten und hat sich auf diese Weise ohne unser Zutun fast zur kirchlichen Hochschule entwickelt.«[34]

---

[29] Bericht Bischof Müller auf der 2. Tagung der II. Synode der KPS vom 13.–17. April 1953, also noch vor dem 17. Juni 1953 (AKPS, Rep. C 1, Nr. 30); vgl. Kap. IV.2, S. 211.

[30] Am 12. 03. 1954 an Rektor Kähler (AKPS, Rep. D 3, Nr. 2759).

[31] Ebd. am 10. 09. 1954 an Kähler.

[32] Ebd. am 14. 09. 1954 an Kähler.

[33] Ebd. am 18. 09. 1954 an Dekan Lehmann.

[34] Ob diese Passage laut vorgetragen wurde, ist ungewiss. In der schriftlichen Vor-

Durch diese Entwicklung war das KOS genötigt, den Gründungsauftrag – nämlich Katecheten für Oberschulen auszubilden – um eine Theologenausbildung zu erweitern. Das bedeutete zugleich, das Verhältnis beider Ausbildungs- und Zielrichtungen zu klären und den Lehrkörper auszubauen. Ziel war es, alle Disziplinen doppelt zu besetzen und einen besonderen Schwerpunkt auf die Praktische Theologie einschließlich der Katechetik zu legen.

Um dies erreichen zu können, nahm man es in Kauf, dass einige der neuen Dozenten in der Zeit des Nationalsozialismus verantwortliche Positionen inne gehabt hatten und dadurch nicht unbelastet waren. Das betraf Dr. Gerhard Steinkopf und den Direktor des Katechetischen Seminars Dr. Horst Bretschneider wegen deren Funktionen in der Wehrmacht. Angesichts der Schwierigkeit, die Dozentur für Neues Testament zu besetzen, bemühte sich Rektor Kähler um die Mitarbeit von Prof. Dr. Walter Grundmann (inzwischen Pfarrer in Waltershausen), von dessen maßgeblicher Funktion unter den Deutschen Christen Thüringens er informiert war. Grundmann war von 1953–1956 und 1961–62 als Gastdozent am KOS tätig. Ebenso wurde Dr. Arnold Stolzenburg, in der NS-Zeit Prof. für Systematische Theologie an der Berliner Humboldt-Universität, als nebenamtlicher Dozent 1952–1958 und 1962 verpflichtet. Prof. Otto Güldenberg, am 31. März 1946 fristlos wegen seiner Lehrtätigkeit an nationalsozialistischen Hochschulen für Lehrerbildung entlassen und seit 1. April 1946 als Katechet in Naumburg angestellt, war nicht nur Mitbegründer des KOS, sondern wurde 1950 auch als hauptamtlicher Dozent (bis zu seinem Ruhestand 1957) berufen. Solche Entscheidungen waren nicht nur Ausdruck der personellen Notsituation nach dem Ende des II. Weltkrieges. Die Kirchen hatten auch eigenständig Entnazifizierungen durchgeführt und dabei nicht darauf verzichten wollen, Personen, die über ihre Tätigkeit in der Zeit des Nationalsozialismus Rechenschaft abgelegt hatten, unter bestimmten Bedingungen in den kirchlichen Dienst zu stellen.

Im Wintersemester 1954/55 war das Dozentenkollegium in allen Disziplinen mit insgesamt acht Dozenten besetzt. Dazu kamen 20 Lehrbeauftragte, von denen viele später eine ordentliche Dozentur erhielten.[35] Einige von ihnen lehrten an den Fakultäten in Halle, Leipzig und Jena. So lehrte z. B. Konrad von Rabenau bereits während seiner Assistenzzeit an der Universität Halle am KOS, promovierte 1955 an der Fakultät und wurde 1959 Rektor in

---

lage (AKPS, Rep. B 1, Nr. 114) ist sie offensichtlich nachträglich handschriftlich gestrichen.

[35]   Vgl. Vorlesungs- und Dozentenverzeichnis für das Wintersemester 1954/55, Dok. 5.

Naumburg. Von 1952–1954 hatte Prof. Dr. Otto Eißfeldt, Ordinarius in Halle, einen Lehrauftrag im Alten Testament am KOS. Prof. Dr. Gerhard Gloege, Systematiker in Jena, später in Bonn, und Pfarrer Dr. Heinrich Benckert aus Erfurt hatten Aufträge in den Jahren 1952–1954 bzw. 1952–1955 angenommen. Dies verdeutlicht einerseits den rasanten Ausbau des KOS zu einer theologischen und pädagogischen Ausbildungsstätte mit hohem wissenschaftlichem Niveau, die den Theologischen Fakultäten keineswegs nachstand. Andererseits zeigt diese Beteiligung an Lehrveranstaltungen des KOS auch, dass bis etwa 1958 eine Kooperation mit den Fakultäten möglich war. Vorlesungen, Seminare und Übungen konnten meist in kleinen Gruppen absolviert werden. Die knapp 100 Studierenden hatten in den Dozenten gewissenhafte Berater und Begleiter in den einzelnen Fächern, wobei die Lehrveranstaltungen immerhin 20–24 Wochenstunden umfassten.

Die Ägidienkurie am Domplatz 8 war zugleich Ort des Studierens als auch Ort des gemeinsamen Lebens. Nachdem das frühere Domizil im ehemaligen Domhospital 1952 aufgegeben werden musste, fiel auch eine Internatsunterbringung weg. Die Studierenden hatten angemietete Zimmer, die oft erst nach zähen Verhandlungen mit den städtischen Behörden zu erhalten waren. Im Dozentenkollegium wurde darüber beraten, ob ein Numerus clausus wegen fehlender Wohnungen eingerichtet werden müsste.[36] Bis in die späten 50er Jahre wurden die Erstsemester bei ihrer Anreise zum Studium gebeten, »Bettwäsche und Handtücher, … vollständiges Besteck sowie Tasse und Untertasse« mitzubringen, sich ordentlich in ihrer Heimatgemeinde abzumelden, um die nötigen Kontingente für Lebensmittel, Kohlen und Kartoffeln in Naumburg zu erhalten.[37] Mittag- und Abendessen wurden gemeinsam in den Seminarräumen eingenommen. Studierende hatten Küchendienst. Ab 1956 wurde eine »Custodia« eingerichtet: Nach Dienstschluss des Sekretariates hatte immer ein männlicher Student die Aufgabe, Telefonate entgegen zu nehmen, die Haustür zu überwachen und nach 23.00 Uhr die Bibliotheksräume zu kontrollieren, Studierende nach Hause zu schicken und für geschlossene Fenster zu sorgen.[38]

Der politische Druck auf Studierende und Dozentenkollegium war immer spürbar. 1952–1953 hatte es einen »Kirchenkampf wie vor 20 Jahren«[39] ge-

---

[36]   Protokollbuch der Dozentenkonferenz am 29. 08. 1955 (AKPS, Rep. D 3, Nr. 199).

[37]   Aus: Studienzulassung des Konsistoriums der KPS (J-Nr. 1351/57 vom 20. Juli 1957) für den Autor.

[38]   Zur Gestaltung des gemeinsamen Lebens vgl. weiter Kap. II.4.5, S. 148 ff. sowie Kap. III.3, S. 189 ff.

geben, wobei Junge Gemeinden und Studentengemeinden besonders betroffen waren. Auslöser war das 4. Jugendparlament der FDJ zu Pfingsten 1952 in Leipzig. In Halle wurde Studentenpfarrer Johannes Hamel inhaftiert. Einzelne Studierende setzten sich »nach dem Westen« ab. Der Rektor musste sich in jedem einzelnen Fall bei den staatlichen Stellen rechtfertigen. Verordnungen und Vorschriften wurden möglichst genau eingehalten, um das KOS nicht zu gefährden. Dazu gehörte z. B. auch, Urlaubsbescheinigungen auszustellen, damit Studierende »Interzonenpässe« für Ferienreisen in die Bundesrepublik beantragen konnten.[40]

Die »Doppelstrategie von Einschüchterung und Ausgleichsangebot«[41] bekam das KOS bei einer »Volkskontrolle« zu spüren. Am 6. Juni 1958 wurden die Bibliotheken der kirchlichen Einrichtungen und einiger Pfarrer in Naumburg auf »faschistische, rassenhetzerische und illegal beschaffte Literatur« durchsucht.[42] Die Aktion hatte Auswirkungen: Studierende waren lange Zeit damit beschäftigt, alle Bücher mit dem Stempel »Nur für den innerkirchlichen Dienstgebrauch« zu versehen und so als nicht öffentlich zugänglich zu kennzeichnen. Das Protokollbuch der Dozentenkonferenz vermerkt am 1. September 1958:

> »Es wird festgestellt, daß die Büchereien nach dem Index überprüft sind. Bücher, die für die wissenschaftliche Arbeit notwendig sind, aber nicht allen Studierenden zugänglich sein sollen, sind zu sekretieren. Bei geschenkweisen Neuanschaffungen von Büchern aus Westdeutschland soll nach den Richtlinien vom Rat des Kreises verfahren werden.«[43]

Auch im öffentlichen Leben war der ideologische Kampf von Staat und Partei gegen die Kirche intensiviert worden. Das Politbüro der SED beschloss am 14. März 1954 die Einführung der sozialistischen Jugendweihe. Am 27. März 1955 fand 14 Tage vor Ostern, bewusst eine Woche vor dem traditionellen Konfirmationstermin, in Berlin die erste Jugendweihe statt. 17,7 % der Jugendlichen nahmen daran teil. Während für diese antikirchliche Veranstaltung in den Schulen heftig geworben wurde, erschwerten sich die Bedin-

---

[39]   Bischofsbericht vor der II. Provinzialsynode 13.–17.04.1953 (AKPS, Rep. C 1, Nr. 30).

[40]   Für 1955 liegt eine entsprechende Liste von Studierenden vor (AKPS, Rep. D 3, Nr. 275). Ab 1957 wurden solche Reisemöglichkeiten seitens der DDR stark eingeschränkt, nach dem Mauerbau 1961 fast vollständig unterbunden.

[41]   Onnasch 1993, S. 141.

[42]   Vgl. auch Kap. IV.2, S. 211–214 und V.3, S. 240 f.

[43]   AKPS, Rep. D 3, Nr. 199.

gungen für die Erteilung von Christenlehre. Sie in Schulräumen zu erteilen, wurde praktisch fast unmöglich. Der sogenannte Lange[44]-Erlass von 1958 schrieb einen 2-Stunden-Abstand für alle außerschulischen Veranstaltungen vor. Das hatte – gerade im ländlichen Bereich mit den Zentralschulen – gravierende Auswirkungen für die Christenlehre. Aber auch die Christenlehre an Oberschülern ging stark zurück. Der Jahresbericht des Propsteikatecheten in Halle vermerkte für das Schuljahr 1957/58, dass an vier Oberschulen sechs Lehrer insgesamt 15 Wochenstunden (ein- und zweistündig) an 169 Schülerinnen und Schülern erteilen, was einem Anteil von etwa 8 % an der Gesamtschülerzahl entspricht.[45]

Diese Situation ließ Kirchenleitung und Konsistorium zögern, eine unterrichtliche Arbeit mit Oberschülern neben der gemeindlichen Jugendarbeit weiter zu stärken. Die Ausbildung von »Oberschulkatecheten« am KOS wurde zwar nicht infrage gestellt, aber die Sorge um die Besetzung von Pfarrstellen überwog. 1956 waren von den 1725 Pfarrstellen ein Drittel unbesetzt. Mehr als die Hälfte aller Pfarrer waren über 50 Jahre alt.[46] Eine Theologen-Ausbildung für den pfarramtlichen Dienst am KOS lag deswegen näher. Ob die Oberschulkatecheten-Ausbildung gleiches Gewicht hatte, zweifelte bereits Ernst Kähler an. Ungeklärt war nach wie vor, ob sich die anderen Landeskirchen in der DDR dem Modell der Kirchenprovinz Sachsen anschließen wollten. Kähler hatte 1954 einen Ruf an die Theologische Fakultät der Universität Greifswald erhalten. In einer Besprechung mit Bischof Ludolf Müller vom 25. Februar 1954 klagte er über die zögerliche Besetzung von Dozentenstellen am KOS und den Mangel an Unterstützung durch das Konsistorium in Magdeburg.[47]

Das Dozentenkollegium sah sich unter Kähler genötigt, eine »Studienreform am Oberseminar« voranzutreiben. Mit den Fakultäten wurde Kontakt aufgenommen, um eine Vergleichbarkeit der Ausbildung herzustellen. Da das Studienziel aber nicht ein »Studienrat« sein konnte, erwies es sich als notwendig, »eine klare Bestimmung des Berufsziels als Pfarramt« zu beschreiben. Die Erfahrungen »über die Wichtigkeit der Arbeit an der Oberschule müssen an die Spitze der Argumentation gestellt werden«.[48] Dabei musste

---

[44]   Fritz Lange (1898–1981), Minister für Volksbildung der DDR von 1954–1958.

[45]   AKPS, Rep. A Gen., Nr. 3392.

[46]   Bischofsbericht der konstituierenden III. Provinzialsynode 8.–13. April 1956 (AKPS, Rep. C 1, Nr. 37).

[47]   Unveröffentlichter Aktenvermerk im Besitz der Herausgeber.

[48]   Protokollbuch, Eintragung vom 19. 11. 1954 (AKPS, Rep. D 3, Nr. 199).

auch geklärt werden, wie mit dem Ersten Examen umzugehen sei. Das KOS hatte keine eigene Zuständigkeit und das Konsistorium bediente sich der Prüfungskommission der Theologischen Fakultät Halle. Nach »Naumburger Ordnung« war eine Erweiterung der Prüfungskommission erforderlich, damit die theologisch-pädagogischen, also erweiterten praktisch-theologischen Prüfungsteile abgedeckt werden konnten. Im Blick auf das Studium selbst waren sich die Dozenten darüber einig, »daß die Katechetik nicht auf das Studium aufzupfropfen ist, sondern der Studiengang von ihr durchdrungen sein muß«.[49] 1956 schließlich wurde ein Statut für das KOS beraten, nach dem die Leitung einem Kuratorium mit allen Rechten übertragen werden sollte. Eine Analogie zu einem »kirchlichen Werk« wurde durch das Dozentenkollegium abgelehnt. Problematisch erwies sich in dieser Zeit, dass die zweite Katechetik-Dozentur immer noch nicht besetzt war. Eva Heßler[50] erhielt zudem von 1955–1957 einen Arbeitsurlaub, der bis 1959 verlängert wurde, um sich vor allem theologisch zu qualifizieren. Sie promovierte 1961 an der Universität Greifswald.

Zwar hatte sich am KOS aus dem Gründungsauftrag und der Aufnahme von Theologiestudenten eine theologisch-pädagogische und eine theologisch-seelsorgerliche Ausbildung etabliert, aber nach wie vor wurden die »Oberschulkatecheten« in eine ungewisse Zukunft entlassen. Im Frühjahr 1954 wurden die ersten fünf »Oberschulkatecheten« examiniert, bis 1956 folgten weitere 13 Absolventen. Mehrstündige Prüfungen waren in allen theologischen Fächern und in Bibelkunde schriftlich und mündlich zu bestehen, in der Praktischen Theologie – zu der die Katechetik zählte – mussten neben einer Predigt zwei Katechesen, eine für das Grundschul- die andere für das Oberschulalter vorgelegt werden. Die Oberschulkatechese war auch zu halten. Außerdem waren Prüfungen in den Naturwissenschaften und in Philosophie zu absolvieren. Die Prüfungen fanden vor dem »Theologischen Prüfungsamt Halle« statt, das 1956 durch drei Naumburger Dozenten erweitert wurde, speziell für die erweiterte praktisch-theologische Prüfung.

Die so Examinierten wurden ohne weitere rechtliche Regelung Pfarrern bzw. Propsteikatecheten zur Ableistung eines Hilfsdienstes zugeordnet und also den Vikaren im Vorbereitungsdienst vergleichbar gestellt. In der Praxis gab es erhebliche Verunsicherungen sowohl für die Absolventen als auch für Mentoren und Gemeinden. Es gab weder Regelungen noch Erfahrungen mit

---

[49]   Protokollvermerk vom 20. 10. 1955 (AKPS, Rep. D 3, Nr. 199).
[50]   Vgl. Kap. II.1, S. 34 f.

solch einem »Spezialpfarramt«. Und erst 1957 kam das Kirchengesetz zustande, das Ausbildung und Anstellung ordnete.

Dr. Horst Lahr – im Dezember 1954 als Nachfolger von Kähler zum Rektor gewählt – hatte sich bereits um die Studienreform bemüht. Seit Anfang 1955 nun diskutierte das Dozentenkollegium den »Status der Oberschulkatecheten« und einen »Gesetzentwurf betreffend Gleichstellung der Oberschulkatecheten mit Pfarrern«. Am 17. Juni 1955 beriet die Provinzialsynode über den Entwurf eines Kirchengesetzes über »Pfarrerkatecheten«.[51] Der Theologische Ausschuss trug grundsätzliche Bedenken vor: Es solle doch kein neuer Theologenstand geschaffen werden und es bestünden erhebliche Zweifel, ob bereits bei Studienbeginn ein Berufsziel »Pfarrerkatechet« festgelegt werden könne. Obwohl Konsistorialpräsident Kurt Grünbaum[52] im Blick auf die bereits tätigen Absolventen des KOS für eine sofortige Annahme des Kirchengesetzes plädierte, lehnten die Synodalen die Beschlussvorlage ab und forderten eine Stellungnahme sowohl der Theologischen Fakultät Halle als auch eine Regelung in Verbindung mit der EKU. Das KOS wurde nicht mit einbezogen. Wie stark die Unentschlossenheit und Verwirrung war, machte sich auch an der Berufsbezeichnung für den neuen Mitarbeiterstand deutlich. Das reichte von »Oberschulkatechet« über »Pfarrerkatechet« bis schließlich zum »Pfarrer im katechetischen Dienst«.

Die Theologische Fakultät in Halle legte zum Entwurf eines »Kirchengesetzes über die Ausbildung und das Amt von Pfarrern und Pfarrvikarinnen für den katechetischen Dienst« am 17. Oktober 1955 ein von den Professoren Ernst Barnikol, Erdmann Schott, Hans Urner und Heinz Wagner unterzeichnetes Gutachten vor. Darin wurde festgestellt, dass eine volle akademische Ausbildung wie beim »Studienrat« nötig sei und diese könne keine andere als ein Theologiestudium sein. Bei der Zweiten Prüfung solle dann »auf den Nachweis katechetischer Kenntnisse und Fähigkeiten« besonderer Wert gelegt werden. Eine »theologisch-pädagogische« Prüfung wurde abgelehnt, weil die eine »theologisch-homiletische« Prüfung »mit verheerenden Folgen« erforderlich mache.[53]

---

[51]   Protokollauszug der 4. Tagung der II. Synode (AKPS, Rep. A Gen., Nr. 3760).

[52]   Der Jurist Kurt Grünbaum (1892–1982), Konsistorialpräsident in Magdeburg 1954–1958, war 1945–1948 im Dienst der Landesregierung Brandenburg u. a. für Kirchenfragen zuständig, von 1950–1952 Leiter der Hauptabteilung Verbindung zu den Kirchen beim Stellvertreter des Ministerpräsidenten Otto Nuschke. In unterschiedlichen Funktionen war er für das Domstift Brandenburg, für Hilfswerk und Diakonisches Werk mit deren Einrichtungen, später auch für die EKU tätig.

Das Kollegium des KOS, das erst nachträglich in die Erörterungen um das Kirchengesetz einbezogen wurde, wehrte sich vehement gegen die Argumentation der Halleschen Fakultät. Im Namen der Dozenten legte Rektor Dr. Horst Lahr am 7. November 1955 eine ausführliche Stellungnahme vor.[54] Darin wird unterstrichen, dass die katechetische / pädagogische Ausbildung nicht eine Ergänzung des Theologiestudiums, sondern eine auf die Praxis in den Gemeinden ausgerichtete eigenständige Ausbildung sei. Die Kirche täte gut daran, ihre eigenen katechetischen Mitarbeiter akademisch auszubilden und sie im Rahmen des Gesamtauftrages in den Gemeinden für das Amt eines »Pfarrers / einer Pfarrvikarin im katechetischen Dienst« anzustellen. Abschließend wird darauf verwiesen, »daß das Oberseminar mit seinem Auftrag, Theologie *und* Pädagogik – wissenschaftliche Pädagogik innerhalb der Kirche! – zu betreiben, eine Bedeutung im Gesamtbereich kirchlicher Verantwortung für die Wissenschaften hat«. Der Studiengang ziele auf »eine neue Gestalt des Pfarramtes«, das »ebenso Gemeindeamt wie das herkömmliche Pfarramt« sei. Die besondere Qualifizierung zu einem »Pfarrer im katechetischen Dienst« – die Formulierung »für« den katechetischen Dienst ist inzwischen aufgegeben – könne nicht erst nach der Ersten Prüfung erfolgen, sie sei genuiner Bestandteil des akademischen Studiums. Dies werde aber nicht um der Theologie willen betrieben, sondern im »Bezug auf den Verkündigungsdienst der Kirche«.

Auf der konstituierenden III. Synode vom 8.–13. April 1956 erstattete OKR Johannes Anz, theologischer Dezernent, einen Sachstandsbericht zum »Kirchengesetz über die Ausbildung und das Amt von Pfarrern und Pfarrvikarinnen im Katechetischen Dienst«. Während der Debatte wurde deutlich, dass vielen Synodalen die Ausbildung in Naumburg unbekannt war. OKR Anz erläuterte, dass es sich um »ein volles akademisches Studium (handele), das immer stärker dem volltheologischen Studium angeglichen ist« und dass die Absolventen »als Pfarrer angestellt (werden) mit dem besonderen Auftrag, auch zugleich die Christenlehre an Oberschulen zu erteilen.«[55]

Auf der folgenden 2. Tagung der III. Synode wurde dieses Kirchengesetz am 28. März 1957 verabschiedet.[56] Darin wird festgestellt, dass die wissenschaftliche und praktische Ausbildung der »Vorbildung und Anstellungsfähigkeit der Geistlichen« in der EKU entspreche. Damit war auch entschieden,

---

53   AKPS, Rep. A Gen., Nr. 3760.

54   Ebd.

55   Tonbandmitschnitt in AKPS, Rep. C 1, Nr. A065 r.mp3.

56   Amtsblatt der KPS 1957, Heft 9 vom 25. 09. 1957, S. 66.

dass die akademische Ausbildung am KOS einerseits auf ein herkömmliches Gemeindepfarramt und andererseits auf ein theologisch-pädagogisches Spezialpfarramt hinauslaufe. Hier deutet sich bereits an, was in den 70er Jahren bei der »Neuordnung des geistlichen Dienstes« im Rahmen einer – allerdings später gescheiterten – Ausbildungskonzeption diskutiert wurde: Mitarbeiter sollten im Gemeindedienst sowohl eine generalisierende, eine gewisse Allzuständigkeit in einer Gemeinde, als auch eine spezialisierte, eine gemeindeübergreifende Funktion haben. 1975 wurden als Berufsrichtungen vorgeschlagen: Gemeindetheologe, Gemeindepädagoge, Gemeindefürsorger und Gemeindemusiker. Das KOS bildete zwar bereits 20 Jahre zuvor Theologen und Pädagogen für den Gemeindedienst aus, lehnte aber später die angestrebte Ausbildungsreform ab.

Nach dem genannten Kirchengesetz sollten die Pfarrer im katechetischen Dienst für »die Erteilung der Christenlehre an die konfirmierte Jugend, die Aufgaben der katechetischen Forschung und Lehre und die Leitung und Förderung der Katecheten« ausgebildet werden. Erste Prüfung, Vorbereitungsdienst, Zweite Prüfung, Zuerkennung der Anstellungsfähigkeit und Ordination entsprachen voll und ganz den kirchengesetzlichen Vorgaben für Pfarrer. »Es gereicht uns zur Freude«, heißt es im Rektoratsbericht vom 24. Oktober 1957, erstattet von Dr. Heinz Noetzel, »daß von nun ab auch unsere Katechetikstudenten gleichberechtigt mit den Examenskandidaten in Halle dastehen und mit diesen zusammen das Examen ablegen.«[57]

Noch vor der Verabschiedung des Kirchengesetzes erläuterte Johannes Hamel, seinerzeit Prorektor am KOS, einem Pfarrer in Mühlhausen, aus dessen Gemeinde sich ein Abiturient für das Theologiestudium interessierte, ausführlich das Studium an der Theologischen Fakultät in Halle und wies am Schluss »noch besonders darauf hin, daß man sehr gut sein Studium auch in Naumburg beginnen kann, ja ich möchte beinahe sagen: es ist besser, wenn der Abiturient erst nach Naumburg geht und dann erst … die Fakultät wechselt«. Man könne hier in »ungestörter Konzentration« die Sprachen lernen und es sei von Vorteil, nach der sozialistischen Schulzeit »das Klima vorerst gründlich zu wechseln«. Ein Studienplatzwechsel sei für das Studium »von wesentlicher Bedeutung« und könne von Naumburg aus ohne weiteres erfolgen. Umgekehrt sei der Wechsel von einer Fakultät fast ausgeschlossen.[58]

---

[57]   Noetzel (AKPS, Rep. D 3, Nr. 148) 1957.

[58]   Brief vom 25.01.1957, Tgb.-Nr. 156/57/1 (Privatarchiv Lehmann).

Mit Johannes Hamel hatte das KOS einen sowohl Studierende als auch das Studium prägenden Lehrer erhalten. Nach seiner Entlassung aus mehrmonatiger Haft war er kurz als Studentenpfarrer nach Halle zurückgekehrt, hatte dann aber 1954 den Ruf als Praktischer Theologe nach Naumburg angenommen. Bis 1976 wirkte er als Dozent, auch als Studentenpfarrer und mehrfach als Rektor des KOS. Seine Beratung von Studierenden nahm er gern auf dem Weg zu seiner Wohnung wahr. Seine Einladung hieß dann etwa: »Begleiten Sie mich bitte zum Salztor.« Seine 1957 herausgegebene und nur in Westdeutschland gedruckte kleine Schrift »Christ in der DDR« war Studierenden, aber auch Synodalen und Gremien ein Wegweiser für verantwortliches Handeln dort, »wo Gott mich hingestellt hat«. Sein Lehren und Handeln war durch die Bekennende Kirche und Karl Barth geprägt und zielte darauf, »in einer sozialistischen Welt verantwortlich vor Gott zu leben«. Dem konnten Studierende und Kollegen folgen, den Regierenden aber war es ein Dorn im Auge. Er galt bei den Staatsfunktionären Zeit seines Wirkens am KOS als »der« Vertreter einer unangepassten Bildungsstätte.[59]

Ein Studienplatzwechsel wurde von den Studierenden gern nach etwa drei Jahren (nach dem 3. Fachsemester) vorgenommen. Bevorzugter Ausbildungsplatz war Berlin, zumindest bis zum Mauerbau 1961. Die Berlin-Brandenburgische Kirche unterhielt dort mit dem Sprachenkonvikt[60] in Ost-Berlin eine mit der Kirchlichen Hochschule in West-Berlin kooperierende Ausbildungsstätte. Wechsel von dort nach Naumburg waren weniger üblich. Für die Examenssemester kamen die Studierenden gewöhnlich nach Naumburg zurück. 1959 wechselte auch der Kirchenhistoriker Lic. Rudolf Lorenz an die Kirchliche Hochschule Berlin, obwohl er vom Dozentenkollegium »herzlich und sehr dringlich« gebeten wurde zu bleiben.

Der Wechsel von Studierenden und Dozenten veranlasste die Kirchenleitung, den seit Jahren ungeklärten Status des KOS endlich zielstrebig in Angriff zu nehmen.[61] Nachdem der Rat der EKU am 14. Januar 1958 sogar seine Bereitschaft erklärt hatte, Rechtsträger des KOS zu werden, war den Bedenken des Konsistoriums, die Kirchenprovinz sei »nicht in der Lage, eine kirchliche Hochschule finanziell zu tragen«,[62] entsprochen worden. Die Kir-

---

[59] Zu Johannes Hamel vgl. bes. auch Findeis/Pollack 1999, S. 140–177 und Findeis 2002, 78–121.

[60] Vgl. Mau 1992, S. 107–118.

[61] Vgl. hierzu auch Kap. I, S. 19 ff.; Kap. II.2.2.1, S. 65 f. und Dok. 4. Der ganze Vorgang »Statut 1955–1960« findet sich in AKPS, Rep. D 3, Nr. 272.

[62] Protokoll der 10. Ratssitzung vom 2. April 1954 (AKPS, Rep. D 3, Nr. 272).

chenleitung lud zum 23. Mai 1958 die östlichen Gliedkirchen zu einer »Besprechung über die zukünftige Gestaltung« des KOS nach Naumburg ein. Beim Gespräch wurde ein gemeinsames Kuratorium für die drei kirchlichen Ausbildungsstätten (Sprachenkonvikt Berlin, Missionshaus Leipzig und KOS Naumburg) vorgeschlagen. Das Protokoll vermerkt: »Angesichts der jüngsten Entwicklungen an den theologischen Fakultäten, besonders der Tendenz, Professoren zu ernennen, die kirchlich nicht tragbar sind«, erwächst die Verantwortung, »die Lasten für die Heranbildung des theologischen Nachwuchses noch im stärkeren Maße zu übernehmen«. Diese Aufgabe könne aber nur gemeinsam gelöst werden, »ohne daß das besondere Erbe und die besondere Gestalt der drei Institute preisgegeben« werde. Das Vorhaben scheiterte letztlich an konfessionellen Bedenken der lutherisch und uniert geprägten Kirchen.[63]

Bereits seit 1955 hatte das KOS Kontakt mit der Augustana Hochschule, Neuendettelsau, der Kirchlichen Hochschule Wuppertal und der Kirchlichen Hochschule Berlin und arbeitete an einem Statut für das KOS. Rechtsgutachten wurden eingeholt und viele Gespräche in den Gremien der Gliedkirchen von EKU und auch EKD geführt. Rektor Dr. Lahr legte schließlich im April 1956 dem Konsistorium den Entwurf eines »vorläufigen Statutes« vor. Im Anschreiben dazu heißt es: »Für alle (Gliedkirchen) ergibt sich die Notwendigkeit einer volltheologischen und pädagogischen Ausbildung«, wozu die Fakultäten »in ihrem gegenwärtigen Stand nicht die Möglichkeit« haben. Darum sei eine gemeinsam getragene kirchliche Einrichtung nötig, die im KOS bereits bestehe.

> »Ein Ausbau der Katechetik in gleichem Umfang und Gewicht [wie am KOS] würde durch ein anderes Institut nur sehr schwer nachzuholen sein, und ebenso wenig ist die wechselseitige Befruchtung zwischen dem herkömmlichen Theologiestudium und dem besonderen Studium der Katechetik (einschließlich der Psychologie und Pädagogik), wie sie hier statthat, anderen Orts in gleicher Weise zu verwirklichen.«

Über den Entwurf wurde auch noch ein Jahr später verhandelt. Das Problem schien darin zu bestehen, dass die Kirchenleitung immer noch darauf hoffte, eine Trägerschaft der EKU zu erreichen, und das Konsistorium alles vermeiden wollte, um das KOS in den offiziellen Status einer Hochschule zu heben. Die Befürchtungen, dass dies ein Eingriff in die Bildungshoheit des DDR-Staa-

---

63   AKPS, Rep. D 3, Nr. 272.

tes sei, konnten nicht zurückgewiesen werden. Zum Vorschlag, dem KOS den Status »Kirchliche Hochschule« zu geben, vermerkt das Protokoll der Konsistorialsitzung vom 30. April 1957:

> »Konsistorialpräsident Grünbaum bittet von einer solchen Änderung abzusehen und verweist auf seine früheren Verhandlungen mit der SMAD und der Regierung der DDR über die Bildung von kirchlichen Lehranstalten.«

Spannungen gab es offensichtlich aufgrund der Interessenslagen: Während Kirchenleitung und KOS die theologisch-pädagogische Qualität der Ausbildung stärken wollten, wurde vom Konsistorium besonders die rechtliche und finanzielle Absicherung betont. Als für die Kirchenleitungssitzung am 10./11. November 1959 das Konsistorium und der Rat der Kirchenleitung zwei verschiedene Statut-Entwürfe vorlegten, musste die Verhandlung zu diesem Tagesordnungspunkt abgesetzt werden.

In einem Kraftakt wurde ein Ausgleich erzielt, so dass die Kirchenleitung am 16. Dezember 1959 ein Statut verabschiedete, das mit Beginn des Jahres 1960 in Kraft trat. Damit wurde die »akademische Lehranstalt der Evangelischen Kirche der Kirchenprovinz Sachsen« selbständig mit einem Kuratorium, dem Verwaltungsausschuss, dem Dozentenkollegium und dem Rektor.[64]

Über einen Zeitraum von zehn Jahren hatte sich in Naumburg eine akademische Bildungsstätte der Kirche etabliert, die zwar offiziell keine anerkannte Hochschule war, an der aber wie an jeder ordentlichen Hochschule gelehrt und studiert wurde. Am KOS wurde eine »ganz besondere Art der Verantwortung« für die Fragen der Menschen in der Gegenwart wahrgenommen, wie Prof. Dr. Gerhard Stammler (Halle) schon in einem Gutachten von 1950 schrieb:

> »Die lebevolle (sic!) und gerechte Beantwortung der Fragen, die ja gleichzeitig eine Weiterweisung sein soll« erfordert »ein gründliches Können des Durchschauens bis zu den letzten Voraussetzungen, auf denen die Frage beruht ... Eine Kirche, die das nicht sieht, kennt nicht die Wirklichkeit oder die uns heute zur Verfügung stehenden Durchschau- und Umgreifungs-Methoden: sie ist entweder blind oder rückständig.« Diese »Durchschau- und Umgreifungs-Methoden« dürfen »nicht am Ende der Ausbildung stehen«, vielmehr haben sie am Anfang zu

---

[64] Ebd. Hier wie auch bei den letzten vier Abschnitten zitiert nach AKPS, Rep. D 3, Nr. 272.

stehen und müssen »während der ganzen Ausbildung allmählich zum Konkreten« wachsen.[65]

In diesem Sinne wurde das Studium von Theologie und Pädagogik am Katechetischen Oberseminar möglich.

II.2.2 KIRCHLICHE HOCHSCHULE OHNE STAATLICHE ANERKENNUNG 1960–1990

II. 2.2.1 Konsolidierung im Kontext aktiver Auseinandersetzung mit den Themen der Zeit 1960–1980
Hans-Wilhelm Pietz

1 Die Platzanweisung

Am Beginn der 60er Jahre konnte die Arbeit des Katechetischen Oberseminars deutlich stabilisiert, geordnet und an den Aufgaben einer »akademischen Lehranstalt«[66] ausgerichtet werden. In einer Zeit der weiter vorangetriebenen Ideologisierung des Lebens in der DDR und der damit verbundenen Massenflucht wurde diese Entwicklung als Geschenk und mutiges Zeichen zum »Bleiben in der DDR«[67] wahrgenommen. Man bedenke: Im Jahr 1957 wurde an den Universitäten der DDR für alle Neuimmatrikulierten eine schriftliche Verpflichtung eingeführt; für Theologiestudenten wurde 1958 eine etwas abgemilderte Form vorgeschrieben:

> »Mein Studium ist eine Auszeichnung durch unseren Arbeiter- und Bauernstaat. Damit übernehme ich die Verpflichtung, jederzeit die Politik der Regierung der DDR aktiv zu unterstützen und mir Kenntnisse anzueignen, mit denen ich nach Beendigung meines Studiums der Erhaltung und Festigung des Friedens dienen will. Während meines Studiums werde ich am sozialistischen Aufbau in Industrie und Landwirtschaft tatkräftig mitwirken und bin bereit, die sozialistischen Errungenschaften des Arbeiter- und Bauernstaates gegen alle Angriffe zu verteidigen ...«[68]

---

[65]   Kurze gutachterliche Äußerung über die besondere Ausbildung der Katecheten für Oberschulen vom 16. April 1950 (AKPS, Rep. A Gen., Nr. 4005).

[66]   Statut des Katechetischen Oberseminars in Naumburg (Saale) vom 16.12.1959, § 1 (AKPS, Rep. D 3, Nr. 246). Siehe auch Kap. I, S. 19 ff.

[67]   Vgl. Vom Bleiben in der DDR 1960.

[68]   KJ 1958, S. 169. Diese Anordnung ist jedoch keineswegs streng durchgesetzt worden.

Wer sich unter solchen Vorgaben nicht verbiegen wollte, brauchte eine Alternative. Für viele bestand sie bis zum 13. August 1961 im Weggang aus der DDR. Das Kirchliche Jahrbuch 1961 hält fest,

»daß von 1949 bis einschließlich 1961 über zweieinhalb Millionen, seit 1945 über dreieinhalb Millionen Menschen die Sowjetische Besatzungszone Deutschlands verlassen haben. Allein 17500 Lehrer (davon etwa 850 Hochschullehrer) verließen seit 1954 die DDR, im gleichen Zeitraum 3500 Ärzte, 1400 Zahnärzte, 300 Tierärzte. Besonders hoch und im ständigen Steigen begriffen war der Anteil der jungen Menschen unter 25 Jahren an dieser Massenflucht.«[69]

In diesem Kontext waren die Existenz und der weitere Ausbau des KOS nun weit mehr als ein »Notbehelf«. Sie wurden selber zu einem Zeugnis von Glaubensgehorsam und Glaubenszuversicht. In einem exemplarischen und zentralen Bereich kirchlicher Praxis und Verantwortung konnte da gelebt und angenommen werden, was im Jahr 1959 die gerade von den Naumburger Dozenten Johannes Hamel und Horst Lahr geprägte Handreichung der Evangelischen Kirche der Union »Das Evangelium und das christliche Leben in der DDR« so ausspricht:

»Durch Jesus Christus, unseren Herrn, ist das All geschaffen und wird das All erhalten. So ruft Er uns nicht nur zum Gehorsam in unserer Situation, sondern läßt uns verkündigen, daß diese unsere Situation, wie alle Situationen unter seiner gnädigen Regierung steht und wir unsere Lage mit ihren Aufgaben und Leiden nur im Zusammenhang mit seiner Person, seinem Werk und Wort begreifen, annehmen und bewältigen können und sollen.«[70]

Konkret wird das zum Beispiel darin, dass das Oberseminar zu seinem katechetischen Schwerpunkt hinzu nun verstärkt zum Studienort derer wurde, deren Gewissen ein Studium an einer theologischen Fakultät im Osten Deutschlands nicht erlaubte, oder die eben wegen ihrer Biographie, Haltung und Einstellung von einem Universitätsstudium in der DDR ausgeschlossen wurden. Dazu trat ab 1961 auch die Praxis von Sonderreifeprüfungen, die solchen Bewerbern den Zugang zum Theologiestudium eröffneten, die unter

---

So ist diese Verpflichtung z. B. in Halle neuimmatrikulierten Theologiestudenten nicht abverlangt worden (Auskunft Waltraut Zachhuber/Magdeburg).

[69]   KJ 1961, S. 106.

[70]   Das Evangelium und das christliche Leben in der DDR 1959, S. 5.

den DDR-Bedingungen keinen anderen Weg zur Erlangung der Hochschulreife nehmen konnten.[71]

Die Studierenden suchten am KOS eine Ausbildung, die von der Freiheit des Lehrens und Lernens geprägt war, als Alternative zum Ideologiebetrieb und der seit 1961 weiter zunehmenden Militarisierung an den Fakultäten.[72] Sie suchten aber zugleich die Konzentration und Orientierung eines theologischen Studiums in kirchlicher Verantwortung. Das eigene Recht und die eigene Aufgabe einer solchen Ausbildung wurden wach wahrgenommen. Hier brachen nach dem Mauerbau vom 13. August 1961 Spannungen auf, die zuvor schon latent vorhanden waren. Das Kuratorium des KOS stand auf seiner 4. Sitzung am 31. Oktober 1961 vor der Aufgabe, über einen Antrag der Hallenser Fakultät an die Kirchenleitung der KPS und das Kuratorium des KOS zu beraten: Man erwartete dort, dass am KOS nur Studierende aufgenommen werden, die nicht an der Fakultät studieren könnten. Das Kuratorium bestätigte daraufhin die eigene Aufgabe und das eigene Profil des KOS im Unterschied zur Fakultät und bat die Kirchenleitung, sich konsequent für diese Eigenständigkeit einzusetzen. Wegen der gewissen Zurückhaltung im Votum der Kirchenleitung machte das Kuratorium seine Bedenken geltend und plädierte für eine grundsätzliche Klärung der den weiteren Weg des KOS betreffenden Fragen. [73]

Eine Klärung der grundsätzlichen Fragen nach dem Profil und der Gestalt des kirchlich verantworteten Theologiestudiums erfolgte am Anfang der 60er Jahre aber nicht in Form eines Programms, sondern aus der den Aufgaben entsprechenden Entwicklung des KOS heraus. Das Katechetische Oberseminar wurde faktisch zur Kirchlichen Hochschule, auch wenn ihm dieser Titel bis zum Jahr 1990 vorenthalten blieb. Markante Entwicklungen stehen dafür:

– Da ist zunächst das *Statut* des Katechetischen Oberseminars Naumburg (Saale) vom 16. Dezember 1959, das am 1. Januar 1960 in Kraft trat.[74] Sein

---

71 Vgl. Möller (AKPS, Rep. D 3, Nr. 148) 1962, S. 9: »Von den Neuimmatrikulierten sind 5 durch Sonderreifeprüfung bei uns aufgenommen nach einer im letzten Jahr neu aufgestellten und schon im letzten Semester einmal angewandten Ordnung.« – Später ergab sich mehrfach die Möglichkeit, dass Absolventen der kirchlichen Vorausbildungsstätten mit einer Sonderreifeprüfung das Theologiestudium an einer Theologischen Fakultät aufnehmen konnten.

72 Vgl. KJ 1961, S. 193 ff. und KJ 1962, S. 193 ff.

73 Vgl. hierzu auch Kap. III.1 unter 2, S. 171–174.

74 Siehe hierzu besonders Kap. I, S. 19 ff.

Wirksamwerden markiert den Wechsel von der Gründungs- zur Entfaltungsphase. Im Rückblick des Jahres 1960 kann der Weg des KOS seit
1949 nun gleichsam im Bild einer organischen Entwicklung verstanden
werden: Konrad von Rabenau sieht in seinem am 2. November 1960 vorgetragenen Rektoratsbericht über das zurückliegende Studienjahr »gemessen
an dem schildkrötenartigen Wachstum von Institutionen« nun »höchstens
das Alter des kriechenden Kleinkindes« erreicht.[75] Die verlässliche Bindung
an die Evangelische Kirche der Kirchenprovinz Sachsen (vgl. § 1), aber
auch die Mitverantwortung der Evangelischen Kirche der Union (vgl. § 6)
und die Ausrichtung auf eine breite Beteiligung der evangelischen Landeskirchen in der DDR (vgl. § 7) sind hier festgeschrieben. Und wegweisend ist
die Orientierung theologischer Lehre am »Christuszeugnis der Schrift in der
Auslegung der reformatorischen Bekenntnisschriften« (§ 13,1).

– Die im Statut fest verankerte Leitungsaufgabe des *Kuratoriums* sicherte die
gemeinsame Verantwortung und Handlungsfähigkeit der für den Weg des
KOS einstehenden Gremien (Kirchenleitung, Konsistorium, EKU, Gliedkir-
chen, Dozentenkollegium). Es trat erstmals am 11. März 1960 zusammen
und wählte Bischof Johannes Jänicke zu seinem Vorsitzenden und den
Naumburger Propst Max Müller zum stellvertretenden Vorsitzenden.[76] Die
Beteiligung eines Mitglieds einer theologischen Fakultät (§ 6,2) unterstrich
die Bezogenheit auf die wissenschaftliche Theologie. Der Platz für einen
Vertreter der katechetischen Arbeit (§ 6,2) sicherte den Rückbezug auf den
Gründungsimpuls. Und die Einbeziehung des Propstes zu Naumburg (§ 6,1)
zeigte, wie deutlich sich das KOS auf den konkreten Ort der Kirche und Ge-
meinde ausgerichtet wusste.[77] Der schon zur konstituierenden Sitzung des
Kuratoriums unternommene Versuch, auch die lutherischen Landeskirchen für eine Mitarbeit und Mitverantwortung zu gewinnen, scheiterte.
Als aber im Jahr 1963 die Einbeziehung eines Vertreters der Pommerschen
Evangelischen Kirche möglich wurde,[78] waren alle östlichen Gliedkirchen
der EKU im Kuratorium vertreten.

– In ganz besonderer Weise steht aber die Stärkung und Entwicklung des
Dozentenkollegiums am Anfang der 60er Jahre für die hier zu beschrei-
bende Entfaltungsphase des KOS. Dass nach der Gründungsphase des In-

---

[75]   von Rabenau (AKPS, Rep. D 3, Nr. 148) 1960.

[76]   Vgl. Protokoll der 1. Sitzung des Kuratoriums am 11. März 1960 (AKPS, Rep. D 3,
Nr. 187).

[77]   Siehe auch Kap. III.2, S. 187 ff. und III.3, S. 189 ff.

[78]   Vgl. Seils (AKPS, Rep. D 3, Nr. 148) 1963, S. 1.

stituts mit wenigen hauptamtlichen und vielen nebenamtlichen Dozenten nun die Doppelbesetzung der Hauptdisziplinen mit 12 hauptamtlichen Dozenten nahe rückte, galt schon im Berichtszeitraum als Grund zu einem dankbaren Staunen und einer aufmerksamen Vergewisserung über den Weg. So führte Eva Heßler in ihrem Rektoratsbericht zum Studienjahr 1963/64 aus:

»Am Anfang bestand das Kollegium, wenn man vom Vorstadium in Wittenberg absieht, aus drei hauptamtlichen und zwei nebenamtlichen Dozenten. In der folgenden Periode nach 1952 haben wir den plötzlich angestiegenen Bedarf nur mit Hilfe der Fakultäten der umliegenden Universitäten einigermaßen decken können. Mit Recht wurde dieser Zustand als Notlösung angesehen, die nicht von Dauer sein konnte und die Bildung eines eigenen Kollegiums wurde angestrebt.«[79]

Die Mitte der 60er Jahre erfolgte Festlegung und Verteilung von 16 durch die Dozenten wahrzunehmenden Referaten, deren Aufgaben von der Studienberatung im Haus bis zur Vertretung in der EKU-Synode reichten, trug zur differenzierten Wahrnehmung institutioneller Verantwortung bei.[80]

– In der Folge des Statuts wurde nun auch ein Ausbau des *Ordnungsgefüges* möglich. Schon im Studienjahr 1961/62 gelang es, vier maßgebliche Ordnungen zu erarbeiten und in Kraft zu setzen: Die Zulassungsordnung, die über die Voraussetzungen zur Immatrikulation und die Kriterien für eine Exmatrikulation Auskunft gibt und dabei auf die Ziele der Ausbildung und die Zulassungsmöglichkeiten für Bewerber abhebt, die von einem Fakultätsstudium ausgeschlossen waren; die Siegelordnung, die zur Wahrnehmung der Rechte und Pflichten dieser akademischen Lehranstalt nötig war; die Hausordnung, die das verbindliche Zusammenleben fördern sollte und Zuständigkeiten festlegt; schließlich die Ordnung der Studentenschaft, die am Leitbild von Freiheit, Verantwortung und Beteiligung orientiert ist.[81] Der Rektoratsbericht 1962 hielt dazu fest:

---

[79] Heßler (AKPS, Rep. D 3, Nr. 148), 1964 b, S. 2.
[80] Vgl. Beschluss des Kollegiums vom 28. Juni, 5. und 15. Juli 1966 betreffend Einrichtung von Referaten (AKPS, Rep. D 3, Nr. 187).
[81] Vgl. Das Studium der Theologie am Katechetischen Oberseminar. Eine Orientierungshilfe, zumal für Studienanfänger (Entwurf, überarbeitete Fassung vom 27.7.71); AKPS, Rep. D 3, Nr. 246.

»An der Vorformulierung der beiden letzteren haben außer dem Kollegium und dem Verwaltungsausschuß auch unsere Studierenden thetisch und kritisch mitgewirkt, und die Befriedigung über den Abschluß dieses Werkes ist allseitig.«[82]

So wuchs kontinuierlich ein Regelungswerk, an dem Schritt um Schritt sich die Studierenden beteiligten. Dass alle verantwortlichen Gremien gerade auch auf die Ernstnahme der studentischen Mitverantwortung bedacht waren, zeigte ein Beschluss des Kuratoriums aus dem November 1963:

»Es wird für nötig gehalten, daß entsprechend den Bestimmungen der Ordnung der Studentenschaft im kommenden Semester auch eine Seniora amtiert. Die Wahl ist von der Studentenschaft so bald als möglich vorzunehmen.«[83]

– Einen nicht zu unterschätzenden Schritt bei der Profilierung des Katechetischen Oberseminars als kirchliche Hochschule brachte die *Stärkung des »akademischen Mittelbaues«* und die damit einhergehende Erarbeitung einer Repetenten- und Assistentenordnung, sowie der Ordnung für die Qualifikationsprüfung, die seit 1963 durch entsprechende Ausschüsse am KOS vorangebracht wurde.[84] Gerade in der Förderung des wissenschaftlichen Nachwuchses und seiner Einbeziehung in das Lehren und Lernen am Haus zeigt sich, wie sehr nun die Aufgabe einer zukunftsweisenden Ausgestaltung der eigenen kirchlichen Ausbildung ergriffen wurde. Bei den Überlegungen zur Qualifikationsprüfung ist anfangs noch offen, ob an eine oder zwei Prüfungen - analog zur Trennung von Promotion und Habilitation – zu denken ist, und ob den Vorsitz in Sachen Qualifikationsprüfung die Landeskirche oder die EKU übernehmen soll.[85] Schließlich regelte aber eine Verordnung des Rates der EKU zur Durchführung von Qualifikationsprüfungen am Katechetischen Oberseminar in Naumburg/Saale und am Sprachenkonvikt in Berlin im Jahr 1965 die Verantwortlichkeiten und die Zweistufigkeit des Verfahrens.[86]

---

[82] Möller (AKPS, Rep. D 3, Nr. 148) 1962, S. 4.

[83] Protokoll der 9. Sitzung des Kuratoriums am 4. 11. 1963 zu TOP 1a); AKPS, Rep. D 3, Nr. 187.

[84] Vgl. Heßler (AKPS, Rep. D 3, Nr. 148), 1964a, S. 3 f.

[85] Vgl. a. a. O.

[86] Vgl. Protokoll der 12. Sitzung des Kuratoriums am 1. April 1965 zu TOP 4 (AKPS, Rep. D 3, Nr. 187).

– Deutlich führte auch die Anfang der 60er Jahre zunehmende *Vernetzung der akademisch-theologischen Lehranstalten in der DDR* deren Selbstverständnis und Ausrichtung als Kirchliche Hochschulen vor Augen. Schon durch die fünfziger Jahre hindurch gab es einen regen Austausch der Studenten zwischen dem Berliner Sprachenkonvikt und dem KOS und regelmäßige Begegnungen der beiden Dozentenkollegien. Und auch zum Kollegium des Leipziger Missionsseminars bestanden Gesprächskontakte, besonders bei den jährlich oder halbjährlich veranstalteten Kolloquien.[87] Als sich im Jahr 1964 aus dem Leipziger Missionsseminar das Leipziger Theologische Seminar entwickelte, wurden diese Beziehungen intensiver. So kam es im Oktober 1964 bei einem Kollegientreffen in Berlin zu einem gründlichen Austausch über das Selbstverständnis und die Aufgaben der drei Ausbildungsinstitute.[88] Neben der Verbindung mit den evangelischen Hochschulen bahnten sich nun auch weitere Beziehungen zum Theologisch-Philosophischen Studium in Erfurt, der einzigen katholischen Hochschule in der DDR, an.[89]

In Naumburg wurden diese Ausgestaltungsprozesse am Beginn der 60er Jahre von einem Anstieg der Studentenzahlen begleitet und befördert. Martin Seils verwies in seinem Rektoratsbericht zur Eröffnung des WS 1963/64 darauf, dass mit 92 Theologiestudierenden, einer Gasthörerin für Theologie und 14 Verwaltungsanwärtern »das Maximum dessen, was wir am Oberseminar unterbringen können, bereits überschritten« ist.[90] Markant ist dabei der relativ hohe Anteil von Frauen im Theologiestudium: 37 bei 56 männlichen Kommilitonen. Als exemplarisch für jene Zeit kann die Aufschlüsselung der Studenten nach Herkunftskirchen gelten:

> »aus Anhalt 2, aus Brandenburg 15, aus Görlitz 3, aus Greifswald 4, aus Mecklenburg 4, aus Land Sachsen 4, aus Thüringen 7, aus Provinz Sachsen 48 und von der Brüdergemeinde, das ist unsere ganz besondere Freude und Verpflichtung, 6 Studenten.«[91]

Und von besonderem Interesse ist die hier begegnende Analyse der sozialen Herkunft:

---

[87]   Vgl. Möller (AKPS, Rep. D 3, Nr. 148) 1962, S. 5.

[88]   Vgl. Heßler (AKPS, Rep. D 3, Nr. 148) 1964b, S. 3.

[89]   Vgl. z. B. von Rabenau (AKPS, Rep. D 3, Nr. 148) 1968, S. 2.

[90]   Seils (AKPS, Rep. D 3, Nr. 148) 1963, S. 3.

[91]   Ebd.

»37 Studierende stammen aus einem Pfarrhaus, 5 aus dem Bereich der kirchlichen Angestellten, 12 aus Akademikerfamilien, 10 aus dem Bereich der kaufmännischen und 11 aus dem Bereich der handwerklichen Berufe, 10 aus dem der Angestellten, 6 aus dem Arbeiterstand, und zwar 3 aus dem Bereich der Produktionsarbeiter und 3 aus dem der bäuerlichen Arbeit, schließlich zählen wir 2 Sonstige, die sich in den übrigen Gruppen nicht unterbringen lassen. Das Ergebnis ist insofern aufschlußreich, als in unserer Studentenschaft der Anteil derjenigen, die aus einem Pfarrhaus stammen, kleiner sein dürfte als an vielen theologischen Ausbildungsstätten … Hingegen dürfte die Feststellung, die wir getroffen haben, als wir nach Studenten mit abgeschlossener Berufsausbildung fragten, einigermaßen überraschend sein und nichts Vergleichbares zur Seite haben. Unter den 93 Studierenden sind nämlich genau 31, also ein Drittel, mit abgeschlossener Berufsausbildung …«[92]

2 Die großen Themen und die kleinen Schritte

Die 60er und 70er Jahre des 20. Jahrhunderts sind eine Zeit der großen Themen und der großen Herausforderungen: Da war die Zuspitzung der Ost-West-Konfrontation mit der im Umfeld der Kuba-Krise 1961/62 so deutlich zu spürenden atomaren Bedrohung und der mit dem Mauerbau im August 1961 betonierten Teilung Deutschlands und Europas. Da war die rasante technische Entwicklung, als deren Kennzeichen die bemannte Raumfahrt mit der ersten Erdumkreisung Juri Gagarins im April 1961 gelten kann. Der Einzug der Fernsehwelt veränderte das Alltagsverhalten von Millionen – und natürlich auch von Theologiestudenten. Die Mobilisierung schritt voran – und die Grenzen des Wachstums wurden von ferne sichtbar.

In der Theologie kamen unter dem Gewicht der Frage nach dem Verstehen der biblischen Texte, der Bekenntnisse und der überlieferten Praxis der Kirche bald alle Gewissheiten auf den Prüfstand. Das Aufblühen der Humanwissenschaften provozierte neue Dialoge. Mit der Leuenberger Konkordie von 1973 wurde Kirchengemeinschaft möglich, wo durch Jahrhunderte hindurch Abgrenzung geherrscht hatte.[93]

Das II. Vatikanische Konzil ließ besonders die Jahre zwischen 1962 und 1965 zu Jahren der Hoffnung auf größere ökumenische Gemeinsam-

---

[92] A. a. O., S. 3 f.

[93] Dass die Leuenberger Konkordie für die protestantischen Kirchen Europas die Bedeutung einer Ergänzung zu den Bekenntnissen hat, zeigt der Abdruck (im Auszug) im Evangelischen Gesangbuch Ziff. 811 (Ausgabe EKU) bzw. 908 (Ausgabe Thüringen).

keit werden. Im Nahbereich der evangelischen Christenheit wurde die Einheit der Evangelischen Kirche in Deutschland durch eine Staatsgrenze infrage gestellt. Der Bund Evangelischer Kirchen in der DDR brach auf, um sich in Zeugnis und Dienst der Situation einer Kirche im Sozialismus zu stellen ...

Wer versucht, auch nur einen kurzen Blick auf das Studium am Katechetischen Oberseminar in Naumburg zwischen 1960 und 1980 zu werfen, wird diesen großen Themen begegnen – und den kleinen Schritten, durch die sie theologisch durchdrungen, von Dozenten und Studenten aufgegriffen, in das Lernen am Haus gebracht und mit dem Leben einer vom Rhythmus des Kirchenjahres und von ganz unterschiedlichen Menschen und Biographien geprägten Gemeinschaft verbunden wurden.

Wie sehr die »großen Themen« zum Weg des KOS gehören, wird im Berichtszeitraum vor allem an der Beteiligung seiner Dozenten an den Orientierungs- und Klärungsaufgaben der Kirche deutlich. In den Rektoratsberichten wird dies gespiegelt. So hieß es etwa im Herbst 1960:

> »Und unsere Dozenten Bernau, Hamel und Lahr wurden fast im Übermaß von der theologischen Durchdringung der unaufschiebbaren kirchlichen Probleme beansprucht: die Fragen nach dem Abendmahl, der Lehrzucht, der Konfirmation, nach einer Weisung an die Gemeinde für die Existenz in der atheistisch-sozialistischen Umwelt und nach der Atombewaffnung.«[94]

Harald Schultze hielt 1972 fest, »dass die Zusatzbelastung durch solche Gremien zum Teil ein Ausmaß angenommen haben, das in hauptberufliche Beschäftigung übergeht.«[95] Und Johannes Hamel unterstrich 1975, »daß die Mehrzahl der Dozenten in ganz erheblicher Weise in kirchlichen Gremien mitarbeiten, z. T. den Vorsitz von ihnen haben.«[96]

Charakteristisch und für lange Zeit prägend ist dabei die Arbeit an und mit den »Zehn Artikel(n) über Freiheit und Dienst der Kirche«, die im März 1963 von der Konferenz der Evangelischen Kirchenleitungen in der DDR verabschiedet wurden. Sie sollten in den Spannungen und Entwicklungen der Zeit »so etwas wie ein ›Barmen heute‹«[97] sein. Obwohl sie in der DDR nie ver-

---

[94] von Rabenau (AKPS, Rep. D 3, Nr. 148) 1960, S. 4.

[95] Schultze (AKPS, Rep. D 3, Nr. 148) 1972, S. 4.

[96] Hamel (AKPS, Rep. D 3, Nr. 148) 1972, S. 4.

[97] Hamel 1974, S. 29.

öffentlicht werden konnten, wurden schon die Vorarbeiten zu ihnen im der SED-Ideologie zugewandten »Evangelischen Pfarrerblatt« der »Naumburger Hoftheologie« zugeschrieben.[98]

Der Text der Zehn Artikel konnte nicht nur eine grundlegende geistliche Orientierung für das Leben in einer sich atheistisch gebenden Umwelt bringen, sondern auch eine Reihe von brisanten Einzelfragen (z. B. Staats- und Demokratieverständnis, Wehrdienst und Friedensdienst, Rolle der Arbeit, Verpflichtung auf Recht und Rechtsstaatlichkeit) mutig und klärend ansprechen. Er enthält in seinem Artikel III. unter der Überschrift »Wissenschaft und Wahrheit« zudem eine Beschreibung des Wissenschaftsverständnisses, das auch für die Arbeit am KOS leitend war und leitend blieb:

»Gott, der sich in Jesus Christus offenbart hat, ist der Schöpfer und Herr aller Dinge, der sichtbaren und unsichtbaren, nicht aber Teil des Seins, zu dem auch die Welt gehört. Der Glaube an Gott den Schöpfer befreit uns von jedem mythischen Weltverständnis und macht uns fähig, die gesamte, unserer Sinneserfahrung und unserer Vernunft in Natur und Geschichte zugängliche Wirklichkeit sachgerecht zu erforschen, ohne einer Ideologisierung der Wissenschaft zu erliegen.

Es ist sachgemäß, diese Wirklichkeit in ihren eigenen Zusammenhängen erkennen zu wollen, ohne Gott als Lückenbüßer einzusetzen, wo unser Wissen noch unvollkommen ist. Aber es ist nicht sachgemäß, Grund und Grenze dieser Freiheit der Wissenschaft zu verkennen, indem man das so begrenzte Wissen unter Leugnung Gottes als die eine, alles umfassende Wahrheit ausgibt, in der alle Fragen, auch die Grundfragen unserer Existenz, beantwortet seien. Erst in der Begegnung mit Jesus Christus erschließen sich Wahrheit und Bestimmung des Menschen, Gottes Gegenüber und des Menschen Nächster zu sein. Er macht uns frei, unser Leben und unsere Welt als das zu empfangen, was sie wirklich sind: Gottes uns anvertraute Schöpfung.

Wir handeln im Unglauben und Ungehorsam, wo wir eine sachgemäße wissenschaftliche Forschung verachten oder beargwöhnen, oder wenn wir ihre Methoden und Ergebnisse absolut setzen und uns damit der Wahrheit Gottes und der Verantwortung vor ihm entziehen.

Wir handeln im Unglauben und Ungehorsam, wenn wir Tatbestände unseres Lebens in Natur und Geschichte tendenziös darstellen, verfälschen oder unterschlagen, welches Interesse auch immer uns dabei leiten möge.«[99]

---

[98]   Vgl. Surrogat für Barmen (anonym). In: Evangelisches Pfarrerblatt, hrsg. vom Bund Evangelischer Pfarrer in der DDR (e.V.), 1962, S. 222 f., hier S. 222.

[99]   Zehn Artikel über Freiheit und Dienst der Kirche, KJ 1963, S. 180–185, hier S. 182.

Dass das besondere Engagement der Dozenten in theologischen Kommissionen und synodalen Gremien nicht noch viel stärker dem aktuellen Lernen am Haus zu Gute kam, wurde im Berichtszeitraum von Studierenden gelegentlich heftig beklagt: So löste am Ende des Sommersemesters (SS) 1964 ein Brief der Studenten Renate Böttner, Peter Gierra, Christine Gill, Hans-Martin Harder, Joachim Jaeger, Irene Koenig, Peter Müller, Oswald Schönherr, Bernhard Tobies und Hans-Otto Weise an das Dozentenkollegium eine heftige Diskussion aus.[100] Der mit der markanten Überschrift »Freiheit zur Verantwortlichkeit. (Ein Beitrag zum Miteinander von Lehrenden und Lernenden am Katechetischen Oberseminar)«[101] versehene Text spitzt zu:

> »In nichts ist ein Student unseres Hauses unausgerüsteter, als in Hinsicht auf die heutige theologische Auseinandersetzung.«[102]

Freilich handelt es sich hier doch eher um das studentisch pointierte Anmahnen einer intensiveren kirchenpolitischen Diskussion. Denn im Studienbetrieb und auch in der Studentenschaft mangelte es in jenen Jahren nicht an aktuellen und kontrovers diskutierten Impulsen. In der ersten Hälfte der 60er Jahre hatten ja nicht nur die Disputationen im Kollegium eine Hochzeit. Auch die jährlich stattfindenden Studentendisputationen zeigten theologische Leidenschaft und Konfliktbewusstsein: Im Januar 1962 stand die Studentendisputation unter dem Thema »Kindertaufe – für und wider«. Eine erste These dazu lautet: »1. In der Taufhandlung geschieht kein Sakrament.«[103] Im Weiteren wird sie – unter Aufnahme insbesondere von Gedanken Karl Barths - als das »Ja des Menschen zum Ja Gottes« verstanden. Die Thesenreihe mündet in die Alternative

> »a) Die Kindertaufe ist unbedingt aufzugeben«;

und

---

[100]   Vgl. Heßler (AKPS, Rep. D 3, Nr. 148) 1964, S. 3.

[101]   Durchschrift des Briefes vom 15. Juni 1964 in AKPS, Rep. D 3, Nr. 250. Schon die Formulierung der Überschrift setzt einen deutlichen Akzent: Die aus der Ordnung der Studentenschaft aufgenommenen Signalworte »Freiheit« und »Verantwortung« werden so zusammengestellt, dass eine Anspielung an die Kritik der Zehn Artikel durch die Sieben Sätze des Weißenseer Arbeitskreises »Von der Freiheit der Kirche zum Dienen« (vgl. KJ 1963, S. 194 ff.) vor Augen tritt.

[102]   A. a. O., S. 2.

[103]   Thesen zur Studenten-Disputation am 24. 1. 1962 (AKPS, Rep. D 3, Nr. 250).

»b) Für den Fall, daß eine Mißdeutung der Taufe ausgeschlossen und christliche Erziehung gewährleistet ist, ist die Kindertaufe als geschichtlich gewachsene Größe entschuldbar und kann geübt werden. Das Bekenntnis christlicher Eltern darf als vorläufig stellvertretend gegeben werden. Die Wiederherstellung der Erwachsenentaufe ist Aufgabe der Kirche.«[104]

Die Studentendisputation 1963 galt der »Methodik der Kirchengeschichte«,[105] im Februar 1964 der »Bedeutung der Soziologie für die Theologie in Studium, Praxis und Wissenschaft«.[106] Ihre erste These lautet:

»Die wissenschaftlichen Erkenntnisse der Soziologie sind unbedingt nötig für die Verkündigung des Wortes in Predigt und Unterweisung. Ohne sie schwebt jede theologische Aussage im luftleeren Raum oder in Zeit- und Lebensvorstellungen, denen der Hörer nicht angehört.«[107]

Im Wintersemester (WS) 1966/67 erörterte die Studentendisputation schließlich das Verhältnis von Kirche und Recht.[108]

Ausgelöst und vertieft wurden solche Wortmeldungen und Übungen theologischer Positionierung durch die Vorlesungen und Seminare am Haus, sowie durch die rege gesuchte Praxis der Gastvorlesungen.[109] Im Berichtszeitraum fanden da etwa die der hermeneutischen Bemühung geltenden Lehrveranstaltungen Wilhelm von Rohdens oder die religionsgeschichtlichen Vorlesungen Konrad von Rabenaus Aufmerksamkeit; genau wie die ökumenischen und konfessionskundlichen Einsichten, die Martin Seils im Blick auf das II. Vatikanische Konzil oder Fairy von Lilienfeld und Günther Schulz im Blick auf das Gespräch mit der Orthodoxie zu vermitteln wussten. Ein neues Verständnis von Bildung als Grunddimension des Lebens konnten Eva Heßler und Reimund Blühm erschließen. Harald Schultzes Beitrag zu einer praktischen Apologetik ist hier zu erinnern[110] wie auch Ingo Klaers Einsatz

---

[104] A. a. O.

[105] Thesen zur Methodik der Kirchengeschichte (AKPS, Rep. D 3, Nr. 250).

[106] Thesen zur Studentendisputation am 18. 2. 64 (AKPS, Rep. D 3, Nr. 250).

[107] A. a. O.

[108] Thesen zum Verhältnis von Kirche und Recht (AKPS, Rep. D 3, Nr. 250).

[109] Einen exemplarischen Eindruck zu deren Bedeutung vermittelt Nikolaus Walter in seinem Rektoratsbericht 1979/80, wo auch der Besuch von Carl-Friedrich von Weizsäcker am KOS am 8. April 1980 beschrieben wird (AKPS, Rep. D 3, Nr. 142, S. 11 f.).

[110] Vgl. Vorschlag zur Einführung einer »apologetischen Übung« (vom 12. 1. 1973); AKPS, Rep. D 3, Nr. 251.

dafür, eine Auseinandersetzung mit den Grundfragen der Theologie schon in der Studieneinführung zu verankern.

Eine besondere Aufgabe zur Förderung des wissenschaftlichen Denkens, von Weltoffenheit und kritischer Zeitgenossenschaft kommt im Gang des Theologiestudiums der Philosophie zu. Bis zum Sommer 1967 war in Naumburg Gerhard Stammler mit seinen Beiträgen zur Logik, Erkenntnistheorie, Religionsphilosophie und zur Auseinandersetzung mit den Ideologien des 20. Jahrhunderts maßgebend. Sein Ruhestandseintritt hinterließ eine Lücke auf einem der besonders sensiblen Ausbildungsfelder. Das gilt schon im Blick auf das Umfeld und die Umfeldbedingungen: Im Dezember 1963 war an der Friedrich-Schiller-Universität Jena ein »Lehrstuhl für Wissenschaftlichen Atheismus« begründet und mit Olof Klohr besetzt worden;[111] – und der staatliche Druck auf die Intensivierung der Beschäftigung mit dem Marxismus-Leninismus in allen Bereichen der Aus- und Fortbildung wuchs in jener Zeit noch einmal. Im Sommer 1968 wünschte die staatliche Seite eine Einbeziehung des »gesellschaftswissenschaftlichen Grundstudiums« mit entsprechenden Dozenten in das Lehrprogramm des Theologischen Seminars Leipzig.[112] Das Leipziger Kollegium wehrte sich dagegen.[113] Es kam dann für die Studenten des Theologischen Seminars zu gesellschaftswissenschaftlichen Sonderkursen an der Volkshochschule.[114]

Auf einem langen Weg der Suche nach der Strukturierung und Besetzung einer Philosophie-Dozentur gelang es dann erst im Herbst 1977, eine Vereinbarung zwischen dem Rat der EKU, dem Sprachenkonvikt Berlin und dem Katechetischen Oberseminar Naumburg abzuschließen[115] und die Stelle mit Richard Schröder zu besetzen. Sein engagiertes Lehren und mitnehmendes Nach- und Vordenken prägten diese Ausbildung.[116]

Dass die »großen Themen« jener Jahre die inhaltliche Auseinandersetzung und zugleich die Frage nach den Formen eines mündigen, lebensnahen

---

[111] Vgl. KJ 1963, S. 149.

[112] Siehe hierzu auch Kap. II.4.2, S. 131 und Kap. IV.2 S. 215 f.

[113] Vgl. Aktennotiz zu einer Rektorenkonferenz der drei kirchlichen Ausbildungsstätten Sprachenkonvikt Berlin, Theologisches Seminar Leipzig und Katechetisches Oberseminar Naumburg am 23. 7. 1968 (AKPS, Rep. D 3, Nr. 355).

[114] Vgl. dazu auch Kähler 1996, s. bes. S. 244: »Spätestens als bei der Rückgabe von schriftlichen Leistungskontrollen versehentlich eine numerierte Fotokopie auftauchte, war der Stasikontrollzweck dieser Veranstaltung so offensichtlich, daß eine fruchtbare Auseinandersetzung mit dem Marxismus dort nicht mehr stattfinden konnte.«

[115] Vgl. AKPS, Rep. D 3, Nr. 179.

[116] Siehe hierzu auch Kap. II. 4.2, S. 130–134.

und partizipierenden Studierens bewegen, zeigte sich im Studienprogramm besonders an den durch die späten 60er und die 70er Jahre regelmäßig praktizierten Ringvorlesungen.[117] Die Beobachtung, dass ihr Beginn auf das WS 1967/68 fiel, wirft ein Licht darauf, wie die Veränderungen der »68er-Bewegung« ihr Echo auch am KOS fanden. Das deutlich empfundene Ungenügen an eher monologischen und überwiegend rezeptiv bestimmten Lehr- und Lernformen führte zum Ausbau des Interdisziplinären, Gemeinschaftlichen und Dialogischen. Im WS 1967/68 stand die erste Ringvorlesung[118] unter dem Thema »Gottes Gerechtigkeit«, der mehrere folgten. Das »Interdisziplinäre Kolloquium: Von der Exegese zur Predigt« (WS 1972/73) trat ihnen zur Seite.

Wie in den Lehr- und Lernformen so zeigte sich der Zug zur Mündigkeit, Mitbestimmung und Gemeinschaftlichkeit auch in der Gestaltung der Ausbildungsbedingungen und Ordnung am Haus. Schon im November 1966 begegnete in der Wiedergabe einer Kuratoriumsdiskussion zum neuen Ausbildungsgesetz der EKU und den Erwartungen an die Studierenden der Passus:

> »Oberkonsistorialrat Schröter regt an, die Studenten darauf hinzuweisen, daß sie in der Ausbildung nach dem ersten Examen mit einer Trennung von ihrer Familie rechnen müssen, falls sie schon verheiratet sind. Im Gespräch wird darauf hingewiesen, daß die stark veränderten Verhältnisse auch die Kirche nötigen, für solche Fälle nach neuen Wegen der Ausbildung zu suchen und daß man es nicht bei einer Warnung allein bewenden lassen könne.«[119]

Der Ruf nach »gleichberechtigter Partnerschaft« durchzog die Zeit. In einer gesellschaftlichen Umgebung, die von Entmündigung und dem Handeln eines vormundschaftlichen Staates geprägt ist, kommt darin weit mehr als der Wunsch nach einer Öffnung des herkömmlichen Kandidat-Kirche- bzw. Lehrer-Schüler-Verhältnisses zum Ausdruck. Die Einübung in ein gemeinsam verantwortetes Arbeiten und Leben hat hier exemplarische Bedeutung.[120] Das KOS Naumburg wurde insbesondere mit der Einrichtung und Ausgestaltung seines »Konventes« zu einem Schrittmacher in Sachen Mündigkeit und Mitbestimmung:

---

[117] Siehe hierzu im Einzelnen II.4.1, S. 128–130.

[118] Vgl. dazu auch von Rabenau (AKPS, Rep. D 3, Nr. 148) 1968, S. 8.

[119] Protokoll der 15. Sitzung des Kuratoriums am 2. 11. 1966 zu TOP 1c); AKPS, Rep. D 3, Nr. 187. Zitiert wird OKR Friedrich Schröter.

[120] Vgl. zum Folgenden auch Kap. II.4.4., S. 146 f.

»Wenn es eine ›Schule für Demokratie‹ überhaupt gegeben hat, dann verdient der Naumburger Konvent diesen Titel. Die anderen theologischen Hochschulen folgten diesem Beispiel mit einem Abstand von zehn Jahren.«[121]

Nach seiner Gründungsidee arbeiten im Naumburger Konvent 6 Dozenten, 1 Vertreter der Assistenten/Repetenten, 6 Studenten und (mit beratender Stimme) die Studieninspektorin in allen Fragen der Ordnung am Haus, der Ausgestaltung der Lehrveranstaltungen und der Studienreform zusammen. Er wird am Verfahren zur Besetzung von Dozenturen und auch am Verfahren zur Exmatrikulation von Studierenden ohne eigenen Antrag beteiligt. Eine von Johannes Hamel und Konrad von Rabenau dazu erarbeitete Vorlage[122] fand am 27. Januar 1970 Aufnahme im Dozentenkollegium und der Vollversammlung der Studentenschaft, wurde mit einigen Änderungen am 22. April 1970 vom Kuratorium und am 12./13. Mai 1970 von der Kirchenleitung beschlossen und als »Entwurf für die Ordnung eines Konvents am Katechetischen Oberseminar« schließlich zum WS 1970/71 für zwei Jahre zur Erprobung freigegeben.[123] Der so dichte Prozess von Abstimmung, Beteiligung und Erprobung schon am Beginn der Konventsarbeit zeigt zum einen, wie ernst diese Öffnung zu gemeinsam getragener Verantwortung genommen wurde. Zum anderen wird darin deutlich, dass die Einrichtung des Konventes weit mehr bedeutete als die Schaffung eines im Haus auf Augenhöhe arbeitenden gemeinsamen Gremiums. Sie brachte eine deutliche Veränderung der vom Statut vorgegebenen Struktur und Aufgabenverteilung – und die Nötigung zu einer damit verbundenen Überarbeitung des Statuts.[124]

So kam es am Ende des Erprobungszeitraumes und nach einer heftigen Diskussion insbesondere um die sensible Frage der Beteiligung des Konvents an der Exmatrikulation von Studierenden ohne eigenen Antrag mit ihren sensiblen persönlichen und politischen Aspekten[125] im Herbst 1972 zu einer Überarbeitung des Statuts.[126]

---

[121] Onnasch 1993, S. 143.

[122] Ebd.

[123] Vgl. Entwurf für die Ordnung eines Konvents am Katechetischen Oberseminar Naumburg, freigegeben durch die Kirchenleitung der Kirchenprovinz Sachsen am 13. 5. 1970 (AKPS, Rep. D 3, Nr. 152).

[124] Text siehe Dok. 4, S. 260–268. Zur Fassung von 1960 s. bes. Kap. I, S. 19–21.

[125] Vgl. Studentenrat des KOS Naumburg, Stellungnahme zur Änderung des Statuts vom 15. 5. 1972 (AKPS, Rep. D 3, Nr. 152).

[126] Siehe Dokument 4, §§ 15–17 u. 21.

In dieser Gestalt prägte die Konventsarbeit den Weg des KOS in den folgenden Jahrzehnten:

> »Was manche befürchtet hatten, trat nicht ein: es gab keine Fraktionsbildung von Studenten gegen Dozenten oder umgekehrt. Sachargumente hatten in den meisten strittigen Beratungen entscheidendes Gewicht.«[127]

Zusammen mit den Bestimmungen über den Konvent fanden im Herbst 1972 Bezugnahmen auf eine Reihe weiterer »großer Themen« Eingang in das Statut: Die seit 1960 deutlich profilierte Arbeit des KOS als kirchliche Hochschule führte zwar nicht dazu, dass der in der Entstehungsgeschichte begründete Name »Katechetisches Oberseminar« aufgegeben wurde. Es wird aber nun im § 1 nicht mehr als »eine akademische Lehranstalt der Evangelischen Kirche der Kirchenprovinz Sachsen« (1960), sondern als »eine theologisch-wissenschaftliche Lehranstalt der Evangelischen Kirche der Kirchenprovinz Sachsen« (1972) charakterisiert. Und auch der Zweck der Ausbildung (§ 2) wird weiter gefasst: An die Stelle der Zurüstung »für den Einsatz von Pfarrern und Pfarrvikarinnen im katechetischen Dienst, für das Gemeindepfarramt oder für das Lehramt an theologischen und katechetischen Ausbildungsstätten der Kirche« (1960) tritt die Ausrichtung auf die Vorbereitung von Studenten »für den katechetischen Dienst, das Pfarramt und das Lehramt an Ausbildungsstätten der Kirche« (1972). Fest verankert bleibt die Aufgabe, der theologischen Forschung der Kirche zu dienen (§ 2). Dass inzwischen weiter deutlich geworden ist, wie nachhaltig theologisch-wissenschaftliche Forschung eben gerade auch an den kirchlichen Hochschulen wahrgenommen wird, zeigt eine Öffnung in den Bestimmungen über die Zusammensetzung des Kuratoriums: Sah das Statut aus dem Jahr 1960 »ein Mitglied einer theologischen Fakultät« für das Kuratorium vor, so wird dieser Platz jetzt für einen »Vertreter einer Sektion Theologie oder einer anderen theologisch-wissenschaftlichen Einrichtung« bestimmt (1972, § 6,2).

Die seit 1969 im Bund der Evangelischen Kirchen in der DDR vertiefte Gemeinschaft und Handlungsfähigkeit der unierten und lutherischen Landeskirchen fand ihren Ausdruck in der Einbeziehung des für die theologische Ausbildung zuständigen Referenten im Sekretariat des BEK in das Kuratorium des KOS (§ 6,1). Und auch die im Umfeld des Statuts von 1960 nicht zustande gekommene Beteiligung der lutherischen Kirchen an der Verantwor-

---

[127] Onnasch 1993, S. 143.

tung für die theologische Ausbildung in Naumburg konnte nun in Aussicht genommen werden (§ 6,3).[128]

Schließlich erhielt auch die weiter gewachsene Bedeutung ökumenischen Lernens und Forschens und die bewusst angenommene Verpflichtung zum Hören aufeinander im überarbeiteten Statut von 1972 einen in seiner Signalwirkung und Tragweite nicht zu unterschätzenden Platz. Im April 1970 hatte sich die Arbeitsgemeinschaft Christlicher Kirchen in der DDR konstituiert.[129] Und in Naumburg trat nun an die Stelle der Bestimmung »Als Dozenten können nur solche Personen berufen werden, die einer Gliedkirche der EKiD angehören …« (1960, § 12,2) die Festlegung »Zum Dozenten kann nur berufen werden, wer einer christlichen Kirche angehört …« (1972, § 12,1). Maßgeblich bleibt die Bindung der Dozenten »an das Christuszeugnis der heiligen Schrift in der Auslegung der reformatorischen Bekenntnisschriften« (§ 13,1). So bedeutete das 1972 veränderte Statut des KOS nicht weniger als ein ökumenisches Wagnis:

> »Das Kuratorium war sich der Spannungen … bewußt. Es ist aber bereit, diese Spannung zu tragen und im Falle der Berufung eines Dozenten, der nicht einer Gliedkirche des Bundes der Evangelischen Kirchen in der DDR angehört, sich selbst und den betreffenden Dozenten zu fragen, ob die Berufung, gemessen an dem Auftrag, den das Oberseminar hat, vom Kuratorium verantwortet und vom Betroffenen übernommen werden kann.«[130]

Mit der 1977 erfolgten Berufung von Arndt Meinhold, der seine geistliche Heimat in der Evangelisch-Methodistischen Kirche hat, auf eine Dozentur im Alten Testament konnte die so profilierte theologische Hörgemeinschaft für den weiteren Weg des Hauses konkret prägend und tragend werden.

Folgt man der Spur der »großen Themen« der 60er und 70er Jahre, so gilt es besonders auch, die für Naumburg charakteristischen Felder einer Vernetzung von theologischer Ausbildung und kirchlicher Praxis zu erinnern. Das Drängen auf den Praxisbezug und auf die »Praxistauglichkeit«, das mit christlicher Theologie in eins geht, ist auch ein deutliches Kennzeichen jener

---

[128]   »Die übrigen Gliedkirchen des Bundes der Evangelischen Kirchen in der DDR können jeweils für die Dauer von vier Jahren je einen Vertreter in das Kuratorium entsenden.«

[129]   Vgl. Moderow/Sens 1979, S. 260.

[130]   Protokoll über die 27. Sitzung des Kuratoriums am 29. August 1972 zu TOP 4 (AKPS, Rep. D 3, Nr. 179).

Jahre. So konnten die Mitglieder des Dozentenkollegiums nicht nur die theologische Arbeit in den Synoden und Ausschüssen der EKU, des Bundes und der KPS prägen und begleiten. Sie nahmen auch die Grundsatzfragen kirchlicher Ordnung und Gestaltung intensiv auf: Als Beispiel dafür ist das 1979 abgeschlossene und ebenso gründlich wie engagiert erarbeitete »Votum des Kollegiums des Katechetischen Oberseminars zum Entwurf des Arbeitskreises Grundordnung für eine Grundordnung der Evangelischen Kirche der Kirchenprovinz Sachsen«[131] zu erinnern. Kontinuierlich wurden die Kontakte mit den Gemeinden und Kirchenkreisen im Umland gepflegt, nachhaltig brachten sich die Dozenten als Prediger und Begleiter in das kirchliche Leben ein.[132] Die Naumburger Studentengemeinde war ein Ort geistiger Freiheit, geistlichen Lebens und menschlicher Begegnung,[133] dessen Bedeutung im Berichtszeitraum durch die vor allem von Ulrich Schröter vorangebrachte Herrichtung der im Sommer 1975 wiedereröffneten ESG-Baracke auf dem Hinterhof von Neuengüter 16 unterstrichen wurde. Einen gleichsam klassischen Bezug auf die Praxis christlichen Lebens stellt der am KOS besonders sorgsam und intensiv ausgebaute Bereich der musikalischen Unterrichtung und Einübung dar. Hierfür trug lange Zeit Ilsabe Moering die besondere Verantwortung[134], Initiativen anderer Kantoren der Stadt, aber auch die Dozenten und Studenten mit ihren Gaben kamen dazu.[135]

Eine eigene Darstellung und Würdigung verdienen im Blick auf die Verbindung von kirchlicher Ausbildung und kirchlicher Praxis die beiden Naumburger Kurse für die Juristenausbildung (1963–1966; 1966–1969)[136] und die Theologischen Sonderkurse für Katecheten (1969/70; 1972/73; 1975/76).[137] Und auch im Lehrangebot verweisen interessante didaktische Ansätze, wie etwa die von Wolfgang Schenk und Ulrich Schröter Anfang der

---

[131] AKPS, Rep. A Gen., Nr. 6412, Beiakte Bd. III. Zu dem Gutachten zum »Rahmenplan für die kirchliche Arbeit mit Kindern und Jugendlichen (Konfirmanden)« s. Kap. I, S. 24f.

[132] Siehe dazu Kap. III.3, S. 189–191.

[133] Siehe dazu Kap. II.4.6, S. 156–167.

[134] Walter (AKPS, Rep. D 3, Nr. 142) 1980, S. 7 erinnert angesichts ihres Dienstendes im Jahr 1980 daran, dass nicht wenige der aus Naumburg kommenden Theologen »ihrer Anleitung und Bildung, die ja stets über bloße Fertigkeitsübungen auf Hand- und Fußklaviaturen hinausging, bleibende Einsichten in das Wesen der Musik und ihres Zusammenhangs mit dem Gottesdienst verdanken«.

[135] Vgl. auch Kap. II.4.5 unter 2., S. 150f.

[136] Siehe dazu Kap. II.3.1., S. 110–115.

[137] Siehe dazu Kap. II.3.2., S. 115–119.

70er Jahre verantworteten Übungen zur Ausarbeitung von Arbeitsheften für die Bibelwoche, auf die Intensität, mit der hier gearbeitet wurde.

Ein besonderes Verdienst kam dem KOS vor allem aber durch die 1973 hervortretende Initiative zur Entwicklung eines von und mit allen Studenten zu gestaltenden Gemeindepraktikums zu. Den Hintergrund für dieses »Naumburger Modell«[138] bildete die seit dem Ende der 60er Jahre anhaltende Diskussion um die Studienreform. Im Hintergrund standen aber auch Wahrnehmungen zur inneren Situation der Studierenden, zu der Nikolaus Walter schon 1970 die Stichworte festhielt:

> »Fehlende Voraussetzungen, Unsicherheiten hinsichtlich des Pfarrberufes, Frage nach den Grundlagen des Glaubens, Zweifel an der Notwendigkeit des Sprachstudiums.«[139]

So zielte das Gemeindepraktikum, um dessen Einführung und Ausgestaltung sich besonders Reimund Blühm verdient machte, auf eine strukturelle Verbindung von akademischem Studium und gemeindlicher Praxis, zugleich aber auch auf Anstöße zur Persönlichkeitsentwicklung. Es sollte Einblick in das Leben einer konkreten Kirchengemeinde geben, die Kontaktfähigkeit erhöhen, Hilfe zur Bewältigung persönlicher Krisen leisten und Impulse zum zielgerichteten Studium geben.[140] Bei der Einführung und Umsetzung des Gemeindepraktikums wurde in Naumburg auf eine stimmige Vorbereitung im Haus, auf einen lebendigen Kontakt zu den Landeskirchen und Mentoren vor Ort, sowie auf die persönliche Berichterstattung und die Auswertung des Praktikums in Einzelgesprächen und Übungen geachtet. Die in der Mitte der 70er Jahre gesammelten Erfahrungen fanden eine Verdichtung in der 1979 verabschiedeten »Regelung für die Durchführung der Praktika am KOS«.[141]

3 Studienbedingungen, Konflikte, Perspektivsuche

Durch die 60er Jahre hindurch studierten in Naumburg von Semester zu Semester zwischen 80 und 90 Studenten. In den Jahren, in denen die Juristenausbildung zu gestalten war, waren oft über 100 Studierende unterzubringen.

---

[138]   Vgl. Onnasch 1993, S. 142.

[139]   Walter (AKPS, Rep. D 3, Nr. 187) 1970a, zu TOP 2.

[140]   Vgl. Ausarbeitung »Gemeindepraktikum« am Rektoratsbericht Blühm (AKPS, Rep. D 3, Nr. 187) 1974b.

[141]   Beschluss der Kollegiumssitzung am 3. 1. 1979 und Ergänzung durch Kuratoriumsbeschluss vom 28. 3. 1979 und vom 2. 5. 1979 (AKPS, Rep. D 3, Nr. 246).

Als auch am Beginn der 70er Jahre eine Zunahme der Studentenzahl zu verzeichnen war (96 im WS 1972/73),[142] kamen erneut die praktischen Fragen
der Bereitstellung von Wohnraum, aber auch grundsätzliche Fragen auf die
Tagesordnung. Aus einer Aussprache im Kuratorium wird eine Äußerung
des Vorsitzenden, Bischof Werner Krusche, festgehalten, die ein waches Gespür für eben jene grundsätzlichen Fragen und Entwicklungstrends zeigt. Er
merkt an,»daß die steigenden Studentenzahlen beim Absinken der Anzahl
der Gemeindeglieder auch ein Anlass zur Sorge sein muß.«[143] Freilich lagen
die praktischen Fragen oben auf. Die in Naumburg ohnehin besonders sensible Wohnraumsituation,[144] zu der durchgängig auch die Problematik der
Kohleversorgung kam,[145] verschärfte sich durch die Zunahme verheirateter
Studenten (im WS 1972/73:26 von 96).[146] Gerade in den konkreten Fragen
der Bereitstellung von Wohnraum und Brennstoffen, im Blick auf die Genehmigung des Druckes der Vorlesungsverzeichnisse[147] oder die Genehmigung
von Reisen der Dozenten ins »nichtsozialistische Ausland« bzw. der Einreise
von Referenten zu Gastvorlesungen kam dem Verhältnis zu den zuständigen
staatlichen Stellen eine besondere Rolle zu.[148] Im Grundsatz herrschte dabei
im Handeln der »staatlichen Stellen« eine Doppelstrategie: Konfliktvermei-
dung durch Zusammenarbeit in praktischen Einzelfragen - Verweigerung
bzw. Zurückhaltung im Blick auf grundsätzliche Kontaktnahmen, Klärun-

---

[142]   Vgl. Schultze (AKPS, Rep. D 3, Nr. 148) 1972, S. 3.

[143]   Protokoll über die 28. Sitzung des Kuratoriums am 17. 10. 1972 zu TOP 5.2. (AKPS,
Rep. D 3, Nr. 179).

[144]   Siehe dazu auch Kap. IV.1, S. 203-206 und Kap. V.1, S. 229-236.

[145]   Vgl. exemplarisch die Bemerkung von Seils (AKPS, Rep. D 3, Nr. 148) 1963a, S. 2:
»Stärker hat sich die angespannte Kohlesituation für die Privatzimmer der Studierenden
bemerkbar gemacht, die zum Teil zusammenziehen mußten, um ihre Kohlen dann gemeinsam verbrauchen zu können.« Bezeichnend ist auch eine Bemerkung im Anhang »In-
ventarbeschaffung« zum Rektoratsbericht 1972/73 (AKPS, Rep. D 3, Nr. 179): Dort wird
[...] auch die Anschaffung von »1 Schiebekarren zum Transport von Kohlen 77,- M« vermerkt!

[146]   Vgl. Schultze (AKPS, Rep. D 3, Nr. 148) 1972, S. 3.

[147]   Hier kam es immer wieder zu Konflikten: vgl. Protokoll über die 26. Sitzung des Kuratoriums am 4. April 1972 zu TOP 2.1. (AKPS, Rep. D 3, Nr. 18): »Es wurde bedauert, daß
das Vorlesungsverzeichnis nicht in der bisherigen Zahl der Exemplare gedruckt werden
konnte. Falls beim nächsten Mal eine ähnliche Beschränkung erfolgen sollte, soll das
Konsistorium gebeten werden, das Vorlesungsverzeichnis in das Amtsblatt der Kirchenprovinz Sachsen aufzunehmen.«

[148]   Siehe hierzu bes. Kap. IV.1, S. 200-207 und Kap. IV.2, S. 208-226.

gen und verbindliche Regelungen. Charakteristisch dafür ist eine Bemerkung im Rektoratsbericht von Reimund Blühm im Jahr 1974:

> »Unsere Verbindung zu den staatlichen Institutionen des Kreises und der Stadt Naumburg waren sachlich und vertrauensvoll. Zu unserem Bedauern konnten die zur 25-Jahr-Feier eingeladenen Vertreter des Staatsapparates unserer Einladung nicht folgen.«[149]

Als fast einzige Ausnahme der Verweigerung von grundsätzlichen Kontaktnahmen ist für den Berichtszeitraum der Besuch des stellvertretenden Vorsitzenden des Staatsrates der DDR und Vorsitzenden der CDU, Gerald Götting, am Katechetischen Oberseminar am 6. April 1965 zu vermerken.[150] In der zeitgeschichtlichen Perspektive erscheint er als ein Teil der Bemühung Göttings um die Gewinnung der Kirchen zur Anerkennung der DDR.[151] Am Ende des Jahres 1966 wurde dann auch ein Besuch von Horst Sindermann, dem 1. Sekretär der SED-Bezirksleitung Halle und späteren Ministerpräsidenten und Volkskammerpräsidenten der DDR, am KOS möglich.[152]

Nach der Niederschlagung des »Prager Frühlings« durch die Truppen des Warschauer Paktes im August 1968 öffnete sich das Oberseminar auch für Studenten, die in diesem Zusammenhang Widerspruch und Protest angemeldet hatten.

> »Besonders gelagert waren die Immatrikulationsfälle Eipper und Wedler. Frl. Gudrun Eipper ist von 1965 bis 1968 zuerst in Leuna, dann in Rossbach b. Weißenfels als Lehrerin tätig gewesen. Ihre Weigerung, nach dem 21. August vor den ihr anvertrauten Klassen die Besetzung der ČSSR durch Truppen von 5 Warschauer Pakt-Staaten im Sinne der sowjetischen Propaganda darzustellen, führte zu einem am 17. 9. 68 eröffneten Disziplinarverfahren, das mit ihrer fristlosen Entlassung am 9. Oktober geendet hat. Werner Wedler war von 1964 bis 1966 als Chemiefacharbeiter bei den Leuna-Werken. Kurz nach seiner Immatrikulation zum Chemiestudium an der Universität Halle wurde er im Mai 1966 zum Bausoldatendienst in der NVA eingezogen. Seine Weigerung, sich an Bauarbeiten an einem Militärflugplatz zu beteiligen, führte dazu, daß ein Militärgericht ihn zu 2 Jahren, 2 Monaten Gefängnis verurteilte. … Die Haftzeit, die Herr Wedler unter er-

---

[149]   Blühm (AKPS, Rep. D 3, Nr. 148) 1974, S. 9.
[150]   Vgl. von Rohden (AKPS, Rep. D 3, Nr. 148) 1965b, S. 7.
[151]   Zum zeitgeschichtlichen Umfeld vgl. KJ 1966, S. 223 ff.
[152]   Vgl. unter Kap. IV.2 unter 3.2., S. 215.

hebliche psychologische Belastungen gestellt hat, hat in ihm den Entschluß reifen lassen, nach dem Ende der Haft am 21. Oktober 1968 das Theologiestudium
aufzunehmen.«[153]

Ebenso auch für Studenten, die durch den Wehrdienst in Schwierigkeiten gekommen waren.

»Mehrere neuimmatrikulierte Studenten haben sich deswegen am KOS bewor-
ben, weil ihnen von den staatlichen Fakultäten erklärt worden ist, daß Freistel-
lungsaufträge für sie nicht gestellt werden könnten.«[154]

Das Klima im Verhältnis zu staatlichen Stellen wurde dadurch deutlich rauer.
So kam es im Frühjahr 1971 zu einer Serie von Fällen, bei denen Studenten
und Dozenten »in Gespräche (oder Verhöre)« mit einem Mitarbeiter der
Staatssicherheit verwickelt wurden.[155] In der Folge dessen begann im Kollegium, im Kuratorium und schließlich auch im Rat der EKU und der Kirchenleitung der KPS eine intensive Diskussion der Frage, wie die Studierenden,
wie die Kirche und wie auch das KOS vor solchen Übergriffen und Anwer-
bungen zu einer geheimen Mitarbeit bei staatlichen Stellen geschützt werden
könnten. Johannes Hamel plädierte dabei für eine seelsorgerliche Begleitung
und klare Benennung der Unmöglichkeit geheimer Mitarbeit bei der Staatssicherheit. Eine von ihm verfasste Belehrung »Jedem Studierenden, Dozenten
und Mitarbeiter vorzulegen«[156] hält fest,

»daß es für einen Christen nicht möglich ist, in geheime Mitarbeit mit irgend-
welchen Dienststellen einzuwilligen«.

Sie rät dazu, alle Anwerbeversuche sofort zurückzuweisen und über solche
Vorgänge unverzüglich den Rektor oder ein Mitglied des Dozentenkollegiums
zu informieren:

»Gehen Sie davon aus, daß die Angestellten des Ministeriums für Staatssicherheit
oder andere Dienststellen, die geheime Mitarbeiter suchen und benötigen, auf-

---

[153] Vgl. Ergänzungen zum Rektoratsbericht am 31. 10. 1968 (AKPS, Rep. D 3, Nr. 187).
[154] Ebd.
[155] Vgl. Anhang »Besondere Schwierigkeiten« zu Heßler (AKPS, Rep. D 3, Nr. 148) 1971b.
[156] Anlage zum Gutachten von Johannes Hamel (15. 6. 1974): Zur Frage der Verweigerung
geheimer Mitarbeit mit staatlichen Stellen und zur Frage einer Verschwiegenheitserklärung (AKPS, Rep. D 3, Nr. 152).

richtige Gewissensentscheidungen von Christen respektieren und anerkennen.«[157]

Im Kuratorium, im Rat der EKU und auch in der Kirchenleitung der KPS wurde der Weg dieser direkten und unumwundenen Benennung der Konfliktsituation aber nicht mitgegangen. So wurde im Frühjahr 1974 im Kuratorium die Vorlage einer für alle kirchlichen Ausbildungsstätten im Bereich der EKU vorgesehenen »Verschwiegenheitserklärung« behandelt. Sie nimmt die Bestimmungen des kirchlichen Dienstrechtes über die Dienstverschwiegenheit auf und hält fest:

> »1) Der Studierende an einer kirchlichen Ausbildungsstätte hat über alle Angelegenheiten, die ihm im Rahmen seiner Ausbildung bekannt werden und die ihrer Natur nach oder infolge besonderer Anordnung des Rektors vertraulich sind, Verschwiegenheit zu bewahren. Über diese Angelegenheit darf er ohne Genehmigung des Rektors keine Aussagen oder Erklärungen abgeben. Die gesetzliche Zeugenpflicht wird dadurch nicht berührt. Diese Verpflichtung bleibt auch nach der Beendigung der Ausbildung bestehen.
> Ich habe Vorstehendes zur Kenntnis genommen und verpflichte mich zur Verschwiegenheit.
> 2) Über die Grundsätze für ein vertrauensvolles Zusammenleben der Dozenten, Mitarbeiter und Studierenden am KOS ist mit mir eingehend gesprochen worden. Ich verpflichte mich zur Meldung an den Rektor des KOS, wenn von mir verlangt werden sollte, heimlich Auskünfte zu erteilen.«[158]

Johannes Hamel hat diese Form der Erklärung, die das Faktum von Anwerbung zu geheimer Mitarbeit nicht klar benennt und das Wort »Staatssicherheit« vermeidet, auf dem Weg der Entstehung des Textes heftig zurückgewiesen – und sie als kirchenpolitisch, seelsorgerlich und sachlich unangemessen charakterisiert:

> »Entweder stößt diese Verpflichtungserklärung ins Leere, weil es nichts zu verschweigen gibt, was unter diese Erklärung fällt. Oder aber – Anordnung des Rektors! – es wird befohlen: Der Verschwiegenheit unterliegen etwa Inhalte der Vorlesungen und Seminare einschließlich der Gespräche mit einzelnen Dozenten, Unterhaltungen mit Kommilitonen, abgesehen von Unterhaltungen über das Wetter u. ä. m. Dann aber verpflichten sich die Kommilitonen zur Verschwiegenheit

---

[157] A. a. O.
[158] Verschwiegenheitserklärung (AKPS, Rep. D 3, Nr. 246).

gegenüber jedermann außerhalb des Kreises der Studierenden und Dozenten des KOS! Einen derartigen Maulkorberlaß will der Rat der EKU wohl kaum anlegen und – selbst wenn er es wollte – er kann es auch gar nicht.«[159]

Der daraufhin im Kuratorium des KOS gefundene Kompromiss hielt fest, dass der Rektor den Studenten die Erklärung

»mit dem Ziel einer seelsorgerlichen Hilfe nach eingehender Unterredung vorlegt und unterschreiben läßt.«[160]

Die an diesem Beispiel deutlich werdende Klarheit, mit der insbesondere Johannes Hamel durch die Jahre hindurch darauf drängte, dass die Probleme in der DDR – gerade auch in der Achtung vor dem Mandat des Staates – offen benannt würden, lässt ahnen, warum bei einem im Staatssekretariat für Kirchenfragen am 23. Januar 1976 stattfindenden Konfliktgespräch zwischen Bischof Werner Krusche, Präsident Reinhold Pietz und Rektor Martin Seils mit Staatssekretär Hans Seigewasser das KOS als »die reaktionärste kirchliche Ausbildungsstätte der DDR« eingeschätzt wird.[161]

Der im Herbst 1976 erfolgte Ruhestandseintritt von Johannes Hamel bedeutete dann auch einen Einschnitt in der Geschichte des Hauses, dessen erste 25 Jahre »für immer insbesondere durch seinen Namen gekennzeichnet sein werden«.[162] Im Kollegium des KOS war es bei allem Wechsel gelungen, Kontinuität und sachliche Fortentwicklung zu gewährleisten. Nach dem krankheitsbedingten Ausscheiden von Fritz Neugebauer aus der NT-Dozentur im Jahre 1964 war schon 1965 die Besetzung dieser Stelle durch Nikolaus Walter gelungen, dessen umsichtige wissenschaftliche Arbeit und menschliche Zugewandtheit dem KOS durch 22 Jahre hindurch zu Gute kamen. In der Systematischen Theologie konnte Martin Seils mit seiner ökumenisch weiten und zugleich konzentrierten lutherischen Theologie ebenfalls durch 22 Jahre hindurch wirken (1960–1982). Nach dem Ausscheiden von Heinz Bernau als Dozent für Systematische Theologie im Jahr 1965[163] gelang es, für diese

---

[159] Hamel, Zur Frage ..., S. 2; Sperrungen getilgt.

[160] Protokoll der Sitzung des Kuratoriums am 22. Oktober 1974 zu TOP 8 (AKPS, Rep. D 3, Nr. 179).

[161] A. a. O. Vgl. ausführlich dazu Kap. IV.2, S. 216 ff.

[162] Seils (AKPS, Rep. D 3, Nr. 142) 1976, S. 3.

[163] Im Gefolge seiner Ehescheidung wurde er am 17. 5. 1965 in den Wartestand versetzt; vgl. von Rohden (AKPS, Rep. D 3, Nr. 148) 1965 b.

Arbeit Harald Schultze (1967–1973) mit seinem Gespür für den Zusammenhang von Theologie und Kirchenleitung zu gewinnen. Ihm folgte 1974 Ingo Klaer nach, der in so besonderer Weise Exegese und Dogmatik verbinden und in die Kunst der Unterscheidung und des Zusammensehens einführen konnte. Im Alten Testament prägten Konrad von Rabenau bis 1974 und Margarete Möller bis 1968 durch profunde Text-, Geschichts- und Menschenkenntnis. 1970 übernahm Ulrich Schröter, der Philologisches und Geistliches aufeinander zu beziehen verstand, die Dozentur für Altes Testament und Hebräisch. In der Kirchengeschichte lehrten bis 1966 Fairy von Lilienfeld mit ihrer ökumenisch und spirituell so reich gestalteten Theologie und bis 1978 Wolfgang Ullmann mit einer unvergleichlichen Leidenschaft, Weite und Freude an Entdeckungen. Günther Schulz konnte von 1970 an die Orthodoxie-Arbeit prägen und für die Patristik begeistern. Durch Martin Onnasch, der seine Dozentur 1979 antrat, wurde das KOS zu einem Zentrum der Erforschung der kirchlichen Zeitgeschichte. Eva Heßler vermochte es, bis 1978 für den Gründungsimpuls des Hauses lebendig und gewinnend einzustehen. Von 1969 an konnte in der Katechetik Reimund Blühm den Studierenden zur Aufmerksamkeit auf die Lebenswelt der Kinder und Jugendlichen wie zur Aufmerksamkeit auf das Leben der Gemeinde verhelfen. Hartmut Genest brachte ab 1977 wichtige Impulse zur Homiletik und zur Verbindung von Praktischer und Systematischer Theologie in das Lehren und Lernen am Haus ein. Als kluger und pädagogisch erfahrener Altphilologe sorgte sich Werner Heller bis 1978 um die Sprachenausbildung. Ihm folgte 1978 als Vertreterin einer neuen Generation Armgard Werneburg/Placke.

Noch vor dem Ruhestandseintritt von Johannes Hamel standen das Kollegium und das KOS im Frühjahr 1976 vor schweren Herausforderungen: Stefan Schreiner, der seit 1975 einen Lehrauftrag im Alten Testament wahrnahm und zur Berufung als Dozent vorgesehen war, stellte zum Jahreswechsel 1975/76 für sich und seine Familie einen Ausreiseantrag in die Bundesrepublik. Zugleich gab er zu erkennen, dass er die Ordinationsverpflichtung und die Lehrverpflichtung am Hause nicht tragen könne, da er sich der jüdischen Theologie näher fühle als der christlichen Theologie. Martin Seils hielt fest:

>»Die genannte Verzahnung erschwerte die Dinge … für uns und die Studentenschaft. Man mußte zu beidem Stellung nehmen, beides irgendwie verkraften, beides wie auch immer hinnehmen. Wir haben versucht, uns dabei gegenseitig zu helfen und natürlich den Studenten auch dadurch zu helfen, daß nun nicht etwa ein Ausbruch von Labilität sich ereignete.«[164]

Unmittelbar darauf verzichtete Wolfgang Schenk, der seit 1967 eine NT-Dozentur innehatte, im Zusammenhang mit seiner Ehescheidung auf die in der
Ordination begründeten Rechte.

> »Fazit, und das mit Nachdruck und in dem Bewußtsein, daß da von tiefsten Tie-
> fen her eine ganz neue Situation sich anbahnt: die Studenten werden in anderer
> Weise als bisher unser Lehren mit unserem Leben, der Ordination und der Ehe
> verbunden sehen und leise, aber nachvollziehbar fragen und nachspüren, wie es
> damit steht. Ob wir dem gewachsen sind?«[165]

Zu solch grundlegenden Fragen traten in der Folge dieser schmerzlichen
Einschnitte zwei konkrete Konsequenzen: Zum einen wurde im Dozentenkollegium und im Kuratorium die Ausreisethematik – nun vor allem im Blick
auf die Studentenschaft – aufgenommen. Der dazu am 21. April 1976 im Kuratorium gefasste Beschluss führt vor Augen, wie brisant das Thema war.[166]
Zum anderen nötigte die Tatsache, dass nun mehrere Dozenturen frei und zu
besetzen waren, zu einer intensiven Struktur- und Perspektivdiskussion.
Schon am Beginn der 70er Jahre hatten deutliche Finanzierungsprobleme
eine Auseinandersetzung zwischen Konsistorium und Kuratorium aufkom-
men lassen.[167] Und im Rahmen der Studienreform-Debatte hatten sich die
Kollegien der drei kirchlichen Hochschulen in Naumburg, Berlin und Leipzig
intensiv auf die Frage nach einer »Differenzierung des Theologiestudiums«
eingelassen.[168] Jetzt aber stand die Zukunftsplanung für das KOS zur Debatte.
Auf der Sitzung des Kuratoriums am 5. September 1978 im Magdeburger
Konsistorium wurden dazu drei Hauptfragen diskutiert:

---

[164] Seils (AKPS, Rep. D 3, Nr. 179) 1976a, S. 2.

[165] A. a. O., S. 4.

[166] »Das Kuratorium beschließt auf Antrag des Dozentenkollegiums folgende Ordnung:
a) Jeder Studierende ist zur Mitteilung an den Rektor verpflichtet, wenn er beabsichtigt,
einen Antrag auf Ausbürgerung zu stellen. b) Das Kollegium wird nach Eingang solcher
Mitteilung über die sich daraus ergebenden Folgerungen beraten. c) Das Unterlassen einer solchen Mitteilung ist als schwerwiegender Verstoß gegen die Ordnung anzusehen.«
Protokoll der Sitzung des Kuratoriums am 21. 4. 1976 zu TOP 13 (AKPS, Rep. D 3, Nr. 179).

[167] Vgl. Konrad von Rabenau, Anlage 9 zum Rektoratsbericht von Eva Heßler für die Sitzung des Kuratoriums am 19. 10. 1971 »Gesichtspunkte zu den Befugnissen des Kuratoriums« (AKPS, Rep. D 3, Nr. 179).

[168] Vgl. Memorandum über die Differenzierung des Theologiestudiums vom 29. 5. 1973
(AKPS, Rep. D 3, Nr. 355).

»(1) Wie soll in Zukunft das Verhältnis von KOS und Kirchlichem Proseminar gestaltet werden?

(2) Kann das KOS die Ausbildung von Gemeindepädagogen mit wahrnehmen?

(3) Ist im Verhältnis der drei theologischen Ausbildungsstätten (Sprachenkonvikt Berlin, Theol. Seminar Leipzig, KOS Naumburg) eine Schwerpunktbildung hinsichtlich bestimmter Fächer in der Weise möglich, daß dadurch auch eine Einsparung erreicht würde?«[169]

Zunächst führten diese Überlegungen im Herbst 1978 zu dem folgenreichen Beschluss des Kuratoriums, wechselnd jeweils eine Dozentur unbesetzt bleiben zu lassen. Weitere offene Fragen gingen nun aber mit – aus der so reichen Zeit der Jahre zwischen 1960 und 1980 in einen neuen Wegeabschnitt des KOS. Sie betrafen das Kollegium und die Struktur des Hauses, sie betrafen aber auch die Situation der Studierenden:

»Der Rektor weist, auf die Situation der Studenten eingehend, auf neue, freilich divergente Formen der Frömmigkeit – einerseits von Evangelikalen, andererseits von frei Suchenden (die sich gleichsam noch im Stand der Katechumenen befänden) – unter den Studenten und Studienbewerbern hin.«[170]

II.2.2.2 Auf dem Weg zur kirchlichen Hochschule 1980–1990

Hans-Wilhelm Pietz

1 Generationenwechsel: Streiflichter

Generationenwechsel. An verschiedenen Stellen und im Blick auf nachhaltige Veränderungen begegnet dieses Signalwort am Übergang von den 70er zu den 80er Jahren. Eine Reihe von Vorgängen und Entwicklungen markiert den Wandel:

- im Dozentenkollegium ist der Abschied von der Gründergeneration mit der Folge von deutlich spürbaren Vakanz-Zeiten in einigen Disziplinen vollzogen;
- in der Studentenschaft tritt eine Generation an, die nach den Brutalitäten der Stalinzeit geboren war und ihre bewussten Lernschritte unter den bil-

---

[169] Protokoll der Sitzung des Kuratoriums am 5. September 1978, S. 2 (AKPS, Rep. D 3, Nr. 179).

[170] A. a. O. Vgl. zu den besonders seit 1973 bewegenden Fragen nach den verschiedenen Frömmigkeitsformen und den wichtigen Thesen Johannes Hamels vom 11. 7. 1973 Dok. 10 sowie Kap. III.4, S. 192–199 bes. 197 f.

dungspolitischen Bedingungen nach dem Bau der Mauer zu vollziehen hatte;

– mit der Zuspitzung der friedensethischen Herausforderungen und der wachsenden Sehnsucht nach Freiheit wird die Frage nach dem Kontext des theologischen Forschens, Lehrens und Lernens neu virulent;

– die deutliche Veränderung von Bildungsvoraussetzungen und die verstärkte Begegnung mit den Humanwissenschaften führen zu einer lang anhaltenden Studienreform-Debatte;

– und mit dem ersten im Katechetischen Oberseminar angekommenen Kopier-Gerät bereitet sich ein erheblicher Wandel im Lesen und Begreifen von Texten vor.

Deutlich benannt wurde dieser Generationenwechsel im Rektoratsbericht über das Studienjahr 1979/80. Im Zusammenhang mit dem Ruhestandseintritt der langjährigen Dozentin für Musik, Ilsabe Moering, und angesichts der Emeritierung und Übersiedelung der für die Profilbildung so wichtigen Katechetik-Dozentin Eva Heßler wies der Berichterstatter Nikolaus Walter darauf hin, dass dieser Abschied »in symbolischer Form noch einmal den endgültigen Abschluß der ›Gründerjahre‹ unseres Seminars bewußt gemacht hat.«[171] Der unmittelbare Bezug auf den katechetischen Gründungsimpuls des Seminars, den Eva Heßler verkörpern und leidenschaftlich verbürgen konnte, war so nicht mehr gegeben. Und mit dem Umzug dieser »allverehrten Mater domus« nach Hildesheim war das Gebäude am Domplatz 8 kein »Wohnhaus« mehr. Die für die ersten Jahrzehnte des Seminars so prägende Verbindung von Lehren, Lernen und gemeinsamem Leben war an einer deutlich spürbaren Stelle loser geworden.

Eine solche Lockerung des Bezugs auf das »Haus« brachte zur gleichen Zeit auch die erhebliche Zunahme der Zahl von verheirateten Studierenden. Eine durchaus mit feinem Humor versehene Übersicht Ingo Klaers aus dem Anfang der 80er Jahre belegt das eindrücklich:

»Das Zahlenverhältnis zwischen den männlichen und weiblichen Studierenden (von anderen Verhältnissen zu schweigen) war 1980/81 ungefähr 3/5 zu 2/5. Wesentlich erhöht hat sich in den letzten Semestern die Zahl der verheirateten Studenten. Im WS 1979/80 waren es 19, im SS 1980 22, dann im WS 1980/81

---

[171] Walter (AKPS, Rep. D 3, Nr. 142) 1980, S. 7; vgl. auch S. 9: »Auch im Bereich der Mitarbeiterschaft ist im übrigen seit einiger Zeit eine Art Generationenwechsel im Gange«.

schon 27, im SS 1981 schließlich sogar 35. Das entspricht einer Steigerung von 23% auf 46%.«[172]

Dass am Beginn der 80er Jahre fast die Hälfte der Studierenden verheiratet war, hatte Rückwirkung auf das Gesamtgefüge: Studienberatung bekam zugleich den Charakter von Familienberatung, die ohnehin schwierige Situation bei der Beschaffung und Ausstattung des Wohnraums für die Studierenden wurde noch angespannter, die im Seminargebäude wahrzunehmenden Dienste konzentrierten sich oft auf die unverheirateten Studierenden. Auf der anderen Seite fanden Freundschaft, solidarische Hilfe, wechselseitige Entlastung und das Einüben des Miteinanders von Familie und Studium einen besonderen Platz. Die besondere Naumburger Situation gab jenem Ja zur Familie in der Zeit des Studiums Raum. Es konnte zu einem Zeichen gelebter Freiheit werden: Gedenke zu leben![173]

Richard Schröder hat in einem Rückblick auf diese Jahre darauf aufmerksam gemacht, dass die Lebens- und Gesellschaftsperspektive der Studenten am Beginn der 80er Jahre die einer dritten Generationenerfahrung im Gang der DDR-Geschichte war. Danach war die erste Generationenerfahrung durch den Kirchenkampf in der Zeit des Nationalsozialismus, durch den Stalinismus in der DDR und seine Zuspitzungen im Jahr 1953 geprägt worden.

> »Diese Generation sah in der DDR ein Provisorium bis zur Wiedervereinigung und deutete das, was in der sowjetischen Besatzungszone, dann DDR, geschah, mit Hilfe der Totalitarismus-Theorie. Die Überlebensstrategie hieß: überwintern.«

In der zweiten Generationenerfahrung war der Mauerbau prägend. Die Ost-West-Spaltung vertiefte und verhärtete sich. Man hatte sich dem wohl oder übel zu stellen.

> »Die Überlebensstrategie hieß jetzt: Wir müssen hinnehmen, was sich nicht ändern läßt, und uns unter den gegebenen Verhältnissen einrichten, da eine weltpolitische Veränderung nicht zu erwarten ist«.

Diese Generation war auf einen weiten Weg ausgerichtet, auf dem es nach den Gewalterfahrungen bei den in Ungarn 1956 oder in der Tschechoslowakei

---

172   Klaer (AKPS, Rep. D 3, Nr. 141) 1981, S. 7.
173   Vgl. Blühm (AKPS, Rep. D 3, Nr. 141) 1985, S. 10 f.

1968 angestrebten Veränderungen vor allem darum gehen musste, große Konflikte unbedingt zu vermeiden und kleine Reformen anzustreben.
»Die dritte Generation,

> das sind die, die nach dem Mauerbau groß geworden sind. Sie sahen in ihren Lebensverhältnissen nicht mehr das kleinere Übel, eine Verbesserung gegenüber den Brutalitäten der Stalinzeit …, sondern verwehrte Freiheiten. Sie sahen das Elend in der Dritten Welt, die Zerstörung der Umwelt, die Atomkriegsgefahr – die drei großen Themen der ökumenischen Versammlung.«[174]

Dass ein Teil der dann auch am Katechetischen Oberseminar im Gang der 80er Jahre durchzustehenden Konflikte gerade auch ein Konflikt zwischen der zweiten und der dritten Generationenerfahrung war, lag von dieser Sicht aus nahe.[175]

Der so angedeutete Generationenwechsel zeigte sich am Beginn der 80er Jahre besonders darin, dass die Frage nach dem Kontext des theologischen Forschens, Lehrens und Lernens neu virulent wurde. Neben dem auffällig dichten Miteinander von Familie und Studium und dem friedensethischen Engagement ist ja auch die Suche nach einer tragfähigen und belebenden geistlichen Praxis ein Kennzeichen jener Zeit am Katechetischen Oberseminar. Dass das Studium in einer lebendigen Wechselwirkung mit dem geistlichen und gesellschaftlichen Leben, den geistlichen und gesellschaftlichen Herausforderungen und Nöten zu sehen und zu gestalten ist, wurde in Naumburg gespürt und bedacht. Das sorgte dafür, dass gerade die Gestaltungsfelder »Spiritualität« und »friedensethisches Engagement« miteinander und bisweilen kontrovers zueinander behandelt wurden.

Bei den vorangegangenen Generationen standen wohl andere Leitbilder im Vordergrund: Im ersten Jahrzehnt waren »Disziplin und Sachlichkeit leitende Werte, denen Studenten und Dozenten gleichermaßen verpflichtet waren«. Das zweite und dritte Jahrzehnt brachten »die Mündigkeit und Mitverantwortung von Studenten an der Gestaltung und Leitung der Ausbildung in den Vordergrund.«[176] Die achtziger Jahre aber zeigten – bei aller Kontinuität dazu – noch ein anderes Bild:

> »So sind unter den Studenten gegenwärtig zwei Formen besonderen Einsatzes anzutreffen: Einmal das Bemühen, in Ergänzung zur diskursiv-reflektierenden Art

---

[174] Schröder 1992, S. 20 f.
[175] Vgl. Schröder, ebd.
[176] Onnasch 1996, S. 256.

des Fachstudiums ein intensives spirituelles Leben zu verwirklichen. … Zum anderen das Bemühen, das theoretische Studium durch ein praktisches, den Fragen der Gesellschaft zugewandtes Engagement zu begleiten. So war es die Frage der Erhaltung und Sicherung des Friedens, die uns in letzter Zeit besonders bewegt hat.«[177]

In eins mit diesen Veränderungen der Leitbilder und Perspektiven ging auch eine Veränderung in der Zusammensetzung und den Bildungsvoraussetzungen der Studierenden. In zunehmender Zahl wurden Bewerberinnen und Bewerber immatrikuliert, die nicht aus einer kirchlichen Sozialisation kamen, sondern aus Erfahrungen besonderer Begeisterung oder Kränkung heraus ihren Weg ins Theologiestudium nahmen:

»Die Konflikte der achtziger Jahre berührten die Ausbildung an der Kirchlichen Hochschule auch dadurch, daß der Anteil von Studenten mit einer nur kurzen eigenen Erfahrung von Gemeinde und Kirche erheblich anstieg und zeitweise ein Drittel der Gesamtzahl ausmachte. Durch staatliche Eingriffe in ihrer Biographie Geschädigte wünschten, in der Kirche arbeiten zu können oder eine breite Grundausbildung zu erhalten, die sonst nicht zu erhalten war. In den Lehrveranstaltungen mußte darauf Rücksicht genommen werden.«[178]

Im Zuge einer solchen Entwicklung wurde deutlich, dass bei den Studierenden oft die Grundlagen für ein stimmiges Sammeln und Bearbeiten theologischer Erkenntnisse fehlten. So hieß es schon im Rektoratsbericht Ingo Klaers über das Studienjahr 1980/81:

»Nach meinem Eindruck ist z. T. ein gewisser Mangel an elementaren Kenntnissen und Einsichten festzustellen, der dann auch den theologischen Hochbau bodenlos - man kann auch sagen: zur theologischen Hochstapelei - werden läßt; - ein Eindruck, den ich jedenfalls im Fach Dogmatik gewonnen habe, wo z. T. die einfachsten Katechismuskenntnisse fehlten. Das sollte sowohl uns Dozenten - bei der Gestaltung der Lehrveranstaltungen - wie den Studenten zu denken geben. Wahrscheinlich ist auch noch viel mehr Anleitung der Studenten zu eigener Lektüre und zur Gewinnung eigener Anschauung, die die Begriffe erfüllen kann, nötig.«[179]

---

[177] Genest (AKPS, Rep. D 3, Nr. 141) 1982, S. 9.
[178] Onnasch 1996, S. 257.
[179] Klaer (AKPS, Rep. D 3, Nr. 141) 1981, S. 9.

Im Ergebnis eines großen Forums »Erwartungen an das Theologiestudium«, zu dem der Bund der Evangelischen Kirchen in der DDR 1980 eingeladen hatte, waren Forderungen erhoben worden nach gemeinsamen und einheitlichen Auswahlkriterien, nach einer dem Studium vorausgehenden und es begleitenden praktischen Mitarbeit in der Gemeinde sowie nach einer neuen Anlage des gesamten Ausbildungsprogramms. Diese bestimmten durch die 80er Jahre hindurch die Debatte zur Studienreform, bis dann die Ereignisse der Jahre 1989/90 das Jahrzehnt der Studienreform-Diskussionen beendeten und zu neuen Problemlagen führten. Im Rektoratsbericht zum Studienjahr 1989/90 ist am Ende eines langwierigen, mühsamen Diskussionsprozesses geradezu ein Aufatmen zu hören:

> »Die politischen Aktivitäten und Reibungsflächen in der sich auflösenden DDR waren so absorbierend, daß sie dem Rektor und Kollegium in Sachen Studienreform … ein Sabbatjahr gönnten.«[180]

Nur von Ferne ist schließlich im Jahr 1980 noch ein weiterer Veränderungsprozess zu ahnen: Im Februar wurde das erste Kopier-Gerät am Katechetischen Oberseminar Naumburg in Betrieb genommen. Das Zeitalter der schnellen Verfügbarkeit und Multiplizierbarkeit von Texten hielt Einzug. Noch verwies eine eigene minutiös ausgearbeitete »Benutzungsordnung für das Vervielfältigungsgerät Saxon 3« darauf, welche Grenzen mit Hilfe dieser Technik überwunden werden können. Und schon der Vorspruch dieser Ordnung lässt etwas von der Brisanz dessen erkennen, was sich mit ihr auftat:

> »Da für das Vervielfältigungsgerät Saxon 3 eine offizielle Einfuhrgenehmigung erteilt wurde, wurde eine zusätzliche Anmeldung des Gerätes bei den staatlichen Organen nicht vorgenommen. Als Datum der Inbetriebnahme gilt der 29. 02. 1980.«[181]

Zugleich aber musste auf dem nun beginnenden Weg zu neuen Vervielfältigungs- und Kommunikationstechniken deutlich werden, dass sich die Art und Weise, in der Texte und Informationen begriffen werden, entscheidend veränderte. Die durch Jahrhunderte geübte und noch am Oberseminar durch mehr als drei Jahrzehnte geübte Praxis, sich Texte durch ihr Abschreiben zu erschließen, ging Stück um Stück zurück.

---

[180] Lux (AKPS, Rep. D 3, Nr. 146) 1990, S. 3.
[181] AKPS, Rep. D 3, Nr. 246.

2 Forschung und Lehre: Kontinuität und Wandel

Angesichts der Veränderungen, die gerade die Jahre zwischen 1980 und 1990 am Katechetischen Oberseminar Naumburg brachten, trat die Verlässlichkeit und Kontinuität in den Kernaufgaben der Forschung und Lehre besonders hervor. Wer einmal entgegen dem Rat, nicht zu zählen, sondern abzuwägen, allein einen Blick auf die Liste der Lehr- und Lernvollzüge wirft, findet das deutlich belegt: Die Vorlesungsverzeichnisse der Jahre 1980–1990 zeigen, dass Semester für Semester etwa 40 Lehrveranstaltungen ihren Platz fanden. In der Studieneinführung (ab WS 1980/81 als obligatorisch für das 1. Studienjahr angegeben) werden in der Regel zwei Angebote ausgewiesen, die Einführung in das Studium der Theologie und die Bibelkunde; im Alten Testament und Neuen Testament, der Kirchengeschichte, Systematischen Theologie und Praktischen Theologie sind kontinuierlich zu den Hauptvorlesungen, Proseminaren und Seminaren spezielle Vorlesungen, Übungen und Kolloquia verzeichnet; klare Orientierung und mannigfache Vertiefung bringen die Vorlesungen, Übungen und Arbeitsgemeinschaften in der Philosophie und dem Studienbereich Musik und Literatur, zu dem immer auch das Angebot von Orgelunterricht zählt; die Sprecherziehung fehlt in keinem Semester und verbindet die Arbeit an der Person mit der an der Berufsaufgabe; schließlich weist der starke Block der Sprachenausbildung nicht nur die Konzentration auf die drei alten Sprachen, sondern auch ein regelmäßiges Englischangebot auf, das durch einzelne Lehrveranstaltungen und Arbeitsgemeinschaften zum Französischen, zum Biblischen Aramäisch und zum Russischen ergänzt wurde. Dazu kamen zwischen 1980 und 1990 die Ringvorlesungen »Gut und Böse« (SS 1980), »Frieden« (SS 1982) und »Der Kompromiß« (WS 1987/88), die Veranstaltungen im Rahmen des jeweils am Beginn des Sommersemesters stehenden »studium universale« sowie pro Semester etwa vier, bisweilen auch bis zu sieben Gastvorlesungen.[182] Bedenkt man, dass es neben diesen ordentlichen Lehrveranstaltungen auch eine Reihe von Privatissima und von Dozenten, Assistenten oder Repetenten begleiteten Lektüregruppen gab, kann man erahnen, wie intensiv das Lehren und Lernen in Begegnung Platz hatte.

So war auch für diesen Zeitabschnitt jene sachliche Dichte und Weite, aber auch eine motivierende Überschaubarkeit und Nähe im Lehren und Lernen prägend, die keinen »Studienbetrieb« entstehen ließ, sondern einen »Studiengang« ermöglichte. Das zahlenmäßige Verhältnis von Studierenden und

---

[182] Siehe auch Kap. II.4.1, S. 125–130.

hauptamtlich am Oberseminar Tätigen blieb durch die Jahre hindurch in etwa bei 3:1, was schon am Beginn der 80er Jahre als Chance und Herausforderung für die Gestaltung des Weges wahrgenommen wurde:

>»Die Zahl der Mitarbeiter betrug im Berichtszeitraum in diesem Sinne insgesamt 26, nämlich 10 Dozenten, 4 Angestellte in der Verwaltung, 8 in der Wirtschaft und 4 in der Bibliothek. Nimmt man als Durchschnittszahl der Studenten 80 an ... so kommen auf je 3 Studenten 1 Mitarbeiter. Das hängt damit zusammen, daß einfach schon der Sachbestand des KOS zu seiner Erhaltung viele Arbeitskräfte braucht (man denke z. B. an die Bibliothek).«[183]

Eine gute und ausstrahlungsstarke Kontinuität zeigt sich in der Weise, in der am Katechetischen Oberseminar Naumburg wissenschaftliche Arbeit in evangelischer Verantwortung geübt wurde. Schon das Statut gab im Sinne der theologischen und bekenntnismäßigen Orientierung der Evangelischen Kirche der Union vor, dass die Dozenten »an das Christuszeugnis der Schrift in der Auslegung der reformatorischen Bekenntnisschriften« gebunden sind.[184] Und in der Aufnahme und Vertiefung der theologischen Arbeit der EKU hatte das Naumburger Oberseminar auch in den 80er Jahren eine kaum zu unterschätzende Bedeutung. Hier wurden die Geschichte der EKU und ihr ekklesiologischer Beitrag im Rahmen der kirchlichen Zeitgeschichte bearbeitet. Hier wurde in Lehre und Leben deutlich, dass die unterschiedlichen konfessionellen Profile in einer Kirche als Bereicherung erfahren werden können und dass Kirchen mit unterschiedlichem Bekenntnisstand nicht bekenntnisverschiedene Kirchen sein müssen – eine Einsicht, die gerade in jenen Jahren bei den konkreten Gestaltungsschritten der Kirchen auf dem Grund der Leuenberger Konkordie zur Geltung zu bringen war (an ihr hatte der langjährige Naumburger Systematiker Horst Lahr maßgeblich mitgearbeitet, Martin Seils gehörte zu den Erstunterzeichnern in Leuenberg!). In der Fernwirkung am Beginn des 21. Jahrhunderts hatte die Konkordie dann etwa auch den Weg zur Evangelischen Kirche in Mitteldeutschland eröffnet. Der 1980 erschienene Text »Kirchengemeinschaft und politische Ethik. Ergebnis eines theologischen Gesprächs zum Verhältnis von Zwei-Reiche Lehre und Lehre von der Königsherrschaft Christi« (EVA 1980) zeigt wie das 1982 veröffentlichte Votum der 2. Lehrgesprächskommission von EKU und VELKD

---

[183] Klaer (AKPS, Rep. D 3, Nr. 141) 1981, S. 2.
[184] § 13,1 (Dok. 4).

»Amt/Ämter/Dienste/Ordination« (EVA 1982; vgl. auch Rechtfertigung und Kirchengemeinschaft, EVA 2006) eine starke Prägung durch die theologische Arbeit und den Einsatz von daran beteiligten Dozenten des Oberseminars.

Genauso wie im Blick auf das evangelische Profil zeigten sich auch im Blick auf die ökumenische Weite und Wachheit in Naumburg in jenen Jahren Stetigkeit und lebendige Fortentwicklung. Eine Reihe von Lehrveranstaltungen erschloss die Bedeutung der ökumenischen Bewegung und die je aktuellen ökumenischen Themen. Das 1982 verabschiedete »Lima-Dokument« (Taufe, Eucharistie und Amt. Konvergenzerklärungen der Kommission für Glauben und Kirchenverfassung des Ökumenischen Rates der Kirchen) fand in verschiedenen Disziplinen Aufmerksamkeit und hielt die ökumenischen Erwartungen offen. Seit dem Anfang der 80er Jahre wurde das ökumenische Lernen zudem auch durch die Anwesenheit von Gaststudenten bereichert: So kamen etwa im Studienjahr 1980/81 Judita Erdelyi aus der Reformierten Kirche der Slowakei, im Studienjahr 1981/82 Jan Stefan aus der Ev. Kirche der Böhmischen Brüder und im Studienjahr 1982/83 Petr Chamrad, ebenfalls aus der Ev. Kirche der Böhmischen Brüder, ans Haus.

Als Beispiel dafür, wie am Katechetischen Oberseminar eine lebendige Solidarität in der Wissenschaft und im Wissen umeinander Platz hatten, kann hier auf die Bemühungen um eine Gastvorlesung des tschechischen Bürgerrechtlers und amtsenthobenen Pfarrers und Alttestamentlers Jan Dus hingewiesen werden.

Jan Zeno Dus, ein Mitunterzeichner der Charta 77, war nach Auseinandersetzungen zu den Fragen der Bürgerrechte schon Anfang der 70er Jahre um seinen Reisepass und sein Amt als Pfarrer der Evangelischen Kirche der Böhmischen Brüder gekommen. Dass er dadurch in eine massive Existenzbedrohung und gerade auch in seiner Kirche in eine große Isolation geraten war, blieb am Katechetischen Oberseminar mit seinen Gaststudenten aus dieser Kirche und den wissenschaftlichen Kontakten nach Ost und West nicht verborgen. Durch wiederholte Einladungen, durch eine intensive Kontaktnahme mit der Evangelischen Kirche der Böhmischen Brüder und nicht zuletzt durch pointierte Eingaben an die Botschaft der ČSSR und den Staatssekretär für Kirchenfragen im Herbst 1989 versuchten die Rektoren des KOS, eine Reisegenehmigung für Jan Dus zu erlangen und ihn auf seinem Weg zu ermutigen. Bedauerlicherweise blieben diese Bemühungen erfolglos.[185]

---

[185] Vgl. den bewegenden Briefwechsel in AKPS, Rep. D 3, Nr. 176.

Und nicht zuletzt ist der im Haus auch jenseits der Semesterangebote und weit über den Bereich der Arbeit am Haus wirksame Beitrag der Kollegiumsmitglieder zur theologischen Forschung zu erinnern. Die regelmäßig stattfindenden Kolloquien des Kollegiums belebten das Fachgespräch und förderten (durch Teilgabe der Themen und Thesen am »Schwarzen Brett«) die Aufmerksamkeit der Studierenden auf aktuelle theologische Themen. Durch menschliche Begleitung und fachliche Anleitung fanden Repetenten und Assistenten zu ihren Themen und Forschungsfeldern. Im Berichtszeitraum wurden die Qualifikationsverfahren von Jürgen Weiß, Ulrich Placke, Hans-Wilhelm Pietz, Christian Löhr, Christian Stawenow und Ulrich Lieberknecht zum Abschluss gebracht.[186] Neben Veröffentlichungen in den »Theologischen Versuchen« und den Zeitschriften »Zeichen der Zeit« sowie »Die Christenlehre« gelangen dabei immer wieder auch Publikationen in international bedeutsamen Fachzeitschriften, Einzelpublikationen und Lexika.

Eine Bestätigung und Belebung der Forschungsarbeit, darüber hinaus aber auch die Eröffnung neuer Perspektiven brachten die in den 80er Jahren verstärkt möglich werdenden Reisen zu Tagungen, Kongressen und Begegnungen »ins nichtsozialistische Ausland«. In der Regel berichteten dann die Dozenten (und auch die Assistenten, die z. B. zu ökumenischen Studien im schweizerischen Bossey waren) von ihren Erfahrungen. Freilich gab es bis ins Kollegium hinein unterschiedliche Auffassungen und Haltungen zu dieser Praxis: War auf der einen Seite der Gewinn solcher »Grenzüberschreitungen« unmittelbar fassbar, blieb es auf der anderen Seite bedrückend, dass solche Reisen nicht als Recht und notwendiger Bestandteil des wissenschaftlichen Forschens, sondern als erlangtes und gewährtes »Vor-recht« zu stehen kamen.

Ein reges Zeugnis theologischer Forschung und wissenschaftlicher Diskurskraft sind die immer wieder vor Synoden, Konventen und Arbeitsgruppen gehaltenen Vorträge. Der Rektoratsbericht über das Studienjahr 1982/83 gibt dazu einen kleinen Einblick:

»Darüber hinaus sind von den Mitgliedern des Kollegiums im Berichtszeitraum insgesamt 33 Fachvorträge vor verschiedenen kirchlichen Gremien und Arbeitskreisen gehalten worden. … Nimmt man noch die Mitgliedschaft und Mitarbeit von Kollegiumsmitgliedern in Gremien wie Arbeitskreis, Arbeitsgemeinschaft, Beirat, Komitee, Kuratorium, Ausschuß, Kommission, Synode, Kirchenleitung, wissenschaftliche Gesellschaft, Redaktionskreise, Vorbereitungs-

---

[186] Vgl. Winter 1991, Sp. 798.

und Themengruppe auf Kirchentagen, Gemeindekirchenrat u. Ä. in diese Rubrik hinzu, so ergeben sich nicht weniger als 40. Der Zeit- und Kraftaufwand – einschließlich der üblichen Reiseumstände – war vielleicht in manchen Fällen schon jenseits des Verantwortbaren.«[187]

Aus der intensiven zeitgeschichtlichen Arbeit von Martin Onnasch heraus entstand schließlich die »Forschungsstelle für kirchliche Zeitgeschichte«. Über ihre Einrichtung wurde im Verwaltungsausschuss und im Kuratorium schon vom Herbst 1981 an diskutiert. Zum 1. Januar 1984 nahm sie dann als eine dem KOS angegliederte Einrichtung des Bundes ihre Arbeit auf.[188]

Freilich brachten die schon am Übergang von den 70er zu den 80er Jahren bemerkten Vakanz-Probleme eine erhebliche Anspannung und Belastung: Als nach dem Ruhestandseintritt von Eva Heßler im Jahre 1978 die Bemühungen um die Wiederbesetzung der zweiten Katechetischen Dozentur in Gang kamen, war die zweite Dozentur im Fach Neues Testament schon seit längerer Zeit (1976) vakant – und an deren baldige Wiederbesetzung infolge von Einsparvorgaben des Kuratoriums nicht zu denken. Zum 1. September 1982 wurde dann Martin Seils nach Jena berufen. Dem Wissen darum, dass mit dieser Berufung auch ein starkes Signal der Anerkennung gegenüber der am Oberseminar geleisteten Arbeit verbunden war, trat die Sorge um den Erhalt des Lehrprogramms an die Seite. Eine weitere Zuspitzung der Vakanz-Situation kündigte sich zum September 1983 mit der Berufung von Ulrich Schröter in den Dienst des Konsistoriums der Evangelischen Kirche Berlin-Brandenburg an. Wie stark die Belastungen dieser Zeit waren, zeigt auch hier der Rektoratsbericht über das Studienjahr 1982/83, in dem die Hoffnung auf eine baldige Veränderung dieser Situation ausgesprochen wird:

> »Im anderen Fall wäre zu fürchten, daß der Charakter und das Profil des Katechetischen Oberseminars als einer den anderen kirchlichen Hochschulen in der DDR gleichwertigen akademisch-theologischen Ausbildungsstätte Schaden nehmen. Es muß in diesem Zusammenhang aber angemerkt werden, daß das kirchliche Lehramt offenbar unattraktiv geworden ist und dies auch gerade gegenüber dem Pfarramt.«[189]

Eine deutliche Markierung der durch die Vakanzen entstandenen Herausforderungen und Zusatzaufgaben, die etwa auch durch die Vorlesungen Ingo

---

187   Meinhold (AKPS, Rep. D 3, Nr. 141) 1983, S. 7.
188   Vgl. Kap. II.3.3, S. 119–125.
189   Meinhold (AKPS, Rep. D 3, Nr. 141) 1983, S. 7.

Klaers im Neuen Testament oder die Gastlehraufträge von Lothar Ullrich (Erfurt) und Georg Hentschel (Erfurt) aufgegriffen wurden, stellte die im Sommer 1983 erfolgte Absage des seit langem für das Jahr 1984 geplanten Ehemaligentreffens dar. Unter dem Datum des 9. Juni 1983 schrieb Günther Schulz dazu die ehemaligen Studenten an und begründete diese Absage einerseits mit dem am Berliner Sprachenkonvikt organisierten Ehemaligentreffen zum 150. Geburtstag von Friedrich Daniel Ernst Schleiermacher, »zum anderen sieht sich das Kollegium des Oberseminars in seinen Wirkungsmöglichkeiten dadurch begrenzt, daß 4 Dozenturen vakant sind.«[190] Erst durch die Übernahme der zweiten Katechetischen Dozentur durch Raimund Hoenen im September 1984 und den Beginn der Arbeit von Rüdiger Lux im Alten Testament im Frühjahr 1985 trat eine Entlastung ein. Die Erfahrung, dass sich vakante Dozenturen nur schwer besetzen ließen, bewegte in jenen Jahren alle Gremien: Konvent, Kollegium, Kuratorium und Kirchenleitung. Dabei wurden sehr verschiedene Gründe für diese Problematik benannt: Neben der Feststellung, dass die Attraktivität des Lehramtes sich offenbar nicht so ausgeprägt hatte, wie sie im Verfahrenshintergrund für die Besetzungen, der in der Regel mehrere Kandidaten für ein Berufungsverfahren vorsah, angenommen worden war, und der Tatsache, dass nur wenige Kandidaten überhaupt für eine solche Aufgabe infrage kamen, wurden die Probleme bei der Beschaffung von Dozentenwohnungen, aber auch die Frage von Anstellungswünschen der Ehepartner vorgetragen. In der Kirchenleitung der KPS führte die Beschäftigung mit den Fragen der Stellenbesetzungen im Januar 1984 dazu, den Stellenplan verlässlich festzustellen, nach dem 12 hauptamtliche Dozenturen, 7 Stellen für Assistenten und Repetenten sowie die Stelle der Studieninspektorin gesichert sein sollten. So gelang es dann in der 2. Hälfte der 80er Jahre auch, weitere Besetzungsverfahren zum Ziel zu führen: Eckart Reinmuth konnte zum September 1986 auf die seit langem vakante Stelle im Neuen Testament berufen werden. Durch die als deutliches Zeichen der Anerkennung wahrgenommene Berufung Nikolaus Walters nach Jena bedingt, konnte die so sehr gewünschte Verstärkung der neutestamentlichen Exegese nicht voll zum Zuge kommen. Und nach dem Ende der Dozentur von Reimund Blühm und der Übersiedelung mit seiner Frau in den Westen blieb diese Stelle bis zur Berufung von Roland Biewald zum September 1989 vakant. Erst in jenem Herbst gelang dann auch die Besetzung der freien NT-Dozentur mit Friedrich Wallbrecht.

---

[190] Schreiben in AKPS, Rep. D 3, Nr. 176.

3 Auseinandersetzungen: Spuren, Wunden, Aufbrüche

Im Jahrzehnt zwischen 1980 und 1990 stand das Katechetische Oberseminar immer wieder vor deutlich wahrgenommenen Auseinandersetzungen. Auch wenn sie sehr unterschiedlich gelagert, motiviert und provoziert waren, zeigt doch schon ein kurzer Blick, dass sie jeweils in das Spannungsfeld zwischen der Gewissensentscheidung Einzelner und dem diskursiven theologischen oder ethischen oder politischen Abwägen und Entscheiden gehörten. Sie alle haben Wunden hinterlassen, aber auch Aufbrüche zu eigener und gemeinschaftlicher Vergewisserung und Orientierung. Eine kurze Spurensuche vermag vor allem vor Augen zu führen, dass das KOS ein Ort war, der zur Gewissenserfahrung und Gewissensbildung half. Dass das dazu gehörende Aufnehmen der Sicht- und Denk- und Erfahrungsweisen der je anderen nicht immer in der nötigen und vielleicht sogar möglich gewesenen Intensität erfolgte, ist auch nach zwanzig oder dreißig Jahren noch mitunter zu spüren.

Zum Jahreswechsel 1979/80 war das Exmatrikulationsverfahren des Studenten Rüdiger Bednarzik in eine entscheidende Phase gekommen. Ausgangspunkt dafür war seine Weigerung, die als »ungenügend« ausgewiesenen bibelwissenschaftlichen Proseminararbeiten zu wiederholen. Nach intensiven Such- und Diskussionsprozessen (vgl. z. B. SS 1976 Seminar: Theologische Voraussetzungen der historisch-kritischen Exegese, Walter/Klaer), in denen es den beteiligten Studenten und Dozenten darum ging, sein Anliegen eines glaubenden Hörens auf die Schrift mit der Aufgabe historisch-kritischer Arbeit plausibel verbunden bleiben zu lassen, war diese Weigerung der Grund für den (gemäß der Immatrikulationsordnung Teil B) am 21. 11. 1979 gefassten Exmatrikulationsbeschluss. Rüdiger Bednarzik hatte Anfang Dezember 1979 den in der Ordnung vorgesehenen Beschwerdeweg eingeschlagen. Nach der Anhörung vor dem zuständigen Konsistorium in Magdeburg ist dann Ende Januar 1980 der endgültige Bescheid zugestellt worden.

> »Es ging hier um einen sehr tiefen Konflikt zwischen der glaubensmäßigen Gewissensentscheidung dieses Kommilitonen und der für uns als Dozenten eindeutigen, aber auch von der großen Mehrheit der Studenten geteilten Auffassung, daß die wissenschaftlich verantwortete Bibelauslegung ein unaufgebbarer Bestandteil unserer theologischen Ausbildung im Auftrag der Kirche und für den Dienst in der Kirche ist und daß von jedem, der sich hier theologisch ausbilden lassen möchte, mindestens eine aktive Kenntnisnahme solcher Arbeitsweise zu fordern ist.«[191]

---

[191]   Walter (AKPS, Rep. D 3, Nr. 142) 1980, S. 4.

Ein Jahr darauf, zum Jahreswechsel 1980/81, führte der Entwurf eines Briefes von Studenten des KOS zur Friedensfrage zu einer intensiven Auseinandersetzung über die Form und die Ziele des Friedensengagements in der Zeit der Debatte um die Installation von neuen Mittelstreckenwaffen in Europa. Der Briefentwurf der Naumburger Studenten (Christian Sachse, Wolfgang und Jutta Stengel, Hans-Michael Hanert, Dorothea Merker und Joachim Goertz) war als »ein öffentlicher Appell oder Manifest einer zukünftigen Friedensbewegung in der DDR« angelegt.[192] In der Ausrichtung auf die Verantwortung der Einzelnen, der Gesellschaft und des Staates wollte er der sich verstärkenden »Individualisierung des Friedensengagements« entgegenwirken – und zugleich die Dimension des persönlichen Wagnisses zum Frieden deutlich machen. Dazu war im Entwurf die Form des »Offenen Briefes« gewählt worden. In der auf diesen Briefentwurf folgenden und mit seiner Diskussion der Vollversammlung der Studentenschaft am 16. Dezember 1980 verbundenen Konfliktgeschichte zeigten sich neben den inzwischen intensiv aufgearbeiteten Einflussversuchen durch die staatlichen Stellen[193] vor allem die von Richard Schröder so benannten unterschiedlichen Generationenerfahrungen: Während den Verfassern gerade die möglichst breite Öffentlichkeit und die bewusst angestrebte politische Auseinandersetzung wesentlich war, riet der Rektor, Ingo Klaer, schon in der Vollversammlung und auch bei den nachfolgenden Gesprächen sowohl mit den Studenten als auch mit den staatlichen Stellen dazu, diesen Brief als einen Beitrag zum innerkirchlichen Gespräch abzufassen bzw. zu verstehen. Schließlich ging der Brief am 15. Januar 1980 als Brief von (namentlich nicht aufgeführten) Studenten des Katechetischen Oberseminars an die Kirchenleitung der KPS und über diese an die Konferenz der Kirchenleitungen adressiert heraus.[194]

So macht gerade diese Auseinandersetzung exemplarisch deutlich[195], dass die unterschiedlichen Haltungen zur Diskussion der Friedensfrage ihren Anhalt nicht in wesentlich unterschiedenen Sacheinsichten und Sensibilitäten, sondern in einer unterschiedlichen Einschätzung der Situation hatten. Richard Schröder hat zu dieser Problemlage in dem schon zitierten Zusammenhang festgehalten:

---

[192] Text siehe Dokument 11; vgl. Sachse 2011, S. 3.

[193] Ebd.

[194] Vgl. Kap. IV.2, S. 222 f.

[195] In diesem Zusammenhang steht auch die hektographierte Zeitung der Studentenschaft des KOS Naumburg: »Der Anstoß« (Privatarchiv Andreas Neumann-Nochten).

»Noch im Mai 1989 habe ich zu unseren Studenten gesagt, sie sollten doch bei ihren Protesten lieber in den Kirchen bleiben. Denn sie könnten doch nicht sicher sein, daß solche Demonstrationen nicht eines Tages zusammengeschossen werden. Ob das ein überängstlicher Ratschlag war, wie unsere Studenten sicher gemeint haben, oder nicht, darüber bin ich mir selbst im Rückblick nicht ganz sicher.«[196]

Dass dann bis eben in jene Zeit des Jahres 1989 hinein eine ganze Reihe weiterer friedensethischer Aktionen vor allem im Rahmen der Naumburger Studentengemeinde Platz fand, prägte gerade das Profil und die Bedeutung dieser mit dem Katechetischen Oberseminar verbundenen Arbeit. Immerhin konnte Martin Onnasch für den Seminarbereich eine gewisse Entlastung konstatieren:

»Daß das Verhältnis zum Rat des Kreises sich entspannt hat, ist auf die Bereitschaft zurückzuführen, zwischen KOS und Studentengemeinde zu unterscheiden.«[197]

Ein in der Folge des Naumburger Briefes in der Studentenschaft des KOS entstandener Vorschlag zur Einrichtung eines zweisemestrigen Kontaktstudiums zu Friedensfragen (in Entsprechung zur katechetischen Zusatzausbildung) versuchte das friedensethische Engagement dann auch wieder mit dem Ausbildungsgang zu verbinden. Er wurde über die (1979 gegründete und bis in die Mitte der 80er Jahre aktive) »Konferenz der Studentenvertreter theologischer Ausbildungsstätten in der DDR« breit bekannt gemacht und diskutiert.[198]

Der hier kurz anzudeutende dritte Konflikt wurde im Lutherjahr 1983, an dessen Höhepunkten sich Dozenten und Studenten dicht beteiligten und das ja auch einen kurzen Besuch von Richard von Weizsäcker im Seminar brachte,[199] manifest: Der in der Luther-Forschung arbeitende Assistent und Pfarrer Wolfgang Harnisch stellte für sich und seine Familie einen Ausreiseantrag. Bei Martin Luther hatte er gelernt, dass die Lüge das Kennzeichen der Sünde ist, die Lüge, die das Gute schlecht und das Schlechte gut nennt. Seine Kritik an den DDR-Verhältnissen und dem Weg der »Kirche im Sozialismus«

---

[196] Schröder 1992, S. 21.

[197] Onnasch (AKPS, Rep. D 3, Nr. 141) 1984, S. 4.

[198] Vgl. AKPS, Rep. D 3, Nr. 247; insbesondere Protokoll der 8. Tagung der KSV, 1982, Berlin.

[199] Vgl. Meinhold (AKPS, Rep. D 3, Nr. 141) 1983, S. 9.

war so schon während der Studienzeit und des Vikariates eine grundsätzliche Kritik geworden: Sie galt der DDR als einem Regime der Lüge und einer Kirche, die dazu keine entschiedenen Worte findet. Er sah und benannte die Alltagslüge, in der die Doppelzüngigkeit zur Gewohnheit wird, die Lüge einer Friedenspolitik, die schon Kinder in die Militarisierung des Denkens und Lebens bringt, die Lüge einer Staatsführung, die Martin Luther feiert und nicht einmal den elementaren Auftrag der Obrigkeit, für Recht zu sorgen, einhält. Wie nur wenige in jener Zeit benannte er auch die ökonomische Lüge des DDR-Sozialismus: Der Zustand der Dörfer und der Stadt Naumburg boten ein Feld von Indizien dafür. Sein Bemühen darum, dass diese Problematik in grundsätzlicher Weise theologisch, kirchenpolitisch und gesellschaftspolitisch angegangen werde, stieß gerade auch in den innerkirchlichen Diskussionen auf eine Situationseinschätzung, die den Weg der kleinen Schritte für den gegebenen Weg hielt und von jenen Gedanken geprägt war, wie sie z. B. im Wort der EKU-Synode 1960 »Vom Bleiben in der DDR«[200] ihren Ausdruck gefunden hatten. Bedrückt davon, dass seine Fragen gerade auch theologisch und kirchenpolitisch nicht aufgenommen wurden, stellte Wolfgang Harnisch schließlich den Ausreiseantrag. Das Kuratorium beendete daraufhin seine Assistentur.[201] Die dann in der Folge dieses Konfliktes vom Kuratorium am 17. Oktober 1984 beschlossene Erweiterung des Statuts des Katechetischen Oberseminars zeigt, wie brisant die durch zunehmende Ausreiseanträge geprägte Situation auf dem Weg der 80er Jahre war. Sie zeigt aber auch die Grenzen der von einer kritischen Reflexion und Anleitung zu kritischer Praxis geprägten kirchlichen Ausbildung in der DDR:

> »Wenn ein Student zum Ausdruck bringt, daß er nicht mehr gewillt ist, nach Beendigung des Studiums seinen Dienst in einer Kirche im Bereich des Bundes der Evang. Kirchen in der DDR anzutreten, endet das Studium durch Exmatrikulation ohne Antrag ohne Beteiligung des Gremiums nach § 21 des Statuts.«[202]

Bei Ausreiseanträgen von Studierenden wurden bis zum Jahr 1989 dann aber je andere Wege als der in dieser 1990 nicht aufgehobenen, sondern »hinfällig« gewordenen Regelung gesucht.

Ein kurzer Blick auf eine Reihe weiterer Auseinandersetzungen zeigt, wie die Themen der Zeit und die Herausforderungen der Kirche auch zu Themen

---

[200] Vgl. Heidtmann 1964, S. 327 ff.
[201] Vgl. Meinhold (AKPS, Rep. D 3, Nr. 141) 1983, S. 6.
[202] Änderung des Statuts vom 17. 10. 1984 (AKPS, Rep. D 3, Nr. 246).

am Oberseminar wurden: Im Studienjahr 1985/86 gab es hier die Diskussionen um die Wertung von Homosexualität in der Kirche und die Frage der Vereinbarkeit von offen gelebter Homosexualität mit kirchlichem Dienst sowie die durch den Brief Leipziger Studenten aufgeworfene Frage nach der kirchlichen Anerkennung von Ehen ohne standesamtliche Eheschließung.[203] Die Entwicklung feministischer Ansätze und Perspektiven für die kirchliche Arbeit spielte während der 80er Jahre eine Rolle durch das Engagement einzelner Studentinnen, durch deren Beteiligung am Konvent evangelischer Theologinnen, dessen (Ost und West verbindende) Jahrestagungen in Ost-Berlin auch von Naumburger Studentinnen besucht wurden.[204] Zudem wurde die Frage nach der Gestaltung des Miteinanders von Frauen und Männern im Studium, im Amt und in der Gemeinde intensiv bewegt:

> »Als Erstes müßte sich einiges an und im Studium ändern. Männer und Frauen im Studium müssen eine Zusammenarbeit lernen. Das klassische Bild der Amtsautorität (Mann) scheint auch hier noch nicht überwunden.«[205]

Auffällig bleibt bei einem Bedenken dieses Themenfeldes, dass es nach dem Ruhestandseintritt von Eva Heßler gerade in den 80er Jahren nicht wieder gelungen war, eine Frau in eine hauptamtliche Dozentur zu berufen. Und zu erinnern ist, dass etwa die Rektoratsberichte bis an die Mitte der 80er Jahre heran die Anrede »Fräulein« für unverheiratete Frauen aufweisen und dokumentieren.[206]

4 Studienvoraussetzungen und Studiengestaltung: Fragen, Perspektiven, Aporien

Intensive Bemühungen um eine überzeugende und förderliche Studiengestaltung begleiteten in den 80er Jahren die Lehre und Forschung am Katechetischen Oberseminar. Da ist vor allem der Beitrag der Studieninspektoren zu erinnern, die an der Schnittstelle von Lehre und Leben, von Haus und Wohnungen, von Seminar und Gemeinde und Stadt zu arbeiten und zu gestalten hatten. Insbesondere vermochte es Anna-Barbara Klaer (WS 1975/76 – SS

---

[203]   Walter (AKPS, Rep. D 3, Nr. 141) 1986, S. 2.

[204]   Vgl. www.theologinnenkonvent.de.

[205]   Votum der KSV zum Thema Frauen im Theologiestudium; Protokoll der 12. Tagung des KSV, Nov. 1984 (AKPS, Rep. D 3, Nr. 247).

[206]   Vgl. Meinhold (AKPS, Rep. D 3, Nr. 141) 1983, S. 3: »Frau Kröner«, »Fräulein Quien«, »Fräulein Becker«, »Fräulein Götting«.

1980; WS 1981/82 – WS 1984/85), ihre Erfahrungen aus der Gemeinde und Unterweisung mit menschlicher Zuwendung und Aufmerksamkeit, einem Gespür für seelsorgerliche Fragen und der Freude am gemeinsamen Feiern zu verbinden. Sie war, wie auch die Studieninspektoren nach ihr, an der Vorbereitung und Begleitung der Studieneingangsrüsten, der Begrüßungsabende und in der Arbeit des Studienberatungsausschusses wesentlich beteiligt und unterrichtete selbst in der Bibelkunde. Von ihr stammen in der Studienreformdebatte einige wichtige Anregungen: So brachte sie im Frühjahr 1980 den dann auch gut aufgenommenen Vorschlag zur Sprachausbildung in 3 Semestern in das Kollegium und den Konvent ein.[207]

In der Zeit ihrer Freistellung während der Rektoratszeit von Ingo Klaer übernahm Roland Biewald »als der erste männliche Studieninspektor des KOS«[208] das Amt (WS 1980/81 – SS 1981). Auf Anna-Barbara Klaer folgten Karl-Ludwig Ihmels (SS 1985 – WS 1985/86), Cornelia von Uckro (SS 1986 – WS 1987/88), Albrecht Steinhäuser (WS 1988/89 – SS 1991) und schließlich schon in den 90er Jahren Susan Kramer-Mills (WS 1991/92 – SS 1993) und während deren Schwanger- und Mutterschaftsurlaub Anne-Christina Wegner (SS 1992).[209] Sie begleiteten vor allem die spirituellen Aufbrüche und das geistliche Leben und konnten dabei Erfahrungen eines gelingenden geistlichen Lebens, einer Erweiterung der Mittagsandachten um morgendliche Besinnungszeiten und Abendmahlsfeiern befördern, hatten aber auch mit geistlichen Durststrecken und dem immer wieder einmal auflebenden Unmut gegenüber dem gemeinsamen Mittagessen zu ringen.

Zu den Studienvoraussetzungen und zur Studiengestaltung gehörte natürlich auch der Wirtschafts- und Küchenbereich. Bei den Berichten über deren Entwicklung in den 80er Jahren muss auffallen, wie uneingeschränkt der Anteil und die Verdienste von Verwaltungsleiter Fischer herausgehoben wurden. Er konnte die Sanierungsarbeiten an den Häusern, die Begleitung der Semesterzeiten und Semesterferien, er konnte die technische Ausstattung, er konnte vor allem aber die stets problematische Versorgung mit Brennstoffen in einigermaßen verlässliche Bahnen bringen. Und noch im Herbst 1989, zur Vorbereitung des 40-jährigen Jubiläums des Katechetischen Oberseminars, sorgte er nach Ausweis der erhaltenen Bestell-Unterlagen höchst akkurat und mit einem hohen Einsatz, unter Einhaltung der Dienstwege im Versorgungsbereich für die Bereitstellung von Gemüse und Fleisch, von Wein und

---

[207] Vgl. Protokoll des Konvents am 25. 6. 1980 (AKPS, Rep. D 3, Nr. 217), S. 37.

[208] Klaer (AKPS, Rep. D 3, Nr. 141) 1981a.

[209] Vgl. auch Kap. VIII. unter 5., S. 338.

Knabbereien. Auf der anderen Seite saß er, der schon im kirchlichen Dienst ein höheres Gehalt als die Dozenten erhielt,[210] im Berichtszeitraum zugleich auch als bezahlter Mitarbeiter des MfS nicht nur im Verwaltungsausschuss des Oberseminars, sondern nahm z. B. auch an den für alle Ost-West-Kontakte im Bereich der kirchlich-theologischen Ausbildung in der DDR so wichtigen Verwaltungsleitertreffen teil, zu denen regelmäßig die Verwaltungsleiter aus den Kirchlichen Hochschulen im Westen kamen.[211] Richard Schröder hat dazu schon 1992 festgehalten:

> »Wer mit solchen Menschen zu tun hatte, steht vor einem psychologischen Rätsel. Wir hatten einen solchen Fall in der kirchlichen Hochschule Naumburg … Wie ist das zu deuten? Haben diese Menschen zwei Leben geführt? Es ist schwer, zu glauben, daß die uns zugewandte Seite ihres Lebens Lug und Trug gewesen sein soll. Vielleicht stimmt es, daß solche Menschen zwei Leben geführt haben: für die Stasi und für die Kirche.«[212]

Eine äußerst sensible und zentrale Rolle spielte in Naumburg in allen Jahren und Jahrzehnten, besonders aber in der Mitte der 80er Jahre, die Frage nach Wohnmöglichkeiten für die Studierenden.[213] Zusätzliche Probleme brachte die unsichere Rechtslage im Blick auf die Nutzung des Hauses Domplatz 8. Somit standen 1984/85 eine Reihe jener Fragen und Aufgaben deutlich vor Augen, die dann vom Jahre 1990 ab das Ringen um die Zukunft der kirchlichen Hochschule Naumburg begleiteten. Abschließend heißt es in der von Rektor Blühm und Verwaltungsleiter Fischer aufgestellten Studie:

> »Sicherlich wären weder das KOS noch die Ev. Kirche der Kirchenprovinz Sachsen in der Lage, die vorgeschlagenen Lösungen allein durchzusetzen. Sie bedürfen der deutlichen finanziellen, materiellen und moralischen Unterstützung darüberhinaus.«[214]

---

[210] Jahresgehalt Verwaltungsleiter Fischer 1989: 12 240,– M, Jahresgehalt Dozenten durchschnittlich 12 120,– M; vgl. Anlage Nr. 6 zum Haushaltplan, Sitzung des VA vom 15. 6. 1989. Hinzu kommen vom MfS mit seinem Eintritt ins KOS monatlich 350,–, ab Febr. 1988 550,– M als Differenzausgleich zu seinem bisherigen Verdienst. Dieser Betrag erhöht sich durch Prämien noch weiter, s. MfS BV Halle KD Naumburg VIII 641/65 Bd. III.

[211] Vgl. Kapitel IV.2, S. 220f.

[212] Schröder 1992, S. 24.

[213] Vgl. Kap. IV.1, S. 203–206 und Kap. V.1, S. 229–236.

[214] AKPS, Rep. D 3, Nr. 141; vgl. auch Kap. IV.1, S. 204f.

Fast zeitgleich mit den Überlegungen zur Studienplatzkapazität setzten intensive Diskussionen um die Zukunft der Bibliothek ein.[215] Eine Entscheidung über eine Konzeptionsveränderung oder über einen perspektivischen Ausbau erschien unaufschiebbar. So verdichteten sich diese Wahrnehmungen zu Leitgedanken für eine Gesamtplanung der Arbeit des KOS. Sie sind ein Zeichen dafür, dass in der Mitte der 80er Jahre Anlass, Mut und Wille zu dauerhafter Arbeit vorhanden waren:

> »Ziel einer Gesamtplanung muß es sein, die Bedingungen der Arbeit des KOS in allen Bereichen so zu gestalten, daß auf eine mittlere bis längere Frist (ca. 30 Jahre) eine sachgerechte Ausbildungsarbeit und damit eine Dienstfunktion für die Kirche geleistet werden kann.«[216]

Diese Planungen am Haus standen zugleich im Kontext von Schritten zu einer abgestimmten Weise der kirchlich-theologischen Ausbildung im Bund Evangelischer Kirchen in der DDR. Die seit langem anhaltenden Bemühungen um eine Studienreform fanden eine Konkretion in der Einigung über Erhalterbeiträge der Landeskirchen zur Finanzierung der Ausbildungsstätten und in der Einführung von Regelstudienzeiten. So beschloss die Konferenz der Kirchenleitungen im Sommer 1986 eine Regelung der gemeinsamen Finanzierung kirchlicher Ausbildungsstätten. Sie trat am 1.1.1987 in Kraft.[217] Danach zahlten die Landeskirchen für ihre Studierenden nicht nur – wie bisher – das Stipendium. Vielmehr unterstützten sie nun auch den sonst vor allem durch Zuschüsse der KPS und der EKU aufgebrachten Haushalt des KOS durch eine monatliche Zahlung von 200 M pro Studierendem. So wurde eine breitere Verteilung der Lasten ermöglicht, zugleich aber auch ein enormer Verwaltungsaufwand hervorgerufen: Nachdem sie ihr Einverständnis zu den entsprechenden Immatrikulationen erklärt hatten, wurden bei den Landeskirchen vom KOS Semester für Semester die Beiträge abgerufen. Damit dies umsetzbar wurde, war eigens die Immatrikulationsordnung des KOS im Blick auf die Zustimmung der Landeskirchen zur Studienaufnahme und zur Exmatrikulation zu ändern. Auch mussten für Studierende, die nicht aus einer der Landeskirchen, sondern etwa aus der Herrnhuter Brüdergemeine oder als durch das Gustav-Adolf-Werk vermittelte Gaststudenten kamen, entsprechende eigene Regelungen vorgesehen werden. Flankierend zur Einführung

---

[215] Vgl. Kap. V.3, S. 244 f.

[216] Vorlage für den VA des Katechetischen Oberseminars am 26. 6. 1986 (AKPS, Rep. D 3, Nr. 141).

[217] Vgl. AKPS, Rep. D 3, Nr. 124.

von Erhalterbeiträgen wurde die Einführung von einheitlichen Regelstudienzeiten vorbereitet. Im Sommer 1988 verabschiedete die Konferenz der Kirchenleitungen einen entsprechenden Beschluss. Er sah vor, dass für die Studienjahre 1988/89, 1989/90 und 1990/91 am Berliner Sprachenkonvikt und in Naumburg 11 Semester einschließlich des Examenssemesters als Regelstudienzeit gelten. Nach dieser Übergangszeit sollte für alle Studierenden eine Regelstudienzeit von 10 Semestern einschließlich Examenssemester, bei vorliegenden Altsprachenabschlüssen vor Studienbeginn aber 9 Semester einschließlich Examenssemester gelten.[218] Da diese Beschlüsse bei Dozenten und Studierenden am KOS als eine erhebliche Begrenzung der Studienfreiheit und hinderliche Reglementierung angesehen wurden, blieben sie bis zum Ende der 80er Jahre umstritten.

II.2.3 Kirchliche Hochschule unter neuen Bedingungen 1990–1993

Hans-Wilhelm Pietz

1 Was wird aus dem KOS?

Oktober 1989: Die Festtage zum 40-jährigen Bestehen des KOS fielen mit den Feierlichkeiten und den friedlichen Protesten zum 40. Jahrestag der DDR zusammen. Die Jubiläumstage, die in Naumburg mit 96 Gästen »unter dem ›wachsamen Auge‹ und ›sicherem Schutz‹ der Staatsmacht«[219] stattfanden, begannen mit einem sehr nachdenklichen und kritischen Blick auf die Situation des Hauses. In der Zeit sich anbahnender Umbrüche ging die Zahl der Studierenden auffällig zurück: Im WS 1988/89 waren es 70 Studierende, im SS 1989 61, im WS 1989/90 63. So drängte sich die Frage auf: Was wird aus dem KOS? Raimund Hoenen nahm sie in seinem Rektoratsbericht auf und benannte auf der Suche nach den Gründen für den Rückgang der Bewerbungen eine Reihe von Wahrnehmungen und Analysen, die ein konturenreiches Bild der Situation (des Hauses) am Übergang von den 80er zu den 90er Jahren entstehen ließen. Dabei wurde deutlich: Kritisch wird die Situation des KOS nicht erst durch den Fall der Mauer und das Ende der DDR.

> »– Durchschnittlich kommen etwa je 1/3 der Bewerber aus den kirchlichen Proseminaren, aus den EOS und mit anderen Abschlüssen. Dieser Schnitt gilt auch weiter für die kleineren Zahlen. Wo bleiben die Abgänger der drei kirchlichen Proseminare?

---

[218]   Ebd.
[219]   Lux (AKPS, Rep. D 3, Nr. 146) 1990a, S. 1.

– Kann es sein, daß sich der Rückgang der Geburten seit 1971 auch auf unsere Bewerbersituation auswirkt? Gibt es auch für die Kinder kirchlicher Mitarbeiter genügend erstrebenswerte berufliche Angebote, so daß die Theologie nicht mehr die Rolle eines Ausweichstudiums hat? ...

– Ist das Angebot des KOS Naumburg erstrebenswert – etwa im Vergleich zu dem der anderen kirchlichen Hochschulen und theologischen Sektionen?

– Ist Naumburg als Studienort reizvoll – hinsichtlich der äußeren Bedingungen und Anregungen für Studierende? Wird mehr das pulsierende Großstadt-Leben gesucht als die Möglichkeit ruhigen Studierens ohne größere Ablenkungen?

– Geben die Voraussetzungen des Gemeindeaufbaus und der Jugendarbeit im Besonderen keine Interessenten für ein Theologiestudium mehr her? Wirkt sich also der Minorisierungsprozeß der Kirche insgesamt auf unsere Bewerbersituation aus?

Mit diesen Fragen sollen nicht Gründe bei anderen und woanders gesucht werden. Wir müssen auch uns fragen: Was haben wir beigetragen, unsere Arbeit bekannt zu machen und für unser Studium zu werben?«[220]

Die in Naumburg zu machenden Beobachtungen und die sich daraus ergebenden Fragen zeigten in der Tat markante Veränderungen auf und standen in einem größeren Kontext. Wohl gab es besondere Naumburger Standortprobleme, die sich aus der Überschaubarkeit des Seminars und der Stadt ergaben. Und gewiss haben die 80er Jahre schon eine schrittweise Veränderung und Erhöhung der Ansprüche der Studierenden an die äußeren Bedingungen gebracht, so dass gelegentlich der Ausruf begegnete: »Es ist wohl zu fragen, ob dem Anspruchsdenken nicht energischer zu widerstehen ist.«[221] Die sich im Herbst 1989 aber bereits ankündigenden demographischen Veränderungen und der damit verbundene Blick auf eine Forcierung des Minorisierungsprozesses der Kirche bei einer zugleich verhältnismäßig großen Zahl und geographischen Nähe theologischer Ausbildungsstätten im DDR-Bereich gingen über die Standortproblematik im engeren Sinne hinaus. Vor allem aber schlug in jener Zeit so etwas wie ein »Mentalitätswandel« durch. War das in den 70er Jahren aufgenommene Programm einer »Kirche als Lerngemeinschaft«[222] vor allem auch durch eine neue Begeisterung für das theologische Lernen und die Theologie als kritische und für den Dienst der Kirche notwendige und hilfreiche Wissenschaft geprägt, so begegnete am Ende der

---

[220] Hoenen (AKPS, Rep. D 3, Nr. 146) 1989, S. 2 f.

[221] Meinhold (AKPS, Rep. D 3, Nr. 141) 1983, S. 5.

[222] Vgl. Kirche als Lerngemeinschaft 1981.

80er Jahre die Rede von einer zunehmenden »Theologieverdrossenheit«. Immerhin: das so aufgerufene Stichwort blieb nicht in den Pausengesprächen der Konvente und Kollegien. Hinter ihm stehen Erfahrungen, Kritiken und Anliegen, die eine grundlegende Reflexion herausforderten. So erschien im März 1989 in der Zeitschrift »Die Zeichen der Zeit« eine ausführliche Stellungnahme der Theologischen Kommission des Bundes der Evangelischen Kirchen in der DDR: »Die Gemeinde braucht die Theologie. Zur Kritik der ›Theologieverdrossenheit‹.«[223] Darin werden mehrere Facetten von »Theologieverdrossenheit« benannt. Einerseits beklagen die Menschen in den Gemeinden wohl immer wieder, dass die ihnen dargebrachte Theologie »lebensfremd, doktrinär und in einer unverständlichen Sprache« erscheine. Auf der anderen Seite wird aber auch der »Pluralismus, die mangelnde Eindeutigkeit und die fehlende Verbindlichkeit theologischer Äußerungen«[224] als Belastung und Entmutigung benannt. Die in einem einfühlsamen Plädoyer für die »Theologie als Dimension des Glaubens« mündende Studie fordert eine »Veränderung der theologischen Ausbildung« in Richtung auf eine »ganzheitliche Theologie unter gleichzeitiger Konzentration auf das tatsächlich Notwendige.«[225]

Am Katechetischen Oberseminar Naumburg war im Lauf der 80er Jahre in dieser Richtung schon intensiv gerungen und gearbeitet worden: Die Einführung von Blockseminaren galt einem stärkeren Praxisbezug und dem Anliegen interdisziplinärer Forschung, die intensive Begleitung der Praktika und der Einsatz für den Erhalt von Praktikumssemestern auch unter den Bedingungen der Regelstudienzeit zielte auf eine solche Entwicklung wie auch das in der Diskussion um die Seminararbeiten deutlich gewordene Bemühen, einzelne Seminararbeiten durch Referate im Lern- und Lehrvollzug zu ersetzen. Im Herbst 1989 schließlich führten solche Ansätze und Überlegungen dazu, verstärkt Seminarsitzungen unter der Leitung von Studenten durchzuführen, um so die Sprach- und Vermittlungskompetenz zu stärken, und die spirituelle Begleitung und Vertiefung des Studiums zu fördern.[226]

In dem allen aber belasteten der Bewerberrückgang und die Frage, welchen Weg das KOS unter den gewandelten Bedingungen nehmen werde. Erschwerend kam hinzu, dass sich die seit langem vorhandenen Probleme hin-

---

[223] ZdZ 3/89, S. 81 ff.
[224] Ebd., S. 81.
[225] Ebd., S. 82 f.
[226] Vgl. Hoenen (AKPS, Rep. D 3, Nr. 146) 1989, S. 4 und S. 9.

sichtlich der Studienvoraussetzungen zuspitzten: Schon im Frühjahr 1989 hatte der Verwaltungsausschuss die Frage nach einer Erneuerung der Heizungsanlage im Gebäude Domplatz 8 aufzunehmen. Dabei stand vor Augen, dass eine Sanierung der maroden Anlage nur mit einer Bausumme in Höhe von etwa 500.000 M gelingen könne. Das Fazit zu der in diesem Zusammenhang geführten Diskussion lautete: »Eine Investition in dieser Höhe macht außerdem grundsätzliche Überlegungen zur Weiterarbeit des KOS und der damit zusammenhängenden Gebäudeprobleme nötig.«[227] Eine vom Kuratorium eingesetzte Perspektivkommission (Konsistorialpräsident Martin Kramer, OKR Gerhard Zachhuber, Propst Waldemar Schewe, Rüdiger Lux, Raimund Hoenen) ging in der Folge daran, die Zukunft des KOS insbesondere unter den Gesichtspunkten der Gebäudeplanung zu bedenken. Nicht nur im Zusammenhang der dringend anstehenden Heizungserneuerung, auch in einem seit 1987 anhängenden Streit um den Zugang zu den Beständen der Tholuckbibliothek im Haus Domplatz 8 war die unklare Rechtslage hinsichtlich der dauerhaften Nutzung und Erhaltung des dem Domstift gehörenden Seminargebäudes schmerzlich zu spüren. Als Arbeitsergebnis der Perspektivkommission konnte dem Kuratorium im Herbst 1989 zwar keine Klärung der schwierigen Gebäudefragen, zu denen ja auch der Bereich der Dozenten- und der Studentenwohnungen gehörte, vorgelegt werden. Dennoch rang sie darum, dass eine solche Klärung unter der Voraussetzung einer deutlichen Perspektive für das KOS energisch angegangen werden solle. Im Rektoratsbericht, zu dem ja auch die Teilnehmer des großen Ehemaligentreffens kamen, kündigte Raimund Hoenen am 11. Oktober 1989 an:

> »So viel sei davon jetzt gesagt, daß die Arbeitsgruppe dafür plädiert, das KOS als akademisch-theologische Ausbildungsstätte in Naumburg beizubehalten.«[228]

2 Neue Freiheiten – neue Aufgaben

»Unübersehbar« – mit diesem Wort beschrieb Rüdiger Lux die Aktivitäten von Angehörigen des KOS in den Monaten der Friedlichen Revolution. »Unübersehbar« war deren Präsenz und die Vielgestaltigkeit ihres Engagements:

> »Die gesellschaftlichen Umbrüche im Herbst 1989 haben in erheblichem Maße Kräfte und Aktivitäten von Studierenden und Dozenten gebunden. Die Beteiligung von Angehörigen des KOS an der Gründung neuer politischer Vereinigun-

---

[227] Protokoll der Sitzung des VA am 7. 3. 89, TOP 3 (AKPS, Rep. D 3, Nr. 142).
[228] Hoenen (AKPS, Rep. D 3, Nr. 146) 1989, S. 9.

gen und Parteien vor Ort, an Friedensgebeten, thematischen Arbeitsgruppen, Runden Tischen und Untersuchungsausschüssen ist in Naumburg unübersehbar gewesen.«[229]

So ist es nicht möglich und angezeigt, die Ereignisse jener Monate und das veränderungsbereite Sich-Hineingeben der vielen Einzelnen nachzuzeichnen. Ein Blick auf mitunter vielleicht unspektakulär wirkende neue Erfahrungs- und Entfaltungsfelder kann etwas von dem Ausmaß der Wandlungen und Veränderungen hervortreten lassen:

Zuerst waren da im Blick auf das Katechetische Oberseminar die neuen Möglichkeiten der so sehnlich erstrebten *Bildungsfreiheit* zu nennen.[230] Erstmals wurde im WS 1989/90 eine Vorlesung als »stadtoffene Vorlesung« angekündigt und durchgeführt. Im Zeichen aufbrechender *Pressefreiheit* wies sogar die Ortspresse darauf hin. Die (noch) von der SED geführte Zeitung »Die Freiheit« erprobte so, was ihr mit dem Namen schon lange mitgegeben war. Zu der von Arndt Meinhold angebotenen Vorlesung »Einführung in die ägyptische Religion« kamen regelmäßig 26 Gasthörer aus der Stadt.[231] So begann eine Reihe theologischer Beiträge zur öffentlichen Bildung, die zugleich etwas von der durch Jahrzehnte hindurch meist im Stillen eingeübten Verbundenheit zwischen Stadt und theologischer Ausbildung deutlich machte und vertiefte. In den Vorlesungsverzeichnissen wurden ausdrücklich als öffentliche Lehrveranstaltungen ausgewiesen: Die Vorlesung »Jesus Christus« (WS 1990/91; Eckart Reinmuth), die Ringvorlesung »Vom Menschen« (WS 1991/92), die Vorlesungen »Jüdische Theologie im 20. Jahrhundert« (SS 1992; Rüdiger Lux), »Einführung in die Evangelische Theologie« (WS 1992/93; Hartmut Genest), sowie »Religion, Kultur und Geschichte im Umfeld des Heiligen Landes« (SS 1993; Arndt Meinhold).[232]

Ein nicht weniger spannendes Feld neuer Möglichkeiten eröffnete sich schon im WS 1989/90 mit den nun einsetzenden Aktivitäten in der Lehrerweiterbildung. Hier war das Katechetische Oberseminar von seinem Gründungsimpuls her gleichsam in seinem Element. Und doch war die zuerst vom Runden Tisch in Sachen Bildungsfragen an das Kollegium herangetragene Bitte, »in den Winterferien eine Weiterbildung für Deutsch-, Geschichts- und Staatsbürgerkundelehrer zu Grundthemen der Religion durchzuführen«

---

[229]   Lux (a. a. O.) 1990b, S. 2.
[230]   Vgl. dazu auch II.4.1, S. 129 f.
[231]   Lux (a. a. O.) 1990b, S. 3.
[232]   Vgl. auch Kap. II.4.1, S. 129 f.

auch für das Kollegium »eine völlig neuartige Aufgabe«, die am Ende doch »eine wechselseitig bereichernde Erfahrung« brachte.[233]

Als schöner Ausdruck der Verbindung von *Bildungs- und Bewegungsfreiheit* kamen nun auch die ersten Gaststudenten aus dem Westen Deutschlands nach Naumburg. Noch vor dem Fall der Mauer begann dieser Weg im WS 1989/90. Im Rahmen von Studienaustauschprogrammen hat er eine wahrnehmbare Umsetzung erfahren. Gerade in diese Richtung gingen auch die Erwartungen der Aufbruchszeit:

> »Wir müssen zunehmend mit der Möglichkeit rechnen, daß einzelne Studenten nach einigen Gastsemestern an einer kleinen übersichtlichen Ausbildungsstätte suchen, um dem Betrieb an bundesdeutschen Massenuniversitäten zeitweise zu entgehen.«[234]

So erschien dann mitten in den alsbald einsetzenden Turbulenzen um die Zukunft der Naumburger Ausbildung ein Werbeprospekt »Theologie studieren in Naumburg«.[235] Mit den Bildern eines fahrenden Zuges und der heimeligen Naumburger Altstadt wird für das Haus, sein breites Lehrangebot, seine kommunikative Atmosphäre und die im Konvent eingeübte Weise demokratischer Mitbestimmung geworben. Aber schon bald wurde deutlich, dass hier etwa die Fragen der Finanzierung (Stipendium und Erhalterbeiträge) Grenzen setzten – und dass die Attraktivität der großen Universitäten im Westen mit den Namen der Fakultäten, die so lange unerreichbar waren, auch eine Gegenbewegung auslösten.

Zu den Möglichkeiten eines *freien Studierens* kamen nun auch die Herausforderungen und Gaben *unbehinderter wissenschaftlicher Begegnung*. Mit großer Aufnahmebereitschaft reisten Theologen aus Universität und Gemeinde nach Naumburg. Eine neue, unkomplizierte Weise des Sich-Austauschens war damit verbunden. Dabei waren gerade die Naumburger Erfahrungen in der Verbindung von Theologie und Kirche und im Standhalten gegenüber totalitärem Anspruch von besonderem Interesse. Ein Reisebericht von Mitgliedern der Universität Lausanne aus dem Oktober 1990 gibt als besonderes Motiv dazu an: »Die Unkenntnis bei uns über das Existieren der Kirchlichen Hochschulen.«[236] Dazu wird als Erwartung ausgesprochen:

---

233 Lux (a. a. O.) 1990b, S. 6.
234 Ebd.
235 AKPS, Rep. D 3, Nr. 176.
236 Besuchergruppe Universität Lausanne, Reisenotizen, 17.–19. 10. 1990, (Prof.) Philippe Rochat, Universität Lausanne, Reisenotizen, AKPS, Rep. D 3, Nr. 159.

»Wir haben viel zu empfangen und zu lernen. Zum Beispiel über die praktische und theologische Bedeutung von Unabhängigkeit gegenüber einem Staat oder einer Macht; über die Beziehung zwischen theologischer Arbeit und kirchlichem Leben; über die theologische Reflexion und ihre konkrete Bedeutung in einem Regime, das einen militanten Atheismus lehrt.«

Nur ein schmaler, mit einem schlichten grün-grauen Pappeinband versehener Band erinnert bis heute daran, was unter dem hohen Gut der *Publikationsfreiheit* nun realisiert werden konnte. Im Jahr 1993, dann schon zum Ende der Kirchlichen Hochschule Naumburg, erschien in der Naumburger Verlagsanstalt als erster und letzter vom Kollegium in den Druck gegebener Band das Buch »Vom Menschen. Die letzte Ringvorlesung der Kirchlichen Hochschule Naumburg mit einem Rückblick auf ihre Geschichte 1949–1993«.

Nach Jahrzehnten einer Nachbarschaft, deren Kennzeichen vor allem die Abgase der im Winter bei Tag und Nacht laufenden Motoren der Militärfahrzeuge waren, kam es schließlich in Begegnungen mit russischen Soldaten und Offizieren zu erstaunlichen Gesten und Zeichen einer völkerverbindenden Freude an der *Glaubens- und Gewissensfreiheit*. Die russische Kommandantur auf dem Gelände des Naumburger Oberlandesgerichts war ja eine der etwa 1500 Liegenschaften im Bereich der DDR, die von der Gruppe der sowjetischen Streitkräfte, seit 1988 Westgruppe der Truppen genannt, genutzt wurden. Nach zahlreichen Veränderungen in der internen Ausrichtung war dort im Jahr 1990 die 57. Garde-Motschützendivision der 8. Garde-Armee stationiert.[237] Zu den einzelnen Soldaten und Militärangehörigen waren durch die Jahre und Jahrzehnte hindurch nur wenige Kontakte, ausgenommen einige gemeinsame Fußballspiele, gelungen.[238] Im Winter 1989/90 erfolgte aber auch hier eine Öffnung: Rüdiger Lux schrieb unter dem Datum des 19. Februar 1990 an das Evangelische Bibelwerk im Rheinland und bedankte sich für mehrere Sendungen mit russischen Bibeln:

»Unter den sowjetischen Soldaten und Offizieren herrscht inzwischen eine neue Offenheit und damit ein Bedürfnis nach Kontakten zu Vertretern der Kirchen in unserem Land. Dazu kommt ein nicht zu unterschätzendes Interesse an russischen Bibeln, dem wir nun etwas großzügiger entgegenkommen können als bisher.«[239]

---

[237] Vgl. www.mgfa-potsdam.de.
[238] Siehe auch Kap. II.4.5, S. 153 und IV.1, S. 206 f.
[239] AKPS, Rep. D 3, Nr. 176.

Dass in all diesen Aufbrüchen, Umbrüchen und Öffnungen im WS 1989/90 und darüber hinaus ein weithin verlässlicher Gang der Lehrveranstaltungen und des Studienlebens gelang, war nicht selbstverständlich. In verschiedenen Beteiligungsformen brachten sich die Studierenden und Dozenten in die Veränderungsprozesse ein. Und auch ein aufmerksames Mitgehen mit den Gestaltungsaufgaben am Ende der DDR, die etwa durch die Wahl Richard Schröders in die Volkskammer so nahe gerückt waren, prägte diese Zeit. So ließ die Einschätzung der Studienintensität, die Rüdiger Lux im Frühjahr 1990 vornahm und die in der Sache auch in den folgenden Rektoratsberichten begegnet, aufmerken:

»Anfängliche Befürchtungen, daß es dadurch zu unverantwortlichen Einschränkungen des Studienbetriebes kommen könne, haben sich nicht bestätigt. Vielmehr ist – so das einmütige Votum des Kollegiums – auch in diesem Semester zielstrebig gearbeitet worden. Die Studierenden haben weder im Besuch der Lehrveranstaltungen, noch im Blick auf abzulegende Prüfungen oder anzufertigende Arbeiten, ihre Studienverpflichtungen in unzumutbarer Weise vernachlässigt.«[240]

3 Vom Ringen um den weiteren Weg

Am 1. Mai 1990 legte sich das Katechetische Oberseminar Naumburg nach einem entsprechenden Kuratoriumsbeschluss den Namen »Kirchliche Hochschule Naumburg« zu. Der Auftrag, den das KOS durch vier Jahrzehnte in seiner Bezogenheit auf eine theologisch-wissenschaftliche Ausbildung für den Dienst in der Kirche erfüllt hatte, trat so im Namen der Ausbildungsstätte hervor. Mit dem 1. September 1990 wurde die KHN in das Hochschulregister der DDR aufgenommen. Sie erhielt zugleich das Promotions- und Habilitationsrecht.[241] Die kurze Epoche der ersten und letzten frei gewählten Volkskammer der DDR brachte so die erfüllende Würdigung der auf einem langen Weg profilierten Ausbildung – und die Aufgabe, entscheidende Weichenstellungen für die Zukunft voranzubringen. Bedenkt man im Blick darauf die Konstellationen, die dann im Jahr 1993 zur Schließung der KHN führten, sind vor allem drei Aspekte zu berücksichtigen:

1. Die dringende Frage nach dem weiteren Weg der theologischen Ausbildung in Naumburg war durch die turbulenten Ereignisse des Herbstes und Winters

---

240 Lux (AKPS, Rep. D 3, Nr. 146) 1990 a, S. 2.
241 Ebd.

1989/90 nur für eine kurze Zeit unterbrochen worden. Insbesondere die schon lange vorhandenen Standort- und Gebäudeprobleme wurden unter den grundlegend veränderten Bedingungen für die Finanzierung und Bewirtschaftung der Hochschule neu zu einer Last. Dazu erhielten die Personalkosten eines Hauses, in dem sich das Verhältnis von Mitarbeitenden und Studenten etwa im Verhältnis von 1:3 bewegt, einen ganz anderen Stellenwert. Bekamen etwa die Dozenten des KOS ihr Gehalt in Höhe der Pfarrbesoldung (1989: 860 DDR-Mark + 125 – 150 DDR-Mark an Zulagen),[242] so kamen nun unter den Bedingungen einer staatlich anerkannten Hochschule und nach der Wirtschafts- und Währungsunion deutlich andere Zuordnungen in den Blick. »Warum die Kirchlichen Hochschulen aufgegeben wurden, ist klar. Sie waren nicht mehr zu finanzieren.«[243]

2. Das dankbare und wache Wissen um die Geschichte und Bedeutung der Kirchlichen Hochschulen im Kirchenkampf während der Zeit des Nationalsozialismus und in der Geschichte der DDR ließ es gerade in Naumburg als kaum denkbar erscheinen, dass nicht eine einzige Kirchliche Hochschule im Osten Deutschlands auf Dauer erhalten bleiben würde. Schon bald wurde deutlich, dass die KHN die letzte Kirchliche Hochschule auf ehemaligem DDR-Gebiet sein würde. Diese Wahrnehmung – verbunden mit dem Votum der letzten Sitzung der Konferenz der Kirchenleitungen der im Bund der Evangelischen Kirchen in der DDR zusammengeschlossenen Kirchen vom 9./10. November 1990, dass wenigstens eine Kirchliche Hochschule in den neuen Bundesländern erhalten bleiben solle,[244] brachte eine starke Orientierung auf diesen Weg. Das Bild von Naumburg als der auf jeden Fall zu erhaltenden letzten theologischen Hochschule im Osten Deutschlands begegnet schon in einer Protest-Erklärung der Naumburger Studenten und einem sie begleitenden Brief an das Naumburger Kuratorium vom 14.11.1990:

> »Nach der beschlossenen bzw. erwogenen Aufhebung der Kirchlichen Hochschulen Berlin/Borsigstr. und Leipzig würde mit der Kirchlichen Hochschule Naumburg die letzte kirchliche akademisch-theologische Ausbildungsstätte in den fünf ostdeutschen Bundesländern geschlossen werden.«[245]

---

[242] Vgl. Anlage 6 zum Haushaltsplan, VA 15.06.1989; AKPS, Rep. D 3, 142.

[243] Krötke 2009, Abschnitt 2, Absatz 3.

[244] Reinmuth 1992, S. 230.

[245] Brief vom 14.11.1990, S. 2f. (AKPS, Rep. D 3, Nr. 146).

Eine etwas andere Akzentsetzung nahm Eckart Reinmuth in seinem Plädoyer zur Kirchenleitungssitzung am 9. 5. 1992 vor:

>»Bis zum Beginn dieses Jahres stand die Option für Erfurt (Universitätsgründung usw.). Sie war unter der ausdrücklichen Voraussetzung zustande gekommen, daß Leipzig als Kirchliche Hochschule erhalten würde. Leipzig wäre dann die eine Kirchliche Hochschule gewesen, für deren Erhalt die Konferenz der Kirchenleitungen des Bundes der Ev. Kirchen in der DDR ausdrücklich auf ihrer letzten Sitzung am 9. und 10. November 1990 votiert hatte. Nur unter dieser Voraussetzung hat das Naumburger Kuratorium die Entscheidung für Erfurt gefällt – und zwar alternativlos. Für ein eventuelles Scheitern der Erfurt-Option wurde beschlossen, von Grund auf neu zu überlegen.«[246]

3. Vor allem brachte der schon im Februar 1990 in die Diskussion genommene Plan der (Wieder-) Gründung der Universität Erfurt und der korporativen Überführung der KHN als evangelisch-theologische Fakultät eine ganz eigene Dynamik und Geschichte in Gang. Das »Erfurt-Projekt« hatte dabei mehrere besondere Reize: Es versprach eine Kontinuität der Lehre und wissenschaftlichen Arbeit, da hier ja nicht die Verschmelzung mit einem anderen Kollegium und einer schon vorhandenen Tradition vorzunehmen war. Das Erfurt-Projekt hatte zudem die Spannung des Bezuges auf einen prägenden Ort der Reformation in Verbindung mit dem innovativen Charakter einer modernen Universitätsgründung. Es versprach, den katechetisch-religionspädagogischen Schwerpunkt der KOS-Geschichte gut in die neue evangelische Fakultät einbringen zu können und so auch ein besonderes Profil der Ausbildung zu erhalten und zu stiften. Und es reizte nicht zuletzt durch die Möglichkeit einer intensiven ökumenischen Zusammenarbeit: Gehörte doch zum »Erfurt-Projekt« der Plan, das katholische Erfurter Priesterseminar, zu dem in der KOS-Geschichte eine besonders gute Verbindung entstanden war, als einzige katholische theologische Fakultät im Osten Deutschlands in die neue Universität zu bringen.

So war das Bemühen um den Weg der Kirchlichen Hochschule Naumburg zwischen 1990 und 1993 das schmerzliche Scheitern eines Ringens um die Notwendigkeit einer kirchlichen Theologenausbildung und die Zukunft einer Kirchlichen Hochschule im Osten Deutschlands und das schmerzliche Scheitern des Versuches, eine in mehrfacher Hinsicht besonders interessante theologische Fakultät in Erfurt zu gründen. Eine chronologische Übersicht kann

---

[246] Reinmuth 1992, S. 230.

ahnen und bedenken lassen, welche Hoffnungen und Enttäuschungen in jenen Jahren durchlebt wurden – und welcher Aufwand an Kraft und Gestaltungswillen neben der intensiv weitergeführten Hochschulausbildung ohne Erfüllung blieb:

Frühjahr 1990 – Erste Fühlungnahme durch Prof. Dr. Herwarth Horn, Erfurt, zur Beteiligung der KHN am Erfurter Universitätsprojekt.[247]

31. August 1990 – Das vorläufige Gründungskuratorium der Universität Erfurt tritt zusammen. An der Sitzung beteiligt sind der Naumburger Rektor und Prorektor. Sie bringen das Interesse der KHN an dem Projekt zum Ausdruck.

1. September 1990 – Die Kirchliche Hochschule Naumburg wird in das Hochschulregister der DDR aufgenommen. Sie erhält zugleich das Promotions- und Habilitationsrecht.[248]

17. Oktober 1990 – Das Studienjahr 1990/91 wird mit der Überreichung von Promotions- und Habilitationsurkunden zu den vom KOS begleiteten Qualifikationsverfahren eröffnet.

17. Oktober 1990 – Das Kuratorium nimmt das Ende der KHN in den Blick und bittet die Kirchenleitungen der KPS und Thüringens darum,

> »sich für die Bildung einer Evangelisch-Theologischen Fakultät mit besonderem religionspädagogischem Schwerpunkt in der zu gründenden Universität Erfurt einzusetzen«.[249]

9.-10. November 1990 – Die Konferenz der Kirchenleitungen der im Bund Evangelischer Kirchen in der DDR zusammengeschlossenen Kirchen hält auf ihrer letzten Sitzung fest, dass wenigstens eine Kirchliche Hochschule in den neuen Bundesländern erhalten bleiben solle.[250]

14. November 1990 – Öffentliche Protest-Erklärung der Studierenden der KHN angesichts der Pläne zur Hochschulschließung und Schreiben an das Kuratorium zum Erhalt der KHN.

19. Dezember 1990 – Die Kirchenleitung der KPS beschließt:

> »Die Kirchenleitung ist bereit, die Kirchliche Hochschule Naumburg im Fall der Gründung einer Universität Erfurt in diese als eine Evangelisch-Theologische Fakultät zu überführen unter Fortführung des katechetischen Schwerpunktes der

---

[247] Genest (AKPS, Rep. D 3, Nr. 146) 1991, S. 1.
[248] Lux (a. a. O.) 1990a, S. 2.
[249] Genest (a. a. O.) 1991, S. 1.
[250] Reinmuth, ZDZ 5/1992, S. 230.

Ausbildung und Verstärkung des ökumenischen Schwerpunktes in Zusammenarbeit mit der zu erwartenden Katholisch-Theologischen Fakultät Erfurt.«[251]

8. Februar 1991 – Die Kirchenleitung der KPS beschließt, ein Pädagogisch-
Theologisches Institut zu gründen. Vorausgegangen sind Bemühungen der
KHN um eine Perspektive für die Mitarbeiter und die Naumburger kirchli-
chen Gebäude, insbesondere des ehemaligen Proseminars. Das PTI soll in den
Standorten Wernigerode und Naumburg arbeiten.[252]

24. Januar 1992 – Votum des Wissenschaftsrates der Bundesrepublik
Deutschland zum Aufschub der Universitätsgründung Erfurt. Das Votum hält
fest, dass bis in die 2. Hälfte der 90er Jahre weder ein Bedarf noch finanzieller Spielraum gesehen werde. Der Plan zur baldigen Eingliederung der Kirchlichen Hochschule Naumburg als Evangelisch-Theologische Fakultät wird dadurch faktisch hinfällig.[253]

9. Mai 1992 – Die Kirchenleitung der KPS trifft die Entscheidung zur
Schließung der Hochschule zum Ende des Sommersemesters 1993. Der Tagesordnungspunkt gibt eine Entscheidung über die Schließung der Kirchlichen Hochschule Naumburg an.[254] Er wird dann aber als Beschluss über
die Beendigung der Ausbildung von Theologinnen und Theologen für das
Pfarramt kommuniziert.[255] Nach dem Ende des SS 1993 solle die KHN als
»KHN in Liquidation« an die Abteilung III des Konsistoriums angebunden
werden.

15. April 1993 – Eckhart Reinmuth berichtet für das Kuratorium über die
Lehr- und Lernerfahrungen an der KHN, an der die Studierenden »offenbar
im Bewußtsein des ›Reizes der Letztmaligkeit‹ - von den einmaligen Stu-
dienmöglichkeiten regen Gebrauch« machten. Er verweist auf die Bereitschaft von vier Mitgliedern des Kollegiums, zur Gewährleistung der religionspädagogischen Ausbildung für den Fachbereich Evangelische Theologie
an der Pädagogischen Hochschule Erfurt/Mühlhausen zur Verfügung zu stehen, schildert die damit verbundenen Verhandlungen zur Überführung der
Bibliothek und weist darauf hin, wie belastend die Pläne seien, das PTI nach
Drübeck zu verlegen.[256]

---

[251] Genest (AKPS, Rep. D 3, Nr. 146) 1991, S. 1f.

[252] Ebd., S. 5.

[253] Meinhold (AKPS, Rep. D 3, Nr. 146) 1992, S. 1.

[254] Siehe Dok. 13.

[255] Meinhold (AKPS, Rep. D 3, Nr. 146) 1992, S. 2.

[256] Reinmuth (AKPS, Rep. D 3, Nr. 146) 1993, S. 1.

Es herrschte eine beklommene Abschiedsstimmung, als 1993 letztmalig ein Sommersemester eröffnet wurde. Zum 21. Mai 1993 lud die Hochschule alle Ehemaligen zu einer Begegnungstagung ein. Unter der Thematik »Theologie in gesellschaftlicher Verantwortung« gab es ein Kolloquium und Vorträge von Professor Eberhard Jüngel / Tübingen »Was ist die theologische Aufgabe evangelischer Kirchenleitung?« und Harald Schultze »Theologie und Kirche«. Die Beteiligung war groß. Insgesamt waren ja in den 44 Jahren des Bestehens des KOS / der KHN ca. 1250 Studierende immatrikuliert worden.

Mit einem Akademischen Festakt wurde dann am 1. Juli 1993 die Kirchliche Hochschule geschlossen. Rektor Eckart Reinmuth konnte die Dekane der drei Nachbarfakultäten und den Rektor des Erfurter Priesterseminars begrüßen, Bischof Demke aus Magdeburg sowie Vertreter der EKD und einer Reihe von Partnerinstitutionen. Noch bestand die Hoffnung, dass in Erfurt der modifizierte Neuanfang gelingen würde. Der Minister für Wissenschaft und Kunst des Freistaates Thüringen Dr. Frickel schrieb am 15. Juni 1993:

> »Entgegen einigen mir unverständlichen Presseäußerungen, gibt es eine Zukunft für die Naumburger Theologie und Lehre in Erfurt. Wenn auch Auflösung der Kirchlichen Hochschule Naumburg und Eröffnung der Universität Erfurt zeitlich auseinander liegen, so ist doch die Kontinuität der Arbeit durch die Übernahme der Professoren und Mitarbeiter sowie der Bibliothek nach Erfurt gesichert.«[257]

Nach dem 31. August 1993 können die Repetenten und Assistenten, die ihre Aufträge vor dem Beschluss zur Schließung der Hochschule erhalten haben, ihre Arbeiten im festgelegten Zeitraum fortführen …

4 Eine abgeschnittene Geschichte und ein Erbe, das bleibt und wartet

Die vergeblich gebliebenen Bemühungen um eine Zukunft für die KHN und deren Schließung im Jahr 1993 hinterlassen – auch beim Wissen um die durch lange Zeit hindurch wahrgenommenen Fragen und Probleme – den Eindruck einer abgeschnittenen Geschichte. Da sind die bewährten und gerade in dieser Arbeit so ungemein engagierten Lehrer der Kirche, deren Wege nun in ganz verschiedene Richtungen gingen. Da war die Erfahrung eines Lebens und Lernens in geistlicher Gemeinschaft und in einem die Persönlichkeits-

---

[257] AKPS, Rep. D 3, Nr. 125.

bildung und Glaubensentwicklung fördernden Miteinander, der ein verlässlicher Ort genommen wurde. Da ist die Verbindung von konzentrierter theologischer Arbeit mit einem wachen Wissen um die Bedürfnisse der kirchlichen Praxis, die nun auseinander brach. Da ist eine Schule der Verantwortungsübernahme und gemeinsamer Bemühung um die Studien- und Lebensgestaltung, die nun keinen Raum mehr hatte.

Das Ende der KHN führt in dem allen schmerzlich vor Augen, wie sich unsere evangelischen Kirchen am Anfang der 90er Jahre im ureigenen Bereich der Ausbildung theologischen Nachwuchses selbst beschnitten. Eckhart Reinmuth hatte am 9. Mai 1992 in seinem Votum zur Kirchenleitungsentscheidung über die Schließung der KHN festgehalten:[258]

> »Die Theologie ist eine Lebensfunktion der Kirche, und nicht des Staates. So dankbar wir für die Theologischen Fakultäten sein müssen – die Kirche darf diese Lebensfunktion nicht von sich aus abschneiden.«

Und er hatte zur Verdeutlichung des drohenden Verlustes gefragt:

> »Wie lange werden uns die Fakultäten noch erhalten bleiben? Ihre Existenz ist zwar durch die Staat-Kirche-Verträge gesichert, aber die sind nicht unveränderbar und nicht unkündbar. Es bedarf nicht vieler politischer Phantasie, um sich hier Änderungen zuungunsten der Theologie an den Universitäten vorzustellen. Ich verweise lediglich auf Faktoren oder mögliche Entwicklungen wie die anstehende europäische Einigung, mögliche Kräfteveränderungen durch Bundestagswahlen, den eventuellen oder zu erwartenden Rückgang der Kirchensteuerzahler. Wenn man vor diesem Hintergrund etwa die Formulierung des Grundgesetzes, Art. 3, Abs. 3 (›Niemand darf … wegen seines Glaubens … bevorzugt werden‹) hört, ist es doch überhaupt nicht von der Hand zu weisen, daß die Kirchen möglicherweise bald gefragt werden: Warum übernehmt ihr nicht die Ausbildung eures Nachwuchses selber?«

Da schien schon im Jahr 1992 auf, dass es in der Tat Situationen geben könne, in denen die kirchliche Verantwortung für die theologische Ausbildung zu einem dringenden Not-Behelf werden muss. Und wer nun auf die Geschichte des KOS / der KHN zurückblickt, entdeckt, dass da durchaus mehr war und ist als ein »Notbehelf«: Die kirchliche Verantwortung theologischer Ausbildung war im Wechsel der jeweils herrschenden weltanschaulichen und politischen Überzeugungen ein Zeichen der Auftragsbe-

---

[258] Reinmuth 1992, S. 231.

zogenheit der Kirche. Ihre Geschichte wurde abgeschnitten. Ihr Erbe aber bleibt – und wartet.

II.3 Zusätzliche Ausbildungszweige und Aktivitäten

Das Katechetische Oberseminar war in der Lage, in Ausnahmefällen auch Kurse zur Ausbildung und Weiterbildung kirchlicher Mitarbeiter aufzunehmen.

Der große Mangel an Kirchenjuristen in der DDR machte – wegen der ideologischen Überformung des Jurastudiums an den Universitäten – die Etablierung von zwei Sonderkursen notwendig, um neue Mitarbeiter für die kirchliche Verwaltung zu gewinnen (s. Kap. II.3.1).

Für Katechetinnen und Katecheten, die eine theologische Weiterbildung wünschten, wurde erstmals 1969 ein Kontaktstudium eröffnet (s. Kap. II.3.2).

In ähnlicher Weise wurde an Fortbildungskurse von Pfarrerinnen und Pfarrern gedacht. Auf Initiative des BEK gab es im SS 1972 einen solchen Kurs mit sieben Teilnehmern. Zwei zusätzliche Lehrveranstaltungen über das eigene Vorlesungsprogramm hinaus wurden angeboten. Trotzdem war der Erfolg gering, eine Wiederholung fand nicht statt. Daneben gab es auch die Chance eines Kontaktstudiums für Studierende der Predigerschulen Erfurt und Berlin.[259]

II.3.1 Die beiden Kurse für die Juristenausbildung

Hans-Martin Harder[260]

Spätestens Anfang der 1960er Jahre wurde deutlich, dass bei den evangelischen Landeskirchen ein erheblicher Bedarf an Juristen in der Verwaltung bestand und sich noch verschärfen würde, der auf dem herkömmlichen Weg der Übernahme von Juristen aus dem Umfeld der Kirche nicht mehr abzudecken war. Bis dahin standen Juristen zur Verfügung, die noch vor dem II. Weltkrieg ausgebildet und in den Dienst der Kirche getreten waren. So gut wie kein Jurist, der an den staatlichen Universitäten ausgebildet war, fand nach 1945 den

---

[259] Vgl. Schultze (AKPS, Rep. D 3, Nr. 148) 1972, 4 f.; 1972 a, S. 6; 1972 b, S. 5.

[260] Hans-Martin Harder war Absolvent des ersten Kurses. Zur Sache vgl. besonders Barbara Küntscher: »Ausbildung von Kirchenjuristen in der DDR«, MS (Privatarchiv Harder); Heitmann/Knoth 1995; Snigula 2009, S. 42 f.

Weg in die kirchliche Verwaltung. Bis zum Bau der Berliner Mauer gelang es noch, Juristen zu gewinnen, die als Ostberliner in Westberlin ein Studium aufgenommen hatten. Aber diese Möglichkeit bestand dann nicht mehr.

1961 nahmen sich die Leitenden Juristen der EKD vor, diesem Mangel durch eine eigene Ausbildung in der DDR entgegenzutreten.[261] Entsprechend beschloss die Konferenz der Kirchenleitungen in der DDR (KKL), die Ausbildung von Nachwuchsjuristen in den Gliedkirchen der EKD in der DDR einheitlich zu regeln. Am 6. Juli 1962 verabschiedete sie die »Ausbildungs- und Prüfungsordnung für den höheren kirchlichen Verwaltungsdienst in den evangelischen Kirchen in der DDR«.[262] Diese war vollständig einer herkömmlichen juristischen Ausbildung vor 1945 bzw. der Ausbildung in der Bundesrepublik Deutschland nachgebildet. Eine vierjährige Ausbildung in Form eines Direktstudiums sollte mit einem Ersten Juristischen Examen abgeschlossen werden. Es sollte eine »Vorbereitungszeit« vergleichbar der Referendarzeit folgen und mit einem Zweiten Juristischen Examen abschließen. Besondere Berücksichtigung fand außerdem das Kirchenrecht und Staatskirchenrecht sowie eine theologische Allgemeinbildung. In dem angestrebten Niveau unterschied sich diese Ausbildung deutlich von dem, was sonst eine juristische Ausbildung in der DDR zu bieten hatte.

Aber wo und wie sollte diese Ausbildung umgesetzt werden? Eine dauerhafte Lösung wurde schließlich in Naumburg mit dem Katechetischen Oberseminar gefunden. Vor allem aber fand sich dort auch jemand, der bereit und in der Lage war, diese so genannten Förderlehrgänge zu organisieren und zu leiten: Ernst Friedrich[263] betrieb im nahe gelegenen Freyburg (Unstrut) eine Anwaltspraxis. Er war mit dem Katechetischen Oberseminar mehrfach verbunden, nicht zuletzt als dessen Schatzmeister. Außerdem war er einer der wenigen in der DDR noch frei praktizierenden Notare.[264] Er selbst empfand diese Anfrage sicher als eine ganz persönliche Herausforderung. Sein Sohn, der spätere Intendant der Deutschen Oper Berlin, Prof. Götz Friedrich, schreibt dazu:

---

[261] Beschluss vom 8. Juni 1961, also noch vor dem »Mauerbau«.

[262] Siehe dazu den entsprechenden Aktenbestand im Evangelischen Zentralarchiv in Berlin Bestand 104/859.

[263] Ernst Friedrich, geb. 1.11.1895, gest. Freyburg/U. 6.4.1973. Studium der Rechtswissenschaft in Kiel. Wegen seiner Nähe zu den Attentätern des 20.7.1944 aus dem Staatsdienst ausgeschieden. Unter anderem langjähriger Schatzmeister des KOS, Vorsitzender der Disziplinarkammer der Kirchenprovinz Sachsen.

[264] Der Normalfall war das »Staatliche Notariat«.

Als mein Vater »auf die Siebzig zuging, widmete er sich mit großem Eifer der Ausbildung evangelischer Kirchenjuristen im Katechetischen Oberseminar zu Naumburg. Das gab seinem Leben eine vorher unvermutete Erfüllung. Meine Eltern gewannen neue, junge Freunde, die meine Mutter oft und gern bewirtete.«[265]

Neben Ernst Friedrich, dem geeigneten Leiter der Förderlehrgänge, der das Zivilrecht übernahm, wurden anwaltliche Kollegen, Freunde und vor allem Kirchenjuristen gefunden, die die breite Palette der Vorlesungen, Seminare und Übungen abdeckten. Hier seien vor allem Hermann Cunio (Völkerrecht, Handelsrecht), Heinrich Herzog (Arbeitsrecht, Kirchenrecht), Erich Holdefleiß (Rechtsgeschichte) und Herbert Licht (Straf- und Prozessrecht) genannt. Die theologische Begleitung der Ausbildung wie erforderlichenfalls auch der Lateinunterricht erfolgten im Oberseminar. Ernst Friedrich lag auch daran, uns jungen Juristen einiges von dem mitzugeben, was seiner Meinung nach Anstand und Sitte eines gebildeten Kirchenjuristen ausmachen sollte. Niemand wird seinen kurzen Beitrag vergessen, den er uns am 20. Jahrestag des 20. Juli 1944 unter dem Motto »Virtuti semper corona« (Der Ehrbarkeit stets die Krone) mit sichtlicher eigener Beteiligung vortrug. Und mindestens einmal im Semester waren wir bei ihm in Freyburg für einen langen Abend zu Gast.[266] Gelegentlich lud er uns zu einem Umtrunk ins »Hackerbräu« mit thüringischem Speckkuchen ein.

Die Zulassung zur Ausbildung erfolgte über die Landeskirchen. Dabei ging es manchmal recht konservativ zu, so dass eine Bewerberin, die sich nach ihrer Zulassung verheiratet hatte, gebeten wurde, wieder zurückzutreten.[267]

Es kamen zwei Kurse zustande, Kurs I von 1963 bis 1966 (mit Erstem Juristischen Examen 1967) und Kurs II von 1966 bis 1969 (mit Erstem Juristischen Examen 1970). Aus beiden Kursen hielten nicht alle bis zum Examen durch. Einige wechselten in eine andere Ausbildung. Vor allem aus Kurs II sind relativ viele andere Wege gegangen, zum Teil auch durch »Republikflucht« und dann mit Fortsetzung ihrer juristischen Ausbildung oder der bis dahin gewonnenen Tätigkeit. In Kurs I begannen 15, von denen 14 nach beiden Examen in den kirchlichen Dienst gingen, aus Kurs II standen schließlich 7 von ursprünglich 19 für den kirchlichen Dienst zur Verfügung.

---

[265] Friedrich 1989, S. 81.

[266] Siehe dazu auch Harder 2007, insbes. S. 13 f.

[267] Siehe den Fall von Gerlinde Haker, Kirchenzeitung für Mecklenburg-Vorpommern 2011 Nr. 15, S. 12.

Das Verhältnis zwischen Juristen und Theologen an der Naumburger Ausbildungsstätte war nicht immer spannungsfrei. Auch das Dozentenkollegium der bis dahin rein theologisch-katechetischen Ausbildungsstätte legte Wert darauf, dass die bestehende »vita communis« nicht zu sehr tangiert wurde. Im Ganzen aber ergab sich eine gute Nachbarschaft und ein hohes Maß an Gemeinsamkeiten, wie es unter Studenten verschiedener Fachrichtungen üblich ist. Aus jedem Kurs war auch einmal ein Jurist »Vertrauensstudent« für das ganze Oberseminar. Und wir Kirchenjuristen führten die Einrichtung der »Offenen Abende« ein, regelmäßig stattfindende Veranstaltungen, die Dozenten, Studenten und Belegschaft des Oberseminars mit interessierten Bürgern Naumburgs zusammenführten. Dabei kamen nach Möglichkeit alle Fakultäten mit hochrangigen Beiträgen zu Wort mit Ausnahme von Juristerei und Theologie.

Wegen der politischen Gegebenheiten in der DDR konnten die angehenden Kirchenjuristen nicht als Studenten eingestuft werden, sondern sie wurden als Angestellte in den entsendenden Landeskirchen mit Mindestgehalt geführt. Sie waren damit allerdings praktisch den Theologiestudenten finanziell gleichgestellt.

Bei der Durchführung der Ausbildung in Kurs II kamen Absolventen des Kurses I bereits mit zum Einsatz.

Nach dem Abschluss der Ausbildung im Kurs II begann die Suche einer Fortsetzung der Juristenausbildung für den kirchlichen Bedarf, der mit den bisher zur Verfügung stehenden 21 Absolventen ja noch nicht abgedeckt war. Es fand sich jedoch niemand, der bereit und in der Lage gewesen wäre, diese große Aufgabe zu übernehmen.

Einige Jahre später legte die Sächsische Landeskirche eine eigene Ausbildung auf, die sich an der bewährten Ausbildungs- und Prüfungsordnung orientierte. Vier Absolventen wurden am Predigerkolleg St. Pauli in Leipzig ausgebildet.

Nach und nach ergab sich dann die Möglichkeit, Juristen aus den staatlichen Fakultäten für den kirchlichen Dienst zu gewinnen. Den Anfang dazu machten Bemühungen, der Naumburger Ausbildung ein Fernstudium an einer Universität anzuschließen. Dahinter stand die Überlegung, dass wir in unserem praktischen Dienst ja ausschließlich mit Juristen zu tun haben würden, die eine Ausbildung absolviert hatten, die völlig anders war als das, was uns in Naumburg vermittelt wurde. Als es einem gelang, auf diese Weise die Qualifikation als »Diplomjurist« zu erreichen, gab es auch bei anderen Absolventen ein starkes Interesse an dieser zusätzlichen Ausbildung. So wurde das Sekretariat des Bundes der Evangelischen Kirchen in der DDR gebeten, mit der Dienststelle des Staatssekretärs für Kirchenfragen entsprechende Verhandlungen aufzunehmen. Das Ergebnis war leider, dass niemandem mehr diese Möglichkeit eröffnet werden sollte. Erst später gelang es, für einen sehr beschränkten Kreis eine juristische Ausbildung für die Verwendung in der kirchlichen Verwaltung zu eröffnen.[268]

Die Naumburger Juristen sind auf den verschiedensten Gebieten eingesetzt worden, vorwiegend aber in den zentralen kirchlichen Verwaltungsstellen entsprechend der Struktur in den einzelnen beteiligten Landeskirchen.

Im Zuge der Veränderungen, die das Jahr 1989 mit sich brachte, war darauf zu achten, die kleine Ausbildungsinitiative der evangelischen Kirchen in der bisherigen DDR in das angemessene Verhältnis zu der Ausbildung zu setzen, die Juristen absolviert haben, die in der kirchlichen Verwaltung sonst zum Einsatz kommen. Im Einigungsvertrag fand sich dazu die allgemeine Bestimmung, dass in der DDR erworbene Abschlüsse in der Bundesrepublik gelten sollten, »wenn sie gleichwertig sind«. Und «die Gleichwertigkeit wird auf Antrag von der jeweils zuständigen Stelle festgestellt.«[269]

Für die Naumburger Kirchenjuristen, sofern sie einen Antrag stellten, gestaltete sich dies wesentlich komplizierter und vor allem uneinheitlicher als für die in der DDR ausgebildeten »Diplomjuristen«. Am 2. Oktober 1990 (!) bestätigte das Ministerium für Bildung und Wissenschaft der DDR noch die Gleichwertigkeit dieser Ausbildung.[270] Durchgängig erfolgte jedoch höchstens eine Zuerkennung der Qualifikation des Ersten Juristischen Examens, also sozusagen als Referendar oder wie es hieß »für die Laufbahn des höheren allgemeinen nichttechnischen Verwaltungsdienst(es)«.[271]

In Sachsen wurde auf Antrag eine entsprechende »Befähigungsfeststellung« zugestellt.[272] In Brandenburg wurde mitgeteilt, dass »hiermit Ihre Befähigung für die Laufbahn des höheren allgemeinen Verwaltungsdienstes gem. § 37 Abs. 1 Satz 3 des Einigungsvertrages festgestellt« wird.[273] In Mecklenburg-Vorpommern wurde eine Bewerbung positiv entschieden, ohne dass

---

[268] Siehe dazu Küntscher, a. a. O., Ziff. 4.3.

[269] Siehe dazu Art. 37 (1) Einigungsvertrag vom 31. 8. 1990 (BGBl. II S. 889).

[270] Siehe dazu Küntscher, a. a. O., Zff. 2.

[271] So durch das sächsische Staatsministerium des Innern.

[272] Bescheid des sächsische Staatsministerium des Innern vom 1. 12. 1993, Az. 11-0313.0/98.

[273] Nach Auskunft des Antragstellers, Bescheid des Ministeriums des Inneren im Land Brandenburg vom 27. 4. 1993 – Az. II/1.

eine förmliche Anerkennung ausgesprochen wurde. In Sachsen-Anhalt ergab sich ein Kuriosum: 1993 wurde einem der Naumburger Kirchenjuristen die Ausbildung anerkannt,[274] 1996 einem anderen nicht.[275]

Dennoch bleibt unbestritten, dass die Ausbildung von Kirchenjuristen am Naumburger Katechetischen Oberseminar ein wichtiger Beitrag dazu war, die evangelische Kirche unter den gegebenen Verhältnissen ordnungsgemäß zu verwalten und zu leiten.

II.3.2 THEOLOGISCHE SONDERKURSE FÜR KATECHETEN

Ulrich Schröter mit Informationen und Beiträgen
von Gudrun Stecklina, Rose Held und Annelotte Scheidig[276]

Nachdem sich seit Beginn der 60er Jahre immer weniger Studierende für ein theologisch-pädagogisches Studium entschieden, ein Bedarf an Katecheten für qualifizierte bzw. leitende Aufgaben aber weiter bestand, entschieden sich die am KOS beteiligten Landeskirchen, einen theologischen Sonderkurs für Katecheten einzurichten, die sich in der Praxis bewährt hatten. Den Teilnehmerinnen und Teilnehmern eines solchen Kurses sollte die Möglichkeit eröffnet werden, Fragen und Problemen nachzugehen, die sich in ihrer Lehrverantwortung ergeben hatten. Das Bedürfnis zu solcher Vertiefung war groß.

Schon früher hatte es einzelne Delegierungen gegeben, doch fehlte für ein solches Sonderstudium eine fach- und sachgerechte Struktur. Das hatte zur Folge, dass einige Katechetinnen und Katecheten an dem weiten Feld von Theologie und Pädagogik dermaßen Gefallen fanden, dass sie bis zum Ersten Theologischen Examen mit der Zusatzprüfung Katechetik blieben. Damit war ein anerkannter Studienabschluss erreicht, der auch den Weg in das Pfarramt offen hielt. Das war freilich nicht im Sinne der Kirchlichen Erziehungskammer für Berlin-Brandenburg, da sie nach dem Kontaktstudium auf A-Katecheten hoffte, hatte sie selbst doch mit dem Katechetischen Seminar in Potsdam nur eine Ausbildungsstätte für B-Katecheten.

Von daher ist die folgende Äußerung zu verstehen:

---

[274] Bescheid des Justizministeriums vom 6.10.1993, Az. 2220/3-105.4.

[275] Letzter Bescheid des Ministeriums des Innern vom 4.8.1996, Az. 16.11-0311.

[276] Ulrich Schröter war Student, Repetent, Assistent, Dozent, Studentenpfarrer und Kuratoriumsmitglied in Naumburg; Gudrun Zander, verheiratete Steklina, Rose Held und Annelotte Scheidig waren Teilnehmerinnen am ersten Sonderkurs.

»In der gestrigen Sitzung [...] teilte Herr Rektor Baltin mit, daß Sie das katechetische A-Studium aufgegeben und sich für ein theologisches Vollstudium entschieden haben. Ich will Ihnen nicht verhehlen, daß Ihre Entscheidung nicht nur die anderen Mitglieder [...], sondern auch mich als Theologen bekümmert hat. Wir werden ja aber wohl selbst mit daran Schuld haben, denn zu einer klaren Kennzeichnung des Studienganges und der Aufgaben [...] sind wir ja immer noch nicht gekommen.«[277]

Der Theologische Sonderkurs am KOS wurde zum 1. September 1969 im Auftrag der Kirchlichen Erziehungskammer Berlin-Brandenburg angeboten. Fast alle Landeskirchen nahmen den Impuls auf. So wurden insgesamt 15 Katechetinnen und Katecheten delegiert. Dabei waren die Zielvorstellungen der einzelnen verschieden. Die einen sollten sich für die Aufgabe einer Kreiskatechetin qualifizieren, andere lockte die Möglichkeit der qualifizierten Weiterbildung, um für die katechetische Vermittlung ihre Kenntnisse aufzufrischen und zu vertiefen. Auch von den Dozentinnen und Dozenten war nicht alles im Sinne eines »Lehrplanes« im Vornherein völlig festgelegt.[278] Sie kamen mit ihren Angeboten, waren aber offen für Vorschläge, Anregungen und Wünsche, bestimmten im Grunde aber doch selber, welche Themen sie vermitteln wollten. Dennoch hatte diese Vorgehensweise etwas von echter Mitgestaltung – ganz nach dem Prinzip der »studentischen Mitbestimmung«. Die Teilnehmenden brachten ihre Erfahrung aus dem praktischen Dienst als Lehrende der Kirche ein, die Dozentinnen und Dozenten ihre Fähigkeit zur Vermittlung von wissenschaftlichen Forschungsergebnissen. Nach heutigem Sprachgebrauch könnte man den Sonderkurs als eine Weiterbil-

---

[277] Schreiben der Kirchlichen Erziehungskammer für Brandenburg an Jutta Kunze vom 28.10.1964, Potsdam 1964 (Privatarchiv Kunze).

[278] »Es ist der neuen Erziehungskammer Berlin-Brandenburg zur Aufgabe gemacht worden, den Gang eines katechetischen A-Studiums neu zu bedenken [...]. Dabei wird sicher dem Anliegen Rechnung getragen werden, ein gründlicheres Studium vorzusehen, als es bisher mit den 4 Semestern geschehen ist. [...] Einen zweckmäßigeren Weg zu ergründen, ist der neuen Erziehungskammer aufgetragen.« Schreiben der Kirchlichen Erziehungskammer für Brandenburg an Jutta Kunze vom 28.10.1964, Potsdam 1964. Vgl. auch Schreiben von Wolfgang Sange an Jutta Kunze vom 5.11.1964, Berlin 1964 (beide Privatarchiv Kunze). Gudrun Stecklina geht aus persönlicher Erfahrung davon aus, dass bis zum Jahr 1970 in dieser Angelegenheit nichts erarbeitet worden war, da auch sie lediglich zu einem Kurs, nicht aber zu einem vollwertigen Studium geschickt worden war.

dung zur »Lehramtsbefähigung für kirchliche Lehrerinnen und Lehrer« definieren.

Die Katecheten und Katechetinnen hörten die Vorlesungen fast ausschließlich in einem eigenen Raum ohne andere Studierende. Einerseits war das erforderlich, weil sie die alten Sprachen nicht beherrschten. Zum anderen sollten sie ihre Kenntnisse auf dem Gebiet der Pädagogik vertiefen können. Ring- und Gastvorlesungen hörten sie jedoch mit den Studenten zusammen. Einzelne nur wagten sich auch in andere Vorlesungen. Das Vorlesungsverzeichnis WS 1969/70 weist den gesonderten Block »Katechetischer Sonderkurs« mit 18 Wochenstunden so aus: Exegetische Übung über ausgewählte alttestamentliche Texte, Christologische Typen der synoptischen Tradition, Theologische Didaktik (alle vierstündig); Die theologische Frage nach dem historischen Jesus, Kirchengeschichte im 17. und 18. Jahrhundert, Einführung in die pädagogische Anthropologie (je zweistündig). Das Angebot im SS 1970, an dem neutestamentlich-systematischen Kolloquium: »Anknüpfung und Widerspruch. Auseinandersetzung des Neuen Testaments mit seiner Umwelt« zusammen mit Studierenden teilzunehmen, nahmen einige an.

Ausgiebig wurde von allen die Bibliothek genutzt, die einem Katecheten meist nicht zur Verfügung steht. Und verlockend war die Diskussion mit den Studierenden der Theologie. Um den eigenständigen Umgang mit den biblischen Texten zu fördern, wurden schließlich doch alle in Grundzüge des neutestamentlichen Griechisch eingeführt. Drei nutzten die Möglichkeit, auch Hebräisch zu lernen.

Für die Semesterferien war vorgesehen, eine wissenschaftliche Arbeit zu schreiben. Das Thema konnte mit den Fachdozenten zusammen festgelegt werden. Der Abschluss des Studiums erfolgte in einem Kolloquium, dessen Thema die Kursteilnehmer mitbestimmt hatten: »Wie können wir heute von Gott reden?« Dazu erarbeitete jeder Thesen, die vor und mit den Dozenten und Dozentinnen diskutiert wurden. Das erwies sich als eine sehr spannende Prüfungsmethode, die sowohl Wissen als auch überzeugendes Argumentieren erforderte. Zugleich wurden dabei Defizite, ja auch emotionale Grenzen deutlich, sich Belastungen stellen zu können. Ein 10-tägiges interdisziplinäres Zusatzangebot im Anschluss an das WS 1970/71 zum Thema »Jesus Christus, unser Heil« versammelte noch einmal diese Katecheten und Dozenten. Zwei Kursteilnehmerinnen nutzten dieses Treffen zum Ablegen des Hebraicums.

Die Teilnahme am Sonderkurs wurde schriftlich bescheinigt, das Thema der wissenschaftlichen Arbeit und die Betreuung durch den Fachdozenten oder die Fachdozentin benannt. Die Arbeit einer Katechetin wurde in der Zeitschrift »Die Christenlehre« veröffentlicht,[279] was auch dazu führte, dass sie in deren Redaktionskollegium berufen wurde.

Eine Absolventin beklagte, dass nach der Einheit Deutschlands ihrem Antrag auf Nachdiplomierung nicht stattgegeben wurde, weil dem KOS seinerzeit nur der Status eines Instituts, nicht aber einer Fachhochschule, zugebilligt worden war.[280]

Dennoch: die zwei Semester Studium am KOS in Naumburg haben sich gelohnt! Wenn auch das Ziel für die Studierenden nicht immer das gleiche war, so konnte das Wissen erheblich erweitert werden. Auch wenn dann nicht alles in der wieder aufgenommenen Praxis direkt umgesetzt werden konnte, basierte sie nun doch auf einer breiteren Grundlage. Das Innehalten nach vielen Dienstjahren mit dem in der Praxis erfahrenen Wissen um die eigenen Defizite bot ohnehin günstige Voraussetzungen, um mit Gewinn und Interesse Neues aufzunehmen. In jedem Fall hatte es das Selbstbewusstsein für Katechetinnen und Katecheten gestärkt – gerade auch im Zusammenspiel mit anderen kirchlichen Berufen. Bei einigen trug es mit dazu bei, für Leitungsaufgaben im katechetischen Bereich vorbereitet und in den Jahren des Umbruchs 1989 in der Gesellschaft tätig zu sein. Nicht zuletzt war die Zeit für manche wichtig, weil sie im Abstand zu ihrem Alltag eigene Krisensituationen bearbeiten konnten.

Ein weiterer zweisemestriger Sonderkurs für 11 Katecheten aus 4 Landeskirchen fand 1972/73, ein dritter 1975/76 statt, beide von Eva Heßler im Zusammenwirken mit Reimund Blühm geleitet. Beide haben ähnliche Erfahrungen gezeitigt, wie folgendes Fazit zeigt:

> »Das zusammen mit den Teilnehmern aufgestellte und im Laufe der Arbeit weiter profilierte Lehrprogramm wurde von den beanspruchten Dozenten trotz der Mehrbelastung bewältigt. Für die Studenten war der einjährige enge Kontakt mit kirchlichen Praktikern eine zusätzliche Gesprächsmöglichkeit. Das Abschlußgespräch zeigte, daß ›die Kursteilnehmer … die Beschäftigung mit den theologischen Grundsatzfragen, die frei von einer sofortigen Erörterung der methodisch-didaktischen Konsequenzen geschah, als legitim empfunden‹ haben. ›Damit konnte ein vordergründiger Pragmatismus, der die gesamte Arbeit der Katecheten doch nur sehr kurzfristig gefördert hätte, vermieden werden.‹«[281]

---

[279]   Petereit 1971 = 1975.

[280]   Die Anerkennung und Gleichwertigkeit von Abschlüssen in der DDR war im Einigungsvertrag unzureichend geklärt und wurde später durch Beschluss der Kultusministerkonferenz (KMK) vom 11.10.1991 eindeutig geregelt.

[281]   Schenk (AKPS, Rep. D 3, Nr. 148) 1973, S. 8.

Zusätzlich zu den Kursen kamen auch einzelne Katechetinnen für ein Semester zur Weiterbildung ans KOS.

Ergänzend sei vermerkt: Auch die sächsische Landeskirche hat Katechetinnen und Katecheten für »Kontaktsemester« freigestellt. Bedingung hierfür war, dass die Bewerber mindestens zehn Jahre im Dienst waren. Sie waren in der Regel für die Aufgaben als Bezirks- oder auch Landeskatechet vorgesehen. Eine andere Form vor allem der pädagogischen Qualifizierung hatte der Bund der Evangelischen Kirchen eingerichtet: das Theologisch-Pädagogische Kolleg (ThPK), auch nach seinem Leiter Dr. Siegfried Schmutzler »Schmutzler-Kolleg« genannt. In einem sechsmonatigen Kontaktstudium wurden von den Landeskirchen entsandte Pfarrer oder Katecheten für leitende Aufgaben oder auch als Lehrende an kirchlichen Ausbildungsstätten weitergebildet.

II.3.3 Forschungsstelle für kirchliche Zeitgeschichte 1985–1993

Martin Onnasch[282]

1 Zur Geschichte der Forschungsstelle

Die *Forschungsstelle für kirchliche Zeitgeschichte* war eine Einrichtung des *Bundes der Evangelischen Kirchen in der DDR* (BEK). Den Ausgangspunkt ihrer Entstehung bildete die Erfahrung kirchenleitender Stellen, dass die Erinnerung an Ereignisse, Personen, Vorgänge und an die eigenen Beschlüsse mit wachsendem Zeitabstand lückenhaft und unsicher wird. Außerdem hatte sich gerade in friedensethischen Fragen die Position in den Kirchen und Gemeinden angesichts der Entspannungs- und Koexistenzpolitik verändert. Deshalb ergriff die Synode der *Kirchenprovinz Sachsen* (KPS) im Zusammenhang mit dem Protest gegen die Einführung des Wehrunterrichts an den Schulen der DDR 1979 die Initiative, eine zeitgeschichtliche Arbeitsstelle zu schaffen, die in verlässlicher Weise die Geschichte der Kirchen in der DDR bearbeiten sollte. Da die *Theologische Studienabteilung beim Bund der Ev. Kirchen in der DDR* diese Aufgabe nicht zusätzlich übernehmen konnte, siedelte der BEK die *Forschungsstelle* beim *Katechetischen Oberseminar Naumburg* (KOS) an, wo es die technischen und personellen Voraussetzungen für eine solche Arbeit gab.

---

[282] Die Ausführungen basieren auf Onnasch 1994. Sie wurden für dieses Buch von Michael Kühne zusammengefasst. Martin Onnasch war Repetent, Assistent, Dozent und Leiter der Forschungsstelle; Michael Kühne Student, Repetent und Mitarbeiter in der Forschungsstelle in Naumburg.

Die Ordnung der *Forschungsstelle,* von der *Konferenz der Evangelischen Kirchenleitungen* des BEK im Januar 1984 beschlossen, sah die Mitverantwortung aller kirchlichen Zusammenschlüsse vor und ließ die Beteiligung möglichst vieler Landeskirchen zu. An der Entwicklung des Arbeitskonzepts waren unter anderen Roswitha Bodenstein (Theologische Studienabteilung), OKR Dr. Konrad v. Rabenau (EKU/BEK) und OKR Dr. Harald Schultze (Evangelisches Konsistorium Magdeburg) beteiligt. Daneben ist mit Dank daran zu erinnern, dass die *Evangelische Arbeitsgemeinschaft für kirchliche Zeitgeschichte* der EKD durch ihre Vorsitzenden und ihren Geschäftsführer, Prof. Dr. Carsten Nicolaisen (München), die Arbeit in Naumburg begleitet und gefördert hat. Als die *Forschungsstelle* ihre Arbeit am Jahresende 1993 einstellte, übernahm die *Arbeitsgemeinschaft* deren Bestände, führte die Aufgaben fort und berief drei Mitglieder des *Leitungskreises der Forschungsstelle* zu ihren Mitgliedern.

Der Vorsitzende des *Leitungskreises* war durchgehend Präsident Dr. Kurt Domsch (Landeskirchenamt Dresden), der mit großem persönlichem Engagement die Arbeit förderte. Der *Leitungskreis* hatte die Projekte zu bestimmen, die bearbeitet werden sollten. In den beiden jährlichen Sitzungen sowie bei je einer weiteren Sitzung mit Mitgliedern der *Arbeitsgemeinschaft für kirchliche Zeitgeschichte* nahmen die Überlegungen dazu und die Diskussion der Arbeitsergebnisse breiten Raum ein. Dabei war es eine Voraussetzung der Arbeit der *Forschungsstelle,* nicht zuerst auf die Publikation ihrer Studien bedacht zu sein.

Leiter der *Forschungsstelle* war der Verfasser in seiner Funktion als Dozent bzw. Professor für Kirchengeschichte am KOS/KHN. Im Laufe der Zeit haben – zum Teil aus dem Kreis der Absolventen oder an der Hochschule Tätigen – als wissenschaftliche Mitarbeiter in der *Forschungsstelle* gearbeitet: Michael Kühne, Detlef Müller, Christian Dietrich; mit Teilbeschäftigung: Anna-Barbara Klaer, Dietmar Andrae, André Wiethölter; auf Honorarbasis: Matthias Taatz, Michael Seils.

2 Projekte der Forschungsstelle

Folgende Projekte wurden durch den *Leitungskreis* für die Bearbeitung beschlossen:

2.1. »Entstehung und Bedeutung des ›Kommuniqués‹ vom 21. Juli 1958« (Bearbeiter: Martin Onnasch). Dieses fasste die Ergebnisse von Gesprächen zwischen Beauftragten der evangelischen Landeskirchen in der DDR und der

DDR-Regierung zusammen und galt später als einer der rechtlichen und politischen Orientierungstexte für die Kirchenpolitik der DDR.[283] Es war das erste Projekt der *Forschungsstelle* und sollte erproben, wie die Landeskirchen, vor allem zu der Frage der Akteneinsicht, mit der *Forschungsstelle* zusammenarbeiten würden. Die Erfahrungen bei der Kooperation waren ermutigend, auch die bei der Kooperation mit dem *Evangelischen Zentralarchiv* (EZA) Berlin-Charlottenburg, das ebenfalls Akteneinsicht gewährte. – Das Arbeitsvorhaben zeigt, dass das »Kommuniqué« (dessen grundlegende Bedeutung vielfach in Ost und West konstatiert worden war) erst nachträglich – unter Auslassung wichtiger Tatbestände – zu einem Grundtext der Kirchenpolitik der SED gemacht worden war. Vielmehr hatten die Verhandlungen im Vorfeld des »Kommuniqués« als Ergebnis, dass in den Beziehungen von Staat und Kirche die Stabilisierung der umstrittenen Rolle des *Staatssekretärs für Kirchenfragen* erreicht wurde, während die Aussagen und Vereinbarungen des »Kommuniqués« unter den kirchlichen Mitarbeitern – bis hin nach Thüringen – abgelehnt wurden. Die Stellungnahme von Präses Lothar Kreyssig (EKU/KPS) zum »Kommuniqué« macht verständlich, wie die Kritiker der Verhandlungen vom Sommer 1958 die Distanz zu den Loyalitätsforderungen des Staates reflektiert und begründet haben: durch die Forderung theologisch-ethischer Synodalarbeit. Eine Erkenntnis der Debatte um das »Kommuniqué« war, dass die Konflikte zwischen SED-Staat und evangelischen Kirchen – konzentriert in der aggressiven staatlichen Werbung für die Jugendweihe – ähnlich umfangreich waren wie in den Jahren 1952/53, aber von der abnehmenden Bereitschaft der Gemeindeglieder überdeckt wurden, die Folgen für sich anzunehmen. Die deutschlandpolitische Dimension der Existenz der Kirchen in der DDR trat zutage in der doppelten Problemdiskussion um Militärseelsorgevertrag und Atombewaffnung in den westdeutschen Gliedkirchen der EKD einerseits und der Existenz von Christen in einem atheistisch dominierten Staatswesen andererseits. Die Bereitschaft der Landeskirchen in der DDR, der DDR-Gesellschaft mit größerer Selbständigkeit im Rahmen der EKD zu begegnen, wurde von der SED, das heißt von Walter Ulbricht selbst, zunichte gemacht.

Seit 1992 die Forschungsstelle die Akte »IM Karl« des Thüringer Oberkirchenrates Gerhard Lotz auswerten konnte, ist eine neue Dimension hinzugekommen: die Einwirkung des Ministeriums für Staatssicherheit (MfS) auf die kirchliche Meinungsbildung. Daraus ergibt sich, dass der leitende Jurist

---

[283] Textpublikation: Kundgebungen o.J., S. 298f. – Zum historischen Zusammenhang vgl. Schultze 2011, S. 202–206.

der Evangelisch-Lutherischen Kirche in Thüringen über Landesbischof Moritz Mitzenheim mit seiner Konzeption einer gegenüber der EKD verselbständigten Kirche in der DDR die Verhandlungen beeinflusst hat. Ab Herbst 1958 – nun auch in Verbindung mit dem Hauptvorstand der CDU – gestaltete er seinen Plan weiter aus; dieser ähnelt auffällig der späteren Organisation des Bundes der Ev. Kirchen in der DDR. In welcher Weise die CDU auf diesen Vorgang eingewirkt hat, lässt sich bisher nur vermuten. Die Aufhellung der Existenzbedingungen der Kirchen in der DDR ist allerdings nicht mit Hinweis auf die Aktivitäten des »IM Karl« und anderer als »Stasi-Hörigkeit« zu bewerten. Vielmehr ist es die Bedingung der Einwirkung des MfS gewesen, dass dessen Argumente rational nachvollziehbar sein mussten, um erfolgreich sein zu können.

2.2 »Die Protokolle der ›Ostkirchenkonferenz‹ 1945-1949«, die über die informellen Beratungen der Landeskirchen zu den speziellen Problemen in der Sowjetischen Besatzungszone Auskunft geben, die alle östlichen Gliedkirchen der EKD betrafen (Bearbeiter: Michael Kühne). Die Beratungen umfassten viele organisatorische Fragen innerkirchlicher Art, angefangen mit den schwierigen Finanzproblemen über den Aufbau der Christenlehre, Probleme der theologischen Ausbildung bis hin zu den Schwierigkeiten des kirchlichen Presse- und Verlagswesens; gesellschaftliche Fragen wie die Bodenreform und die Währungsreform wurden beraten. Außerdem bieten die Protokolle Einblick in brisante kirchenpolitische Überlegungen im Umgang mit der Sowjetischen Militäradministration in Deutschland (SMAD). Nicht zuletzt zeigen die Protokolle die Probleme auf, die sich bei der engen Zusammenarbeit von lutherischen und unierten Landeskirchen ergaben. Im letzten Teil spiegeln sie die Haltung der Kirchen zur Gründung der beiden deutschen Staaten wider, die von den Kirchen schon lange vor ihrer öffentlichen Konstituierung mit scharfer Kritik begleitet wurde. Die Einleitung zu der reich kommentierten Edition beschreibt, wie die »Ostkonferenz« faktisch als *Konferenz der Ev. Kirchenleitungen* arbeitete, zu der sie sich später verfestigt hat. Eine Schwierigkeit bei der Entstehung der Edition war die Tatsache, dass die Originalüberlieferung im damaligen Westberlin (EZA) schwer zugänglich war.

Die Arbeit bietet eine Quelle für die Forschung dar, die für die Entwicklung der Kirchen in der Sowjetischen Besatzungszone erheblichen Wert hat. Die Annahme der Arbeit durch die Kirchliche Hochschule Naumburg als Dissertation[284] war deren letzter akademischer Akt im Juli 1993.

---

[284] Druckfassung: Kühne 2005, vgl. auch Kühne 2009.

2.3. »Die ›Handreichung: Das Evangelium und das christliche Leben in der DDR‹. Ihre Entstehung und ihr Geschick« (Bearbeiter: André Wiethölter). Dieses Projekt sollte der theologischen Reflexion über die Bedingungen christlichen Wort- und Lebenszeugnisses angesichts der vertieften Spaltung Deutschlands und der forcierten atheistischen Propaganda in der DDR zwischen 1958 und 1961 nachgehen. Für dieses Vorhaben wurden die Akten von Generalsuperintendent Dr. Horst Lahr (Potsdam), einem der entscheidenden Autoren der »Handreichung« der EKU, ausgewertet. Wiethölter verfolgte aus einem theologiegeschichtlichen Blickwinkel die Arbeit von EKU, VELKD und EKD in jener Zeit, die darauf zielte, dass die Kirchen, ihre Mitarbeitenden und Gemeindeglieder die Herausforderungen bewältigen konnten, vor die sie der atheistische Weltanschauungsstaat stellte. Die »Handreichung« war der Versuch, in der DDR die Handlungsfreiheit als »Bekennen« zurückzugewinnen. Die seit dem Kirchenkampf wichtig gewordene Kategorie des Gehorsams gegen Gottes Wort bildete ihren Mittelpunkt. Die Herrschaft Gottes über die gesamte Schöpfung – selbst dann, wenn sie um ihre Herkunft nicht wissen will – ermöglichte die Ermutigung zu einem christlichen Leben in der atheistischen Umwelt. Nicht die rechtlichen und öffentlichen Bedingungen sollten Christen bestimmen, sondern ihr Gehorsam gegen Gottes Wort und die Förderung der Wohlfahrt des Gemeinwesens in Dankbarkeit gegen den Schöpfer. Die Einbeziehung der Pfarrkonvente in die Ausarbeitung der »Handreichung« führte zu besonders energischem Widerspruch gegenüber der Erwartung, dass die Bedingungen christlicher Existenz leidend hinzunehmen seien. – Die VELKD veröffentlichte 1960 eine Handreichung zum gleichen Thema (»Der Christ in der DDR«). Für Mitarbeiter und Gemeindeglieder spielten beide Handreichungen keine entscheidende, die Handlungen prägende Rolle. Die Studie zeigt schließlich, dass die EKD, die eine gesamtkirchliche Handreichung wünschte, die konfessionellen, theologischen und politischen Gegensätze zwischen »Barmen«-orientierter Theologie (EKU) und lutherischer Theologie (VELKD) nicht überbrücken konnte.[285]

2.4. »Die Gründung des Bundes der Evangelischen Kirchen in der DDR 1968/69« – ein Projekt, das zum Teil wegen der Debatte um die Berechtigung des BEK seit 1990 von Interesse war, aber ebenso wegen der von Anfang an

---

[285] Die »Handreichung« konnte in der DDR nicht gedruckt werden und erschien 1959 in Witten/Ruhr unter dem Titel: »Das Evangelium und das christliche Leben in der Deutschen Demokratischen Republik. Handreichung«.

geführten Diskussion, wie er angesichts der Bedingungen in der DDR aus-
gestaltet werden müsste (Bearbeiter: Christian Dietrich). Ausgangspunkt war
die Arbeitshypothese, dass die Gründung des Bundes nicht in erster Linie als
ein von den Berliner »Zentralen« der Kirche gestalteter Vorgang, sondern
besser von den Landeskirchen her beschrieben werden müsste, die charakteristisch verschiedene Anteile an der Gründung hatten – wenn auch einzelne
Personen wie z. B. Albrecht Schönherr und Manfred Stolpe den Prozess maßgeblich gestaltet haben. Relativ neu war die Erkenntnis bei der Bearbeitung,
dass auch die EKD einen erheblichen Anteil an den Vorbereitungen und deshalb ein größeres Gewicht in dem Prozess der Trennung hatte, als bisher bewusst war.

*2.5. »Zeittafel zur Geschichte des Bundes der Evangelischen Kirchen in der DDR
1969–1991«* (Bearbeiter: alle Mitarbeiter der *Forschungsstelle*). Durch diese
Arbeit sollte ein differenzierter Überblick über Ereignisse, Entwicklungen
und Tendenzen der Kirchen in der DDR möglich werden. Sie umfasst ca. 450
Manuskriptseiten. Vorrangig wurden dafür die Meldungen der Pressedienste
ausgewertet, was dazu führte, dass die Datengenauigkeit an manchen Stellen
zu wünschen übrig lässt. Unterschiedliche Forderungen gab es im Hinblick
auf die Auswahl von Vorgängen, die aufgenommen werden sollten und müssten. Die Ausgangsvorstellung war, dass die Synoden von BEK, EKU, VELKD
und Landeskirchen am besten widerspiegeln könnten, was in den Kirchen
wichtig und für die Gemeinden von Bedeutung ist. Als weiteres Charakteris-
tikum leiteten ökumenische Aktivitäten der Kirchen in der DDR die Auswahl. Die Zeittafel bedarf der weiteren Ergänzung, damit sie eine Art von »Kir-
chen-PLOETZ« sein kann (wie Peter Maser ihn angeregt hat), v. a. im Hinblick
auf Daten der politischen und kulturellen Geschichte in der DDR sowie auf
kirchenpolitische Ereignisse.

3 Ertrag

Die *Forschungsstelle* hat acht Jahre lang als eine Einrichtung der Kirchen gearbeitet. Zusätzlich zu den genannten Themen hat eine Studie zum Militärseelsorgevertrag (Bearbeiterin: Anna-Barbara Klaer) die Funktion einer Erinnerung an nicht mehr bekannte Vorgänge für Beratungen des BEK
tatsächlich erfüllt. In den Lehrveranstaltungen des KOS / der KHN haben alle
Studierenden die Gelegenheit gehabt, DDR-Kirchengeschichte im Überblick
oder an speziellen Problemen zu studieren. Sie wurden so frühzeitig in dieses Gebiet eingeführt und in einer Weise, die sie nach den Ereignissen von

1989 nicht zum Umlernen nötigte. Durch Vorträge des Leiters der *Forschungsstelle* bei Pfarrkonventen und Bildungseinrichtungen fanden die Ergebnisse ebenfalls Verbreitung.

Das Besondere an den Erträgen der *Forschungsstelle* bleibt mit Sicherheit, dass die kirchlichen Entscheidungen und Orientierungen in kritischem Vergleich mit der aus politischem Interesse zweckbestimmten Zeitgeschichtsschreibung der DDR untersucht wurden. Immer hat die *Forschungsstelle* bei ihrer Arbeit auch die Sicht der westdeutschen und angelsächsischen Forschung beachtet und ernst genommen.

II.4 VIELFALT DES LEBENS, LEHRENS UND STUDIERENS

II.4.1 STUDIUM UNIVERSALE

Sophie Kühne[286]

Das Ausbildungskonzept für Oberschulkatechetik am KOS war von Anfang an weit gefasst. Neben der theologischen und pädagogischen sollte als Schwerpunkt auch die naturwissenschaftliche und philosophische Ausbildung stehen. Die gesamte Schulbildung in der noch jungen DDR verstand sich ja klar atheistisch und begründete das eben naturwissenschaftlich und philosophisch.[287]

Aufgrund dieser Bedingungen und Voraussetzungen standen die Kernfragen der Ausbildung am KOS damit auf einer neuen Stufe: die Fragen nach Gott und Mensch, nach Schöpfung, Schuld und Erlösung, nach Leben und Tod. Sie konnten nur Antwort finden im Dialog mit anderen Wissenschaften wie Medizin, Biologie, Physik und Astronomie, Anthropologie, Psychologie und Soziologie. Dieses Grundprinzip wurde auch beibehalten, als neben die Ausbildung von Oberschulkatecheten die der Theologen trat.[288] So weist z. B. das Vorlesungsverzeichnis vom Herbstsemester 1953 und WS 1954/55 einen eigenen Block Naturwissenschaften auf. Der wurde aber bald nicht mehr gesondert gelehrt. Vielmehr fanden diese Fächer nach einiger Zeit im Studium generale am Beginn des jeweiligen Sommersemesters einen Platz. Die Stu-

---

[286] Sophie Kühne war Studentin, Repetentin und Assistentin in Naumburg.
[287] Siehe Kap. I, S. 11.14 und Kap. II.1, S. 32.
[288] Siehe Kap. II.1, S. 36 und Kap. II.2, S. 36 f., 43 f.

denten sollten so besser erkennen können, dass die Theologie alles Fragen und Forschen in der Gesellschaft, in Wissenschaft und Kultur berührt, also eigentlich im Mittelpunkt menschlicher Existenz steht. Die philosophischen Angebote wurden darüber hinaus direkt in das Theologiestudium integriert und begleiteten es kontinuierlich.

Einige Beispiele seien genannt: Für das Jahr 1964 ist in den Akten ein »Ausschuß für Sprachstudium und Studium generale« belegt, der einen Entwurf für die Revision des Grundstudiums vorlegt, in dem Studenten mit einer abgeschlossenen Berufsausbildung auch besonders berücksichtigt werden. In der Folge gab es zu Beginn des SS 1965 ein »Studium generale« zu pädagogischen, naturwissenschaftlichen und soziologischen Themen. Auch im darauf folgenden Frühjahr war der Semesterbeginn unter »Studium generale« angezeigt mit folgenden Themen: »Creator – creatio – creatura. Erwägungen zur Lehre von der Schöpfung«, »Fragen aus der biologischen und theologischen Anthropologie« und »Die marxistische Soziologie in der DDR«. Hier zeigte sich klar das Anliegen, mit anderen Wissenschaften in einen echten Dialog zu kommen. Die Wissenschaft und ihr gesellschaftlicher Hintergrund standen ein Jahr später direkt zur Frage. Da kam zunächst die Astronomie auf die Tagesordnung mit »Interstellare Verfärbungen«. Außerdem wurde »Kirche und Gesellschaft« aktuell bedacht, ebenso »Ausschnitte aus dem Familienrecht der DDR«.

Der Entwicklung in Technik und Elektronik widmete sich der von da an »Studium universale« genannte Auftakt zum SS 1969. Diesmal ging es um neue Dimensionen der Sprache mit folgenden Referaten: »Künstliche Sprachen in Mathematik und Kybernetik«, »Rechenautomaten – ihre Probleme, Bedeutung und Möglichkeiten« sowie »Der Mensch in der Sicht der Kybernetik«. Hier ergänzte der Maler Fritz Löffler das Programm mit einem Beitrag über Franz Marc.

Im Frühjahr 1970 stand die Entwicklung der Psychologie im Vordergrund. Neben Sachthemen wie »Die Psychologie in der modernen Medizin«, »Grundfragen der Molekularbiologie«, »Wohin kann die Molekularbiologie uns führen?« ging es auch um im weiten Sinn psychisch kranke und belastete Menschen: »Der Mensch in der Sucht (Alkoholismus in psychischer Sicht)«, »Der Süchtige zwischen fehlgeleiteter Lebenserwartung und Annahme der Realität« und »Konzentrische Kreise um das Sterben«.

Das Studium universale 1972 drehte sich um Literatur, Städtebau und Umwelt. Neben Rilkes Roman »Die Aufzeichnungen des Malte Laurids Brigge« und Johannes Bobrowskis Lyrik zwischen 1941 und 1961[289] widmete man sich »Fragen des Theaterbaus, Erhaltung von Kunstwerken als Problem der

Städteplanung«, »Städtebau in der DDR am Beispiel von Halle-Neustadt« und – damals schon (!): »Probleme des Umweltschutzes«.

Vom Kommunikationsanliegen her gesehen war das Studium universale 1974 im echten Sinn ein Studium generale, das »andere Wissensgebiete und Erfahrungsbereiche erschließen« und »eine geistige Auseinandersetzung sozusagen über den Zaun der Theologie hinweg« anregen sollte.[290] Themen aus Medizin, Literatur, Psychologie, Physik und Theaterwissenschaft wurden durch persönliche Zeugnisse ergänzt. Das bunte Feld der Vorträge war so angelegt: Auf »Medizin im Schnittpunkt der verbalen Kommunikation und ihrer Störungen« folgte »Heinrich Heine ›Erinnerung‹ – ein Gedicht und sein Autor«, danach »›So du willst den Bau ausführen …‹ – Der Pfarrer und das Bauen. Praxisbezogene Hinweise für eine Tätigkeit, auf die ein zukünftiger Pfarrer meistens wenig vorgebildet ist«, weiterhin »Die Jugend zwischen 15 und 18 Jahren in psychologischer Sicht«, »Braucht die Wissenschaft eine eigene Sprache?« und »Neue Tendenzen in der DDR-Dramatik«. Schließlich ging es noch um »Einführung in die Relativitätstheorie« und »Physikalische Argumente in der theologisch-philosophischen Diskussion«. Altbischof Johannes Jänicke las als eine Art Kontrapunkt »Aus meinen Erinnerungen«.

Das Studium universale im Frühjahr 1987 stand unter dem Thema »Vom Wunder der Sprache«. Auch hier waren die Themen bunt: »Macht und Grenze der Sprache in der theologischen Reflexion«, »Grundzüge der Sprachgeschichte des Kirchenslawischen bzw. Russischen«. Das Thema bekam an einem Abend wieder bildliche Gestalt, als Fritz Löffler den Anwesenden das Thema »Die ›Sprache‹ moderner Malerei« vorstellte. Am nächsten Tag ging es weiter mit dem Thema »Der Umgang mit der Sprache und Sprachkultur«. Speziell konnte man sich auch informieren über »Probleme der Übersetzung und Edition der Werke Michail Bulgakows«. Der Tag schloss mit einer abendlichen Dichterlesung.

Im SS 1988 beschäftigte sich das Studium universale mit Lebensfragen verschiedener Richtungen: Zunächst gab es ein Referat über »Ethische Probleme der Gentechnologie«. Anschließend äußerte Fritz Löffler seine Gedanken zu »Das Relief Christus vor Pilatus im Naumburger Dom – Bilduntersuchung zum menschlichen Gesicht«. Dann näherte sich ein Physiker aus Halle dem Menschenbild von anderer Seite mit dem Thema: »Weltbild und Wirklichkeitsverständnis der modernen Physik«. Am Abschluss stand in zwei Teilen das Referat »Neuere Aspekte der Evolution«.

---

[289]   Zu den literarischen Angeboten s. auch Kap. II.4.5, S. 154 f.
[290]   Blühm (AKPS, Rep. D 3, Nr. 148) 1974, S. 2 f.

Auch im Frühjahr 1989 rankten sich die Tage zum Semesterbeginn um Fragen der Psychologie, Ethik und Genetik. Grundprobleme heutiger Ethik standen zunächst auf der Tagesordnung, dann »Die ganzheitliche Perspektive moderner Psychotherapie«, außerdem ein mehr literarisches Thema: »Ein Selbstdenker in finsterer Zeit. Zum 200. Geburtstag des Schriftstellers Carl Gustav Jochmann«. Das Thema des letzten Jahres wurde noch einmal aufgenommen mit dem Vortrag » Zivilisatorische Chancen und Gefahren für Menschen aus der Sicht der medizinischen Genetik«.

Im Frühjahr 1990 war das Studium universale wieder etwas straffer theologisch orientiert: Es ging um die Betrachtung des biblischen Textes Genesis 22 aus unterschiedlichen Perspektiven und begann mit »Die Akedah – Genesis 22 in der jüdischen Tradition«. Dann folgten »1. Mose 22 und andere biblische Motive in der Literatur der DDR« und »Abrahams/Isaaks Opfer – zur Bildgeschichte von Genesis 22«. Dazu gab es auch ein Seminar: »Einführung in die Bilddidaktik«. Die Veranstaltungsreihe schloss mit einem Vortrag über »Alfred Döblin – ein revolutionärer Christ«.

Für das SS 1992 ist letztmalig ein Studium universale belegt. Mit dem Thema »Stadt und (Hoch-)Schule« wollte man Rückschau auf die Entwicklung in Bildung und Schule halten. Interessante Themen lockten die Hörer: »Schrift, Schreiber, Schule im alten Mesopotamien«, »Stadt und Schule im alten Israel und seiner kanaanäischen Umwelt«. Dazu gesellte sich ganz aktuell: »Kirchliche Hochschulen – Programm oder Verlegenheit. Das Beispiel des Katechetischen Oberseminars Naumburg«, begleitet von »Kirche und Seelsorge in Erfurt im Hoch- und Spätmittelalter«. Diesmal ging es also nicht nur um Weiterbildung, das Ganze war zugleich eine Art Rückschau auf 44 Jahre Studium am Katechetischen Oberseminar, dessen Zeit langsam zu Ende ging.

Zu den Versuchen, eine Engführung der einzelnen theologischen Disziplinen zu vermeiden, gehörte auch die Anfang der 70er Jahre eingeführte wöchentliche Ringvorlesung, offen für Studenten wie Interessenten aus der Stadt. Je nach Thema der Vorlesung standen Dozenten aus dem betreffenden Fach vorn am Pult, manchmal auch Kollegen aus anderen Studieneinrichtungen. Nach den Vorträgen war jeweils Zeit zu Fragen, Diskussion und Gespräch, manchmal auch für ein Plenum. Die Themen der immer im WS stattfindenden Ringvorlesungen lauteten zwischen 1967–1981:[291] »Gottes Gerechtigkeit« (67/68), »Das Gebet« (68/69), »Das Böse als Problem. Entfaltung – Deutung – Überwindung« (69/70), »Theologie und Glaube« (70/71),

---

[291] Vgl. zum Folgenden die Vorlesungsverzeichnisse 1967–1993 und Kap. II.2.2.1, S. 63.

»Wort Gottes« (71/72), »Tod, Auferstehung und ewiges Leben« (75/76), »Das Wunder« (78/79), »Gut und Böse« (80/81). Freilich gelang nicht alles. So heißt es im Nachklang zur Ringvorlesung »Wort Gottes«:

> »Die eigentliche Absicht, ... die Zusammenarbeit der verschiedenen theologischen Disziplinen ... zu demonstrieren, ist offenbar nicht zureichend erfüllt worden. Das liegt einerseits daran, daß das Thema so umfangreich ist und so sehr in die Prinzipienfragen des theologischen Ansatzes überhaupt hineinreicht, daß es offenbar für eine Ringvorlesung nur bedingt geeignet ist. Andererseits zeigt sich aber sehr deutlich, dass die Mitarbeit der Studenten zu wünschen übrig ließ. Die Anfangssemester fühlten sich regelmäßig sachlich überfordert; aber auch die fortgeschritteneren Studenten brachten offenbar nicht die Energie auf, durch eine intensive eigene Mitarbeit den Integrationsprozeß ... selbst mit zu leisten.«[292]

Aufgrund der damals weltpolitisch angespannten Lage ging es – außerhalb der Reihe – bei der Ringvorlesung im SS 1982 um das Thema »Frieden«. Nach einer fünfjährigen Pause stellte man sich im WS 1987/88 – angeregt durch die sich immer stärker andeutenden Veränderungen im Weltgefüge – dem Thema »Der Kompromiß«. Ein solcher Ansatz legte sich als Hoffnungszeichen nahe, als Weg, die wachsenden, massiven weltpolitischen und wirtschaftlichen Probleme in den Griff zu bekommen und sie nicht in einer furchtbaren Katastrophe enden zu lassen.

Nach den Ereignissen der Wende 1989/90 nahm man das neu erwachte Interesse vieler Menschen an Kirche, Theologie und christlichem Glauben auf und wandte sich neu motiviert theologisch brisanten Fragen zu, um sich auch im eigenen Metier »gewendet« am Gespräch zu beteiligen. Die Ringvorlesung SS 1990 interpretierte »Hermeneutische Fragen einer Biblischen Theologie«.[293]

Damit war dann aber die Zeit des Projekts Ringvorlesung im mehr innerkirchlichen Rahmen abgelaufen. Jetzt ging es um Angebote wirklich öffentlicher Vorlesungen für Zuhörer der Stadt Naumburg. Um vielen Menschen die Teilnahme möglich zu machen, wurde das Unternehmen auf den Abend verlegt.[294]

Im Winter 1990/91 liefen Vorlesungen zu »Jesus Christus«. Ein Jahr später folgte als letzte Ringvorlesung »Vom Menschen (Theologische Aspekte

---

[292] Schultze (AKPS, Rep. D 3, Nr. 148) 1972, S. 4.
[293] Drucklegung: Vom Menschen 1993.
[294] Zu den früheren Offenen Abenden s. auch Kap. II.4.5, S. 154 f.

der Anthropologie«,[295] im nächsten Sommer »Jüdische Theologie im 20. Jahrhundert«. Im Herbst 1992 gab es ein Angebot der Praktischen Theologie: »Einführung in die evangelische Theologie«.

Die letzte öffentliche Vorlesung vor der Schließung des Seminars hieß »Religion, Kultur und Geschichte im Umfeld des Heiligen Landes«. Das Thema war im Osten Deutschlands wegen der neuen Reisemöglichkeiten aktuell geworden. Gefragt wurde nach den Hintergründen des seit Jahrzehnten brodelnden Konflikts im jetzt plötzlich nahe gerückten Nahen Osten.

Die letzte Ringvorlesung 1991/92 suchte unter dem Thema »Vom Menschen« die biblische Botschaft auszulegen und auf die Geschichte des KOS zurückzublicken.[296]

Die eigenständigen naturwissenschaftlichen und philosophischen Blöcke im Vorlesungsverzeichnis, das Studium generale und universale, verschiedene Gastvorlesungen, die Ringvorlesung oder öffentliche Vorträge – alles das unterstreicht, dass Theologie mit anderen Forschungsgebieten in den Dialog treten kann und muss. Die Wissenschaft, Gott zu denken und von ihm zu sprechen, wird angeregt und angefragt von außen. Sie muss in die Welt blicken und auf das Denken, Fragen und Forschen ausstrahlen.

II.4.2 Geschichte der Philosophie

Richard Schröder[297]

Seit ihrer Gründung im Mittelalter bis ins 20. Jahrhundert hatten die Universitäten vier Fakultäten, nämlich die »niedere« Artistenfakultät, die alle Studierenden zunächst absolvieren mussten, und die drei »höheren« Fakultäten der Theologie, Jurisprudenz und Medizin. Die Artistenfakultät vermittelte zunächst das spätantike Abiturwissen der »sieben freien Künste«. Als die Aristoteles-Texte bekannt wurden, wurden diese zur Pflichtlektüre an der Artistenfakultät und diese nach und nach zur Philosophischen Fakultät. Im 19. Jahrhundert erlangte sie nicht nur Ebenbürtigkeit, sondern wurde zur größten Fakultät, weil ihr die aufblühenden historischen, philologischen und Natur-Wissenschaften zugehörten. Damit verlor sie aber die Funktion eines Studiums generale/universale für alle Studierenden. Darin lag die bedenkliche Tendenz eines Vorrangs der (berufsbezogenen) Ausbildung vor der (ho-

---

[295] Drucklegung: Vom Menschen 1993.
[296] Drucklegung: Vom Menschen 1993.
[297] Richard Schröder war Student und Dozent in Naumburg.

rizonterweiternden) Bildung. In der DDR wurde dieser Mangel kompensiert, aber auf eine beklagenswerte Weise, nämlich durch die Einführung mehrjähriger Pflichtkurse in Marxismus-Leninismus (ML) nach normierten Hochschullehrbüchern für alle Studierenden. Marxistische Philosophen gab es in aller Herren Länder. Dieser Marxismus-Leninismus aber war ein in der Sowjetunion entwickelter und zentral verwalteter Dogmatismus, den auch marxistische Philosophen außerhalb des sowjetischen Machtbereichs verachteten. Die einzigen Studierenden, die sich dieser »Rotlichtbestrahlung« nicht aussetzen mussten, waren die der Kirchlichen Hochschulen in der DDR. Das lag auch daran, dass sie gar nicht als Hochschulen anerkannt waren. Sie genossen eine eigentümliche Freiheit durch Diskriminierung. Nur am Theologischen Seminar Leipzig (ehem. Missionshaus) ist es über diesem Problem zum Konflikt mit dem Staat gekommen. Der verlangte die Aufnahme eines Dozenten für Marxismus-Leninismus in den Lehrkörper. Das konnte zwar abgewendet werden, aber die Studierenden mussten seitdem ML-Kurse an der Volkshochschule besuchen.[298]

In den Prüfungsordnungen der Evangelischen Landeskirchen in der DDR zum Ersten Theologischen Examen war Philosophie ein mündlich zu prüfendes Nebenfach. Das Philosophicum durfte nach den Sprachprüfungen und vor dem Ersten Examen abgelegt, also vorgezogen werden. Als Prüfungsgegenstand war dort festgelegt: ein Überblickswissen über die Philosophiegeschichte sowie die aus Originaltexten gewonnene Kenntnis einer philosophischen Position oder der Geschichte eines philosophischen Problems nach freier Wahl. Die Mindestanforderungen an jedes Lehrangebot sind immer die Prüfungsbedingungen der Prüfungsordnungen. Was geprüft wird, muss auch gelehrt werden. Aber diesem formalen Argument müssen doch sachliche zur Seite stehen. Wozu Philosophie im Theologiestudium?

Ein Schwergewicht auf der Philosophiegeschichte ist darin begründet, dass der christliche Glaube und die christliche Theologie in der Antike den Philosophenschulen ähnlicher waren als den »Theologien« der Tempelkulte. Als Justin Christ wurde, behielt er den Philosophenmantel bei, denn der christliche Glaube war für ihn die wahre Philosophie. Man kann die christliche Dogmen- und Theologiegeschichte gar nicht ohne die jeweiligen Bezugnahmen namentlich auf Philosophien verstehen – und dann natürlich auch nicht sachgemäß kritisieren. Die christliche Theologie hat im Mittelalter selbst der Philosophie ein Hausrecht an der Universität eingeräumt, zunächst

---

[298] Vgl. auch Kap. IV.2, S. 215 f.

als Magd der Theologie, wozu Immanuel Kant süffisant vermerkt hat, es mache einen Unterschied, ob die Magd die Schleppe nachträgt oder die Lampe voranträgt.

Zweitens ist für die europäische Geistesgeschichte nicht nur eine Serie von innerchristlichen Reformbewegungen charakteristisch, die man auch als innerchristliche Religionskritik bezeichnen könnte, sondern auch eine Geschichte philosophischer Religionskritik, durch die die christliche Theologie zur Berücksichtigung oder Entgegnung herausgefordert wird.

Und drittens musste die Philosophie, das Selbstdenken, gegen den Alleinvertretungsanspruch der Staatsphilosophie des Marxismus-Leninismus in Schutz genommen werden.

Es war die Evangelische Kirche der Union, die das Sprachenkonvikt Berlin und das Katechetische Oberseminar nachträglich mit je einer halben Dozentur für Philosophie ausstattete, die bis zu seiner Pensionierung Prof. Dr. Gerhard Stammler innehatte, ein ausgewiesener Fachmann für die Geschichte der Logik zumal nach Hegel, der, wie wohl alle Philosophen an den Universitäten der Sowjetischen Besatzungszone, seinen Lehrstuhl in Halle verloren hatte. Als ich ihn 1962 kennenlernte, war er bereits nahezu erblindet und hielt seine Lehrveranstaltungen frei, was einerseits imponierte, andererseits aber die Arbeit an Texten unmöglich machte. Nach seiner Pensionierung gab es in Naumburg und Berlin verschiedene Zwischenlösungen. Es war zunächst Aufgabe der Dozenten für die Systematische Theologie und Kirchengeschichte, Vorlesungen und Seminare zur Philosophiegeschichte anzubieten; Wolfgang Ullmann setzte sich in mehreren Semestern mit den Frühschriften von Karl Marx und der marxistischen Geschichtsphilosophie auseinander. 1977 verständigte man sich auf meine Berufung – ein kühner Schritt, denn ich hatte ja Theologie studiert und Philosophie nur im Nebenfach, wenn auch mit besonderem Eifer.

In einem Entwurf für die Studieneingangsphase hatte jemand zur Vorbereitung aufs Philosophicum zwei Pflichtveranstaltungen vorgesehen, nämlich Logik zweistündig und Geschichte der Philosophie zweistündig. Beide Vorschläge erschienen mir ungeeignet. Dass man durchs Studium der Logik denken lernt, ist genauso abwegig wie die Idee, dass man durchs Studium der Anatomie laufen lernen kann. Stattdessen habe ich jährlich eine Lehrveranstaltung »Einführung in das philosophische Denken« angeboten. Und ein zweistündiger Überblick über die Philosophiegeschichte wäre der Kürze wegen zu oberflächlich für das Wissen, das fürs Philosophicum zu erwarten war. Ich habe deshalb jährlich ein »Repetitorium zur Philosophiegeschichte« angeboten, als Unterstützung des Selbststudiums eines Lehrbuchs der Philosophiegeschichte. Das erlaubte auch, auf Fragen einzugehen, die sich aus der Lektüre ergaben.

Die Prüfungsordnungen sahen ja beim Philosophicum Pflicht und Kür vor. Die Pflicht schien mir durch diese Angebote abgegolten; die weiteren philosophischen Lehrveranstaltungen waren der Kür zugedacht, also der Entscheidung für ein Spezialgebiet. Ich habe zweistündige Semestervorlesungen über Philosophen gehalten, bei denen ich mich sattelfest für eine Gesamtdarstellung fühlte, nämlich Aristoteles, Kant und Heidegger. Wo ich so trittsicher nicht war, habe ich Seminare angeboten, etwa zu einzelnen Platon-Dialogen, zu Hegels Frühschriften und der Phänomenologie des Geistes, Schellings System des transzendentalen Idealismus usw. Das letztere Seminar ist mir in schlechter Erinnerung, da ich den Studierenden nicht verhehlen konnte, dass ich zwar die Grundidee des Ganzen, nicht aber jeden Schritt nachvollziehen und plausibel darlegen konnte. Peinlich war es mir aber nicht, wenn ein Text mich an meine Grenzen brachte.

Eine andere Gruppe von Vorlesungen sollte der Auseinandersetzung mit marxistischen Thesen in ihren jeweiligen Kontexten Raum geben, wie Geschichtsphilosophie, Geschichte des Materialismus, Philosophische Religionskritik.

Seit meinem Studium haben mich Fragen im Grenzgebiet zu den Naturwissenschaften und das wissenschaftsgeschichtliche Fragen besonders interessiert. Außerdem waren ja die astronomischen Weltbildfragen (Copernicus, Galilei) und die Fragen um die Evolutionstheorie klassische Topoi der religionskritischen und kirchenkritischen Polemik seit dem ausgehenden 19. Jahrhundert. Der erstere Komplex ist eines meiner Spezialgebiete geworden. Entsprechende Lehrangebote stießen auf großes Interesse, aber nur bei einer sehr kleinen Zahl von Studierenden. Noch geringer war das Interesse am apologetischen Klassiker »Schöpfung und Evolution«. Mir schien, eine neue Generation hatte das Interesse an den Schlachten ihrer Eltern verloren und setzte nun ganz andere Prioritäten, nämlich Gerechtigkeit (Dritte Welt), Frieden (Abrüstung) und Bewahrung der Schöpfung, die drei Themen der drei Ökumenischen Versammlungen in der DDR 1988/89, die in die Vorgeschichte der Herbstrevolution verweisen.

Unsere Studierenden hatten sehr oft bereits schlechte Erfahrungen mit dem sozialistischen Staat hinter sich wie die Ablehnung von der Oberschule oder vom Universitätsstudium. Aus ihren Schulerfahrungen brachten sie die Überzeugung mit, dass sie ideologisches Blendwerk zu durchschauen gelernt und den Marxismus-Leninismus längst hinter sich gelassen haben. Oft zeigte sich aber bei weiteren Gesprächen, dass ihnen bestimmte Thesen des

ML, wie die von der »gesetzmäßigen Entwicklung« der Menschheitsgeschichte, der menschheitlichen Abfolge der Gesellschaftsformationen von der Urgesellschaft bis zum Kapitalismus und Sozialismus oder die These von der einen Grundfrage der Philosophie, auf die es nur zwei Antworten geben könne und also Materialismus und Idealismus die einzigen möglichen Grundrichtungen der Philosophie seien –, dass ihnen also solche und ähnliche Thesen selbstverständlich geworden waren, weil sie ihnen bisher alternativlos begegnet waren.

In der »Einführung in das philosophische Denken« habe ich zumeist mit der marxistisch-leninistischen Lehre von der »Grundfrage der Philosophie«[299] begonnen, mit der die Studierenden ja bereits durch die Staatsbürgerkundelehrbücher vertraut waren. Wir haben uns zunächst eine Darstellung aus Schulbuch oder Lexikon angesehen und sind dann auf die Suche nach Texten zum Thema bei Marx und Engels gegangen. Da stellte sich erstens heraus, dass es bei Marx gar keinen und bei Engels nur einen Text zum Stichwort gibt, nämlich in der (späten) Feuerbachschrift. Die Grundfrage lautet dort: was ist das Ursprüngliche, der Geist oder die Materie? Die für Marx zentrale These »Das Sein bestimmt das Bewusstsein« dagegen beantwortet nicht eine Ursprungsfrage und interessiert sich auch nicht für »die Materie«, sondern erklärt für die Ideologie, dass das »verkehrte Bewusstsein« unvermerkt von den gesellschaftlichen Verhältnissen (»Sein«) bestimmt und geprägt werde.

Der Zweck der Übung sollte sein: sorgfältig lesen lernen. Davon lernen ja Theologen einiges in den exegetischen Fächern. Da war einmal der alte Grundsatz »ad fontes« zu berücksichtigen. Wo steht denn bei Marx und Engels tatsächlich etwas über Grundfrage, Sein, Bewusstsein, Urgesellschaft usw. usw. – und was genau? Im Wirkungsraum des Marxismus-Leninismus war nämlich die Fragestellung der Dogmengeschichte noch nicht entdeckt. Einen zweiten Grundsatz hatte ich bei Heidegger gelernt: einweisen, nicht nur abweisen, das sollte heißen: den Zusammenhang suchen und rekonstruieren, in dem die Fragestellungen von Marx und Engels nachvollziehbar, wenn auch vielleicht nur begrenzt nachvollziehbar werden.

Als Beleg dafür, dass in der Philosophiegeschichte noch ganz andere Fragen als »Grundfragen« verstanden worden sind, habe ich oft Platons Höhlengleichnis behandelt. Denn es tritt ja eindeutig auf als Auskunft darüber, was Philosophie denn sei, befasst sich dann aber nicht mit der Ursprungs-

---

[299] Meine Bemühungen um eine Aufklärung der Geschichte dieses Lehrstücks sind dargelegt in: Richard Schröder 1990, S. 184 ff.

frage Bewusstsein oder Materie, sondern mit dem Gegensatz von Sein und Schein, von Wissen und Meinen und der Frage, was dem Bringer unbeliebter Nachrichten wohl geschehen wird. Das sind auch Grundfragen, aber offenbar welche von einer anderen Art von Grundsätzlichkeit.

II.4.3 Studien zur Orthodoxen Kirche in Russland (OKR)

Günther Schulz und Peter Lobers[300]

Im ökumenischen Aufbruch Anfang der 60er Jahre – wir nennen die 3. Vollversammlung des Ökumenischen Rates der Kirchen (ÖRK), den Eintritt der Orthodoxen Kirche in Russland (OKR) und anderer Kirchen in den ÖRK (1961), das Vaticanum Secundum (1962–1965) und die Gründung der Konferenz Europäischer Kirchen (1960) – und nach dem Bau der Mauer (1961) mussten in den Kirchen der DDR die Kontakte zum Ökumenischen Rat der Kirchen neu begründet werden. Zugleich war die Notwendigkeit deutlich geworden, Studien zu Theologie und Geschichte der Ostkirchen – über die an den Theologischen Fakultäten in Berlin (Karl Rose und Hans-Dieter Döpmann) und Halle (Konrad Onasch) hinaus – zu fördern und für die Verbreitung von Kenntnissen dazu unter der Pfarrerschaft und in den Gemeinden zu sorgen. Auch die neu einsetzende Bedrückung und Verfolgung der Kirchen in der Sowjetunion unter Chrustschow waren auf ihre möglichen Auswirkungen auf die Kirchen in den sozialistischen Ländern im Blick zu behalten. Der griechische, später auch der orientalische Zweig der Orthodoxie wurden darüber nie vergessen.

So nahm im Melanchthon-Gedenkjahr 1960 der Orthodoxe Studienausschuss der EKU seine Arbeit auf und organisierte neue Aktivitäten. Dazu gehörten die des Orthodoxen Pastoralkollegs, das seit 1961 im Rhythmus von zwei Jahren 30–40 Pastoren zusammenführte, um sie in Theologie und Leben orthodoxer Kirchen einzuführen.[301]

Im Jahr 1960 war von der EKU ein Stipendium gestiftet worden, um junge Studierende für das Fach »Orthodoxe Kirchen« zu interessieren. Für diesen Personenkreis ist der *Melanchthon-Arbeitskreis* (MAK) 1963 ins Leben gerufen worden. Er versammelte junge Theologen, um sie kontinuierlich in Theologie und Geschichte der orthodoxen Kirche einzuführen und sie gründ-

---

[300] Günther Schulz war Student, Repetent, Assistent und Dozent; Peter Lobers Student in Naumburg.

[301] Grengel 1999, S. 72–86.

lich, auch sprachlich zu bilden. Der Kreis traf sich zweimal jährlich für fünf Tage in Berlin, in der ersten Zeit einige Male auch in Naumburg. In Berlin wurde der Gottesdienst im Exarchat des Moskauer Patriarchats in Berlin-Karlshorst besucht, in der Regel auch mit dem Exarchen, einem Bischof, ein theologisches Gespräch geführt. Geleitet wurde der MAK von Fairy von Lilienfeld bis 1966, von Günther Schulz und Peter Lobers bis 1983/84, später gemeinsam von Siegfried Kasparick und Hermann Goltz.[302]

Fast alle Männer und Frauen aus dem KOS und anderen Einrichtungen, die in Sachen Orthodoxie in den Pastoralkollegs, den späteren theologischen Gesprächen mit der OKR und der Bulgarischen Orthodoxen Kirche, vor und bei den Feiern des Millenniums der Taufe Russlands (1988) aktiv waren, sind durch den MAK gegangen.

In allen genannten Gremien leistete Fairy von Lilienfeld (1917–2009) einen wichtigen Beitrag. Dass sie 1962 mit einem Lehrauftrag »Kirchengeschichte, besonders byzantinische und osteuropäische Kirchengeschichte« als Dozentin an das KOS berufen wurde, war ein weiterer Ausdruck der Förderung der Orthodoxiearbeit durch die evangelischen Kirchen. Dazu gehörte auch die Übergabe der Orthodoxen Bibliothek der EKU als Dauerleihgabe an das KOS.[303] Schon 1966 erhielt F. von Lilienfeld einen Ruf an den Lehrstuhl für Geschichte und Theologie des christlichen Ostens an der Theologischen Fakultät der Universität Erlangen, den sie nach intensiver Beratung mit kirchlichen und akademischen Stellen annahm.[304]

1970 wurde Günther Schulz ihr Nachfolger am KOS. Dem kirchlichen Grundanliegen, unabhängig orthodoxe Studien zu treiben, entsprachen beider Dissertationen zu einem Thema der russischen Spiritualität im ökumenischen Horizont.

Einzigartig waren die Sagorsker Gespräche als Dialoge, die zwischen Theologen des Bundes der Evangelischen Kirchen in der DDR und Theologen der OKR, also zwischen konfessionsverschiedenen Kirchen geführt wurden, die aber beide in einer »sozialistisch geprägten Gesellschaft« (Werner Krusche) lebten. Sie zeichneten sich durch ein hohes Niveau ebenso der theologischen Diskussionen wie der Kirchenpolitik aus. An allen sieben Dialogen bzw. sechs Gesprächsgängen (1974–1990) nahmen Günther Schulz und Wolfgang Ullmann teil, wodurch die orthodoxen Studien in Naumburg ausge-

---

[302] Siehe hierzu auch Kasparick 2011, S. 43–47.
[303] Jetzt in der Universitätsbibliothek Erfurt.
[304] Siehe auch Albrecht/Koch 2011.

zeichnet wurden. So wurde auch nach dem zweiten, dem Erfurter Gespräch (1976) eine Gruppe der orthodoxen Delegation in das KOS eingeladen, die mit den Dozenten des KOS ein ehrliches Gespräch führte.

Ein kleiner Vorgang 1974 entschied über die Gesprächskultur. Um ein Zeichen der Aufrichtigkeit zu erhalten, fragten zwei deutsche Teilnehmer nach russischen Märtyrern 1917/1918 und später. Vitalij Borovoj antwortete: »Es gab Märtyrer. Sie sind nicht vergessen. Wir sammeln Material«.

In seinem Referat bei diesen Gesprächen stellte Generalsuperintendent Günter Jacob »von der Rechtfertigung (her) Anfragen an das Selbstverständnis der sozialistischen Gesellschaft«. Er wiederholte das Referat in Naumburg, wodurch das KOS nicht nur durch seine beiden Teilnehmer, sondern direkt in die Sagorsker Gespräche einbezogen wurde.[305] Die Sagorsker Gespräche haben ebenso wie die Arnoldshainer Gespräche zwischen der EKD und der OKR zu »Brüderlichkeit zwischen den Kirchen« und zu »Brüderlichkeit und Versöhnung zwischen den Völkern« (Heinz-Joachim Held) beigetragen.[306]

Orthodoxe Theologie begegnete dem KOS auch durch die Lima-Dokumente »Taufe – Eucharistie – Amt« (1982). Nach gründlicher Diskussion der Eucharistie, die stark vom orthodoxen Beten und Zelebrieren geprägt ist, wurde am Ende eines Sommersemesters die Lima-Liturgie im Dom gefeiert. Vielen unvergesslich ist der liturgische Weg vom Ostlettner zur Kommunion im Westchor.

Die Teilnahme an den Sagorsker Gesprächen eröffnete ganz neue Kontakte und Arbeitsmöglichkeiten. So vermittelte die OKR z. B. die Möglichkeit, die Russischen Staatsarchive in Leningrad / St. Petersburg und Moskau zur Geschichte des Landeskonzils (LK) 1917/1918 einzusehen. Dabei wurde deutlich: Das LK ist das wichtigste kirchliche und konziliare Ereignis der russischen Kirchengeschichte des 20. Jahrhunderts. Die Wahlen zum LK, an denen erstmals auch Frauen teilnehmen durften, führten zu einem Übergewicht der Laien im Konzil – ein absolutes Novum in der gesamten katholischen und orthodoxen Konzilsgeschichte. Herausragende Ergebnisse waren die Neuerrichtung des Patriarchats, die Installation fast autonomer Gemeinden und eine neue ökumenische Offenheit.[307]

---

[305] Jacob 1975.

[306] Schulz 1991.

[307] Die bereits in Naumburg abgeschlossene Neuinterpretation des LK erschien 1995. In Russland erschienen 3 Bände, je einer zu jeder Session, nach welchen heute vornehmlich in Russland gearbeitet wird: Schulz/Kraveckij/Pletneva/Schröder 2000–2002; vgl. auch Schulz/Schröder/Richter 2005.

Die neuen Arbeitsmöglichkeiten und theologischen Dialoge wurden auch im Lehrbetrieb fruchtbar. Das Interesse der Studenten für die Orthodoxe Kirche und den MAK nahm zu. Eine Frucht dieser Entwicklung war z. B. der dreimonatige Studienaufenthalt von Martin Herche an der Geistlichen Akademie in Leningrad, wobei er auch deren eigentlich untersagte katechetische Tätigkeit kennenlernen konnte.

Einen Höhepunkt des heute kaum noch vorstellbaren Interesses an Weg und Leben der OKR brachte das Millennium der Taufe Russlands (988–1988). Sieben Mitglieder des MAK verfassten eine aus langen Studien und liturgischen Erfahrungen erwachsene Einführung in »Das Glaubensleben der Ostkirche«[308]. Landein, landaus,[309] in Europa und Amerika wurden dazu internationale Kongresse abgehalten; dies gelang auch der OKR in Russland, wodurch sie aus der Isolierung herauskam. An vielen von ihnen konnten Mitglieder des Orthodoxen Studienausschusses, so auch Schulz und Ullmann, teilnehmen. Dazu kamen Veranstaltungen in den Gemeinden und eine Wanderausstellung.

Die OKR ist ohne ihre Spiritualität und ihren engen Bezug zum Mönchtum nicht denkbar. Dazu gehören auch die Apophthegmata, geistliche Erfahrungen meist in Wortform von Wüstenvätern und einigen -müttern aus dem Ägypten des 4./5. Jahrhunderts. Sie gelten bis heute auch in Russland als letzte geistliche Autorität. So war es folgerichtig, dass die lectio continua der Apophthegmata auch in Naumburg und im Ostkirchen-Institut der Theologischen Fakultät in Münster gepflegt wurde,[310] wohin Günther Schulz 1992 berufen worden war.

II.4.4 DEBATTEN UM STUDIENREFORM UND MITBESTIMMUNG DER STUDIERENDEN[311]

Christian Löhr[312]

Als die Kirchliche Hochschule Naumburg, die 1949 als Katechetisches Oberseminar gegründet und schon in der ersten Hälfte der 50er Jahre zu einer volltheologischen Ausbildungsstätte weiterentwickelt wurde, ihre Pforten auf-

---

[308] Diedrich 1988 = 1989.

[309] Zu dem »Symposium« in Halle vgl. Goltz 1993.

[310] Die langjährigen Studien sind eingeflossen in Schulz/Ziemer 2010.

[311] Alle im Text erwähnten und zitierten ungedruckten Materialien zur Debatte um die Studienreform und die Mitwirkungs- und Mitbestimmungsrechte der Studierenden Privatarchiv Löhr.

[312] Christian Löhr war Student und Repetent in Naumburg.

grund eines Kirchenleitungsbeschlusses der KPS zum 31. August 1993 schloss, ging für die ostdeutschen Landeskirchen eine in dieser Form einmalige Epoche in der Ausbildung kirchlicher Mitarbeiter zu Ende.[313] Ihre Schwesterinstitute, das »Sprachenkonvikt« in Berlin-Ost und das »Theologische Seminar« in Leipzig, waren schon bald nach dem Ende der DDR 1991 und 1992 in die jeweiligen Theologischen Fakultäten der Humboldt-Universität und der Leipziger Universität eingegangen. Diese Entscheidungen folgten einer inneren Logik. Alle drei Hochschulen hatten ihren Ursprung in Notsituationen der Kirchen in der DDR. Notbehelfe aber sind nun einmal befristet. Durch die Wiedervereinigung Deutschlands 1990 hatte sich die Situation der Kirchen im Bereich der früheren DDR dramatisch verändert. Finanzielle und pragmatische Gründe ließen daher die Schließung der drei kirchlichen Hochschulen als gerechtfertigt erscheinen. Außer Acht blieb freilich, dass aus diesen Notbehelfen längst durchaus eigenprofilierte und – wie sich vor allem für Naumburg zeigen lässt – zukunftsträchtige Ausbildungsinstitute geworden waren. Bedingt durch ihre besondere Situation war an ihnen der Prozess der Umgestaltung der klassisch akademisch-theologischen Ausbildung von innen heraus in Gang gekommen. Die überschaubare Zahl von Studierenden erlaubte einen sehr viel engeren Kontakt zwischen Lernenden und Lehrenden und bot damit von sich aus Möglichkeiten, verschiedene Formen gemeinsamen Lebens und Lernens zu praktizieren und diese mit dem Studium rückzukoppeln. Immer wieder bildeten sich auch Meister-Schüler-Verhältnisse zwischen Lehrenden und Lernenden. Durch die Anstellung der Lehrenden als Provinzial-Pfarrer mit Predigtauftrag konnten die Lernenden ihre Lehrer auch als Prediger kennen lernen – ein in seiner Bedeutung kaum zu überschätzender Umstand. Theologie wurde so als eine Lebenswirklichkeit, als »existenzbejahende Wissenschaft«[314] anschaulich erlebbar. Welches auch experimentelle Potential hinsichtlich der Gestaltung theologischer Ausbildung und der Organisation von theologischer Lehre und Forschung im Raum der Kirche an den Kirchlichen Hochschulen gegeben war, zeigt auf eindrückliche Weise die in ihren Ergebnissen unvollendet gebliebene, aber keineswegs wirkungslose intensive Debatte um die Reform des theologischen Studiums und die Mitwirkungs- und Mitbestimmungsrechte der Studenten am KOS zwischen 1967 und 1972.

Es war kein Zufall, dass gerade im Jahr 1967 auch am Katechetischen Oberseminar in Naumburg die Debatte um eine Reform der theologischen

---

[313] Wortlaut der Beschlüsse s. in Dok. 1 und 13. Zur Sache vgl. Kap. II.2.3, S. 103 ff.
[314] Ullmann 1995, S. 272.

Ausbildung einsetzte. In der DDR war 1967 die 3. Hochschulreform in die erste Phase ihrer Realisierung eingetreten. Die damit verbundenen Umstrukturierungen sollten sich bis 1972 hinziehen. In der Bundesrepublik und in anderen westeuropäischen Staaten machte die Studentenbewegung zunehmend auf sich aufmerksam.

Die Landeskirchen in der DDR befanden sich in den Vorüberlegungen für ein engeres Zusammenrücken innerhalb der DDR, ohne dabei die Gemeinschaft mit den evangelischen Kirchen in der Bundesrepublik aufzugeben. Es war Johannes Hamel, damals bereits Dozent am Katechetischen Oberseminar, der mit seinen beiden Schriften »Christ in der DDR« (1957) und »Christenheit unter marxistischer Herrschaft« (1959) einen wichtigen Impuls gab zur Orientierung über den Weg evangelischer Christen in der DDR.[315] Es folgten Handreichungen der EKU und der lutherischen Kirchen in der DDR.[316] Zu einer gemeinsamen Wegweisung der Kirchen kam es mit den »Zehn Artikeln über Freiheit und Dienst der Kirche« (1963), auf die der Weißenseer Arbeitskreis mit »7 Theologische Sätze - Von der Freiheit der Kirche zum Dienen« antwortete.

Auslöser der Studienreformdebatte in Naumburg war ein zunehmendes Unbehagen sowohl in Teilen der Studentenschaft als auch unter den Dozenten, das sich an drei Beobachtungen festmachte:

1. Wie auch die anderen beiden Schwesterinstitute erhob das Katechetische Oberseminar den Anspruch, für seine Studenten eine gediegene akademische Ausbildung zu gewährleisten. Diese nahm bis in die Inhalte und den Aufbau des Studiums hinein Maß an der theologisch-akademischen Ausbildung an den bundesdeutschen Universitäten und Hochschulen. Sie setzte eine mit dem Abitur abgeschlossene klassisch-humanistische Ausbildung voraus, wie sie in der DDR je länger je weniger von den Studienanfängern erbracht werden konnte. Für diese erwiesen sich deshalb die Anforderungen in den ersten Studiensemestern sowohl vom Inhaltlichen als auch vom Organisatorischen (Selbstorganisation) her als eine nur schwer zu nehmende Hürde.

---

[315] Hamel 1957 und 1959. Vgl. dazu Kap. II.2.1, S. 47.

[316] Als erstes offizielles kirchliches Dokument zu diesen Fragen erschien 1958 die Handreichung der Generalsynode der EKU »Das Evangelium und das christliche Leben in der DDR«. 1960 folgte die VELKD mit der Handreichung »Der Christ in der DDR«. Beide Handreichungen konnten in der DDR nicht gedruckt werden. - Vgl. Kap. II.3.3, S. 123.

2. Die gesellschaftliche Entwicklung in der DDR stellte diejenigen, die sich auf einen Dienst in der Kirche orientierten, zunehmend vor die Frage, welche Perspektive solch ein Dienst in einer sich sozialistisch nennenden Gesellschaft haben könnte. Das traditionelle Theologiestudium bot ihnen hier keine wirkliche Hilfestellung. Zwar sollten Studienangebote mit außertheologischen Inhalten (z. B. ein sog. Studium generale am Semesterbeginn)[317] die Wirklichkeit einer sich radikal wandelnden Welt in das Studium hineinholen. Doch geschah dies immer nur punktuell und setzte zudem bei den Studierenden ein relativ hohes intellektuelles Niveau voraus. Hinzu kam die Erfahrung eines radikalen Bruches zwischen der theologischen Ausbildung und der späteren Praxis im kirchlichen Dienst. Den Studierenden gelang es nicht mehr, das, was sie im Studium gelernt hatten, mit dem zu verbinden, was in einem Gemeindepfarramt von ihnen erwartet wurde. Dabei wirkten die immer neuen Überlegungen innerhalb der Kirchen der DDR über das Pfarrerbild und die Rolle der Kirche im real existierenden Sozialismus auf die Studierenden eher verunsichernd.

3. In, mit und unter diesen beiden Beobachtungen zur Situation der Studierenden kam der grundsätzlichen Frage nach dem Verhältnis von persönlichem Glauben und wissenschaftlich verantworteter Theologie eine besondere Bedeutung zu. Am Katechetischen Oberseminar stellte sich diese Frage von zwei entgegengesetzten Seiten her, zum einen in der Diskussion mit Studierenden, deren biographischer Hintergrund pietistisch geprägt war und die einem fundamentalistischen Verständnis christlichen Glaubens nahe standen,[318] zum anderen in der Diskussion mit zum Teil gestandenen kirchlichen Mitarbeitern aus dem katechetischen Bereich, die in Naumburg seit Mitte der 60er Jahre Fortbildungskurse absolvierten und mit Erstaunen und Entsetzen wahrnahmen, wie wenig ihnen dabei die am Hause gelehrte Theologie helfen konnte.[319]

Eine Aktennotiz von 1967[320] zeigt, mit welchen zunächst ganz praktischen Fragen die Debatte um eine Studienreform begann (Überlastung durch die Zahl der Seminare und Seminararbeiten, unzureichende Studienberatung und -begleitung, Überfülle des Stoffes, keine vorgegebene Strukturierung, Un-

---

[317] Siehe Kap. II.4.1, S. 125–128.
[318] Siehe Kap. III.4, S. 192–199.
[319] Eine andere Beurteilung in Kap. II.3.2, S. 118.
[320] Vgl. die auf das WS 1966/67 datierte nicht unterzeichnete Aktennotiz »Ergebnis einer Unterhaltung über Studienreform …« (angefertigt von Frau Dr. Eva Heßler).

klarheiten über die Prüfungsanforderungen). Nach zunächst unverbindlichen Gesprächsrunden fand sich eine Gruppe von Studenten aus den höheren Semestern zusammen, die fortan mit Impulspapieren und regelmäßigen Diskussionen zu einzelnen inhaltlichen Aspekten die Studienreformdebatte vorantrieb. Schon im ersten Anlauf bis zum Ende des Jahres 1968 zielte diese Debatte auf Grundsatzfragen, die eigentlich eine Abstimmung mit den anderen beiden kirchlichen Ausbildungsstätten in Berlin-Ost und in Leipzig erforderten. Schwerpunkte der Diskussion waren zunächst:[321]

- Aufgliederung des Studiums zumindest in eine verbindliche Grundstudienphase und eine freie Hauptstudienphase,
- Neubewertung der Sprachen,
- Reduzierung der Seminar- und Proseminararbeiten,
- Einführung gemeinschaftlicher Arbeitsformen/Teamarbeit,
- fachübergreifende Studienveranstaltungen,
- stärkere Verbindlichkeit durch Colloquien und Zwischenprüfungen,
- Neuordnung von Studienangeboten zu außertheologischen Disziplinen.

In einem Bericht aus dem Sommer 1968[322], der Anregungen aus den zwischenzeitlichen Kontakten mit Studenten und Dozenten des Sprachenkonviktes in Berlin aufnahm, tauchte erstmals die Forderung nach einem verbindlichen Gemeindepraktikum auf. Erwähnt wurden noch nicht abgeschlossene Überlegungen zur Neuordnung theologischer Wissenschaft anstelle der überkommenen Einteilung in fünf Hauptdisziplinen. Ansatzpunkt dafür war die Kritik am Übergewicht des Historischen in fast allen theologischen Disziplinen.

Nachdem ein Entwurf aus dem Frühjahr 1969 zunächst den bisherigen Stand der Debatte noch einmal fixiert hatte, kam es im WS 1969/70 zu einem zweiten Anlauf in der Studienreformdebatte. Theoretisch unterfüttert wurde sie im SS 1970 durch ein von Dr. Wolfgang Ullmann angebotenes kirchengeschichtliches Seminar mit dem Thema: »Der Einfluß franziskanischer Theologie auf die mittelalterliche Universität«. Im WS 1970/71 erreichte die Debatte mit einer Ringvorlesung über »Das Verhältnis von Theologie und Glaube« ihren Höhepunkt. Hier legte Dr. Ullmann zum Teil unter Rückgriff auf jenes Seminar im Sommersemester[323] Thesen vor mit dem Titel: »Die Be-

---

[321] Vgl. »Überlegungen zu einer Reform des Theologiestudiums« WS 1967/68 von Jutta Kunze, Christian Löhr und Volker Schwarzkopf.
[322] Vgl. »Bericht in Sachen Studienreform« Sommer 1968, vom Verfasser.

deutung der Theologie für den praktischen Vollzug christlicher Existenz«. In ihnen forderte er eine vollständige Neuordnung der Theologie als Wissenschaft einschließlich einer dann auch notwendigerweise neu zu ordnenden Organisation dieser Wissenschaft in der Ausbildung. Der Text, der die Grundlage für eine Podiumsdiskussion bieten sollte, fiel dermaßen aus dem Rahmen klassisch akademischer Theologie heraus, dass einige Studenten die Aufgabe übernehmen mussten, die Thesen umzusprechen, um sie für eine Podiumsdiskussion kommunizierbar zu machen.[324]

Ullmann hatte seine 23 Thesen in fünf Abschnitte unterteilt. In einem ersten Teil (These 1–4) begründete und rechtfertigte er die Frage nach dem Verhältnis von Theologie und Glaube mit dem Hinweis auf das Auseinandertreten von Theorie und Praxis auch in der Theologie, das eine Folge der Anwendung der idealistischen Gleichsetzung von Wissenschaft und Kritik auf die Theologie ist. Daraus folgten wiederum einerseits die Entmündigung der Laien und andererseits der Widerstand bekenntnisorientierter Gruppierungen, die Theologie außerwissenschaftlich reglementieren wollen.

Im zweiten Teil (Thesen 5–8) nahm Ullmann eine historische Erläuterung vor. Er entfaltete die von Franz Overbeck diagnostizierte Unvereinbarkeit zwischen eschatologisch bestimmtem Glauben und kultureller Integration der Theologie in den Wissenschaftsbetrieb der europäischen Universitäten. Da weder die so genannte dialektische Theologie noch die neueren, als Genitivtheologien apostrophierten, theologischen Ansätze diese Unvereinbarkeit zu überwinden vermochten, könne eine Lösung des Problems nur gefunden werden, wenn eine Neubestimmung von Theologie vorgenommen würde. Dem widmete sich Ullmann in den folgenden beiden Abschnitten.

Im dritten Teil (These 9–12) wandte er sich dem Verhältnis von Glauben und Religion zu und begründete zunächst, warum Theologie immer auch Religionswissenschaft ist.

Auf den eigentlichen Kern des Problems kam Ullmann im vierten Teil (These 13–18) zu sprechen. Hier legte er Bestimmungen zu den Stichworten »christlicher Glaube« und »Eschatologie« vor.

---

[323] Vgl. hierzu die Thesenreihe, die Ullmann auf der 13. Sitzung des KG-Seminars zum Wissenschaftsbegriff vorlegte (Privatarchiv Löhr).

[324] Die Thesen vom 18. 9. 1970 liegen dem Verfasser in einem maschineschriftlichen Exemplar vor (zit. U). Neben dieser Originalversion gibt es eine durch den Verfasser erstellte und von Ullmann autorisierte Fassung vom 6. 10. 1970 (ebenfalls maschineschriftlich; zit. U-L) und eine nochmals von dem Verfasser und einer Gruppe von Studenten überarbeitete hektographierte Fassung für die Podiumsdiskussion.

»Glaube meint Vollzug christlicher Existenz, nicht theoretische Voraussetzung derselben. ... Glaube soll im Folgenden verstanden werden als Akt der Integration von Leben und Eschaton, als Grenzübergang zu irreversibler Identität. Eschaton soll dabei den Lebensbereich Christi bezeichnen. Glaube ist mithin in erster Linie Erfahrung und nicht Interpretation von Erfahrung.«[325]

Aus diesen Bestimmungen leitete Ullmann eine Reihe von Aufgaben unter den beiden Stichworten Dogmatik und Religionswissenschaft als den Funktionen einer Theologie ab, die sich als Aktionsform des Glaubens und nicht zuerst als seine Reflexionsform versteht.

Im fünften und letzten Teil (These 19–23) wurden Strukturen und Institutionen theologischer Arbeit benannt, basierend auf dem Grundsatz: »Theologie ist nicht Explikation, sondern Konsequenz christlichen Glaubens.«[326] Ullmann zog hier das Fazit aus den schon in seinem Seminar angestellten Überlegungen zur Neuorganisation der theologischen Arbeit. Sie habe in den Formen von Instituten und Arbeitsgemeinschaften zu erfolgen. Ihre Aufgabe sei es, der Sendung des Christen in die Welt die entsprechenden Räume zu eröffnen durch Anleitung zum sachlichen Gespräch in Raum und Zeit. Im Raum gelte es, die Verbindung der Kirchen zu den Missionsfeldern und zu den Weltreligionen herzustellen und zu gestalten. In der Zeit gelte es, allem Verfallsdenken und apokalyptisch-utopischen Zukunftsvorstellungen zu widerstehen, indem Theologie Geschichte verstehbar und lehrbar erhalte als einen Ort des Dienstes und der Nachfolge, der Erfahrung von Leiden und endgültiger Erlösung.

Damit war das eigentliche praktische Ziel der Thesen erreicht. Mit ihnen hatte die Studienreformdebatte die Ebene hochschulpädagogischer Reformen unter den Gesichtspunkten Praxisorientierung, Effektivität und Aktualität der Inhalte verlassen und zielte auf eine zukunftsweisende Neuorganisation theologisch-wissenschaftlicher Arbeit überhaupt, die ihrerseits wiederum einen Veränderungsprozess im Blick auf die Gestalt der Kirche zu initiieren geeignet war.

Es kann kaum verwundern, dass diese weitgespannten Ziele nicht einmal ansatzweise umgesetzt wurden. Dies hätte schließlich nicht nur bedeutet, die direkte Kompatibilität der Ausbildung am Katechetischen Oberseminar mit der akademisch-theologischen Ausbildung in der Bundesrepublik ebenso wie

---

[325] Vgl. U-L, Abschnitt B, Thesen 5–7 im Auszug.
[326] Vgl. U, Abschnitt D, These 19.

an den sechs Theologischen Fakultäten in der DDR aufzugeben. Auch hätte sich die ganze Kirche in einer höchst prekären gesellschaftlichen Situation auf den Weg machen müssen zu einer neuen Gestalt von Kirche in der Gesellschaft mit völlig ungewissem Ausgang. Insofern musste der mit diesen Thesen angestoßene Prozess notwendig Fragment bleiben. Allerdings erwiesen sich diese Thesen als unglaublich fruchtbar. In zahlreichen Impulspapieren seitens der Studenten- und Dozentenschaft aber auch der Vertreter des akademischen Mittelbaus, in Konferenzen und Zusammenkünften wie zum Beispiel in einer Klausurtagung des gesamten Dozentenkollegiums im Oktober 1970 in Burgholzhausen und in Treffen mit Vertretern des Sprachenkonvikts und des Theologischen Seminars wurden nun endlich auch die theologisch grundsätzlichen Probleme erörtert (z. B. Verhältnis von Wissenschaft und Glauben, Bezug des Studiums auf die praktische Gemeindearbeit, Gestalt von Kirche und Gemeinde in einer sich sozialistisch nennenden Gesellschaft, Berufsbild kirchlicher Mitarbeiter). Auch Ullmann selber meldete sich mit einer Ausarbeitung »Studienreform. Probleme – Ziele – Modelle« vom 20.1.1971 noch einmal zu Wort,[327] diesmal sehr viel näher an den unmittelbar praktischen Problemen der Studenten orientiert. Bis in die Mitte des Jahres 1971 verlagerte sich die Debatte dann mehr und mehr auf jene Aspekte, die sich kurz- und mittelfristig unter Beibehaltung des traditionellen Rahmens theologischer Ausbildung umsetzen ließen.

Das führte schließlich zu der Gestalt theologischer Ausbildung, wie sie seit Anfang der 80er Jahre im Statut des KOS, in Informations- und Merkblättern, die für die Hand von Studienbewerbern oder Studienanfängern gedacht waren, in Richtlinien für die Studienberatung und die Durchführung von Gemeindepraktika dokumentiert sind. Beibehalten wurde die traditionelle Aufgliederung der Theologie in fünf Hauptdisziplinen. Doch das Studium bekam nun eine Struktur durch die Teilung in Grundstudium (alte Sprachen, Bibelkunde, Einführung in die Theologie) und Fachstudium. Zwischenprüfungen und in den Studiengang integrierte Gemeindepraktika (zum Teil spezialisiert in Katechetik und Diakonie) gliederten das Studium. Das Beratungsangebot wurde verstärkt und die Mitbestimmung der Studierenden im Blick auf das Studienangebot (Lehrveranstaltungen), die Studiengestaltung und alle Fragen des Lebens am Hause wurde deutlich gestärkt. Ein weitergehender Umbau der theologischen Ausbildung scheiterte unter anderem schon daran, dass die drei kirchlichen Hochschulen zu einer gemeinsamen

---

[327] Privatarchiv Löhr.

Aktion dieses Ausmaßes nicht in der Lage waren. Zu unterschiedlich waren die theologischen, geistlichen und kirchenorganisatorischen Traditionen und Zwänge, in denen diese Institute unter den Bedingungen der DDR standen, zu unsicher auch die Perspektive, die sich bei einer radikalen Neuordnung der theologischen Ausbildung eröffnete.

Auch der Bund der Evangelischen Kirchen in der DDR, der sich eben erst 1969 konstituiert hatte, griff die Debatte um die Studienreform auf und entwickelte eine ganze Reihe eigener Überlegungen, die sich zum Teil auch in späteren Ausbildungskonzeptionen niedergeschlagen haben. Im Blick auf die an den theologischen Ausbildungsstätten laufende Debatte um eine tiefgreifende und bis ins Grundsätzliche gehende gemeinsame Neugestaltung der theologischen Ausbildung aber konnte er nicht direkt eingreifen. Dem stand das Beharren der Institute auf ihrer in langen Jahren gewachsenen Selbständigkeit entgegen.

Besondere Beachtung verdient noch die nahezu parallel laufende Debatte um die Frage der Mitwirkungs- und Mitbestimmungsrechte der Studentenschaft. Sie begann 1969 unter dem Stichwort »Konzil«, doch setzte sich bald der Begriff »Konvent« durch. Dabei ging es um ein paritätisch aus Studenten und Dozenten und Repetenten/Assistenten besetztes beratendes Gremium, dessen entscheidende Befugnis in der Vorformulierung und Beratung aller das Studium betreffenden Regelungen wie Studiendisziplin, Studienberatung, Gestaltung der Vorlesungsverzeichnisse und der Studienveranstaltungen sowie Personalangelegenheiten lag. Zwar bedurften diese Vorlagen immer der Bestätigung durch Dozentenkollegium, Studentenvollversammlung und gelegentlich auch Kuratorium. Doch diese Zustimmung sollte in der Regel mehr eine Formsache sein, da die entscheidenden Gespräche und Verhandlungen vorab im Konvent erfolgten. Tatsächlich lag ein von allen Gremien bestätigter Entwurf einer Konventsordnung seit dem Wintersemester 1970/71 zur Erprobung auf zwei Jahre vor.[328] Um die Besetzung des Konvents gab es ein langes Ringen. Am Ende stand die paritätische Besetzung durch Studenten und Dozenten sowie einen Repetenten- und einen Assistentenvertreter. Vergleicht man diese zur Erprobung freigegebene Regelung mit jener,

---

[328] Vgl. »Entwurf für die Ordnung eines Konvents am Katechetischen Oberseminar«. Vorlage, vom Dozentenkollegium und der Vollversammlung der Studentenschaft am 27. 1. 1970 verabschiedet, mit den vom Kuratorium am 22. 4. 1970 und von der Kirchenleitung am 12./13. 5. 1970 beschlossenen Änderungen, zur Erprobung für 2 Jahre vom WS 1970/71 an freigegeben durch die Kirchenleitung der Kirchenprovinz Sachsen am 13. 5. 1970. Vgl. auch Kap. I, S. 21; Kap. II.2.2.1, S. 63–65.

die, daraus entwickelt, Einzug in das Statut des KOS über den Konvent als eines der Organe des KOS fand, ergibt sich ein immer noch mit erstaunlich weit reichenden Kompetenzen ausgestattetes Gremium, dem Martin Onnasch zu Recht bescheinigt hat, es sei eine »Schule der Demokratie«[329] gewesen, deren späte Wirkungen sich 1989/90 vor aller Augen zeigten.

Es wird aber auch sichtbar, dass die schon während der zweijährigen Erprobungszeit des Entwurfs geäußerten Bedenken seitens der Kirchenleitung, des Konsistoriums und auch von Teilen der Dozentenschaft, die zu einem vorzeitigen Abbruch der Erprobungsphase führten, nicht wirkungslos geblieben waren. So wurden in den sensiblen Bereichen (Exmatrikulation ohne Antrag des Studenten, Berufungsfragen und Vorlesungsverzeichnis) durch Einvernehmlichkeitsklauseln und Regelungen über Vorschlags- und Beschlussverfahren die Kompetenzen des Konvents wieder eingeschränkt. Der Verfasser erinnert sich, dass es darüber im Vorfeld der ersten endgültigen Fassung einer Konventsordnung noch innerhalb der Erprobungsphase heftige Kontroversen gab. Es setzte sich dann auch hier das Bestreben durch, innerhalb der bestehenden Rahmenbedingungen das so schnell wie möglich zu realisieren, was erreichbar war. Und das war, trotz mancher Einschränkungen, viel. Der dann kodifizierten Regelung haben sich die anderen beiden kirchlichen Ausbildungsstätten bis Anfang/Mitte der 80er Jahre mit geringfügigen Änderungen angeschlossen.

Mit der Schließung der drei erst im Einigungsvertrag zu Kirchlichen Hochschulen ernannten kirchlichen Ausbildungsstätten auf dem Territorium der DDR haben sich die ostdeutschen Landeskirchen wissentlich der Möglichkeit beraubt, eigenständig ihre Verantwortung für die theologische Ausbildung ihrer Mitarbeiter und für Forschung und Lehre in der Kirche wahrzunehmen. Das ist umso bedauerlicher, als sich gezeigt hatte, dass die kirchliche Einbindung der Ausbildungsstätten keinesfalls zwangsläufig die Freiheit von Lehre und Forschung beschnitt. Im Gegenteil: Neben der beim Bund der Evangelischen Kirchen in der DDR gegründeten Theologischen Studienabteilung waren es gerade die kirchlichen Ausbildungsstätten, die für die Kirchen in der DDR immer wieder eine Vordenkerrolle übernahmen und entsprechend qualifiziertes Personal in Synoden und theologische Arbeitsgremien entsandten. Statt aber nun solch ein Experimentierfeld zu erhalten, weiter auszubauen und so eigenständig die Verantwortung für die theologische Ausbildung von kirchlichen Mitarbeitern wahrzunehmen, haben sich die

---

[329] Vom Menschen 1993, S. 143.

ostdeutschen Landeskirchen unter dem Druck der Verhältnisse entschieden, einen Schritt rückwärts zu tun, die theologische Ausbildung wieder an die – einer grundsätzlichen Reform und Neubesinnung durchaus abholden – Universitäten zu delegieren und auf eine selbständige Forschung und Lehre in Sachen Theologie zu verzichten.

II.4.5 Feste und Feiern, Geistliches und Geistiges

Ulrich Schröter

1 Geistliches Leben

Eine theologisch-katechetische Ausbildung muss ohne jede Abstriche auf eine gediegene wissenschaftliche Fundierung Wert legen. Aber was wäre ein Theologe oder ein theologisch-katechetisch ausgebildeter Pfarrer ohne die Möglichkeit, auch geistliches Leben einzuüben. Doch ist hier seitens der Ausbildenden äußerste Behutsamkeit gefordert. Jeder Zwang wirkt kontraproduktiv. Angebote sind nötig, auch manche Verpflichtung. Aber es muss deutlich bleiben, dass jede und jeder Einzelne das Recht hat, sich zurückzuziehen und zurückzuhalten. Es gibt während des Studiums Perioden, in denen das bisherige Glaubensgebäude stark angefragt ist und man eine ungestörte Zeit der Neuorientierung benötigt. Freilich ist gleichzeitig manche Nachfrage hilfreich, wenn jemand mit dem Einleben in neue Horizonte Schwierigkeiten hat. Ist solches Nachgehen bei dem Studium von Seiten der Dozenten und Professoren an Universitäten kaum möglich, so hat gerade darin eine kirchliche Hochschule ihre besondere Möglichkeit.

Zunächst sind es die Dozenten und Dozentinnen, die neben der Lehre durch ihre Persönlichkeit das geistliche Klima wesentlich bestimmen. Als Provinzialpfarrer waren sie ohnehin auf diese Seite ihres Lebens ansprechbar. Wie weit sie dem gerecht werden konnten, entzieht sich allerdings einer Bewertung. Aber der Erwartung, auch in dem Bereich des geistlichen Lebens eine gewisse Vorbildwirkung zu akzeptieren, konnte sich kein Lehrender entziehen. Das galt als selbstverständlich – auch im Kollegium, ohne dass man im Einzelnen darauf angesprochen wurde.

Die Teilnahme am Semesteranfangs- und -endgottesdienst verstand sich für alle von selbst, nicht ganz so die Teilnahme an der Agape im Anschluss an den Gottesdienst.[330] Hier fanden sich möglichst alle Dozenten, Assistenten,

---

[330] Zu den sonntäglichen Gemeindegottesdiensten mit Dozentenbeteiligung s. Kap. III.3, S. 189 f. Zum Folgenden vgl. auch Placke 2009.

Studierende und Mitarbeiter des Hauses zusammen. Das besonders schön vorbereitete Abendessen war nur das eine. Hinzu kamen neben den Gesprächen insgesamt drei Beiträge von Dozenten, Assistenten oder Studierenden, selten von Auswärtigen. Dabei sollte Persönliches anklingen, sollten Erfahrungen versuchten geistlichen Lebens zur Sprache kommen. Es sollte eine christliche Lebensweise deutlich werden, die nicht nur akademisches Lehren und Lernen umfasst. Einige Studierende empfanden die sehr persönliche Art der Agape als Zumutung. Sie gestalteten ihren Semesterschluss als Anti-Agape lieber mit eigenem Programm.

Die täglichen Morgenandachten fanden in der Ägidiuskapelle statt.[331] Hier versammelte man sich um 8.00 Uhr vor dem Vorlesungsbeginn um 8.15 Uhr. Die Andacht gestalteten Dozenten, Assistenten, aber auch Studierende. Der Besuch war wie der Besuch der Vorlesungen freiwillig. Nur wenige kamen – welch frühe Zeit auch für Studierende! Bei den später zusätzlich angebotenen Mittagsandachten um 12.30 Uhr kurz vor dem gemeinsamen Mittagessen war der Besuch mit etwa einem Fünftel bis einem Drittel der Studierenden deutlich stärker. Dozenten und Assistenten wechselten einander ab. Ende der 50er Jahre war es Brauch, den abendlichen Besuch der Bibliothek bei Schließung des Hauses mit einer gesungenen Komplet in der Kapelle bei Kerzenschein zu beenden. Bei allen Überlegungen über die Gestaltung der Andachten und Diskussion über die Teilnahme der Studierenden hat man ihre Kontinuität nie unterbrochen. Ende der 80er Jahre wurde zum Beispiel jeden Donnerstag früh eine Abendmahlsfeier mit anschließendem gemeinsamen Frühstück angeboten.[332] Die Regelmäßigkeit der Andachten hat wesentlich dazu beigetragen, dass es nicht zu einem echten Bruch mit der charismatischen Gruppe gekommen ist. Man konnte sich bei diesen Andachten immer wieder auf die gemeinsame Basis besinnen, die Lob Gottes und Bitte umschließt.

2 Geselliges

Auch der künstlerische Aspekt darf in keiner Ausbildung von Katecheten und Pfarrern fehlen. Die Arbeit mit Kindern und Erwachsenen geht nicht nur über den Verstand. Die Seele bedarf der Nahrung. Kinder und Erwachsene wollen auch über Gefühle und Gemüt angesprochen werden. Wohl dem, der die Ge-

---

[331] Siehe dazu Kap. V. 1, S. 228.
[332] Klaer (AKPS, Rep. D 3, Nr. 146) 1988, S. 6; Hoenen (a. a. O.), 1989, S. 9.

legenheit erhält, sich nicht nur in der wissenschaftlichen Literarkritik, in Zahlen und Meinungen Gelehrter, sondern auch im künstlerischen Bereich zu üben! Pfarrhäuser waren und sind denn auch stets Stätten musikalischer Betätigung und Liebe zur Literatur. Aber nichts geht über eigene Versuche.

Die Stadt bot mit dem Domchor eine großartige Möglichkeit, klassische Kirchenliteratur – sei es als Kleinkunst, sei es als Oratorien und Passionen – kennenzulernen. Auch der kleinere Chor an der St. Wenzelskirche zog manchen an. Orgelkonzerte waren insbesondere durch die dortige Hildebrandorgel zu genießen. Angebote für das Erlernen von Blockflöte, Klavier, Orgel und Blechblasinstrument wurden im Haus geboten oder vermittelt. In der Anfangszeit des KOS gehörte die Musikausbildung zum Pflichtprogramm der Ausbildung und wurde im Examen auch geprüft. Später beschränkte man sich auf ein freiwilliges Angebot. Bis 1980 lag die Hauptverantwortung bei Ilsabe Moering, aber auch die Kantoren an Dom und St. Wenzel wurden beteiligt. Die hohe Bedeutung der musikalischen Eigenbetätigung hat Nikolaus Walter einmal so beschrieben:

>»Ich sehe in der Anleitung zu aktiver musikalischer Betätigung eine, vielleicht sogar die entscheidende Voraussetzung für tieferes Verstehen von Musik – das soll heißen: für ein aktives, verstehendes Musikhören, das sich vom Alltags-Musikkonsum ebenso unterscheidet wie von bloßem ›Musikgenuß‹, aber natürlich erst recht eine wesentliche Voraussetzung für den ernsthaften Einsatz von Musik auch in der Gemeindearbeit.«[333]

Die Kurrende des Oberseminars wurde bis Ende der 50er Jahre ebenfalls von der Musikdozentin Ilsabe Moering, dann von Studierenden selbst geleitet. Sie war nicht nur dazu da, um Veranstaltungen im Oberseminar festlich zu gestalten, zu Geburtstagen und ähnlichen Anlässen zu singen. Bis in die sechziger Jahre hinein veranstaltete die Kurrende jeden Sonnabend Krankenhaussingen, was natürlich durch den Kreisarzt genehmigt werden musste. Das war in Naumburg noch zu Zeiten möglich, als es an vielen staatlichen Krankenhäusern längst verboten war, und es fanden sich auch immer so viele Sänger, dass wenigstens ein kleiner Chor zusammenkam. Auch der Posaunenchor trat in Erscheinung, indem er regelmäßig von einem der Domtürme blies. Jeden 1. Advent – eine Tradition, die bis zum Ende der Hochschule nie aufgegeben wurde – zog die Kurrende in den Morgenstunden durch die Stadt,

---

[333] Walter (AKPS, Rep. D 3, Nr. 142) 1980, S. 7 f.

um vor den Häusern der Dozenten und Mitarbeiter, und damit auch in Hörweite vieler Naumburger Anwohner Adventslieder zu singen. Sie machte auch bei dem Gefängnis Halt, und manch ein Inhaftierter äußerte später seine Dankbarkeit über diesen vorweihnachtlichen Gesang. Ebenso konnte die Wache der russischen Kommandantur in unmittelbarer Nähe des KOS die Lieder hören, wenn sie vor dem Domplatz 8 gesungen wurden. In den Semestern, in denen es eine besonders aktive Kurrende gab, waren die Sänger auch häufig unterwegs, um in Dörfern der Umgebung in Gottesdiensten zu singen. Es sollte ein Dienst für die Gemeinden sein, hatte aber gleichzeitig den Effekt, dass man die Umgebung der zeitweiligen Heimat besser kennenlernte. Größere Vorbereitung verlangten die viele Jahre hindurch nach dem Sommersemester unternommenen kleinen Konzertreisen – gelegentlich gemeinsam mit dem studentischen Posaunenchor.

Über 1993 hinaus führt die Kurrende der Kirchlichen Hochschule Naumburg bis heute unter der Leitung von Michael Greßler Ehemalige und Neue als »Projekt- und Reisechor« zusammen,

> »der sich zwei- bis dreimal im Jahr trifft: Im Sommer zur Chorreise und außerdem in der Passions- oder Osterzeit, in manchen Jahren auch am Reformationstag und zu anderen Anlässen. In den letzten 20 Jahren haben sich die Chormitglieder große Teile des a-capella-Repertoires der Chormusik angeeignet und auch mit namhaften Orchestern und Musikern Kantaten u. a. aufgeführt. Ein Höhepunkt … war die Aufführung von J. S. Bachs Weihnachtsoratorium … 2004.«[334]

In diesem Zusammenhang ist besonders die gut 25-jährige Wirkung Eva Heßlers von 1950 bis 1978 zu nennen. Zunächst besaß sie nur ein kleines Zimmer, dann eine Zweiraumwohnung! Aber deren großer, auch von ihr selbst (!!) geschätzter Vorteil lag darin, dass sie sich unmittelbar neben Dozenten- bzw. Rektorzimmer befand, also mitten im Ort des Lehrgeschehens. Hier nun setzte sie zusätzliche Akzente. Der schöne Flügel gab Gelegenheit zu kleiner Hausmusik. Sie spielte mitunter zusammen mit Wolfgang Ullmann vierhändig, Ingo Klaer bot auf seinem Cello Klassisches, Studierende zeigten ihre Künste. Eva Heßler förderte auch literarische Versuche, regte den »Tag der jungen Autoren« an. Natürlich nahmen daran nur teil, die Eigenes zu bieten hatten oder auf Erstlingswerke ihrer Mitstudierenden gespannt waren. Manches bislang verheimlichte Gedicht oder manche verborgene Erzählung

---

[334] http://kurrende.blogspot.com/p/der-chor.html unter www.kurrende.de.

kam da ans Tageslicht. Es gab eine Zeit von echten studentischen Talenten und eine solche, wo sich nur wenige Dichterisches zutrauten. Alles hat seine Zeit. Oder es lud »Dichter-Meyer« (der Student Werner Meyer) in Eigeninitiative Mitstudierende zur Rezitation seines englischen Lieblingsdichters Robert Burns oder zum Lesen von Shakespeare-Dramen auf sein Zimmer.

Gemeinsam wurde auch getanzt. Zum Tanztee lud man dann und wann, das in aller Regel kostümiert gefeierte Semesterfest hatte am jeweiligen Semesterende seinen festen Platz, natürlich auch mit Tanz. Der war im Sommer 1971 zehn Tage vorher erstmalig angemeldet worden. Die Reaktion der staatlichen Stellen zeigt, dass ihnen manchmal auch ein gewisser Balanceakt zugetraut werden durfte.

> »Nach erheblichem Hin und Her zwischen Rat des Kreises, Abt. Inneres, Volkspolizeikreisamt, Abt. Meldewesen und uns erfolgte in letzter Runde ein klares Verbot zwar aufgrund einer der [erg.: der] Meldeordnung beiliegenden Ausführungsbestimmungen, an die sich die Offiziere für das Meldewesen halten mußten; obwohl sie das Fest (ohne Tanz) erlaubt haben und unmißverständlich durchblicken ließen, es wäre besser gewesen, den Tanz nicht anzumelden, da sie das ohnehin wüßten, aber nichts gesagt hätten. Sie wollten den Fall bei der ›gesetzgebenden Behörde‹ anhängig machen. Schriftlicher Antrag wurde nicht angenommen, schriftliche Auskunft nicht gegeben.«[335]

Höhepunkt bei den Semesterfesten aber waren die Theateraufführungen. Jeder, der mitwirkt, muss in gewisser Weise aus sich herausgehen. Hemmungen sind zu überwinden, das Selbstvertrauen wird gefördert. Vor allem lernen Studierende sich selbst und Lehrende ihre Studierenden von einer ganz anderen Seite als im wissenschaftlichen Alltag kennen. Und Zusammenarbeiten hat schon immer die Gemeinschaft untereinander gefördert. Von Curt Goetz's »Tote Tante« bis zur Posse »Die Gouvernante« von Theodor Körner (drei männliche Studenten spielten die drei Frauenrollen!) wurde kaum ein Spaß ausgelassen. Mitunter wurden die Stücke auch selbst entworfen.

Für die Organisation der Aufführungen war später stets das 3. Semester zuständig. 1981 fühlte es sich überfordert. Es könnten ja auch die Dozenten ihre Künste zeigen! Betretene Abwehr. Bis die Studieninspektorin, Domina Anna-Barbara Klaer, sich als Regisseurin anbot und »Peter Squenz« von Andreas Gryphius vorschlug. Da sah man denn Martin Seils und Katharina Walter als würdige König und Königin, Arndt Meinhold als Löwen, Nikolaus

---

[335] Heßler (AKPS, Rep. D 3, Nr. 148) 1971, S. [6].

Walter als Brunnen, Ulrich Schröter als Pyramus, Roland Biewald als Tisbe usw. usw. Und was stand von Kennern der Materie unmittelbar am Zugang zur Bühne platziert? Kleine gefüllte Schnapsgläser, falls einem der Spieler vor dem Auftritt doch allzu mulmig zu Mute war!

In den ersten Jahren gab es zudem eine Spielschar, von Studierenden geleitet. Sie bereicherte nicht nur das Gemeindeleben in Naumburg. Sie ging in den Semesterferien auf Reisen. Gelegentlich gab es dabei Probleme mit staatlichen Behörden. 1958 wollten Studierende »Die Heiratsvermittlerin« von Thornton Wilder in einer Gaststätte aufführen. Der Rat des Kreises erteilte dafür keine Genehmigung mit der Begründung: »Inhalt und Aussage dieses Werkes entsprechen in keiner Weise den Grundzügen der Kulturpolitik unseres Staates.«[336] Im Sommer des gleichen Jahres wurde die Spielschar aus einem Dorf der Börde (Tarthun nahe Egeln) sogar polizeilich verwiesen.[337]

Neben Geist und Seele sollte der Leib nicht zu kurz kommen. Da gab es zeitweilig eine Schwimmgemeinschaft, die sich um 7.00 Uhr noch vor der Andacht in der Schwimmhalle einfand. Andere suchten im Sommer das Schwimmbad auf oder wagten sich gar in die damals dunkelfarbige Saale. Manche fanden sich zu Radtouren oder Wanderungen zur nahen Schulpforte, zur Rudelsburg und Saaleck, zur Neuenburg bei Freyburg usw. zusammen. In frühen Jahren wurden dafür auch gern staatlich verordnete Feiertage, an denen Aufmärsche stattfanden, verwandt, etwa der 1. oder 8. Mai. Gelegentlich gab es dann unliebsame Begegnungen mit der Polizei, die solche Wanderungen als »unangemeldete Demonstration« klassifizierten. Am konstantesten hielt sich die Fußballbegeisterung. Einmal wöchentlich trainierten Studierende und zwei bis drei Dozenten. Öfter trat man gegen die benachbarten Russen an – und verlor regelmäßig. Von den jährlichen Turnieren der theologischen Ausbildungsstätten kehrte man zweimal als stolzer Sieger zurück.

Mit allen Mitarbeitern zogen Lehrende und Studierende einmal im Sommer zu einem Tagesausflug in die weitere, reizvolle Umgebung Thüringens oder Sachsen-Anhalts: Jena, Gotha, Eisenach, Kyffhäuser usw. Hier bestand die Möglichkeit, ungezwungen miteinander ins Gespräch zu kommen und manch aufgestautes Problem im Wandern zu lösen.

---

[336] Schreiben vom 24. 01. 1958 (AKPS, Rep. D 3, Nr. 275).
[337] Ebd.

3 Offene Abende und Dichterlesungen[338]

Offene Abende des Hauses mit Lesungen von Dichtern oder über Dichter, wie z. B. Theodor Fontane, Vorträgen über Kunst und Künstler, wie z. B. Caspar David Friedrich zogen Gemeindeglieder oder Pfarrer und Pfarrerinnen ins Haus.

Von hoher Bedeutung waren die Rezitationsabende und Dichterlesungen einmal des Hauses und zum anderen der Studentengemeinde. Gern und wie selbstverständlich nahmen viele Angeschriebene die Einladung an – in aller Regel bei Einladungen durch die Studentengemeinde auch ohne Honorar und ohne Erstatten des Fahrgeldes: Sascha Anderson, Matthias Biskupek, Johannes Bobrowski, Elke Erb, Franz Fühmann, Werner Heiduczek, Stephan Hermlin, Stefan Heym, Heinz Knobloch, Erich Loest, Monika Maron, Lutz Rathenow, Rosemarie Zeplin u. a.

Interessant ist, dass Hans-Martin Harder, der Autor von »Die beiden Kurse für die Juristenausbildung«,[339] für sich in Anspruch nimmt, die Offenen Abende 1964/65 mit einem Vortrag von Prof. Herbst, Ordinarius für Zoologie in Berlin über den »Bienenflug« initiiert und erstmalig auch Naumburger Bürger dazu eingeladen zu haben. Es kann sich hier nur um eine Wiederbelebung handeln, da schon in den Rektoratsberichten der 50er Jahre über solche Offenen Abende berichtet wird. Bei der Fluktuation der Studierenden tritt ständig manches zurück und erscheint Späteren als Neuheit.

Beeindruckend war die große Offenheit, mit der Franz Fühmann über seine Phase im Jesuitenkolleg und im Nationalsozialismus sprechen konnte. Bemerkenswert sein Versuch, den in der DDR arg vernachlässigten Traditionsstrang der Mythologie wieder zum Sprechen zu bringen und die Erzählungen des klassischen Altertums der DDR-Jugend zugänglich zu machen. Unvergessen seine Interpretation des Liedes von Matthias Claudius »Der Mond ist aufgegangen«.[340] Oder der väterliche Hinweis an den Verfasser, ja bei den Namen achtsam zu sein und jede Verwechslung oder Ungenauigkeit zu vermeiden, werde doch mit dem Namen das Persönlichste eines Menschen betroffen und hinterlasse auch eine geringfügige Verstümmlung schmerzhafte Spuren.

---

[338] Vgl. auch Kap. II.4.1, S. 126 f.
[339] Kap. II.3.1, S. 110–115, bes. 113.
[340] Vgl. Franz Fühmann: Das mythische Element in der Literatur. In: ders.: Erfahrungen und Widersprüche. Versuche über Literatur. Rostock 1975, S. 147–219 und besonders S. 148 f., 208 ff.

Oder Stefan Heym. Er las aus seinem 1978 erstmals erschienenen »Der König David Bericht«. An dergleichen Abenden ließ er – wie immer in dieser Zeit – sein Aufnahmegerät mitlaufen. Er wollte bei staatlichen Rückfragen belegen können, was er tatsächlich gesagt hatte. Als er nach der Lesung gefragt wurde, ob er mit seinem König David Bericht auch Gegenwartskritik verbunden habe, antwortete er spitzbübisch, er habe sich von einem alttestamentlichen Fachmann beraten lassen. Seine Darstellung entspreche dem wissenschaftlichen Forschungsstand. Dabei musste jeder, der auch nur ein wenig geübt war, zwischen den Zeilen zu lesen, schon auf der dritten Seite bei einer der ersten Äußerungen des diktatorisch gezeichneten Salomo aufmerken. Wer kannte das »Nu?« nicht im sächsischen Dialekt aus dem Munde Walter Ulbrichts? In denkbar knapper und doch eindeutiger Weise wurde damit auf den bzw. die höchsten Repräsentanten der Partei und Staatsmacht der DDR angespielt!

Am 29. Mai 1979 las Stephan Hermlin. Erstaunlich, mit welcher Betroffenheit er von antisemitischen Äußerungen bis in höchste politische Kreise, bis ins ZK der SED, sprach. Er selbst weise deshalb ganz bewusst auch öffentlich auf seine eigenen jüdischen Wurzeln hin, von denen er lange nicht habe reden wollen. Die interessante und intensive Aussprache zog sich in kleinerem Kreis bis Mitternacht hin. So viel Zeit hatte sich selten ein Gast genommen, zumal er noch nachts mit dem Auto nach Berlin zurückfahren wollte. Erst später dämmerte es uns. Hermlin wusste, was auf ihn zukam. Am Tag darauf tagte der Zentrale Vorstand des Schriftstellerverbandes der DDR. Dort wurde angeregt, mit unliebsamen Mitgliedern eine »prinzipielle Aussprache« zu führen. In ihrer Folge wurden Kurt Bartsch, Adolf Endler, Stefan Heym, Karl-Heinz Jakobs, Klaus Poche, Klaus Schlesinger, Rolf Schneider, Dieter Schubert und Joachim Seyppel am 7. Juni von der Mitgliederversammlung des Bezirksverbandes Berlin des Schriftstellerverbandes der DDR ausgeschlossen. Hermlin enthielt sich der Stimme.

II.4.6 Evangelische Studentengemeinde (ESG)

Axel Noack und Bettina Plötner-Walter

1 Eine »ganz normale« Studentengemeinde

Axel Noack[341]

Wer sich anschickt, Bericht über die Evangelische Studentengemeinde (ESG) Naumburg zu geben, wird vor allem die Unterschiede zu anderen Studentengemeinden herausstellen.[342] Das ist richtig. Dennoch: zunächst war auch die ESG Naumburg eine »normale« ESG. Sie gehört zu den später entstandenen und nicht zu den klassischen Studentengemeinden, wie diejenigen an den uralten Universitätsstandorten. Ihr unter den Studentengemeinden wahrgenommener Beginn fällt in den Anfang der sechziger Jahre, also genau in die Zeit, als überall in Deutschland neue Studentengemeinden an Orten mit kleineren Hochschulen, Fachhochschulen und Fachschulen entstanden. Die Berliner Geschäftsstelle hatte sich in dieser Zeit sehr darum bemüht, und es war gelungen, die Zahl der evangelischen Studentengemeinden in Deutschland, besonders in Ostdeutschland, mehr als zu verdoppeln. Ausgewiesen ist die Naumburger Studentengemeinde jedoch intern schon früher. Am 1. Januar 1957 übernahm Dozent Rudolf Lorenz zusätzlich die Aufgabe als Studentenpfarrer am KOS.

Natürlich wiesen solche kleinen Studentengemeinden immer einige Besonderheiten auf: z. B. hatten sie fast niemals einen Studentenpfarrer zu 100 %. So gab es Kombinationen mit anderen Pfarrstellen, Kreispfarrstellen oder nur (ehrenamtliche) Beauftragte. Dass in Naumburg Dozenten der Hochschule selbst das Studentenpfarramt im Nebenamt versahen, ist – besonders im Blick auf die DDR-Situation – einmalig. Erst in den späteren Jahren wurde auch in Naumburg die Kopplung mit einer Dozententätigkeit aufgegeben, und die ESG erhielt einen Studentenpfarrer, der gelegentlich, aber nicht hauptamtlich als Dozent am Katechetischen Oberseminar tätig war.[343]

Dokumente der Anfangsjahre belegen: Die ESG Naumburg trat mit einem hohen Anspruch auf. Sie gab sich eine ausführliche Ordnung[344] (einge-

---

[341]   Axel Noack war Student und Repetent in Naumburg.

[342]   Dietrich 2009, S. 44–48.

[343]   Von den Naumburger Dozenten waren auch als Studentenpfarrer tätig: Rudolf Lorenz, Johannes Hamel, Wolfgang Schenk, Ulrich Schröter. Ihnen folgten als Studentenpfarrer, die nicht gleichzeitig Dozenten waren, Edelbert Richter und Ulrich Stockmann; s. auch Kap. VIII.6, S. 338.

[344]   Ordnung der Evangelischen Studentengemeinde in Naumburg/Saale, angenommen

schlossen eine sehr aufwendige Wahlordnung). Darin wurde 1962 festgelegt:

>>Der Evangelischen Studentengemeinde in Naumburg gehören alle evangelischen Christen an, die an den kirchlichen Instituten und den Fachschulen in Naumburg studieren.<<

Zur Fachschule für Landwirtschaft, ab 1968 Agraringenieurschule (1993 geschlossen) und zur Postfachschule bestand allerdings so gut wie kein Kontakt. Die dort Studierenden wurden schon aus ideologischen Gründen auf Abstand zur ESG gehalten. Nur beim Fußball kam der eine oder andere hinzu.

Dem Vertrauenskreis, der die Gemeinde leiten sollte, gehörten neben dem Studentenpfarrer je zwei eigens zu wählende >>Vertrauensleute<< des Oberseminars, des Proseminars, des Katechetischen Seminars und der Fachschulen an. So einen großen Leitungskreis hat es nur sehr kurze Zeit gegeben. Schon in den 70er Jahren wurden nur noch zwei, bzw. ein Vertrauensstudent für die gesamte Gemeinde gewählt.

Dennoch teilte die Naumburger ESG mit anderen Studentengemeinden das Spezifikum des schnellen >>Generationswechsels<< bei Studierenden und Studentenpfarrern. Geschichte der Studentengemeinden ist immer Kirchengeschichte im Schnelldurchlauf. Der besondere Reiz einer Studentengemeinde liegt darin, dass alle Beteiligten diese Zeit bewusst als Übergangszeit verstehen und die Zeit wirklich auszunutzen bestrebt sind. Naumburg war also eine richtige ESG mit gewählten Vertrauensstudenten (die auch ein bischöfliches Bestätigungsschreiben erhielten). Die Arbeit wurde anteilig finanziert über so genannte >>Hilfswerkgelder<< und auch Unterstützungsleistungen über den Lutherischen Weltbund wurden nach Naumburg ausgereicht.

Auch in der Naumburger ESG geschahen praktische >>Partnervermittlungen<< und Eheanbahnungen, gemeinsames Leben und Fahrten. Es gab ein geistliches Leben. Auch diese ESG hatte Anteil an den Diskussionen der Zeit und stand unter der Beobachtung staatlicher Organe (wobei diese auch nicht wirklich zwischen ESG und Oberseminar unterschieden).[345] Vor allem aber geschah auch in Naumburg die ESG-Arbeit in der typischen >>Doppelausrichtung<<: Sie war gebunden an die Landeskirche (vor allem über den Studen-

---

durch die Vollversammlung der Studentengemeinde am 5. 2. 1962: 5 Bl. Maschinenschrift (Privatarchiv Dietrich).

[345] Heinrich 1985 (BStU, ZA, JHS 20332).

tenpfarrer) und sie gehörte gleichzeitig zur »Gesamtarbeit« der ESG, nämlich zu der vereinsähnlich organisierten ESG-Geschäftsstelle mit ihren Einrichtungen und Organen (Studentengemeinderat, Beirat, Vertrauensrat, Studentenpfarrerkonferenz, Konferenz für Vertrauensstudenten etc.). Ganz sicher gilt: Die Naumburger ESG hat sich über längere Phasen sehr aktiv in die ESG-Gesamtarbeit eingebracht und auch auf landeskirchlichem Gebiet war sie, etwa durch ihre »Jugendsynodalen«, aktiv und gut eingebunden.

Auch in Naumburg waren die Gemeindeabende der Mittelpunkt der Arbeit und nicht der Sonntagsgottesdienst. Diese Abende fanden anfangs im Gebäude Domplatz 8, später in der kleinen ESG-Baracke im Hinterhof von Neuengüter 16 statt. Dort verfügte die ESG über eigene Räume, was bei Studentengemeinden, die von einem Pfarrer im Nebenamt »betrieben« wurden, durchaus nicht immer der Fall war. Die Naumburger ESG-Baracke konnte dann besonders nach der gründlichen Renovierung und Wiedereröffnung am 10. Juli 1975[346] auch von anderen kirchlichen Gruppen der Stadt Naumburg genutzt werden.

Schließlich: auch die Naumburger ESG war eingebunden in das Netz der Paten- und Partnergemeinden der Studentengemeinden. Über die ganze Zeit der DDR hinweg gab es zwischen den Studentengemeinden in Ost und West solche organisierte Paten- bzw. Partnerbeziehungen. Wann genau die ESG Naumburg in dieses System einbezogen worden ist, lässt sich nicht mehr so genau feststellen. Zum einen wurden ganz offiziell die Paten- bzw. Partnergemeinden über die deutsch-deutsche Grenze hinweg zu einem Zeitpunkt aufgeteilt, da an eine dem KOS nahe stehende Studentengemeinde weder in Wittenberg noch in Naumburg zu denken war. Das Katechetische Oberseminar ist später gegründet worden. Die ersten Listen mit Patenbeziehungen zwischen Studentengemeinden in Ost und West waren schon 1948 veröffentlicht worden.[347] Längere Zeit jedenfalls war die ESG Marburg die »offizielle« Partner-ESG von Naumburg. Allerdings gibt es hier wieder eine Besonderheit: Einen offiziellen »Abbruch« von Partnerbeziehungen, wie wir ihn erleben mussten, gab es meines Wissens nur in Naumburg (siehe unten).

---

[346] Lucke, Utta: Semesterbericht der ESG-Naumburg SS 1975, Maschinenschrift 1 Blatt, Unterschrift: handschriftlich (Privatarchiv Dietrich). Siehe auch Kap. V.1, S. 228.

[347] Eine erste Liste mit der Aufzählung der Paten- bzw. Partnergemeinden findet sich in: Der christliche Student Nr. 10 (1948), S. 19.

2 Eine »untypische« Studentengemeinde

Worin lagen nun aber die Besonderheiten der ESG Naumburg? Stichwortartig seien folgende Punkte benannt:

1. Die enge Verbindung zu den kirchlichen Seminaren der Stadt Naumburg war ausschlaggebend für die Zusammensetzung dieser Gemeinde. Gab es in den frühen Jahren neben dem Katechetischen Oberseminar und dem Kirchlichen Proseminar auch noch ein Katechetisches Seminar, so änderte sich nach dessen Schließung 1972 die Zusammensetzung der Gemeinde erneut.

2. Gemeindeglieder anderer Herkunft, etwa Studierende der Naumburger Postfachschule oder der Agraringenieurschule, waren immer der Ausnahmefall und nie die Regel.

   Manchmal gab es auch einzelne wenige Teilnehmerinnen oder Teilnehmer aus dem Umfeld der Stadt. Ich erinnere mich zum Beispiel an die engagierte Beteiligung einer Naumburger Buchhändlerin, die dann in der ESG ihren Partner kennenlernte und heute Pfarrfrau ist.

3. In den 70er Jahren blühten überall im Lande die ökumenischen Beziehungen zu katholischen Studentengemeinden (KSG) auf. Fast überall wurden die Semesterprogramme gemeinsam veröffentlicht, gemeinsame Gottesdienste zu Semesteranfang und -ende fanden statt. Das alles konnte es in Naumburg mangels katholischer Studenten nicht geben. Dennoch gab es zumindest Beziehungen zur katholischen Jugendarbeit mit dem katholischen Vikar Matthias Weise.

4. In der Gemeinde überwogen die Studierenden der evangelischen Theologie. Das führte zu nie endenden Debatten, worin denn nun Sinn und Aufgabe dieser so geprägten Studentengemeinde bestehen könnten. Die Abgrenzung zur Arbeit des Oberseminars war nicht einfach. Dass die ESG-Abende nicht die Fortsetzung des Seminarbetriebs mit anderen Mitteln darstellen sollten, darüber war man sich stets einig. Was aber sollte die so geprägte ESG ausmachen? 1971 schlugen die Vertrauensstudenten sogar vor, die ESG aufzulösen.[348] Dass in späteren Jahren die Einmischung in kirchliche und öffentliche Angelegenheiten ein Arbeitsschwerpunkt wurde, hat hier seine Ursache.

5. Da also die Theologen überwogen, gab es das natürliche Bestreben zum Kontakt mit Studentengemeinden, in denen es keine Theologiestudenten gab. Deshalb waren die Regionaltreffen der Studentengemeinde der Region »Mitte« (Halle, Merseburg, Eisleben, Köthen, Erfurt, Jena, Weimar) wichtig

---

348 Noack, Axel: Rechenschaftsbericht des V-Studenten für das Wintersemester 1972/73 der ESG Naumburg. 3 Bl. Maschinenschrift (Privatbesitz Noack).

für die Naumburger ESG und wurden fast jedes Semester besucht. Besonders die Beziehungen zur »theologiestudentenlosen« Merseburger ESG gestalteten sich eng. In den letzten Jahren gab es zwischen beiden Gemeinden sogar gemeinsame Arbeitskreise.

6. Manche Aktivitäten des Gemeindelebens, etwa Einladungen zu Schriftstellerlesungen oder auch Besuche in Erfurt im Katholischen Priesterseminar lassen sich im Nachhinein nicht mehr ganz genau zuordnen: Waren sie nun ursprünglich von der Studentengemeinde oder vom Oberseminar initiiert?

7. Die wohl wichtigste Unterscheidung zu anderen Studentengemeinden in der DDR fällt in die letzten Jahre vor der Friedlichen Revolution. Im Unterschied zu jenen war die Naumburger ziemlich aktiv und engagiert in der Bewegung vertreten, die zum Ende der DDR führen sollte. Das war durchaus anders als in anderen Gemeinden. Die unruhigen 68er Jahre waren längst vergangen; in den Studentengemeinden in Ost und West war es wieder ruhiger geworden. Am Ende der DDR waren es die Studentengemeinden jedenfalls nicht, die besonders aufmüpfig gewesen sind. Einzelne Studenten und auch etliche Studentenpfarrer in der DDR waren in der Bürgerrechtsbewegung engagiert, die Gemeinden als solche waren es in der Regel nicht. Im Gegenteil: Die Studenten hatten mehr zu verlieren »als ihre Ketten«. In einigen Studentengemeinden, z. B. in Berlin, waren andere, zum großen Teil Nichtstudenten, in die Gemeinden gekommen und sorgten für Beunruhigung.

8. Nicht so in Naumburg: Hier war die ESG einer der Kernpunkte der Naumburger Bürgerbewegung. Der Brief der ESG Naumburg zur Einführung des Wehrkundeunterrichts vom 4. Mai 1978 ist inzwischen veröffentlicht.[349]

Wenn also die Außenwirkung der Gemeinde ein Naumburger Proprium war, so lässt sich das - etwas vereinfacht - so beschreiben: Vor allem in den 60er und 70er Jahren war diese ESG aktiv im Blick auf die verfasste Kirche und auf die innerverbandliche Diskussion. Zum Ende der DDR hin weitete sich dieses Engagement in den gesellschaftlichen und politischen Bereich hinein aus.

3 Die Naumburger ESG und die deutsche Teilung

Die Naumburger waren besonders in die Diskussionen um die Aufspaltung der EKD und die Gründung des Bundes der Evangelischen Kirchen in der DDR einbezogen. Nicht zuletzt, weil hier auch Dozenten des Oberseminars en-

---

[349] Maser 2000, S. 56.

gagiert waren: Konrad von Rabenau als EKD-Synodaler und Johannes Hamel als Synodaler der KPS und Mitglied der Kirchenleitung. Letzterer wurde zu einem der profiliertesten Gegner der Kirchenbundgründung.

In das Vorfeld der Gründung des Kirchenbundes gehörten auch die organisatorische Aufspaltung der ESGiD im Jahre 1967 und die Abschaffung des gesamtdeutschen Vertrauensrates im Jahre 1970. Diese Thematik war in Naumburg präsent, war doch der Naumburger Dozent, Studentenpfarrer und mehrmalige Rektor, Johannes Hamel, mit dem ehemaligen Vorsitzenden des Vertrauensrates, Martin Fischer, auf das Engste verbunden. Martin Fischer hat sich damals sehr heftig in die Debatte eingebracht. Gerade die Studentengemeinden waren und sind schon immer auch Hinweis darauf, dass diese Ost-West-Trennung nicht nur vom Osten her erfolgte und also dem Druck des SED-Regimes geschuldet war, wie heute noch vielfach angenommen wird. An den Studentengemeinden lässt sich zeigen, wie solche Trennungsmotive durchaus westlichen Ursprung haben konnten. Naumburg ist dafür ein besonders beredtes Beispiel:

Eines der Motive für die Trennung war die radikale Hinwendung der studentischen Generation zum politischen Engagement. Es ging einher mit der Forderung des Sich-Einlassens auf die konkrete Situation. Die »Ethik« hatte Vorrang vor der »Dogmatik«. Besonders die Studentengemeinden im Westen Deutschlands sahen im DDR-Sozialismus eine echte Alternative und strebten daher Kontakte zu staatlichen Organisationen der DDR, wie etwa der FDJ, an. Obwohl in der DDR meist mehr als 90 % der Studierenden (incl. der ESG-Mitglieder) der FDJ angehörten, suchten die Partner offizielle Kontakte zu FDJ-Leitungen. Das alles war in Naumburg anders: Keine FDJ-Mitglieder und eine Hochschule ohne FDJ-Grundorganisation.

Schon im Januar 1967 hatten die Partnerarbeitsreferenten der Studentengemeinden der Bundesrepublik eine weitreichende Stellungnahme verabschiedet. Darin hieß es im Blick auf die beabsichtigte organisatorische Aufspaltung der Evangelischen Studentengemeinden in Deutschland (ESGiD):

> »Von diesem Schritt erhoffen wir uns eine bessere Zusammenarbeit als gleichwertige Partner und die Möglichkeit einer kritischen Neuorientierung zum eigenen Staat. Den Studentengemeinden in der BRD wird die Aufnahme von Beziehungen zu staatlichen Organisationen in der DDR erleichtert ...«[350]

---

[350] Treffen der Partnerreferenten der Studentengemeinden der Bundesrepublik 27.–30. 1. 1967 in Höchst/Odenwald. Text der Stellungnahme 2 Seiten, in: Akten der Geschäftsstelle, Akte Beirat.

Und weiter unten lesen wir:

»Unsere Empfehlung ist keine Befürwortung der marxistischen Weltanschauung oder des sozialistischen Gesellschaftssystems. Die Meinungen darüber sind in den Studentengemeinden geteilt. Einig sind wir uns jedoch darin, daß die bestehenden gesellschaftlichen und weltanschaulichen Gegensätze zwischen beiden deutschen Staaten nicht dazu führen dürfen oder gar müssen, sich gegenseitig die Daseinsberechtigung abzusprechen.«

Das war im Januar 1967. Wenige Zeit später schon sollte die prosozialistische, ja promarxistische Option der Evangelischen Studentengemeinden West sehr viel deutlicher ausfallen. Studenten aus dem Westen kritisierten an den DDR-Studenten vor allem deren negative Haltung zur DDR, die sie selbst viel positiver sahen. In einer westlichen Einschätzung der Partnertreffen heißt es:[351]

»Der Erfahrungsaustausch endet meist mit der beiderseitigen ›Selbstanklage‹ bezüglich der erfahrenen und reflektierten Unzulänglichkeiten der eigenen Gesellschaftsordnung. Dabei sinkt die Diskussion auf einen sehr niedrigen Abstraktionsgrad ... Die Frustration ergibt sich für den Westen aus der Tatsache, daß scheinbar aus dem Gegenmodell des Kapitalismus (DDR) keine Änderungsvorschläge für die eigene gesellschaftliche Misere gezogen werden können, für den Osten, daß trotz Selbstanklagen der BRD-ESG die Lebensmöglichkeiten im Kapitalismus noch besser erscheinen als im ‚Arbeiter- und Bauernstaat‘. Diese Frustration verhindert ein weiterführendes Gespräch, dem auch gemeinsame Aktionen folgen müßten, um die Situation beider Teile zu verändern.«

In Marburg, der Naumburger Partner-ESG, geschah diese Entwicklung – auch für westliche Verhältnisse – besonders extrem. Bald fand sich die Mehrheit der ESG-Mitglieder, unterstützt von etlichen hessischen Pfarrern, auch als Mitglieder der DKP wieder. Darüber kam es in Marburg selbst zu Spaltungen und Auszügen aus der ESG und das alles blieb nicht ohne Auswirkungen auf unsere Partnerschaft. Zwischen Naumburg und Marburg gab es einen heftigen Briefwechsel. Zitiert sei aus einem Schreiben der Naumburger an die Marburger:[352]

---

[351] Protokoll der Partnerreferentenkonferenz am 15./16. Juni 1974 in Schlüchtern, 2 Bl. Maschinenschrift, Original in den Unterlagen der ESG-Geschäftsstelle.

[352] Brief der ESG Naumburg an die ESG in Marburg vom 14. 11. 1973, 2 Bl. Maschinenschrift (Durchschlag vom Original im Privatarchiv Noack).

»Wenn wir uns treffen, könnte es sehr gut sein, daß ihr hier auf Partner trefft, die eine politische Meinung von Leuten vertreten, von denen Ihr Euch zu Hause in Marburg schon längst getrennt habt. Ihr fragt dann auf Euren Voraussetzungen mit Recht: ›Warum sollen wir dazu in die DDR fahren?‹ Das macht für Euch die Partnerarbeit schwierig. Andererseits sehen wir, daß wir einer elitären Gruppe gegenüberstehen, die andere, die wir auch gern als Partner begrüßt hätten, aus Ihrer Gemeinde ausgeschlossen hat. Das macht für uns die Partnerarbeit schwierig.«

Schließlich beendeten wir offiziell die Partnerschaft mit der Marburger ESG bzw. beschlossen sie ruhen zu lassen. Meines Wissens ist sie niemals wieder aufgelebt. Das heißt aber nicht, dass die Naumburger nun ohne Partner blieben. An die Stelle der Marburger ESG trat ziemlich schnell ein kleiner Konvent westfälischer Theologiestudenten, die in Marburg studierten und sich unter Protest von der ESG getrennt hatten. Mit dieser Gruppe entstand ein reger Austausch. Über mehrere Jahre hintereinander fanden über Silvester und Neujahr in Naumburg Tagungen mit theologischen und gesellschaftlichen Themen statt. Hier entstanden etliche persönliche Freundschaften, die zum Teil bis heute andauern. In den 80er Jahren gab es dann eine Partnerschaft mit der Westberliner ESG. Wir trafen uns zweimal jährlich – im Frühjahr in Naumburg, im Herbst in Berlin.

Parallel zu diesen Vorgängen um Naumburg und Marburg gab es allerdings auch in der DDR selbst eine heftige Debatte um die Partnerarbeit. Angeregt wurde sie von der damals sehr DDR-treuen Geschäftsstelle und ihrem Generalsekretär, Udo Skladny. Die Studentenpfarrerkonferenz und der SGR hielten etliche Sitzungen zu dieser Thematik, Thesenpapiere und Stellungnahmen wurden verfasst und verändert. Die Naumburger Beiträge in der Diskussion sprechen eine etwas andere Sprache. Der damalige Naumburger Studentenpfarrer, Ulrich Schröter, hatte wesentliche Anteile an der veränderten Fassung der Thesen in dem sogenannten »Papier der Region Mitte« und in der Naumburger ESG war ein »Minderheitsvotum« diskutiert und im SGR auf den Weg gebracht worden. Beides blieb nicht ohne Auswirkung auf das Endergebnis. Um den Stil der Auseinandersetzungen etwas zu illustrieren, hier Auszüge aus den Thesen der SGR-Konferenz und dem Naumburger Minderheitsvotum:[353]

---

[353] Zitiert aus: »Vorschläge zur Partnerarbeit«, verabschiedet von der SGR-Partnerarbeitskonferenz im März 1973. Original in den Unterlagen der ESG-Geschäftsstelle.

»Hauptgrund der Partnerbeziehungen der Evangelischen Studentengemeinden in der DDR ist die Erkenntnis, daß Christen, die sich für revolutionäre Veränderung einer bestehenden ungerechten Gesellschaftsordnung (Kapitalismus) einsetzen und Christen, die sich aktiv am Aufbau einer neuen, gerechteren Gesellschaftsordnung (Sozialismus) beteiligen, zur Wahrung ihrer gemeinsamen Verantwortung für den gesellschaftlichen Fortschritt das Gespräch miteinander brauchen.«

Dazu das Naumburger Minderheitsvotum:[354]

»Wir gehen davon aus, daß Christen, die sich bemühen, ihre konkreten Entscheidungen im Bereich des kirchlichen und gesellschaftlichen Lebens vom Evangelium zu begründen, das Gespräch miteinander brauchen. Da es sich dabei um Studenten handelt, die in unterschiedlichen Gesellschaftsordnungen leben, werden sich für die thematische Arbeit besondere Schwerpunkte ergeben, nämlich die Diskussion über die Frage nach der Verwirklichung einer dem Evangelium entsprechenden gerechten Gesellschaftsordnung, wie sie sich heute besonders am Gegensatz von kapitalistischer und sozialistischer Gesellschaftsformation zeigt.«

Gerade die regelmäßigen Partnertreffen fanden die besondere Aufmerksamkeit des Staatssicherheitsdienstes der DDR. Die Treffen waren in der Regel so dimensioniert, dass die staatlichen Organe sie übersehen konnten, wenn sie denn wollten. Die Frage, ob sie generell zu unterbinden seien, wurde – das wissen wir heute – intensiv diskutiert.[355] Auch dem Staatssicherheitsdienst blieb am Ende nicht verborgen, dass in Bezug auf eine positive Wertung des Sozialismus die Studenten aus den Studentengemeinden der DDR von ihren westlichen Kommilitonen würden lernen können. Das MfS registrierte deshalb, dass vor allem aus dem Westen zu diesen Treffen Studenten anreisen würden, die »links« bzw. »DDR-« oder doch wenigstens »sozialismusfreundlich« seien.

»Insgesamt muß jedoch eingeschätzt werden, daß durch die BRD-Teilnehmer in den meisten Fällen realistische Positionen bezogen werden. Hingegen mehrfach von DDR-Teilnehmern bei diesen Treffen die Politik von Partei und Regierung der DDR verleumdet und verunglimpft wurde.«[356]

---

[354] »Minderheitsvotum« zitiert nach dem von der ESG-Geschäftsstelle vervielfältigten Text.

[355] Vgl. zu dieser Thematik die einschlägigen Arbeiten der Juristischen Hochschule der Staatssicherheit in Potsdam-Golm: Floth 1983; Bergmann 1984; Jänisch 1988.

[356] Vgl. HA XX/4: Analyse des Standes der operativen Aufklärung und Bearbeitung der

4 Die Naumburger ESG in der »Vor-Wendezeit«

Bettina Plötner-Walter[357]

Seit Ende der siebziger Jahre entwickelten sich im Umfeld der ESG – den Zeit-läufen entsprechend – verschiedene Basisgruppen. Spiritus rector war Edel-bert Richter, wenn auch die Gruppen von vielen getragen wurden. Viele der Mitglieder waren Seminaristen des KOS, später kamen auch junge Leute – oft aus dem Umfeld der Jungen Gemeinde, die von Andrea Richter geleitet wurde – dazu. Die Mitglieder dieser Kreise wechselten gelegentlich – manche hielt es nicht lange dabei, andere verließen Naumburg nach dem Examen oder wechselten den Studienort. Zu nennen wären der Friedensarbeitskreis, der Marxismus-Zirkel und ab Anfang der 80er Jahre auch der Ökologiekreis und der Stalinismus-Arbeitskreis. Auch die »normale« Naumburger ESG-Arbeit war von dieser Zeit an neben der Beschäftigung mit theologischen und phi-losophischen Fragestellungen stark von der Auseinandersetzung mit politi-schen und gesellschaftlichen Themen geprägt.

Gemeinsam war den Überlegungen zur Gesellschaftsveränderung im-mer die Ausrichtung einerseits auf die persönliche Ebene, andererseits auf die regionale und immer auch auf die europäische bzw. weltweite Ebene. Diese Verknüpfung zeigt sich zum Beispiel im (2.) »Naumburger Brief« von 1980/81.[358] Schön sehen lässt sich das für die späteren Jahre auch am Bei-spiel der »persönlichen Friedensverträge« (jeweils zwischen einem Ostdeut-schen und einem Westdeutschen bzw. Westeuropäer abgeschlossen), denen die Kampagne für Städtepartnerschaften zwischen Ost und West auf regio-naler Ebene entsprach (Naumburg bekam tatsächlich bereits 1988 Aachen als Partnerstadt), die ihrerseits im Kontext des KSZE-Prozesses verstanden wurde. Dem Eintreten für Veränderungen auf politischer Ebene sollte das Handeln im persönlichen Umfeld entsprechen.

Wichtig war auch das persönliche Vertrauen. Es gehörte zum Selbstver-ständnis der Mitglieder, Mutmaßungen über eventuelle Stasitätigkeit keinen Raum zu geben. Alles andere hätte bedeutet, Zersetzungsversuchen Vorschub zu leisten. Für »meine« Zeit innerhalb des Friedenskreises hat sich das auch hervorragend bewährt, wenn es auch ein paar Jahre früher dazu geführt

---

Evangelischen Studentengemeinden (ESG) in der DDR vom 31. 5. 1984 (BStU MfS, ZA, HA XX/4, Nr. 489).

[357] Bettina Plötner-Walter, geb. Walter, war Schülerin am Kirchlichen Proseminar sowie Studentin in Naumburg.

[358] Vgl. Kap. IV.2, S. 222 f., und Dok. 11.

hatte, dass die Aufdeckung der tatsächlichen Stasitätigkeit und Spionage eines Mitgliedes ihrerseits unter Verleumdungsverdacht geriet.

Weitere Themen, die den Friedenskreis über das oben Erwähnte hinaus beschäftigten, kamen aus dem Bereich »Erziehung innerhalb der DDR« (besonders natürlich der Wehrkundeunterricht), der die konsequente Friedenserziehung (z. B. das Eintauschen von Spielzeugwaffen gegen Friedensspielzeug) und die Entmilitarisierung der Gesellschaft als Ziel entgegengesetzt wurden. Wir beschäftigten uns ebenso mit Bausoldatendienst bzw. Wehrdienstverweigerung, mit den Genfer Konventionen, dem KSZE-Prozess, der Charta 77, mit gewaltfreier sozialer Verteidigung, und beteiligten uns am Protest gegen das Wettrüsten und traten für die beiderseitige Abrüstung zwischen den Blöcken ein. In diesem Zusammenhang gab es auch internationale Kontakte zu verschiedenen Friedensinstituten in Westeuropa und zu Dissidenten in Ungarn und der ČSSR.

Ein Naumburger Spezifikum war auch die Auseinandersetzung mit der »AG Junge Tankisten«, einer Schüler-Arbeitsgemeinschaft, die trabigroße Panzernachbildungen baute, die dann zu Maiparaden etc. durch die Naumburger Straßen fuhren.[359]

Zunehmend kamen Menschenrechtsfragen in den Blick – Mitte der 80er Jahre gab es zum Beispiel eine Kampagne zur Abschaffung der Todesstrafe in der DDR (die Todesstrafe wurde 1987 tatsächlich abgeschafft), aber auch (im Zuge von Glasnost und Perestroika – »von der Sowjetunion lernen, heißt siegen lernen«) das Eintreten für Presse-, Versammlungs- und Meinungsfreiheit.

Wichtig war die Vernetzung zwischen den ja oft isoliert arbeitenden Basisgruppen in der DDR – auch von Naumburg ging die Initiative zu regelmäßigen Treffen solcher Gruppen aus.

Das Verhältnis zum KOS war zwiespältig: Einerseits waren wir uns dankbar bewusst, dass das KOS Freiraum und auch Schutzraum für unangepasste Gedanken bot, andererseits waren naturgemäß die Ziele des Dozentenkollegiums, die den Fortbestand des Hauses sichern wollten, schwer in Einklang zu bringen mit dem gesellschaftlichen Veränderungswillen der Basisgruppen. Wir genossen den Schutz und rieben uns an den Reglementierungsversuchen. Auch innerhalb der Studierenden war die Haltung zu den Basisgruppen durchaus umstritten und führte gelegentlich zu erbitterten Auseinandersetzungen.

---

[359] Vgl. auch die Abbildung im Fototeil.

Ende der 80er Jahre verschärfte sich die Konfrontation mit den Staatsorganen. Am 2. Februar 1988 versammelten sich (als Reaktion auf die Verhaftungen in Berlin am Rande der Luxemburg-Liebknecht-Demonstration) 18 Mitglieder bzw. Sympathisanten des Friedenskreises auf dem Naumburger Marktplatz, um für die Freilassung der Verhafteten und für demokratische Grundrechte einzutreten. Nach knapp zwei Minuten endete diese »Demonstration« mit der Zuführung der Beteiligten und deren Befragung, bevor wir im Verlauf des Nachmittags und Abends auf freien Fuß gesetzt wurden.

Bei der Kommunalwahl im Mai 1989 konnten wir in fast allen Wahllokalen Naumburgs die Stimmen-Auszählung beobachten und die Differenzen feststellen. Allerdings gingen die Aktivitäten des Friedenskreises ab 1988 und 1989 wegen des Studienplatzwechsels bzw. Studienendes einiger der Hauptakteure zurück. So war der direkte Einfluss der ESG auf die Friedliche Revolution 1989 nicht besonders hoch. Immerhin haben manche ehemalige Akteure an ihren jeweiligen Wohnorten mehr oder minder starken Einfluss auf die Ereignisse in der Wende- und Nachwendezeit genommen.

III PARTNERSCHAFTEN IN KIRCHE UND GESELLSCHAFT

III.1 HOCHSCHULE NEBEN DEN UNIVERSITÄTEN – DAS OBERSEMINAR UND DIE FAKULTÄT/SEKTION FÜR THEOLOGIE IN HALLE

Matthias Sens[1]

1 Warum neben der Fakultät eine Hochschule?

Die Theologische Fakultät an der Universität in Halle war seit Generationen die angestammte Ausbildungsstätte für die Pfarrerschaft in der Provinz Sachsen. So sollte es auch nach 1945 durchaus bleiben.[2] Gerade angesichts der komplizierten Situation, in der sich die Fakultät immer wieder befand, war sich die Kirchenleitung noch 1950 »darin einig, daß auf alle Fälle versucht werden muß, die Fakultät zu erhalten und daß mit allem Nachdruck bei den zuständigen Stellen die Freiheit des Handelns für die theologische Fakultät … durchgesetzt werden muß«. Die Einrichtung einer kirchlichen Hochschule war »nach einhelliger Überzeugung doch nur eine Lösung, die erst nach dem Scheitern aller Versuche, die Fakultät zu erhalten, einsetzen darf.«[3] Dass die Kirchenleitung trotzdem 1951 beschloss, in Naumburg auch die Möglichkeit eines Theologiestudiums mit dem Berufsziel Pfarrer zu schaffen, hing eng mit der Bildungs- und Hochschulpolitik der DDR zusammen.[4] Die Studienplätze an den Fakultäten wurden kontingentiert. Für Studenten, die in Westdeutschland oder Westberlin studiert hatten, musste eine Möglichkeit geschaffen werden, ihr Studium

---

[1]   Matthias Sens war Student, Repetent und Assistent in Naumburg.

[2]   Präses Ludolf Müller im Oktober 1946 vor der Synode der KPS angesichts der noch unklaren Entwicklung an der Fakultät: »Wir halten noch immer das Universitätsstudium für unsere jungen Theologen für das Richtige, müssen uns aber auch für andere Möglichkeiten rüsten.« (Schultze 2005, S. 45).

[3]   Auszug aus Protokoll der KL vom 15. 2. 1950 (AKPS, Rep. A Gen., Nr. 2458).

[4]   Vgl. Stengel 1998, S. 59 ff. und Onnasch 1993, S. 136 ff.

in der DDR zu Ende zu führen. Und Absolventen des Kirchlichen Proseminars in Naumburg wurden nicht an staatlichen Universitäten zugelassen.

Die Pfarrerausbildung an der Fakultät sollte damit nicht in Frage gestellt werden. Auch die KPS stand hinter dem Beschluss der Synode der EKD im Oktober 1952 in Elbingerode, für die Pfarrerausbildung auch in Ostdeutschland die Theologischen Fakultäten als Teil der Universitäten zu erhalten. Die Synode befasste sich mit dieser Frage, weil den Kirchen ein Vorschlag der Regierung der DDR vorlag, anstelle der Fakultäten in der DDR eine kirchliche Akademie zu schaffen. Das klare Votum der EKD-Synode für die Fakultäten kam zum einen aus der Sorge um das »Niveau der theologischen Bildung innerhalb der deutschen Pfarrerschaft«,[5] vor allem aber aus der Überzeugung, dass die Theologie als »die Mitte alles Ringens um wirkliche Wahrheitserkenntnis« für die Universität als ganze unverzichtbar sei. Die Arbeit der Theologischen Fakultäten gehört zum »Auftrag der Kirche an die Welt«, ist ein wahrhaft »volkskirchliche(r) Auftrag«.[6]

Für die Gestaltung des Studiums am KOS ergaben sich daraus einige grundsätzliche Herausforderungen: Das Studium musste akademischen Anforderungen genügen, das KOS musste auch als kirchliche Hochschule seine Arbeit in akademischer Freiheit gestalten (können), und es musste seine Nischenexistenz in Naumburg durch allgemeinbildende Lehrangebote und durch geistige Weite in Lehre und Forschung zu kompensieren versuchen.

Den akademischen Standard musste sich das KOS Schritt für Schritt erarbeiten. So hatte im März 1954 die erste Abschlussprüfung für Oberschulkatecheten erhebliche Mängel im Blick auf den akademischen Charakter der Ausbildung zu Tage gebracht. »Es zeigte sich, daß die Kandidaten sich mancherlei Wissensstoff angeeignet hatten, daß sie es aber nicht gelernt hatten, zu denken und am Stoff zu arbeiten.«[7] Eine erste Konsequenz war, dass man sich in der Semestereinteilung vom Studienjahr der DDR abkoppelte und längere »vorlesungsfreie Zeiten« einführte, um so »den Studenten mehr Muße zu eigener wissenschaftlicher Arbeit (zu schaffen)«.[8] Und dann wurden 1954/55

---

5   Rechenschaftsbericht des Rates der EKD, Protokoll EKD-Synode 1952, S. 28.

6   OKR Prof. D. Volkmar Herntrich bei der Begründung der Vorlage des Fakultätsausschusses, den die Synode für diese Tagung eingesetzt hatte, a. a. O. S. 226. Vgl. auch Hans-Joachim Iwand a. a. O. S. 33 ff.

7   Vermerk, der von KRn Ingeborg Zippel am 25. 5. 1954 an das KOS geschickt wurde (AKPS, Rep. A Gen., Nr. 2575).

8   Brief von Rektor Ernst Kähler an das Konsistorium vom 16. Juni 1954 (AKPS, Rep. A Gen., Nr. 2575).

in schneller Folge alle theologischen Disziplinen mit hauptamtlichen Dozenten besetzt. Denn es war klar, dass die 1952/53 zahlreich gekommenen »Studenten in Naumburg nur bleiben werden, wenn ihnen entsprechende Vorlesungen und Übungen geboten werden, die den akademischen Forderungen entsprechen.«[9]

Natürlich hätten die Fakultäten es lieber gesehen, wenn dies alles nicht nötig gewesen wäre. Sie hätten die Studenten von westdeutschen Fakultäten lieber selbst immatrikuliert. Sie bemühten sich auch um höhere Zulassungsquoten.[10] Und natürlich hatten auch sie den »Wunsch, die Theologischen Fakultäten möchten erhalten bleiben«.[11] Aber sie sahen auch die kirchlichen Notwendigkeiten. Professoren aus Halle (Otto Eißfeldt, Gerhard Delling) und Jena (Gerhard Gloege, Rudolf Meyer) kamen zu Lehrveranstaltungen nach Naumburg, ohne dies freilich auf Dauer tun zu können.[12] Es gab häufige Kontakte gerade mit der Hallenser Fakultät, die sowohl Studien- als auch Prüfungsangelegenheiten betrafen.[13] Und nicht zuletzt kam aus Halle eine Reihe von Dozenten, die das KOS über lange Jahre geprägt haben, denen aber die Fakultät keine Perspektive bieten konnte. Ernst Kähler wurde 1950 von der Kirchenleitung berufen, nachdem er aus politischen Gründen von der Universitätsleitung »durch Entziehung des Lehrauftrages gemaßregelt« worden war.[14] Ihm folgten unter anderen Konrad von Rabenau, Martin Seils, Nikolaus Walter. Sie nahmen teilweise parallel in den ersten Jahren auch noch Lehraufträge in Halle wahr. Auch sonst gab es personelle Verzahnungen. Der Hal-

---

[9]   Protokoll der 10. Ratssitzung vom 2. April 1954 in Naumburg (Abschrift in AKPS, Rep. A Gen., Nr. 2575). In dieser Sitzung des Rates der KL wurden entscheidende Weichen für das KOS gestellt.

[10]   Vgl. Stengel 1998, S. 77 u. ö.

[11]   Brief von Otto Dibelius an Ministerpräsident Otto Grotewohl vom September 1952 (Abschrift in AKPS, Rep. A Gen., Nr. 2458); vgl. Kap. II.2.1, S. 38; IV.2, S. 211.

[12]   Siehe die Liste der Gastdozenten unter Kap. VIII.2. Kähler im April 1954 im Rat der KL: »Die Universitätsprofessoren, die im Sommer 1953 im Augenblick der größten Not mit großer Hilfsbereitschaft ausgeholfen haben, sind nur noch teilweise in der Lage, auf Dauer diesen Dienst zu tun.« (AKPS, Rep. A Gen., Nr. 2575)

[13]   Siehe die Planungen oder Berichte in den Protokollbüchern der Konferenzen des KOS (AKPS, Rep. D 3, Nr. 199).

[14]   Aktenvermerk über die Besprechung mit Volksbildungsminister Richard Schallock am 29. 3. 1950 (AKPS, Rep. A Gen., Nr. 2458); Berufung durch die KL am 27. 7. 1950, nachdem es nicht gelang »zu erreichen, daß Dr. Kähler der Lehrauftrag an der Fakultät in Halle wiedererteilt wird.« (Auszug aus dem Protokoll der KL; AKPS, Rep. A Gen., Nr. 2458)

lenser Lektor Dr. Erich Stehr nahm an den Sprachprüfungen des KOS teil[15] und musste diese Tätigkeit erst 1963 niederlegen, als der Rektor der Hallenser Universität dem Dekan der Theologischen Fakultät gegenüber auf eine »Entflechtung des Lehrkörpers der Fakultät von dem des Oberseminars in Naumburg« drängte.[16] Dies betraf dann auch den Lehrauftrag von Dr. Seils für philosophische Propädeutik in Halle.[17]

Ernst Kähler war auch nach seiner Berufung an die Fakultät in Greifswald (1954) bis 1968 Mitglied des Kuratoriums. Bei der Begrüßung von Prof. Gerhard Delling als seinem Nachfolger resümierte Konrad von Rabenau: »Die Verbindung zur Hallenser Fakultät, die den Aufbau unseres Institutes wesentlich gefördert hat, und mit der wir uns in vielfältiger Weise verknüpft fühlen, wird so erhalten und gefördert.«[18] Diese Einschätzung galt auch, obwohl die Entwicklung, die das KOS nahm, gerade in den 60er Jahren zu Reibungen und Auseinandersetzungen mit der Fakultät führte.

2 Wo soll man Theologie studieren? – Die Kontroverse von 1961

Seit 1956 sank die Zahl der Studierenden aus der KPS an der Hallenser Fakultät kontinuierlich: 1956:128, 1959:80, 1960:67. Die Fakultät schöpfte das ihr vom Staatssekretariat für Hoch- und Fachschulwesen zugestandene Kontingent von 25 Neuimmatrikulationen pro Studienjahr nicht mehr aus. Gleichzeitig erreichte die Zahl der Studierenden aus der KPS in Naumburg 1960 einen ersten Höhepunkt: 50 Studierende.[19] Auf dem »Fakultätskaffee«[20] in Halle am 4. 2. 1961 wurde deshalb von Vertretern der Fakultät die Forderung erhoben, »es sollten in Naumburg nur die zugelassen werden zum Theologiestudium, deren Bewerbung um einen Studienplatz an einer Universität abgelehnt worden sei. Darüber hinaus müsse aber ein dreijähriges Fachstudium an einer Fakultät zur Pflicht gemacht werden.«[21] Ging es bei der ersten Forderung primär darum, die freien Plätze zu füllen und so den Bestand der Fakultät zu sichern, kam bei der zweiten Forderung ein weiterer Gesichtspunkt

---

15   Berufung durch die KL am 5. 10. 1955 (AKPS, Rep. A Gen., Nr. 2575).

16   Sitzung der Kirchenleitung am 27./28. 8. 1963 (AKPS, Rep. C 2, Nr. 6).

17   Seils (AKPS, Rep. D 3, Nr. 148) 1963 a, S. 2.

18   Von Rabenau (AKPS, Rep. D 3, Nr. 148) 1968, S. 2.

19   Angaben nach AKPS, Rep. A Gen., Nr. 7209.

20   Jährliches Treffen des Bischofs, des Hallenser Propstes und von Mitgliedern des Konsistoriums mit dem Dekan und weiteren Mitgliedern der Fakultät.

21   Vermerk von KR Lic. Reinhold Sander vom 15. 2. 1961 (AKPS, Rep. A Gen., Nr. 2648).

hinzu: Nur durch ein Studium an einer staatlichen Fakultät, eingebunden in den Gesamtzusammenhang einer Universität, könnten die Studierenden angemessen auf ihren Dienst in der DDR vorbereitet werden. Diese Situationsbezogenheit der Ausbildung könne Naumburg nicht bieten.

Die Problematik wurde von der Kirchenleitung am 13./14. Juni 1961 behandelt.[22] Der Bischof berichtete über seine »Werbung zum Studium an der Theol. Fakultät auch unter den Studenten des Kat. Oberseminars«, wollte aber an der Freiheit für die Studierenden festhalten, ihren Studienort selbst zu wählen. »Dr. Lahr betonte, daß das Kat. Oberseminar nicht auf ›Kosten‹ der Theol. Fakultät existieren wolle«, versuchte aber auch durch den Hinweis auf generell sinkende Bewerberzahlen die Argumentation der Fakultät zu entschärfen. Schließlich: »Auch in Naumburg wird die Situationsgemäßheit des Studiums gewahrt, aber auch die Situationsbewältigung im Auge behalten«. Für die Kirchenleitung war es schwer, die Loyalitäten zur Fakultät und zum KOS auszubalancieren. So wurde der Beschluss der KL bei ihrer nächsten Sitzung am 11./12. Juli 1961 noch einmal abgeändert und lautete nun:

> »Es soll ein beratendes Gremium, dem Prof. Dr. Onasch und Dozent Dr. Lahr angehören sollen, für solche gebildet werden, die an der Fakultät studieren können. Dieses Gremium sollte die Gründe prüfen für ein Studium in Naumburg. Es sollte niemand ohne gute Gründe nach Naumburg gehen. Jedoch soll den Studierenden die Freiheit der Wahl gelassen werden, die nicht durch Bestimmungen eingeschränkt werden darf. Dieser Antrag wird einstimmig angenommen. Der Vorschlag der Fakultät, daß für das Kat. Oberseminar nur der zugelassen werden soll, der an der theologischen Fakultät nicht studieren kann, wird ebenso einstimmig abgelehnt.«[23]

Gegen den ersten Teil des Beschlusses erhob das Dozentenkollegium des KOS in aller Form Einspruch. Es machte einen eigenen Beschlussvorschlag, der im Wesentlichen vom Kuratorium des KOS übernommen wurde. In einer ausführlichen Begründung berief sich das Kollegium des KOS darauf, dass das Statut das Oberseminar als eigenständige akademische Anstalt für Forschung und Lehre ausweist. Es verwies auf die zunehmende Praxis an den Fakultäten, über Sonderreifeprüfungen auch Personen ohne Abitur zum Studium zuzulassen und dabei auch Schüler des Proseminars ohne Abschluss einzubeziehen. Langfristig würde das KOS der Leidtragende sein:

---

22 Siehe AKPS, Rep. C 2, Nr. 5. Zur Sache vgl. auch Kap. II.2.2.1, S. 52 und II.2.1, S. 46.
23 Ebd.

»Die kaum errichtete akademische Lehranstalt würde ›auf kaltem Wege‹ sehr bald liquidiert sein.«[24]

Die Kirchenleitung hob daraufhin im Dezember 1961 die Beschlüsse vom Juni und Juli auf. Der Vertreter der Fakultät in der Kirchenleitung ruderte zurück und bezog sich nun vor allem auf die Forderung, wenigstens einige Jahre an der Fakultät zu studieren, um »gerade in der heutigen Situation die universitas literarum kennen zu lernen«. Aber auch hier ging die Kirchenleitung nicht mit. Sie folgte dem Vorschlag des Kuratoriums des KOS und beauftragte es, »die aufgetretenen grundsätzlichen Fragen zu erörtern und in Verbindung mit der Fakultät einen Vorschlag zur Klärung dieser Fragen zu machen.« Außerdem bildete die Kirchenleitung ein Gremium unter Vorsitz des Bischofs mit der Aufgabe, »nach Mitteln und Wegen zu suchen, wie junge Menschen mehr als bisher zum Theologiestudium bewogen werden können.«[25] Dieses Gremium trat im Januar 1962 zusammen und machte einige Vorschläge zur Werbung.[26]

Wichtiger für das Verhältnis des KOS zur Fakultät war der Arbeitsausschuss, den das Kuratorium des KOS gebildet hatte. Dieser Ausschuss[27] legte Thesen[28] vor, die dann im April 1962 mit der Fakultät in Halle[29] und im Mai 1963 in der Kirchenleitung besprochen wurden.

These I benannte einige Forderungen im Blick auf die Studierenden und das Studium und ging besonders auf das Problem der Sonderreifeprüfungen ein. Für das Studium selbst wurde sowohl die »Einübung ... in selbständiges theologisches Fragen und Urteilen« hervorgehoben wie auch die »Teilhabe an der Gemeinschaft unter dem Wort«. Das ging sehr stark in Richtung auf die Fakultät. These II widmete sich »der Auseinandersetzung mit den Zeitfragen«, vor allem dem Marxismus-Le-

---

[24] Begründung zum Antrag des Dozentenkollegiums des Katechetischen Oberseminars vom 2. Oktober 1961 (AKPS, Rep. A Gen., Nr. 2648).

[25] Alles: Protokoll der Sitzung der KL vom 4./5. 12. 1961, TO 15: Zulassung zum Theologiestudium (AKPS, Rep. C 2, Nr. 5).

[26] Siehe Zuarbeit für Bericht der KL 1962 (AKPS, Rep. A Gen., Nr. 7209).

[27] Er bestand aus Prof. Dr. Ernst Kähler/Greifswald, OKR Friedrich Schröter/Berlin, Dr. Horst Lahr/Naumburg und KR Lic. Reinhold Sander/Magdeburg (siehe Bericht vor der KL 28./29. 5. 1963, AKPS, Rep. C 2, Nr. 6).

[28] Dok. 7.

[29] Gespräch zwischen der Fakultät und den Ausschussmitgliedern am 5. 4. 62 nachm. im Diakonissenhaus Halle. Handschriftlicher Vermerk von KR Lic. Sander (AKPS, Rep. A Gen., Nr. 2648).

ninismus. Kenntnisse müssen vermittelt werden, aber es muss auch zu einer der »theologischen Existenz angemessenen Würdigung angeleitet werden«. Gerade hier bietet »die Studiensituation an einer kirchlichen Ausbildungsstätte eine echte Möglichkeit«. These III nimmt noch einmal den Beschluss der Synode der EKD von 1952 über das Verbleiben der Fakultäten an den Universitäten in der DDR auf.

Wirklich kontrovers war das Gespräch über die Thesen mit der Fakultät nicht. Die Professoren sahen die Probleme ebenso wie die Chancen, die das Universitätsstudium nach wie vor bot. Auch im Blick auf die Beschäftigung mit dem Marxismus lagen die Positionen relativ eng beieinander:

> »Das Marxismusstudium in Naumburg in besonderen Vorlesungen und Übungen mag dem Staat nicht besonders genehm sein. Das Problem kann aber hier ohne Druck behandelt und versucht werden, im Raum der Freiheit den bei den Studierenden vorhandenen Antiaffekt abzubauen, den das sog. Grundstudium auf der Universität nicht abzubauen vermag.«

Im Blick auf die Ausgangsfrage, wo man Theologie studieren soll, wurde ein interessanter Kompromiss formuliert:

> »Die Fakultät bejaht die Doppelgleisigkeit: Studium an einer Universität und (zeitweilig) an einer kirchl. Ausbildungsstätte, während umgekehrt Nbg. die Studierenden auf die Möglichkeit des Studiums an (der) Fakultät hinweist.«[30]

Es ist rückblickend eigentlich schade, dass davon nicht mehr verwirklicht wurde. Die Problematik begleitete die Fakultät und das KOS auch in den folgenden Jahrzehnten. Als 1973 zum ersten Mal die Zahl der Studierenden aus der KPS in Naumburg deutlich über der in Halle lag,[31] wiederholte der Dekan die Bitte, Abiturienten möglichst nicht in die kirchliche Ausbildung zu nehmen.[32]

---

30 Beide Zitate im Vermerk über das Gespräch mit der Fakultät am 5. 4. 1962 (AKPS, Rep. A Gen., Nr. 2648).

31 Halle: 39, Naumburg 51 (AKPS, Rep. A Gen., Nr. 7209).

32 Vermerk von OKR Peter Schicketanz vom 13. 8. 1973 über ein Gespräch mit Prof. Eberhard Winkler am 10. 8. in Halle (AKPS, Rep. A Gen., Nr. 6698).

3 Wie und wo wird man als Naumburger geprüft?

Die ersten Prüfungen der Oberschulkatecheten am KOS fanden in Naumburg statt und wurden von einem Prüfungsausschuss abgenommen, dem unter Vorsitz des Bischofs das Dozentenkollegium des KOS und Vertreter des Konsistoriums angehörten.[33] Die Abnahme der 1. Theologischen Prüfung aber war seit der ersten Hälfte des 19. Jahrhunderts Sache der Theologischen Fakultät. Zum Theologischen Prüfungsausschuss gehörten die Professoren (und Dozenten) der Fakultät. Vertreter des Konsistoriums bzw. der Bischof nahmen teil beziehungsweise hatten den Vorsitz. Damit war bis 1948 automatisch die Anerkennung durch die Kirche gegeben als Voraussetzung für die Übernahme in den kirchlichen Dienst. Als ab 1948 die geistlichen Amtsträger nicht mehr den Vorsitz übernehmen durften, kam es zum Nebeneinander von Fakultätsexamen und kirchlichem Examen, das in Halle aber faktisch von demselben Prüfungsausschuss abgenommen wurde. Der Professor, der den Vorsitz im Theologischen Prüfungsausschuss hatte, nahm nebenamtlich noch die Funktion eines Konsistorialrats wahr. Die überwiegende Zahl der Hallenser Studenten legte bis in die 60er Jahre hinein das kirchliche Examen ab.

In diese Situation hinein kamen 1955 nun die Naumburger und machten ihre Ansprüche geltend: eine eigene Prüfung in Naumburg oder wenigstens Mitwirkung in Halle. Die Kirchenleitung bestand auf einer Regelung mit der Fakultät. Der ging es um die Wahrung ihres »Sonderrechts« »aufgrund einer langjährigen Tradition«, die Naumburger wollten, dass das Oberseminar »in seiner Arbeit voll ernst genommen wird«.[34] Nach Gesprächen in unterschiedlicher Zusammensetzung war klar: Es würde nur *ein* kirchliches Erstes Examen in der KPS geben. Die Federführung würde weiter bei der Fakultät in Halle liegen. Naumburger Dozenten sollten in das Theologische Prüfungsamt berufen und dann jeweils an den Prüfungen in Halle beteiligt werden.[35]

Dies gestaltete sich rechtlich schwieriger als erwartet: Das noch in Geltung befindliche Ausbildungsgesetz der EKU vom 5. Mai 1927 sah zwar die Berufung der ordentlichen Professoren der Fakultät in das Theologische Prüfungsamt vor, wusste aber natürlich nichts von Dozenten einer kirchlichen

---

[33] Siehe Information des Konsistoriums vom 9. 9. 1954 über Möglichkeiten der Ausbildung im kirchlichen Dienst für junge Menschen (AKPS, Rep. A Gen., Nr. 2575).

[34] Sitzung der KL am 7. 12. 1955 (AKPS, Rep. A Gen., Nr. 2525).

[35] Gespräch Fakultät und Naumburg am 19. 12. 1955 in Halle; Gespräch des Bischofs am 19. 1. 1956 in Naumburg; Gespräch Bischof, Fakultät, Oberseminar am 21. 2. 1956 in Halle (AKPS, Rep. A Gen., Nr. 2525).

Hochschule. Die Provinzialsynode konnte bis dahin nur Synodale zu Mitgliedern des Prüfungsamtes berufen.[36] Diese Möglichkeit wurde im Mai 1956 durch eine Änderung von Art. 133 Grundordnung der KPS um der Naumburger willen auch auf Nichtsynodale erweitert.[37] So konnten nun wenigstens einige Dozenten des KOS Mitglieder des Prüfungsamts werden. 1956, 1960 und 1964 wurden von der Synode jeweils drei Naumburger Dozenten berufen.[38] Nach Inkrafttreten des neuen Ausbildungsgesetzes der EKU, das die Zusammensetzung des Prüfungsamtes dem gliedkirchlichen Recht überließ, wurden 1966 auch die übrigen hauptamtlichen Dozenten des Oberseminars in das Prüfungsamt berufen und damit das KOS der Fakultät in dieser Hinsicht gleichgestellt.[39]

Damit war aber noch nicht festgelegt, wer von wem geprüft wird. Über Jahre hinweg war die gängige Praxis, dass die Hallenser Studenten in den fünf Hauptdisziplinen von Hallenser Professoren und Dozenten geprüft wurden. Naumburger Dozenten waren lediglich als Protokollanten beteiligt. Absolventen des KOS und des Sprachenkonvikts wurden dagegen sowohl von Hallenser als auch von Naumburger Dozenten geprüft. 1960 versuchte die Fakultät dies wegen der staatlichen Promotionsordnung festzuschreiben und ging sogar so weit, vorzuschlagen, dass die KPS das Fakultätsexamen für die Hallenser Studenten als kirchliche Prüfung anerkenne und parallel dazu für die Naumburger und Berliner Studenten eine eigene kirchliche Prüfung durch einen gemischten Prüfungsausschuss eingerichtet würde. Dies wurde sowohl von den Naumburgern als auch vom Bischof und vom Konsistorium abgelehnt. Es blieb beim 1956 verabredeten Verfahren.[40] Man muss anerkennen: Die Fakultät wollte mit ihren Vorschlägen durchaus auch die kirchliche Bedeutung ihrer Arbeit wahren. Den Naumburgern ging es darum, dass es wirklich nur *eine* kirchliche theologische Prüfung gab und dass sie eindeutig kirchlichen Charakter trug. Bischof und Konsistorium versuchten in ihrer Vermittlung beide Anliegen miteinander zu verbinden. Das wurde auch deutlich, als das Oberseminar 1966 mit dem neuen Ausbildungsgesetz der EKU im Rücken einen grundsätzlichen Vorstoß zur Neuordnung der 1. Theologi-

---

[36]   Auf diesem Wege war Prof. Otto Güldenberg im Theologischen Prüfungsamt.

[37]   Beschluss der Provinzialsynode im Mai 1956 (AKPS, Rep. A Gen., Nr. 2525).

[38]   1960: Heinz Bernau, Konrad von Rabenau, Eva Heßler; 1964: Konrad von Rabenau, Wolfgang Ullmann, Martin Seils (Dr. Eva Heßler zusätzlich durch KL).

[39]   Sitzung der KL am 13./14. 9. 1966 (AKPS, Rep. A Gen., Nr. 2526).

[40]   Gespräche am 8. Juli 1960 in Halle, am 14. Juli in Naumburg, am 18. Juli in Halle und (wohl abschließend) am 17. November in Halle (AKPS, Rep. A Gen., Nr. 2648).

schen Prüfung unternahm.[41] Aus dem 1. Examen sollte nun wirklich eine
kirchliche theologische Prüfung werden bei gleichmäßiger Beteiligung der
Hallenser Professoren und Naumburger Dozenten für alle Kandidaten unter
Vorsitz des Bischofs in Magdeburg. Man solle der Fakultät nun nicht mehr
nachgeben, die den

> »Anschein wahren will, daß es sich auch bei der kirchlichen 1. theologischen Prü-
> fung in Halle faktisch um eine Fakultätsprüfung handele.«[42]

Die Hallenser bemühten sich in Gesprächen mit dem Konsistorium mit Erfolg,
diese Einschätzung zu korrigieren.[43] So wurde zwar die Prüfungsordnung im
Detail durchaus verändert, grundsätzlich blieb aber alles beim Alten. Solange die Universität die Möglichkeit des kirchlichen Examens in Halle zuließ,
wollte man seitens der Kirchenleitung dies nicht beenden.

Die Prüfungstermine stellten wegen der unterschiedlichen Semesterein-
teilungen in Halle und an den kirchlichen Ausbildungsstätten lange Zeit ein
Problem dar. Die Lösung von 1964 mit Prüfungen im März und September[44]
hielt immerhin 10 Jahre. 1973 musste die Sektion Theologie das Staatsexamen ans Ende des Studienjahres, also auf Juli verlegen. Das kirchliche Examen zog 1974 nach, um einheitliche Vikariatstermine zu bekommen.[45]

Prüfungsort auch für das kirchliche Examen waren traditionell die Räume
der Fakultät in Halle. Das hatte zusammen mit der Tatsache, dass dort die
Naumburger Studenten von Hallenser Professoren zumindest mit geprüft
wurden, einen erheblichen Symbolwert. Der Vorschlag, Magdeburg als neu-
tralen Ort zu wählen, war für das KOS deshalb 1966 ein wesentlicher Punkt.
Später bemühte man sich, das Examen für die Naumburger Studenten ganz
oder wenigstens teilweise in Naumburg stattfinden zu lassen. Aber bis 1968
fanden die Prüfungen komplett in Halle statt. In den Folgejahren wurden wenigstens die Klausuren von Naumburger Kandidaten teilweise oder ganz in
Naumburg geschrieben. Im April 1971 bat das KOS darum,

---

41 Brief von Rektor Johannes Hamel an Bischof Johannes Jänicke vom 26. Mai 1966
    (AKPS, Rep. A Gen., Nr. 2476).

42 Ebd., vgl. auch schon den Vermerk von KR Sander vom 21. 2. 1966 über Gespräche mit
    D. Wilhelm von Rohden und Dr. Konrad von Rabenau.

43 Vermerk von Lic. Sander über ein Gespräch am 14. X. 1966 in Halle (AKPS, Rep. A
    Gen., Nr. 2476).

44 Vermerk Dr. Seils vom 11. 5. 1963 (AKPS, Rep. D 3, Nr. 340).

45 Brief OKR Schicketanz an Prof. Delling vom 5. 2. 1973 (AKPS, Rep. A Gen., Nr. 2477).

»in Zukunft die Durchführung des ersten theologischen Examens nach Naumburg zu verlegen, wenn die Examenskandidaten ausschließlich oder zum größeren Teil aus Absolventen der kirchlichen Ausbildungsstätten bestehen.«[46]

OKR Schicketanz antwortete postwendend, dass

»zur Zeit … keine zwingende Notwendigkeit dafür (besteht), den herkömmlichen Ort der mündlichen Prüfung … von Halle nach Naumburg zu verlegen.«[47]

Die Begründung, die Prof. Gerhard Wallis nun für Halle gab, bestätigte nachträglich die Naumburger Einschätzung von 1966: Halle sei auch weiterhin

»bereit, Naumburger Studenten als Promovenden anzunehmen. Die Begründung gegenüber dem Prorektorat ist, die Professorenschaft bilde das kirchl(iche) Prüfungsorgan«, in dem »der Vertreter der Fak(ultät) in der Ki(rchen)lei(tung) den Vorsitz habe.«[48]

Naumburg verfolgte die Sache nicht weiter.[49] Die Umwandlung der Fakultät in eine Sektion brachte dann das Ende der traditionellen Regelung: Am 6. März 1973 musste Prof. Delling dem Rektor des KOS mitteilen,

»daß uns die Räume der Sektion Theologie für die Abhaltung des 1. Kirchlich-theologischen Examens aufgesagt worden sind.«[50]

Die mündliche Prüfung wurde nun kurzfristig (für den 23. März 1973) und auf Dauer nach Naumburg verlegt.[51]

1974 lief dann der Berufungszeitraum von Prof. Delling als Vorsitzendem ab. Sein Vorschlag, Prof. Wallis zu seinem Nachfolger zu bestimmen,[52] stieß im Kollegium des KOS auf Widerstand, das jetzt mehrheitlich einen Naum-

---

46 Brief des KOS an das Konsistorium vom 6. 4. 1971 (AKPS, Rep. A Gen., Nr. 2477).
47 Brief vom 12. 4. 1971, a. a. O.
48 Vermerk von OKR Peter Schicketanz über ein Gespräch mit dem Bischof, Propst Walter Münker und Prof. Gerhard Wallis am 16. 4. 1971 (a. a. O.).
49 Schreiben von OKR Peter Schicketanz an Prof. Gerhard Delling vom 29. 11. 1971 (a. a. O.).
50 Brief in AKPS, Rep. D 3, Nr. 340. Vorher hatte schon Sektionsdirektor Prof. Eberhard Winkler mündlich Propst Dr. Walter Münker informiert, der seinerseits Bischof Werner Krusche in einem vertraulichen Schreiben vom 26. 2. 1973 in Kenntnis setzte (AKPS, Rep. F 2, Nr. 142).
51 Rat der KL am 20. 3. 1973 (AKPS, Rep. C 2, Nr. 120).
52 Brief von Delling an das Konsistorium vom 3. 11. 1973 (AKPS, Rep. A Gen., Nr. 2527).

burger Dozenten als Vorsitzenden wollte.[53] Die Kirchenleitung fürchtete, dass sich daraus »die Tendenz zu einem eigenen Naumburger Prüfungsrecht entwickeln könne«[54] und bestimmte, dass künftig der Bischof oder ein von ihm benannter Vertreter den Vorsitz innehatte. Beim KOS lag von nun an die Geschäftsführung.[55]

4 Wie wird man als Naumburger Doktor der Theologie?

Das Recht zur Promotion war vom Staatssekretariat für das Hoch- und Fachschulwesen 1959 und erneut 1968 ausdrücklich nur den Fakultäten zuerkannt worden.[56] Wollte das KOS auch »für das Lehramt an katechetischen und theologischen Ausbildungsstätten der Kirche (zurüsten)«,[57] so mussten dafür eigene, der akademischen Tradition entsprechende Qualifikationsmöglichkeiten geschaffen werden. Schon im Juli 1960 machte das Kollegium des KOS den Vorschlag an die Kirchenleitung, »eine Prüfung über besondere Leistungen ein(zu)richten« im Blick auf den »Einsatz in leitenden Ämtern der Kirche und an kirchlichen Ausbildungsstätten« und für die so Befähigten »auch eine besondere kirchliche Bezeichnung« zu finden.[58] Es sollte danach noch sechs Jahre dauern, bis die erste Qualifikationsprüfung abgelegt werden konnte.

Zunächst bemühte man sich um die Einrichtung von Assistentenstellen am KOS. Nach der grundsätzlichen Zustimmung der Kirchenleitung der KPS im April 1963 wurde in enger Zusammenarbeit mit dem Sprachenkonvikt in Berlin eine »Ordnung für Repetenten und Assistenten am Katechetischen Oberseminar …« erarbeitet, die von den Kuratorien des Sprachenkonvikts

---

[53] Vermerk von Schicketanz über ein Gespräch im KOS über den Vorsitz in der 1. theol.-kirchl. Prüfung am 28. 11. 1973. Schicketanz selber plädierte um des guten Verhältnisses zur Fakultät willen für Wallis (AKPS, Rep. A Gen., Nr. 2527).

[54] So schon in der Sitzung des Rates der KL am 20. 3. 1973 (s. o.).

[55] Rat der KL am 30. 11. 1973 (s. o.).

[56] Verordnung über die akademischen Grade vom 6. 9. 1956 (GBl DDR Teil I Nr. 83/1956); Richtlinie des Staatssekretariats … über die Verleihung eines Grades des Doktors der Theologie vom 14. August 1959 (siehe AKPS, Rep. A Gen., Nr. 2648); Verordnung über die akademischen Grade vom 6. 11. 1968 (GBl. DDR 1968 Teil II, S. 1022).

[57] Statut des KOS, das am 1. 1. 1960 in Kraft trat.

[58] Stellungnahme des Dozentenkollegiums zum Protokoll über die Verhandlung am 8. Juli 1960 in Halle über die Frage der 1. Theologischen Prüfung (AKPS, Rep. A Gen., Nr. 2648).

(Juni 1964) und des KOS (Oktober 1964) angenommen und dann für das KOS ein Jahr später in Kraft gesetzt wurde.[59] Im Rahmen des Vikariats konnte nun für zwei Jahre ein Repetentenauftrag erteilt werden. Wer die 2. theologische Prüfung abgelegt hatte, konnte als Assistent beauftragt werden.[60] Während für die Repetenten der Schwerpunkt in der Regel bei der eigenen wissenschaftlichen Arbeit lag, arbeiteten die Assistenten verstärkt in Seminaren mit und boten eigene Übungen an.

Schon während der Arbeit an der Ordnung wurden 1963/1964 die ersten Repetenten und Assistenten berufen: Waltraut Kern für Katechetik, Renate Friebe und Ulrich Schröter für das Alte Testament, Günther Schulz für Kirchengeschichte mit dem Schwerpunkt Orthodoxie. Günther Schulz hatte zunächst auch ein Angebot von Prof. Konrad Onasch für eine Assistentenstelle in Halle, was aber »an Schwierigkeiten bei der Einstellung scheiterte«.[61] Eine Liste vom Juli 1973 verzeichnet bereits 11 ehemalige und 6 derzeitige Repetenten und Assistenten.[62] Die meisten von ihnen hatten auch an einer der kirchlichen Ausbildungsstätten studiert, einige wenige auch an einer der Fakultäten.[63]

Trotz der grundsätzlichen Bereitschaft einiger Fakultäten konnte man nicht damit rechnen, dass allen Repetenten und Assistenten die Möglichkeit zur Promotion eingeräumt werden würde. Und es musste den kirchlichen Hochschulen ja auch um die Eigenständigkeit ihrer theologischen Forschungsarbeit gehen.[64] Deshalb brauchte es ein eigenes kirchliches Qualifikationsverfahren. Auf Anregung des Kuratoriums des Sprachenkonvikts in Berlin wurde hierfür eine einheitliche Regelung in der EKU angestrebt.[65] Ein von ihr im November 1964 berufener Ausschuss[66] erarbeitete die »Ord-

---

59   Beschluss des Kuratoriums vom 5. 11. 1965 (AKPS, Rep. D 3, Nr. 60).

60   Diese Unterscheidung zwischen Repetent und Assistent geht auf einen Vorschlag des Sprachenkonvikts zurück; siehe Protokoll der Konferenz des KOS am 23. 10. 63 (AKPS, Rep. D 3, Nr. 200).

61   Brief KOS an das Konsistorium vom 26. Juli 1963 (AKPS, Rep. D 3, Nr. 60).

62   Ebd.

63   Z. B. Martin Onnasch und Edelbert Richter in Halle, Christoph Nippert in Greifswald.

64   Vgl. die Themen der wissenschaftlichen Arbeiten im Brief des BEK an die Gliedkirchen vom 18. 1. 1984 (AKPS, Rep. D 3, Nr. 60) und in der Promotionsliste 1990 (Winter 1991).

65   Brief des Konsistoriums an das KOS vom 28. 9. 1964 (AKPS, Rep. D 3, Nr. 60).

66   Generalsuperintendent Dr. Horst Lahr, die Dozenten Dr. Eberhard Jüngel, Dr. Martin Seils, Dr. Konrad von Rabenau, Präsident D. Franz-Reinhold Hildebrandt (Brief der EKU an die Ausschussmitglieder vom 22. 12. 1964, AKPS, Rep. D 3, Nr. 282).

nung zur Durchführung von Qualifikationsprüfungen am Katechetischen Oberseminar in Naumburg und am Sprachenkonvikt in Berlin«, die im September 1965 vom Rat der EKU verabschiedet wurde.[67] Im März 1966 konstituierte sich das Prüfungsamt, dem neben Vertretern der EKU und der Kuratorien alle hauptamtlichen Dozenten des KOS und des Sprachenkonvikts angehörten. Im Oktober 1966 leitete der Geschäftsführende Ausschuss des Prüfungsamtes das Prüfungsverfahren für Wolf Krötke, Assistent am Sprachenkonvikt, ein, der im April 1967 als erster die »Qualifikationsprüfung, die die Befähigung zur theologisch-wissenschaftlichen Forschung nachweist« ablegte. Als erster Naumburger Assistent folgte 1969 Ulrich Schröter. Unter der Federführung der EKU durchliefen bis 1974 insgesamt 6 Personen das Qualifikationsverfahren. 1974 ging die Verantwortung auf den BEK über. Das Theologische Seminar Leipzig war 1970 an den BEK herangetreten, um auch für sich die Möglichkeit von Qualifikationsprüfungen zu schaffen. Ein gemeinsamer Ausschuss der drei Hochschulen überarbeitete nun die Ordnung, die dann im September 1973 von der Konferenz der Kirchenleitungen beschlossen wurde.

Zwei Stufen von Qualifikationsprüfungen waren vorgesehen: zum einen über die »Befähigung zur theologisch-wissenschaftlichen Forschung«, also in Entsprechung zur Promotion, und darauf aufbauend eine Prüfung über die »Befähigung zu theologisch-wissenschaftlicher Lehrtätigkeit«, in Entsprechung zur Habilitation. Jeweils wurde eine wissenschaftliche Abhandlung verlangt. Bei der ersten Stufe (»Forschung«) folgte eine mündliche Prüfung in allen theologischen Hauptdisziplinen, wobei es anstelle von Kirchengeschichte und Praktischer Theologie auch andere Wahlmöglichkeiten gab: »Missionswissenschaft (bzw. Religionswissenschaft oder Ökumenik) oder Kirchenrecht oder Philosophie«.[68] Zum Vergleich: An den Fakultäten schrieb die oben erwähnte Richtlinie von 1959 nur zwei theologische Fächer vor, jedoch zusätzlich eine Prüfung in Philosophie (ML). Bei den Qualifikationsprüfungen gab es dagegen keine öffentliche Verteidigung wie bei Promotionen. Bei der zweiten Stufe der Qualifikationsprüfung (»Lehrtätigkeit«) sollte die mündliche Prüfung in einer Probevorlesung und einem Kolloquium bestehen.

Lange hat man überlegt, welchen akademischen Titel man den so Qualifizierten verleihen könnte.[69] »Dr. theol.« war wegen des fehlenden Promotionsrechtes nicht möglich. Bei der Neufassung der Ordnung durch den BEK

---

[67] In der KPS als Rundverfügung 4/66 veröffentlicht (AKPS, Rep. D 3, Nr. 282).

[68] Fassung des BEK § 6 (2).

[69] Vgl. Brief von W. Posth an Rektor D. Hamel vom 22. 2. 67 (AKPS, Rep. D 3, Nr. 282).

wurde ernsthaft geprüft, ob der Titel Licentiat (lic. theol.) möglich wäre. Dozent Dr. Karlheinz Blaschke vom Theologischen Seminar Leipzig bejahte es.[70] Ein Rechtsgutachten aus dem Konsistorium in Magdeburg war aber schon 1970 zu einem anderen Ergebnis gekommen: Die EKU oder die kirchlichen Ausbildungsstätten dürften zwar Titel verleihen, aber »nur solche, die eine Verwechslung mit akademischen Graden ausschließen.« Da es immer noch Träger des alten »Lic. theol.« gab, käme eine neuerliche Verleihung durch die Kirche nicht in Frage, ja die neuen Träger eines solchen Titels würden sich sogar strafbar machen.[71] Da sich trotz mancher Vorschläge[72] keine überzeugenden Titel finden ließen, wurde schließlich ganz darauf verzichtet. 1990 wurde auch dieses Problem gelöst: Als von der letzten Regierung der DDR die kirchlichen Hochschulen offiziell anerkannt und ihnen das Promotionsrecht zuerkannt wurde, erhielten sie auch

> »das Recht, Inhabern, die das Zeugnis über die bestätigte theologisch-wissenschaftliche Qualifikationsprüfung erhielten, den akademischen Grad Dr. theol. bzw. Dr. theol. habil. zu verleihen.«[73]

Die KHN überreichte die entsprechenden Urkunden bei der Semestereröffnung am 17. Oktober 1990 in Naumburg.[74]

Bis 1990 haben zehn Personen, die Repetenten bzw. Assistenten am KOS waren, die Qualifikationsprüfung über die Befähigung zur theologisch-wissenschaftlichen Forschung abgelegt.[75] Zu Qualifikationsverfahren der zweiten Stufe kam es in Naumburg nicht.[76] Sechs Assistenten aus Naumburg

---

70 Gutachten über die Einführung von Qualifikationsbezeichnungen in der kircheneigenen theologischen Ausbildung, 1. 8. 1972 (AKPS, Rep. D 3, Nr. 282).

71 Rechtsgutachten über die Titelführung des Lic. theol., Magdeburg, den 26. Februar 1970 (nicht namentlich gezeichnet), in Aufnahme der Verordnung über die akademischen Grade vom 6. 11. 1968 (AKPS, Rep. D 3, Nr. 282).

72 Kollegium des KOS in der Konferenz am 11. 4. 1973: Konsultor/Präzeptor oder Theologischer Rat / Geistlicher Rat (AKPS, Rep. D 3, Nr. 211).

73 Brief des Ministers für Bildung und Wissenschaft an die KHN vom 17. 8. 1990 (AKPS, Rep. D 3, Nr. 246).

74 Betroffen waren Ulrich Lieberknecht, Christian Löhr, Hans-Wilhelm Pietz, Ulrich Placke, Edelbert Richter, Ulrich Schröter, Christian Stawenow, Lothar Vosberg.

75 Außer den in der vorangegangenen Anm. Genannten: Reiner Bohley (gest. 1988) und Jürgen Weiß; vgl. auch Winter 1991, Sp. 798.

76 Dozent Dr. Jürgen Henkys vom Sprachenkonvikt Berlin legte 1988 die 2. Qualifika-

wurden vor 1990 an verschiedenen theologischen Fakultäten promoviert. Renate Friebe, Martin Onnasch (Promotionen in Halle), Günther Schulz (Promotion in Greifswald) konnten einen Universitätsabschluss (Theologie, Schulz Slawistik) aufweisen. Roland Biewald, Matthias Sens (beide Promotion 1985 in Halle) und Jürgen Weiß (Promotion 1988 in Leipzig) hatten jedoch nur an kirchlichen Hochschulen studiert. Roland Biewald kam mit der Empfehlung eines absolvierten Aufbaustudiums an der Facoltà Valdese di Teologia in Rom. – Matthias Sens hatte sein Erstes Theologisches Examen 1971 noch nach der alten Regelung in Halle unter Vorsitz von Professor Delling abgelegt.[77] Die Dozenten Dr. sc. Helmut Obst und Dr. sc. Hermann Goltz nahmen als Gutachter die schon fertige Qualifikationsarbeit unverändert für die Promotion an. Dr. Wolfgang Ullmann wurde als Drittgutachter hinzugezogen. Vor der Prüfung in zwei Hauptfächern und der öffentlichen Verteidigung mussten nach einem Privatissimum von mehreren Sitzungen bei dem Dozenten für Marxismus-Leninismus (ML) an der Sektion Theologie eine Prüfung in ML ablegt und Fremdsprachenkenntnisse nachgewiesen werden. – Jürgen Weiß hatte in Naumburg das Qualifikationsverfahren 1986 abgeschlossen und war inzwischen am Predigerseminar in Leipzig tätig. An der dortigen Universität konnte er 1988 seine abgeänderte Qualifikationsarbeit in das Promotionsverfahren mit ML und nachzuweisender Englischkenntnis einbringen.

Eine Fortsetzung fand das nicht mehr. Nach 1990 führte die KHN selbst fünf Promotions-[78] und zwei Habilitationsverfahren[79] durch.

5 In gemeinsamer Verantwortung für Ausbildung und Theologie

Mit der Einrichtung des Qualifikationsverfahrens gab es nun im Raum der KPS zwei theologische Institute, die das komplette akademische Programm in Forschung und Lehre anboten. Sowohl der Kirchenleitung wie den beiden Instituten selbst musste daran liegen, dass die Verantwortung, die beide Institute für Ausbildung und Theologie in derselben Kirche hatten, aufeinander bezogen blieb. In die Synode der KPS entsandten sowohl die Fakultät/Sektion wie auch das KOS je einen Abgeordneten.[80] An den Sitzungen der Kirchen-

---

tionsprüfung auf der Basis verschiedener Veröffentlichungen ab, die 1990 als Habilitation anerkannt wurde.

[77] Siehe oben S. 176 ff.

[78] Andreas Lindner, Michael Kühne, Tobias Eichenberg, Hagen Jäger, Hans Haberer.

[79] Ernst Koch, Siegfried Bräuer.

[80] Vgl. Kirchengesetz über die Bildung der Synode der KPS vom 28. März 1981, § 3 (4).

leitung nahmen Vertreter der Fakultät und des KOS als ständige Berater teil.[81] Gespräche und Arbeitskontakte hat es bei Bedarf in allen Phasen der Geschichte gegeben. Ende der 60er Jahre gab es Ansätze, sich kontinuierlich zum Austausch über Fragen des Studiums und der Theologie zu treffen. So lud das KOS auf Anregung von Prof. Hans Urner die Hallenser Kollegen zu einem »zwanglosen Zusammensein« am 26. April 1966 im Oberseminar ein.[82] Und ab 1968 gab es auf Initiative von Propst Dr. Walter Münker in Halle mehrere »Begegnung(en) theologischer Lehrer im Magdeburger Raum«.[83] An ihnen nahmen auch Bischof Johannes Jänicke bzw. Bischof Werner Krusche und weitere Persönlichkeiten teil. Das erste Gespräch am 27. Januar 1968 befasste sich mit einem damals sehr aktuellen Thema: Dr. Heino Falcke (Predigerseminar Gnadau) referierte über »Die Säuglingstaufe als Problem«. Die Diskussion der ganztägigen Veranstaltung im Diakonissenmutterhaus in Halle führte über exegetische und systematisch-theologische Fragen zu dem konkreten Vorschlag, dass die Synode der KPS dringend einen Beschluss zur Frage des Taufaufschubs fassen müsse. Für die Synodaltagung im Juni 1968 ließ sich das nicht mehr vorbereiten, aber Bischof Jänicke erbot sich, das Thema in seinem Bericht vor der Synode aufzugreifen.[84]

Geplant war, die Reihe der Gespräche mit Referaten zu Karl Barths Tauflehre fortzusetzen, doch traten 1969 zunächst Fragen der Studienreform und des kirchlichen Vorbereitungsdienstes in den Vordergrund, mit denen sich Fakultät und KOS damals zu befassen hatten. Grundlage des Gesprächs am 31. 5. 1969 waren Thesenpapiere, die die Hallenser und die Naumburger Assistenten verfasst hatten, nachdem sie im Februar 1969 mit Bischof Dr. Krusche im Tholuck-Konvikt in Halle zu einem gemeinsamen Gespräch über Konzepte zu einer »Strukturreform in der Kirche« zusammengekommen waren.[85] Beim nächsten (und wohl letzten) Gespräch am 30. Mai 1970 referierte Professor Onasch über ein Thema aus seinem Fachgebiet.[86]

---

[81] Grundsatzbeschluss der KL am 9. Mai 1961 (AKPS, Rep. C 2, Nr. 5).

[82] Siehe den Briefwechsel zur Vorbereitung in AKPS, Rep. D 3, Nr. 127.

[83] So in der Einladung zum Gespräch am 30. Mai 1970 (AKPS, Rep. D 3, Nr. 127).

[84] Siehe das ausführliche von Dr. Wolfgang Schenk verfasste »Protokoll des 1. Gesprächs der theol. Lehrer der Ev. Kirche der Kirchenprovinz Sachsen in Halle (27. 1. 1968)« (AKPS, Rep. D 3, Nr. 127).

[85] Aktennotiz von Propst Münker (27. 3. 1969) über das Assistententreffen (22. 2. 1969), die Einladung von Propst Münker für das Treffen am 31. 5. 1969 und weiterer Schriftverkehr in AKPS, Rep. D 3, Nr. 127 und AKPS, Rep. F 2, Nr. 142.

[86] Einladung Propst Münker vom 30. 4. 1970 (AKPS, Rep. D 3, Nr. 127). Am Rande ver-

Es ist sicher ein besonderes Verdienst von Propst Münker gewesen, dass diese Gespräche zustande gekommen sind. Seine Vermutung allerdings, dass »Naumburg kein Interesse an dieser winzigen Form des Brückenschlages hat«,[87] dürfte kaum zutreffen. Man muss nur sehen, mit welcher Sorgfalt die Gäste aus Halle (und Jena) in den Rektoratsberichten im Oberseminar begrüßt wurden, um zu erkennen, dass gute Beziehungen zu den Fakultäten ein hohes Gut waren.

> Rektor Hamel 1967: »Die Anwesenheit von Herrn Dekan Professor D. Meyer und von Herrn Prof. D. Delling zeigt, daß wir mit den Theologischen Fakultäten unserer Nachbarstädte freundschaftlich verbunden sind. Es wäre ein schwerer Schaden für unsere Kirche, wenn Fakultäten und Kirchliche Hochschulen sich voneinander fern hielten oder gar gegensätzliche Wege einschlügen. Angesichts der äußerlich so vielfältig verschiedenen Situation wird es ein Prüfstein für die Echtheit unserer Erkenntnisse und unseres Weges sein, wenn Fakultäten wie Kirchliche Hochschulen ein *gemeinsames* Zeugnis der Wahrheit von Tag zu Tag suchen und finden.«[88]

Dass dies vor allem mit der Fakultät/Sektion in Halle möglich war, liegt nicht zuletzt daran, dass diese sich so konsequent als Stätte für Lehre und Forschung im Dienst der Kirche verstand. Kirchenleitung und Konsistorium bemühten sich sehr, dieses gute Verhältnis zur Fakultät/Sektion in Halle zu hüten. Das stieß in Naumburg nicht immer auf Verständnis. Bisweilen fühlte man sich auch zurückgesetzt.[89] Im Ganzen aber dominierten Verständnis und Respekt für die jeweilige Situation und Bewältigung der Aufgaben.

Hatte die Umwandlung der Fakultäten in Sektionen Anfang der 70er Jahre durchaus zu komplizierteren Bedingungen für die Zusammenarbeit ge-

---

merkt sei, dass im Kreise der Assistenten/Repetenten die Treffen zumindest in der ersten Hälfte der 70er Jahre fortgesetzt wurden. Wir haben uns gegenseitig über unsere Forschungsthemen berichtet, Thesen vorgetragen und auch weiter Fragen der Studiengestaltung diskutiert. So hatte es durchaus symbolischen Wert, dass 1975 Michael Beintker, Hermann Goltz, Anna-Barbara Klaer und Matthias Sens in der Laurentiuskirche in Halle gemeinsam von Propst Münker ordiniert wurden.

[87] Brief an Dr. Schicketanz vom 23. 4. 1969 (AKPS, Rep. F 2, Nr. 142).

[88] Hamel (AKPS, Rep. D 3, Nr. 148) 1967, S. 1 f. (Hervorhebung im Original).

[89] Vgl. Vermerk Schicketanz vom 29. 11. 1973 im Zusammenhang mit dem Ersten Examen: »Die Kirchenleitung solle nicht nur an ihr Verhältnis zur Sektion denken (seidener Faden), sondern auch an die Dozenten in Naumburg (da sei Holzwolle dazwischen) – so Seils« (AKPS, Rep. A Gen., Nr. 2527).

führt, so entspannte sich die Situation in den 80er Jahren merklich.[90] Die Berufungen von Martin Seils 1982 und Nikolaus Walter 1986 an die Sektion in Jena, die nun möglich wurden, bedeuteten trotz des damit verbundenen Verlustes auch eine neue Wertschätzung für das Oberseminar.[91] Zeichen einer neuen Normalität waren auch die Gastdozenturen, die Professoren und Dozenten aus Halle nach langer Pause wieder in Naumburg wahrnehmen konnten.[92]

Rückgänge bei den Studierendenzahlen und andere Probleme brachten es mit sich, dass ausgerechnet im Jahr des 40-jährigen Bestehens des KOS eine Arbeitsgruppe Perspektivplanung eingesetzt werden musste.[93] Sie hat vor allen anderen Fragen Gründe zusammengestellt, die dafür sprechen, die »Ausbildungsstätte des Katechetischen Oberseminars neben den staatlichen Sektionen Theologie beizubehalten«:

»1. Die besondere Situation der Kirchen in unserem Land macht es erforderlich, daß die Kirche theologische Ausbildung und Forschung eigenverantwortlich mitträgt. Nur so kann sie sich auch ein Stück Eigenständigkeit bei der Entscheidung über den Bewerberkreis zum Theologiestudium und damit den künftigen Pfarrerstand erhalten.
2. Die Situation der theologischen Wissenschaften in der DDR (Qualifikationsthemen, Literaturbeschaffung und Forschungsprojekte) läßt es ratsam erscheinen, daß die Kirchen auch hier sich neben den Sektionen verantwortlich wissen.
3. Die Möglichkeiten einer engeren Verflechtung von kirchlicher Praxis und theologischer Forschung und Lehre sind an einer kirchlichen Ausbildungsstätte leichter realisierbar. ...«[94]

Drei Jahre später waren diese Gründe zum Teil überholt oder reichten nicht mehr aus, um den hohen personellen und finanziellen Aufwand zu rechtfertigen, der für eine Weiterführung der KHN erforderlich gewesen wäre. So blieben der KHN nur wenige Jahre, in der sie alle Rechte einer staatlich anerkannten Hochschule in voller Gleichberechtigung neben den Fakultäten wahrnehmen konnte. In den Evangelisch-theologischen Fakultätentag der

---

[90] Michael Beintker mündlich.
[91] Schulz (AKPS, Rep. D 3, Nr. 146) 1987, S. 1.
[92] Z. B. Traugott Holtz 1983, Michael Beintker 1988–89 (siehe die Liste der Gastdozenten unter Kap. VIII.3).
[93] Siehe Hoenen (AKPS, Rep. D 3, Nr. 146) 1989.
[94] Bericht der Arbeitsgruppe Perspektivplanung (6. 9. 1989); (AKPS, Rep. D 3, Nr. 146).

Das Katechetische Oberseminar (Domplatz 8) mit der Ägidienkapelle

Das Katechetische Oberseminar im ehemaligen Domgymnasium

Domplatz 8 aus der Vogelperspektive

Ägidienkapelle: Altar mit romanischem
Kruzifix

Bibliothek und Arbeitsraum neben der
Kapelle

Unterer Raum des Kapellenbaus
(um 1200)

Der Kurs des 1. Semesters des KOS in Wittenberg 1949

Büro im Naumburger KOS: Ruth Strien und Kurt Gratz

Der erste Juristenkurs; in der Mitte: Rechtsanwalt Ernst Friedrich

Ökumenischer Besuch 1956 im KOS: Erzbischof Michael von Smolensk mit Rektor
H. Lahr und F. von Lilienfeld

Student im Seminarraum

Eberhard Jüngel bei einer
Studentenveranstaltung

Die Mitarbeiterinnen in der Küche, Domplatz 8

Wirtschaftsleiterin Elsa Wiesner

Ausflug des KOS vor den Saalfelder
Feengrotten 1972

Kartoffeleinsatz der Studenten 1959

»Junge Tankisten« in Naumburg

Charlotte und Ernst Voll

Heinz Bernau

Roland Biewald

Reimund Blühm

Hartmut Genest

Otto Güldenberg

Johannes Hamel

Werner Heller mit Traugott Lucke

Eva Heßler

Raimund Hoenen

Ernst Kähler

Ingo Klaer

Horst Lahr   Fairy von Lilienfeld

Rudolf Lorenz   Rüdiger Lux

Arndt Meinhold

Margarete Möller

Ilsabe Moering

Fritz Neugebauer

Heinz Noetzel

Martin Onnasch

Armgard Placke

Konrad von Rabenau

Aleksander Radler

Eckart Reinmuth

Wilhelm von Rohden

Wolfgang Schenk

Richard Schröder

Ulrich Schröter

Harald Schultze

Günther Schulz

Martin Seils

Gerhard Stammler

Gerhard Steinkopf

Wolfgang Ullmann

Friedrich Wallbrecht   Nikolaus Walter

Johanna Winterberg   Gerhard Wolfrum

BRD wurden die Fakultäten der neuen Länder im Oktober 1990 wieder und die kirchlichen Hochschulen neu aufgenommen.[95]

Die KPS wollte sich mit der Schließung der KHN keineswegs aus der Verantwortung für die theologische Ausbildung verabschieden. Sie engagierte sich für die Einrichtung eines Studienhauses (Konvikt) in den Franckeschen Stiftungen in Halle und förderte die Arbeit der Fakultät wiederholt durch die Finanzierung von Projektstellen. So wurde 2009 mit dem Bischof a. D. Axel Noack auch ein früherer Student und Repetent am KOS Professor in Halle.

III.2 Verhältnis zu den Kirchen[96]

Hans-Georg Hafa und Martin Kramer[97]

Das Katechetische Oberseminar war eine Einrichtung der Evangelischen Kirche der Kirchenprovinz Sachsen. Diese erließ die Ordnungen, sie stellte Mitarbeiterinnen und Mitarbeiter an und wurde in der Regel auch von den staatlichen Stellen angesprochen, wenn es um Angelegenheiten der Einrichtung, Mitarbeitende oder Studierende ging.

Das KOS sollte – wie schon der Name sagt – besonders die hochschulkatechetische Ausbildung fördern. Dies war im doppelten Sinn Neuland. Die Errichtung einer kirchlichen Hochschule war im ostelbischen Gebiet ohnehin unbekannt. Dazu kam im Falle von Naumburg die eigene Ausbildung von Katecheten. Damit war dieser Hochschule von Anfang an ein Interesse sicher, das über den Rahmen einer einzelnen Landeskirche hinausging. Da traf es sich gut, dass der 1952 als Leiter der Kirchenkanzlei der Evangelischen Kirche der Union (EKU) installierte Präsident Franz-Reinhold Hildebrandt zuvor Propst in Quedlinburg gewesen war. Ihm musste man nicht die Dringlichkeit einer eigenen Ausbildung deutlich machen; er hatte in seiner ostpreußischen Heimat die staatlichen Eingriffe in die kirchliche Arbeit am eigenen Leibe erfahren können.

---

[95] Protokoll des Fakultätentages vom 11.–13. 10. 1990 in Erlangen, an dem für die KHN Prof. Dr. Reinmuth teilnahm (AKPS, Rep. D 3, Nr. 306).

[96] An Quellen wurden benutzt: AKPS, Rep. D 3, Nr. 126; 187; 188; 300.

[97] Hans-Georg Hafa war Absolvent des ersten Kurses für die Juristenausbildung (siehe II.3.1.); Martin Kramer als Konsistorialpräsident Mitglied des Kuratoriums in Naumburg.

Die EKU hatte als Rechtsnachfolgerin der Altpreußischen Union (APU) durch die Einrichtung und Betreuung von Predigerseminaren genügend Erfahrung mit dieser Materie sammeln können. Sobald der Preußische Evangelische Oberkirchenrat 1850 errichtet worden war, nahm der sich des damals schon existierenden Predigerseminars in der Lutherstadt Wittenberg an; in der Folgezeit wurden noch weitere Predigerseminare als Einrichtungen der APU geschaffen. Im Gebiet der DDR blieb es bei dieser Politik, und so hat die EKU bis zu ihrem Ende 2003 alle Predigerseminare auf dem Gebiet ihrer östlichen Gliedkirchen verantwortet. Die Förderung kirchlicher Ausbildungsstätten wurde für die EKU eine langfristige Aufgabe; bis 1989 gab es kaum eine Ausbildungsstätte im östlichen EKU-Bereich, die nicht mit Haushaltsmitteln und anderen Zuschüssen gefördert wurde.

Selbstverständlich bedurfte es der Zusammenarbeit mit anderen Landeskirchen und kirchlichen Zusammenschlüssen. Diese Kooperation gestaltete sich vor allem in der Zusammensetzung des Kuratoriums. Die Kirchenprovinz entsandte ihren Bischof als Vorsitzenden, dazu den Konsistorialpräsidenten, die beiden Mitglieder des Konsistoriums, die für die theologische Ausbildung verantwortlich waren, und den Naumburger Propst. Die Evangelische Kirche der Union sowie ihre Gliedkirchen Anhalt, Berlin-Brandenburg und Schlesien waren ebenfalls vertreten. Ein Vertreter der Pommerschen Kirche wurde ab Sommer 1963 dazu gebeten. In den 70er Jahren kamen dann Vertreter aus Mecklenburg, Sachsen und Thüringen hinzu. Darüber hinaus wurde auch ein Mitglied einer der Theologischen Fakultäten berufen (zunächst Professor Dr. Ernst Kähler/Greifswald, später Professor Dr. Traugott Holtz/Halle). Die Magdeburger Kirchenleitung ihrerseits hatte ein Mitglied des Naumburger Dozentenkollegiums als Berater zu ihren Sitzungen berufen.

Die Evangelische Kirche der Union wurde durch ihren Präsidenten der Kirchenkanzlei und den Direktor des Wittenberger Predigerseminars vertreten. Später kam der Ausbildungsreferent der Kirchenkanzlei, der dann in Personalunion Sekretär der Ausbildungskommission des Bundes der Evangelischen Kirchen in der DDR war, dazu.

Die Zusammensetzung des Dozentenkollegiums in Naumburg, der Assistenten und Repetenten macht ihrerseits die Kooperation deutlich. Sie kamen aus allen östlichen Gliedkirchen.

Mit den beiden anderen theologischen Ausbildungsstätten, dem Berliner Sprachenkonvikt und dem Leipziger Theologischen Seminar, gab es eine kontinuierliche Zusammenarbeit. In lockeren Abständen trafen sich die Dozentenkollegien zum wissenschaftlichen Austausch und zu Fragen der Studiengestaltung.

Die Verbindung zur Arbeit in den Gemeinden wurde durch Berufung von Absolventen des Oberseminars in das Kuratorium hergestellt.

III.3 Verhältnis zu den Kirchengemeinden in Naumburg und dem Umkreis

Ulrich Schröter

Gute Beziehungen zu den Stadtgemeinden (Dom, St. Wenzel, St. Othmar, St. Moritz), zur Superintendentur des damaligen Kirchenkreises Naumburg und der damaligen Propstei Naumburg gehörten zu den Selbstverständlichkeiten. Die Dozenten – bis auf die Altphilologen, Dr. Eva Heßler und Lic. Margarete Möller –, waren ordinierte Provinzialpfarrer und nahmen ihren Predigtauftrag in Naumburg oder in einer der umliegenden Gemeinden, z. B. in Bad Kösen, Mertendorf, Pödelist, Saaleck oder Langendorf wahr. Sie übernahmen weitere Gottesdienste, wenn dies erbeten wurde. Dabei war die Anstellungsweise als Provinzialpfarrer nicht ganz unproblematisch. Ein Alttestamentler lehnte die bereits ausgesprochene Berufung kurzfristig ab, weil er die Ordination für sich nicht bejahen konnte.

Der Besuch der sonntäglichen Gottesdienste war für viele Dozenten und manche Studierende selbstverständlich.

Die Semesteranfangs- und Semesterschlussgottesdienste, für alle Naumburger offen, fanden in der Moritzkirche oder im Dom statt. Im Domchor – unter den Domorganisten bzw. Kirchenmusikdirektoren Christoph Albrecht, Wolfgang Elger und Reinhard Ohse – wirkten viele Studierende mit, ja ohne sie und die Schüler des Kirchlichen Proseminars hätten die Oratorien nicht aufgeführt werden können.

Stark besucht waren die Gottesdienste mit Martin Seils in der Domgemeinde. Seine Textbindung und die Einbeziehung systematisch-philosophischer Fragestellungen zeigten, wie man in der ideologisch einseitig geprägten Gesellschaft sehr wohl wissenschaftlich begründet über seinen Glauben Auskunft geben kann. Oder die Gottesdienste mit Johannes Hamel! Die liturgische Gestaltung folgte nicht der üblichen Form, sondern der des einfachen (oberdeutschen) Predigtgottesdienstes mit Lied, Glaubensbekenntnis, Vater Unser, Segen und dazwischen – durch Lieder oder Liedverse unterbrochen – in mehreren Teilen eine meist am Predigttext direkt entlang gehende Auslegung. Die Predigt dauerte oft über eine halbe, ja bis zu einer dreiviertel Stunde! Sie war nicht im Geringsten langweilig. Man musste Hamel einfach zuhören. Die Predigtweise war direkt, humorvoll, die Auseinandersetzung mit der Ideologie nicht nur andeutend, sondern deutlich benennend. Manchem war der deutliche Anspruch auf eine dem Evangelium entsprechende private und gesellschaftliche Lebensführung zu einseitig, war der Aufruf zum Bekennen zu steil – aber allemal anregend und zur Auseinandersetzung reizend.

Eine wichtige Verbindung zu den Gemeinden ergab sich von der Ausbildung selbst her. Die Predigten im Fach Praktische Theologie wurden nicht nur schriftlich verfasst. Viele wurden in Naumburg oder in den umliegenden Gemeinden gehalten.

Vor allem zielte die katechetische Grundausrichtung des Oberseminars auf Erproben in der Praxis. In der Anfangszeit war das nicht schwierig, standen doch 1950 in Naumburg acht hauptamtliche Katecheten als Mentoren mit Gruppen bis zu 25 Kindern zur Verfügung. Aber auch als Mitarbeiter- und Gruppenanzahl und Gruppenstärke zurückgingen, war es vielfach möglich, in Naumburg die Katechesen zu halten. Allerdings dominierten mitunter Kinder der jüngeren Dozenten, Assistenten und Studierenden die kleinen Gruppen.

Die vierwöchigen Praktika im katechetischen Bereich, für Studierende mit katechetisch-theologischer Ausrichtung Pflicht, wurden dagegen in aller Regel außerhalb Naumburgs absolviert. Die Möglichkeiten der Stadt reichten nicht aus. In den frühen Jahren musste je ein Grundschul- und Oberschulpraktikum organisiert werden, was für die Katechetikdozentin Eva Heßler einen erheblichen Aufwand bedeutete, zumal die Praktikanten auch zu hospitieren waren.

Einzelne Dozenten waren direkt in der Gemeinde aktiv. Als die fusionierte St. Moritz-Othmar-Gemeinde die Kantorenstelle nicht mehr besetzen konnte, übernahm der Neutestamentler Nikolaus Walter den Chor.[98] Andere wirkten im Gemeindekirchenrat mit. So auch Wolfgang Ullmann. Er war in seiner kirchengeschichtlichen Dozentur nicht nur an der Alten Kirche und besonders Origenes, sondern ebenso an der Territorialgeschichte interessiert und setzte sich energisch für den Verbleib der St. Wenzelskirche in kirchlicher Verwaltung ein. Der Kirchturm mit Türmerstübchen war schon immer in städtischer Zuständigkeit gewesen, nicht so das übrige Kirchengebäude. Doch nun standen dringend notwendige Reparaturen an. Die Gemeinde und der Kirchenkreis konnten das Geld nicht aufbringen. Auch die KPS zögerte angesichts ihrer zahlreichen sanierungsbedürftigen Kirchen mit der finanziellen Un-

---

[98] Zur Kurrende des Hauses und ihren Aktivitäten in der Adventszeit s. Kap. II.4.5, S. 150 f.

terstützung. Ullmann argumentierte, dass es ein Zeichen der Kapitulation gegenüber der SED sei, die Kirche abzugeben und aufgrund der bekannten Hildebrandorgel nur noch konzertant und museal zu nutzen. Entscheidend war schließlich die Aktion von Dr. med. Heinrich Schiele, der aus Spenden westdeutscher »Naumburger« ein Baugerüst beschaffen konnte, das die Dachreparatur ermöglichte. So blieb die Wenzelskirche in kirchlichem Besitz, erlitt aber weitere Katastrophen, die erst nach der Wende behoben werden konnten.

Die Studentengemeinde bestand zwar auch Ende der 70er Jahre vor allem aus Studierenden des KOS, verschaffte sich aber unter Studentenpfarrer Edelbert Richter im Naumburger kirchlichen Ensemble Gehör. Sie begriff Christsein zunehmend als gesellschaftskritisches Handeln und brachte ihr Friedensengagement und damit verbunden ihre Kritik an manchen staatlichen Entscheidungen öffentlich ein. Dadurch wurden Superintendent, Propst und die Ortspfarrer, ebenso aber auch die Rektoren des KOS zunehmend von dem Rat des Bezirks und der Stadt auf dieses Verständnis christlichen Lebens angesprochen. Bei aller Spannung der Pfarrerschaft und der Leitung des KOS gegenüber diesen Aktivitäten ist es nicht zum Bruch gekommen.[99]

Die Verbindung zu den Gemeinden in und um Naumburg war auch sehr praktischer Natur. Zum Erntedankfest füllten sich regelmäßig die gierigen Scheuern der Küche. Darüber hinaus lieferten bis in die 70er Jahre ab und zu ehemalige Studierende aus ihren Gemeinden Obst und Gemüse, die das Mittagessen abwechslungsreicher zu gestalten halfen.[100]

Manchmal haben die kirchlichen Mitarbeiter in Naumburg und Umgebung die Vielzahl der Theologen an den Seminaren auch als Konkurrenz empfunden. Im Ganzen gesehen haben jedoch von dem Miteinander der kirchlichen Ausbildungsstätten (Katechetisches Oberseminar, Kirchliches Proseminar, anfangs auch Katechetisches Seminar) und den Gemeinden alle gewonnen. Die kirchlichen Ausbildungsstätten konnten sich vielfältig entfalten, die Gemeinden und ihre Mitarbeiter profitierten von den Anregungen und Mitwirkungen der Seminare. Viele kamen auch in die Ägidienkurie. Lesungen von Dichtern oder über Dichter, Vorträge über Kunst und Künstler und über aktuelle Themen entwickelten eine große Anziehungskraft.[101]

---

[99] Vgl. hierzu Kap. II.4.6, S. 160–167, II.2.2.2, S. 79–81, 89–91 und IV. 2, S. 221–224.
[100] Siehe auch Kap. V.2, S. 236f.
[101] Siehe auch Kap. II.4.5, S. 154f. und II.4.1, S. 126–130.

III.4 Charismatische Gruppen: Wenn Theologiestudenten um Erweckung beten …

Hans-Michael Sims unter Mithilfe von Tobias Eichenberg, Johannes Paulsen und Christian Stawenow [102]

1 Die Entstehung eines »charismatischen Kreises« am Oberseminar

Etwa zwischen 1965 und 1980 kam es in den Kirchen der ehemaligen DDR zu geistlichen Aufbrüchen, die man weitgehend der so genannten »charismatischen Bewegung« zuzuordnen pflegt. Sie waren gekennzeichnet durch Bekehrungserlebnisse, die zu der persönlichen Gewissheit der Errettung und dem Empfang neuen Lebens führten, das aus dem Heiligen Geist kommt. Man fand sich in Kreisen zusammen, betete frei miteinander, hörte gemeinsam auf Gottes Wort, tauschte sich über geistliche Erfahrungen des Alltags aus und stärkte sich so gegenseitig auf dem Weg der Nachfolge Jesu. Auch der Gebrauch von Charismen spielte eine Rolle, vor allem die Glossolalie und die prophetische Rede. Wichtiger aber waren meist »Führungen durch den Heiligen Geist«. Von diesen Kreisen gingen in der Regel starke missionarische Impulse aus.

An Hochschulorten bildeten sich solche Kreise auch unter Studenten, so zum Beispiel in Leipzig (1966), Halle (1967) und Weimar (1969). In Naumburg kam es dazu am Beginn des Sommersemesters 1970.[103] Einem Hinweis vom »Bruderkreis Südharz« folgend besuchten am 6. Mai Matthias Küttner (1946–2004) vom Proseminar und Hans-Michael Sims (*1947) vom Oberseminar den Karosseriebauer und Kirchenältesten der St.-Moritz-Gemeinde Ernst Voll (1903–1983) und seine Frau Charlotte (1904–1998). Sie wollten erkunden, ob eine geistliche Gemeinschaft im oben genannten Sinne möglich sei. Küttner und Sims kannten sich bereits von Bräunsdorf her, einer Zentralgemeinde im damaligen Volksmissionskreis Sachsen. Diese Vierer-Begegnung war wie eine Stunde Gottes. Man hatte den Eindruck, jeder habe nur auf den anderen gewartet. Vier unterschiedliche Menschen, die sich zum Teil gar nicht kannten, entdeckten ihre Einheit in Christus. Es war klar, dass

---

[102] Hans-Michael Sims, Tobias Eichenberg, Johannes Paulsen und Christian Stawenow waren Studenten, Eichenberg und Stawenow auch Repetenten und Assistenten in Naumburg.

[103] Privatarchiv Hans-Michael Sims, auch bei weiteren Angaben in diesem Text.

man sich fortan regelmäßig zu Gebet und Austausch treffen werde, und zwar bei Ehepaar Voll in der Kösener Straße 13.

Dieser Vierer-Kreis bekam sehr schnell Zuwachs, sowohl vom Oberseminar und vom Proseminar als auch aus den Gemeinden Naumburgs. Einige, mit denen man an den Seminaren bereits im Gespräch war, entschieden sich im Sinne einer Tauferneuerung für ein Leben unter der Herrschaft Christi. Dies stand immer im Zusammenhang mit einem Beichtgespräch. Andere wurden ermutigt, an einer evangelistischen Tagung teilzunehmen, oder ihnen wurde ein bekannter Seelsorger in der Nähe ihres Heimatortes empfohlen. Das Ehepaar Voll lud ihm bekannte »Erweckte« aus Naumburg ein. So wurden aus vier zehn und aus zehn zwanzig Teilnehmer. Die Wohnung von Ehepaar Voll wurde bald zu eng. Ab dem WS 1971/72 zog man deshalb in den Gemeinderaum der St.-Moritz-Gemeinde um. Ein Jahr später wurden es mehr als dreißig, und wiederum ein Jahr später fast vierzig, die sich dort versammelten. Die meisten kamen vom Oberseminar, ab 1976 auch mehrere vom Proseminar, wenige aus den Gemeinden Naumburgs.

2 Die Gestaltung des gemeinsamen geistlichen Lebens

Die wöchentlichen Zusammenkünfte in der Kösener Straße 13 und später in der St.-Moritz-Gemeinde waren verbindlich und hatten für alle, die dazu gehörten, eine zentrale Bedeutung. Man erlebte die Freude an der Gegenwart Gottes, bezeugte seine Wunder im Alltag und war auch bei eigenem Versagen und erlebten Enttäuschungen nicht allein. Hier ging es um Fragen geistlichen Lebens, das eingeübt wurde: Wie halte ich meine persönliche »Stille Zeit«? Wie bete ich frei in einer Gemeinschaft? Wie kann ich aus der Vergebung Jesu leben? Wie komme ich durch Zeiten geistlicher Dürre? Wie kann ich ein Zeuge Jesu sein? Manchmal gab es Themen über ein ganzes Semester. Insgesamt herrschte eine große Erwartung. Man rechnete mit geistlichen Aufbrüchen an den Seminaren, in den Gemeinden, in der Kirche insgesamt, aber auch »ganz draußen«.

Neben den wöchentlichen Zusammenkünften gab es noch andere Begegnungen und Aktivitäten. Man besuchte sich spontan, um gemeinsam seine Freuden und Sorgen zu teilen und vor Gott zu bringen. Ein besonderer Anlaufpunkt war dabei das Haus von Ehepaar Voll, später auch das Haus von Diplom-Formgestalter Rudolf Stange (*1938) und seiner Frau Regina (*1937) in der Bürgergartenstraße 2. Man aß miteinander, machte gemeinsame Ausflüge, fand sich zu Arbeitseinsätzen zusammen (etwa bei Ehepaar Voll, bei Dr. Günther Schulz in Schafstädt oder in der Kirchgemeinde Bräunsdorf), gestaltete evangelistische Abende (so z. B. in Klosterhäseler und Gröbitz) oder organisierte gar mehrere Bibel-Schmuggel-Reisen in die damalige Sowjetunion, ausgeführt von Johannes Paulsen (*1952) und Hubert Schlimbach (*1947).

Hervorzuheben sind auch die regelmäßigen gemeinsamen Gebete um Erweckung an jedem ersten Freitag im Monat. Darüber hinaus trafen sich die Theologiestudenten des so genannten »Voll-Kreises« jeden Wochentag nach dem Mittagessen in der »Herberge zur Heimat«, Neuengüter 16. Dort beteten sie für die Belange des Oberseminars und sehr zielgerichtet um Erweckung unter den Studenten und Dozenten. Insgesamt ermöglichten die Rahmenbedingungen von Naumburg ein sehr intensives geistliches Miteinander.

3 Die Vernetzung mit anderen »charismatischen« Aufbrüchen

Im Jahr 1971 kam es verstärkt zu Kontakten mit Kreisen, die ähnliche Erfahrungen machten.

Im Februar war bei einem von der Kirche geschenkten Urlaub in Buckow (Märkische Schweiz) eine ganze Reihe von Studenten vom »Naumburger Kreis« dabei. Sie knüpften eine sehr fruchtbare Beziehung zum »Theologischen Seminar« der Baptisten. Denkwürdig waren die Vorlesungen, besonders bei Adolf Pohl (*1927), und die Begegnungen mit dem dortigen Kreis der Studenten unter Jörg Swoboda (*1947).

Im März kam es zu einer Begegnung am Paulinum in Berlin mit dem dortigen Kreis. Im Juni wurde ein gemeinsames Wochenende mit dem Studentenkreis in Weimar gestaltet. Es gab Besuche bei den Studentenkreisen in Halle und Leipzig und Verbindungen zu den geistlichen Aufbrüchen in der Elim-Gemeinde Leipzig. Im November fand ein Treffen dieser Kreise in den Räumlichkeiten des Proseminars statt. Rektor Wilhelm Bischoff (*1930) wirkte bei dem Abschlussgottesdienst mit und gab dabei einen denkwürdigen Beitrag.

Die Kontakte zum Volksmissionskreis Sachsen, zum Julius-Schniewind-Haus und zum Bruderkreis Südharz wurden bewusst gesucht und gepflegt. Einladungen gingen wiederholt an die Pfarrer Dieter Blischke (*1937), Gerhard Küttner (1911–1997), Eckart Schröter (*1930) und Woldemar Schulz (*1932). Pfarrer Hans Prehn (1913–1992) aus Crimmitschau (Volksmissionskreis) war regelmäßig zu seelsorgerlichen Diensten in Naumburg.

Die besonderen Erfahrungen mit »Gleichgesinnten« haben aber nie im Unklaren darüber gelassen, dass man zur Kirche als Ganzes gehörte, Teil von ihr war und ihr dienen wollte.

4 Die Geschlossenheit des »charismatischen Kreises«

Die Zusammenkünfte dieser Aufbruchsbewegung standen in Naumburg nicht jedem offen. Das war ein echtes Problem und erregte viel Anstoß. Zudem verstärkte es das Gefühl, hier werde zwischen Christen erster und zweiter Klasse unterschieden. Der Verdacht des Exklusiven konnte in der ersten Phase trotz vieler Gespräche kaum ausgeräumt werden. Ab etwa 1976 gab es dann eine gewisse Öffnung.

Die Geschlossenheit hing mit dem unmittelbaren Umfeld des Oberseminars zusammen. Man konnte und wollte sich bei seinen Zusammenkünften nicht laufend einem theologischen Diskurs stellen, der an anderer Stelle zu führen war. Es brauchte einen Freiraum, in dem geistliches Leben erst einmal wachsen und gedeihen konnte, wo nicht gleich alles perfekt und durchreflektiert sein musste. Dazu war ein hohes Maß an Vertrautheit und seelsorgerlicher Verschwiegenheit nötig. Gerade in Fragen der Schuld und der Nöte des wirklichen Lebens ging man bei den Zusammenkünften sehr offen miteinander um. Das »Zulassungskriterium« war von daher die Beichte im Zusammenhang mit dem Ernstnehmen der Taufe in einer (erneuten) Hingabe an Jesus.

Um der Gefahr des Exklusiven zu wehren, stellte man sich bewusst in die Gemeinde vor Ort, in dem Fall die St.-Moritz-Gemeinde. Der Gottesdienst galt als verbindlich. Am Oberseminar wurde die regelmäßige Teilnahme an den Andachten sehr ernst genommen. Auch zur Studentengemeinde ließ man die Verbindung nicht abreißen.

5 Die Reaktionen auf den »charismatischen Kreis« und seine Lebensäußerungen

Die Anfänge vollzogen sich still und wurden von den Studierenden und Dozenten kaum wahrgenommen. Es gab zwar eine ganze Reihe von Gesprächen, jedoch mehr im privaten Rahmen.

Ab 1971 änderte sich das. Obwohl die Zusammenkünfte außerhalb des Oberseminars stattfanden, konnte die Gruppe nicht verborgen bleiben, zumal sich ihre Mitglieder mit ihren Anliegen selber einbrachten, sowohl in der theologischen Arbeit als auch in den anderen Begegnungsformen des Studiums. Sie wollten dabei bewusst Zeugnis von ihren Erfahrungen mit Jesus geben.

Am Anfang des Sommersemesters 1972 wurden die Glieder des »Kreises« gebeten, ihr Anliegen öffentlich darzustellen. Das geschah im Rahmen der Studentengemeinde. Die Reaktionen waren sehr gespalten. Die einen freuten sich, andere waren entrüstet. Manche wussten nicht, was sie davon halten sollten.

Im Sommersemester 1973 spitzte sich die Lage zu.[104] Auf der einen Seite berichteten Kommilitonen von »Bekehrungsversuchen«, die sie als zudringlich empfanden. Andere erlebten eine Bekehrung und kamen mit Freude zum »Kreis«. Zunehmend gab es falsche Gerüchte, Spott und Anfeindungen. Höhepunkt der Auseinandersetzung war ein »Thesenanschlag« von D. Johannes Hamel am 11. Juli 1973. In sieben Thesen über das rechte Wirken des Heiligen Geistes wurden (vermeintliche) Schwachpunkte in der Theologie der Charismatiker benannt. Zu diesen Thesen gab es am 8. Dezember 1973 eine ausführliche Diskussion im Rahmen einer Vollversammlung.[105]

6 Die Stellung zur theologischen Arbeit

Grundsätzlich gab es bei denen, die sich zum »charismatischen Kreis« hielten, keine Ablehnung theologischer Arbeit. Auch die Geschichtlichkeit biblischer Texte war nicht das Problem. Doch es gab Einwände, wenn in der theologischen Arbeit »selbstherrlich« über Gottes Wort verfügt und der Anschein erweckt wurde, als sei der Verstand das Maß aller Dinge.

Man empfand besonders die historisch-kritische Methode unangemessen stark gewichtet. Sie wurde meist nicht dienend, sondern herrschend wahrgenommen und ließ das Wirken des Heiligen Geistes vermissen. Die Anhänger des »charismatischen Kreises« lebten mit anderen Zugängen zur Heiligen Schrift und sahen auch solche als gültig an, zumal diese in der weltweiten Christenheit und der Geschichte der Kirche wesentlich häufiger anzutreffen waren.

Die Diskrepanz im Umgang mit Gottes Wort brachte einige in Gewissensnöte. In einem Fall wurde sogar die wissenschaftliche Arbeit auf der Grundlage der historisch-kritischen Methode verweigert. Dies führte 1980 zur Exmatrikulation eines Studierenden (s. S. 88).

Das Auseinanderklaffen zwischen geistlicher Erfahrung und dem im Studium vermittelten Urteil kritischer Vernunft wiederholte sich an anderen Stellen: Einerseits erlebte man die Wunder Gottes wie in biblischen Zeiten, aber andererseits wurden die biblischen Wunder als bloße »Interpretamente« abgetan. Der Opfertod Jesu und sein Blut waren der alles entscheidende Haftpunkt für die erlebte Sündenvergebung, aber genau dahinter wurden Frage-

---

[104] Blühm (AKPS, Rep. D 3, Nr. 187) 1974, S. 8.
[105] Dok. 10; vgl. auch unten Punkt 7, S. 197 f.

zeichen gesetzt. Die Welt der Finsternis und den Teufel bekam man in den geistlichen Kämpfen deutlich zu spüren, aber das gehörte angeblich nur zu einem veralteten Weltbild. Das passte nicht zusammen und war Stoff vieler Diskussionen. Die theologische Arbeit als solche aber wurde nie infrage gestellt, sondern im Gegenteil: Sie wurde davon befruchtet.

Die Theologiestudenten im »charismatischen Kreis« trafen sich wiederholt, um ihre neuen Erfahrungen theologisch zu durchdringen. Dabei hielt man sich an Bücher wie z. B. Dietrich Bonhoeffers »Gemeinsames Leben«, Hendrikus Berkhofs »Theologie des Heiligen Geistes« oder Karl Barths »Kirchliche Dogmatik IV/4«.[106] Insgesamt fühlte man sich aber mit seinen Fragen etwas hilflos und auch allein gelassen. Das größte Verständnis fand man bei den Kirchengeschichtlern Wolfgang Ullmann und Günther Schulz, bei dem Systematiker Ingo Klaer, aber auch bei dem Alttestamentler Ulrich Schröter, wo die Erfahrungen im Zusammenhang mit dem »charismatischen Kreis« nicht ständig einem Rechtfertigungsdruck ausgesetzt waren.

Es war ein gutes Zeichen, dass zwei Vertreter des »charismatischen Kreises«, Christian Stawenow (*1955) und Tobias Eichenberg (*1955), als Repetenten und Assistenten tätig sein konnten. Sie schrieben dabei ihre Promotionsarbeiten und legten diese 1985 bzw. 1991 vor.

Der charismatische Aufbruch fand seine Resonanz auch in einer Ringvorlesung zum Thema »Wunder« (WS 1978/79) und in verschiedenen anderen Vorlesungen, so zum Beispiel in einer Gastvorlesung des aus der Pfingstbewegung kommenden Schweizer Missionswissenschaftlers Prof. Walter J. Hollenweger (*1927).

7 Die Thesen über den Heiligen Geist

Eine große theologische Nähe gab es zu D. Johannes Hamel. Mit ihm wurden viele Gespräche geführt, leider auch heftige Auseinandersetzungen. Anlass waren Predigtentwürfe von Anhängern des »charismatischen Kreises«, die im Sommersemester 1972 im Rahmen des homiletischen Seminars angefertigt wurden. Im Kern ging es um die Frage, wieweit persönliche Zeugnisse in einer Predigt ihren Platz haben dürfen. Als »Barthianer« störte D. Hamel die für seine Begriffe stark subjektiv gefärbte Frömmigkeit.

Als die Auseinandersetzungen um den »charismatischen Kreis« ein Jahr später am Oberseminar eskalierten, verfasste D. Hamel die oben erwähnten

---

[106] Bonhoeffer 1939, Berkhof 1968, Barth 1967.

sieben Thesen über den Heiligen Geist.[107] Sie waren exzellent formuliert und der Sache nach auch von den »Charismatikern« nur zu bejahen, obgleich sie in der Spitze gegen ihren Kreis gerichtet waren. Ihnen wurde gewissermaßen Selbstruhm, Pochen auf Heilsgewissheit, Leugnung des Gerichtes, Sich-Rühmen über den Besitz des Heiligen Geistes, Theologiefeindlichkeit, »Bedingungen für die Teilnahme an einer christlichen Versammlung«[108], Festlegen auf eine bestimmte Art der Frömmigkeit und falscher Umgang mit dem Wort Gottes vorgeworfen – alles Gefahren und Übertretungen, von denen man durchaus nicht frei war. Doch das Wesen und Anliegen des Kreises und die damit verbundene Brisanz wurde leider nicht angemessen erfasst. Trotz der feinen Hinführung von Ulrich Schröter und seiner Moderation ging die Diskussion darüber in der Vollversammlung am 8. Dezember 1973 weit an der Sache vorbei.

Am 12. Dezember 1973 besuchte Propst Friedrich-Carl Eichenberg im Auftrag der Kirchenleitung den »charismatischen Kreis« und versuchte sowohl dort, als auch im Dozentenkollegium, den sehr emotional geführten Streit zu schlichten.

Die Zeit besonderer Herausforderungen hatte den »charismatischen Kreis« nicht geschwächt, sondern gestärkt. Sein Zeugnis gewann gerade dadurch an Kraft und Ausbreitung. Am Ende der Auseinandersetzungen in den Jahren 1973 und 1974 gehörte fast ein Viertel der Theologiestudenten zu ihm. Man hatte den Eindruck, Gott habe die Gebete um Erweckung erhört – vielleicht etwas anders, als man es sich gedacht hatte. Den Diskussionen und Auseinandersetzungen konnte sich jedenfalls keiner entziehen.

Als Fazit ist zu sagen: Es wurden Fehler gemacht. Aber zu bedenken ist dabei: Aufbruchsbewegungen sind immer irgendwie unausgegoren, für ihre Umgebung unangepasst und werden als angriffig empfunden. Dabei ist »theologische Richtigkeit« nicht das, was sie zuerst erstreben. Ihre Stärke liegt mehr in der Kraft geistlichen Lebens. Die Kirche insgesamt ist durch die »charismatische Bewegung« und ihre Kreise gesegnet worden. Das zeigt unter anderem die faire Studie des Bundes der Evangelischen Kirchen in der DDR »Charismatische Erneuerung und Kirche«[109] und das Wort von Bischof Werner Krusche an die Synode der Kirchenprovinz Sachsen 1979 »Wirkungen und Weisungen des Geistes auf dem Weg unserer Kirche«[110].

---

107 Dok. 10; vgl. auch oben Punkt 5, S. 195 f.
108 Dok. 10, These 5.
109 Kirchner/Planer-Friedrich/Sens/Ziemer 1983.
110 Krusche, 1990, S. 114–124.

Die Pfarrer, die aus dem Naumburger charismatischen Kreis hervorge-
gangen sind, haben zu einem großen Teil ihre Erfahrungen aus dieser Zeit in
die Gemeindearbeit einfließen lassen. Dabei ist vieles davon erweitert und ge-
läutert worden. Doch die Freude am Evangelium ist geblieben. Und ihre Wei-
tergabe unter den Grunderfahrungen der charismatischen Bewegung ist inzwischen Teil unserer kirchlichen Wirklichkeit.

IV UNTER AUFSICHT UND ÜBERWACHUNG STAATLICHER ORGANE

IV.1 OFFIZIELLE KONTAKTE ZUR STADT, ZUM KREIS NAUMBURG UND ZUM RAT DES BEZIRKES HALLE / ALLTÄGLICHE BEGEGNUNGEN VOR ORT

Katharina Walter in Verbindung mit Harald Schultze[1]

Wenn eine Einrichtung wie das Katechetische Oberseminar mit ca. 80–100 Studierenden in einer kleinen Stadt wie Naumburg arbeitet, sollte man annehmen, dass manches von den Lebensbedingungen und -bedürfnissen und -äußerungen im Aktenmaterial des Stadt- oder Kreisarchivs einen Niederschlag gefunden hätte. Im Stadtarchiv gibt es – nach Auskunft der Stadtarchivarin, Susanne Kröner – überhaupt keine Akten über das Oberseminar. Im Kreisarchiv findet sich unter den Akten der Abteilung Kirchenfragen nur relativ wenig Material über das Katechetische Oberseminar; es bezieht sich im Wesentlichen auf Versorgungsfragen. Man bekommt daher den Eindruck, dass das Material zum Oberseminar an anderer Stelle gesammelt wurde. Diese Vermutung erhärtet sich, wenn man sieht, dass über den Bau bzw. Umbau des Rüstzeitheimes Schönburg sehr viele Akten vorhanden sind und keine einzige zum gleichzeitigen Umbau der Naumburger St. Othmarskirche. Die Othmarskirche, die danach neben dem Gemeindebereich große Teile der Bibliothek beherbergte,[2] kommt erst bei späteren Fragen eines Telefonanschlusses oder der Beheizung ins Gespräch. So finden sich denn im Kreisarchiv – von wenigen Ausnahmen abgesehen – vor allem Akten zu Ver-

---

[1] Katharina Wossidlo, verheiratete Walter war Studentin und Studieninspektorin; Harald Schultze Dozent in Naumburg.

[2] Siehe Kap. V.3, S. 244 f.

sorgungsfragen, hauptsächlich Heizung, Energie und auch Wohnungs-
probleme betreffend. In den späteren Jahren kommen Vorlesungsverzeichnisse, Einladungen zur Rektoratsübergabe, Geburtstagsglückwünsche für
die Rektoren und deren Dankschreiben hinzu.[3] Dagegen sind Einzelge-
spräche, die die Referenten für Kirchenfragen des Kreises mit Dozenten wiederholt geführt haben, nicht in diesem Aktenbestand dokumentiert. Jeweils
vor Kommunal- und Volkskammerwahlen bestand anscheinend die Pflicht,
auf die Dozenten einzuwirken, dass sie sich an der Wahl beteiligten. Die
Nichtteilnahme wurde (sachgerecht!) als Zeichen der politischen Kritik gewertet.

Der schmale Aktenbestand des Naumburger Kreisarchivs spiegelt die
durch Jahrzehnte geltende Situation: trotz der angespannten politischen Kontrolle und Infragestellung des Hochschulcharakters dieser Ausbildungsstätte
bestand im Bereich der Versorgungsfragen eine sachliche Kommunikation,
wie sie für die DDR-Wirtschaft typisch war. Der tägliche Bedarf an Energie,
Wohnungsvermittlung und Lebensmittelversorgung, oder die Genehmigung
des Druckes der Vorlesungsverzeichnisse[4] wurden unmittelbar mit den zuständigen Partnern geregelt. Sofern Engpässe auftraten, musste die politische
Verwaltung, in der Regel die Abteilung Inneres/Kirchenfragen, eingeschaltet
werden, um Abhilfe zu schaffen.

So wurden Maßnahmen der Gesundheitsvorsorge (Reihenuntersuchun-
gen, obligatorische Schutzimpfungen, Kontrollen bei plötzlich auftretender
Durchfallerkrankung von 23 Studierenden und Ähnliches) pragmatisch
durchgeführt. Die Bewilligung von Fahrpreisermäßigungen für die Studierenden durch die Deutsche Reichsbahn bedurfte der Absicherung durch umfangreiche Listen, die von der Verwaltung des Oberseminars zu liefern waren.
Hygieneschulungen und Auflagen für den Brandschutz mussten vom Hause
sorgfältig beachtet werden. Das alles waren Alltagsvorgänge.

War die laufende Versorgung meistens einigermaßen gesichert, so
brachte jeder zusätzliche Bedarf Probleme mit sich. 1979 musste der Rektor

---

[3] Archiv des Rates des Kreises Naumburg, Abteilung Inneres / AB Kirchenfragen.
Nr. 11293, 11295, 11296.

[4] Hier kam es immer wieder zu Konflikten: vgl. Protokoll über die 26. Sitzung des Kuratoriums am 4. April 1972 zu TOP 2.1. (AKPS, Rep. D 3, Nr. 18): »Es wurde bedauert, daß das Vorlesungsverzeichnis nicht in der bisherigen Zahl der Exemplare gedruckt werden konnte. Falls beim nächsten Mal eine ähnliche Beschränkung erfolgen
sollte, soll das Konsistorium gebeten werden, das Vorlesungsverzeichnis in das Amtsblatt der Kirchenprovinz Sachsen aufzunehmen.«

beim Vorsitzenden des Rates des Kreises vorstellig werden, um die übliche Auflagenhöhe des Vorlesungsverzeichnisses zu sichern. Zur Vorbereitung des 40-jährigen Jubiläums des Oberseminars am 11. und 12. Oktober 1989 lag ein Antrag vor für eine Druckgenehmigung auf »Qualitätspapier«, um Prospekte ins In- und Ausland versenden zu können. In einem weiteren Schreiben vom August 1989 wurden die Abteilungen Fleischerei, Obst und Gemüse, Fischhandel und Waren des täglichen Bedarfs um »Unterstützung zur Bereitstellung ausgewählter Warenfonds« für dieses Jubiläum gebeten.

Bei der Genehmigung von Reisen der Dozenten ins »nichtsozialistische Ausland« bzw. der Einreise von Referenten zu Gastvorlesungen waren staatliche Stellen weit über den Naumburger Rahmen zuständig.[5] Doch bestanden zum Rat des Bezirkes Halle keine unmittelbaren Kontakte. Was dort zu besprechen war, wurde vom Magdeburger Konsistorium wahrgenommen. Nur in Einzelfällen wurde das durchbrochen. So führte die Rektorin Eva Heßler am 4. Mai 1971 mit dem Leiter des Sektors Kirchenfragen beim Rat des Bezirkes, Ewald Biertümpel, ein Gespräch, um sich über Kontaktaufnahmen des MfS-Offiziers Jonak mit Studierenden des KOS zu beschweren.[6]

Wie stark die beiden Bereiche, Wohnungsfragen und Energieversorgung, den Alltag bestimmten, kann man heute kaum noch nachvollziehen.

Zunächst zur Energieversorgung. Es fanden sich mehrere detaillierte Aufstellungen über Heizungsanlagen, Kachelöfen, Herde in allen kirchlichen Einrichtungen, außerdem eine Mitteilung über die zugeteilte Menge an »festen Brennstoffen« (Briketts) und »Siebkohle« (Rohbraunkohle – im Volksmund »Gartenerde«). Mehrfach schien eine Unterbrechung des Lehrbetriebes wegen fehlender Heizung unumgänglich zu sein, und konnte erst in buchstäblich letzter Sekunde durch eine weitere Brikett- oder Siebkohlenlieferung abgewendet werden. Gelegentlich kam es zu schwierigeren Problemen, wie ein Briefwechsel über »Inanspruchnahme für Elektroenergie« zeigt: Da wurde die von der Kreisenergiekommission zugestandene Menge an Tagesstrom für die Bibliothek in der Othmarskirche auf weniger als ein Fünftel des tatsächlichen Bedarfs festgelegt. In diesem Fall wurde die Abteilung Inneres, Referat Kirchenfragen, um Vermittlung gebeten, und die Angelegenheit scheint sich ohne größere Schwierigkeiten erledigt zu haben.

---

5   Siehe hierzu bes. Kap. II.2.2.1, S. 69 f. und Kap. IV.2, S. 209.

6   AKPS, Rep. D 3, Nr. 274 .– Vgl. auch die Notiz über das Gespräch des Sektorenleiters Voigt mit Rektor Klaer über den Offenen Brief der Studierenden zur Friedensfrage im Januar 1981, s. Kap. IV.2, S. 222 f.

Die Beschaffung von Wohnraum für die Dozenten und Studierenden war ein Problem, das die Hochschule von Anfang bis Ende begleitete. Es war eingebettet in das grundsätzliche Wohnungsproblem, das die DDR nie befriedigend hat lösen können. Die Regierung unternahm zwar in ihren 5-Jahres-Plänen immer neu den Versuch, Abhilfe zu schaffen. Vergeblich. Neuvermählte werteten es als hohes Glück, schon im ersten Jahr ihrer Ehe ein eigenes Zimmer, geschweige denn eine kleine Wohnung zu erhalten. Improvisation war vielfach angesagt. Dabei waren eigenem Suchen enge Grenzen gesetzt: Die Vergabe der Wohnungen war nur über das Wohnungsamt der Stadt möglich. Fast alle städtischen Wohnungen aber waren kommunales Eigentum oder wurden von der Stadt verwaltet, weil die Eigentümer in Westdeutschland lebten. Hinzu kam für Naumburg eine weitere Erschwernis. Den gesamten Bereich des heutigen Oberlandesgerichtes hatte die Kommandozentrale der zweitgrößten sowjetischen Garnison in der DDR beschlagnahmt, eine Vielzahl der schönsten Häuser und Wohnungen, aber auch Neubaublöcke der Stadt waren von den Offizieren und ihren Familien in Anspruch genommen, zahlreiche Soldaten waren in Wohnblöcken stationiert.

Auch die grundlegenden politischen Veränderungen 1989 und die Übernahme der Gebäudekapazität des aufgelösten Kirchlichen Proseminars konnten die Schwierigkeiten, angemessenen Wohnraum zur Verfügung zu stellen, nicht schlagartig ändern.[7]

Es verwundert daher nicht, dass dieser Problembereich auch in den eingesehenen Akten gelegentlich eine Rolle spielte. Aus dem Jahr 1954 existiert im Kreisarchiv eine Übersicht über Studierenden- und Dozentenzahlen der kirchlichen Ausbildungsstätten – Planungsunterlagen für Wohnungsfragen usw. Ähnliches ist aus den 70er Jahren vorhanden.

Auch findet sich der bewegende Brief einer auswärtigen Pfarrersfamilie, die die Naumburger Behörde dringend um eine Wohnung für einen Dozenten des KOS bat, weil diese Familie, die dem Dozenten in seiner bisherigen Gemeinde nachgefolgt war, ihrerseits keine Wohnung an ihrer neuen Wirkungsstätte hatte, solange der Dozent nicht nach Naumburg ziehen konnte.[8] Entsprechend ist Familie Walter in den ersten sieben Jahren ihrer Ehe dreimal umgezogen – und das nicht nur im eigenen Interesse, sondern auch, um für andere Kollegen eine optimale Verteilung des vom Wohnungsamt zugestandenen Wohnraums zu ermöglichen. 1979 scheiterte die Berufung des

---

[7] Lux (AKPS, Rep. D 3, Nr. 146) 1990, S. 3.
[8] Vgl. Kap. V.1, S. 229.

systematischen Theologen Aleksander Radler daran, dass keine Wohnung beschafft werden konnte. 1985 wurde wegen des Wohnungsbedarfs für die Familie des Neutestamentlers Eckart Reinmuth beim Rat des Kreises interveniert.

So stellte sich zum Beispiel auch die Aufgabe, mit Eigenmitteln aus dem Sozialfonds Ehepaarwohnungen in sogenanntem »verworfenem Wohnraum« herzurichten.[9] Ein im Studienjahr 1971/72 bewegter Plan dazu, einen KOS-eigenen Kindergarten einzurichten, konnte unter den konkreten Umfeldbedingungen nicht realisiert werden. Harald Schultze berichtete:

> »Ich sollte einen Kindergarten für das Oberseminar einrichten (natürlich nicht das Oberseminar als Kindergarten einrichten). Die Zahl der Kinder unserer Studenten war inzwischen auf 9 gestiegen und dafür hätte sich schon eine kleine Kindergartengruppe gelohnt. Aber wie soll man einen Kindergarten einrichten, wenn man keine Kindergärtnerin hat, oder dann kein Geld, oder schließlich – und das war entscheidend – keinen Raum?«[10]

Als die Wohnraumfrage auch durch einzelne Ehescheidungen von Studenten zusätzlich brisant wurde, fasste der Konvent am 11. 6. 1975 den Beschluss:

> »Zur Sicherung des dem KOS zugewiesenen Wohnraumes wird folgende Verpflichtungserklärung beschlossen, die den Studenten vor Übergabe des Wohnraumes zur Unterschrift vorgelegt werden soll: ›Hiermit verpflichte ich mich, den mir vom KOS zugewiesenen Wohnraum mit Ablauf meiner Studienzeit in Naumburg zu räumen. Mir ist bewußt, daß ich nach einer Exmatrikulation keinerlei Anspruch auf Wohnraum habe, auch nicht für etwa in Naumburg verbleibende Familienangehörige, sofern dieser Wohnraum aus dem Wohnungsfonds des KOS stammt.‹«[11]

Die Situation blieb auch in den Folgejahren kritisch. Immerhin hatten der Ausbau der Othmarskirche zur Bibliothek und die am Anfang der 80er Jahre erfolgten Sanierungsarbeiten in den Häusern Neuengüter 16, Rosa-Luxemburg-Str. 20 und Domplatz 8 einige Probleme gelöst. Aber angesichts des in jener Zeit spürbar zunehmenden Interesses an einem Studium in Naumburg

---

[9]   Vgl. Zwischenbericht für die Sitzung des Kuratoriums am 17. 4. 1974 zu TOP 7.1. (AKPS, Rep. D 3, Nr. 148). Vgl. auch Kap. V.1, S. 231 f.

[10]   Schultze (AKPS, Rep. D 3, Nr. 148) 1972, S. 1.

[11]   Protokoll der Konventssitzung am 11. 6. 1975, TOP 7.1. (AKPS, Rep. D 3, Nr. 251).

gab der Verwaltungsausschuss im September 1984 eine »Studie zur Studienplatzkapazität des KOS Naumburg«[12] für die Sitzung des Kuratoriums im Frühjahr 1985 in Auftrag. Sie führte den Bestand auf:

> »Im Hause Neuengüter 16 stehen zur Verfügung ca. 20 Betten. Hier werden vorwiegend Neuimmatrikulierte in 2-3 Bettzimmern untergebracht. Das KOS hat außerdem 29 externe Zimmer mit ca. 40 Wohnplätzen direkt angemeldet. Weiterhin hat das KOS gegenwärtig das Verfügungsrecht über 19 Zimmer mit ca. 25 Übernachtungsmöglichkeiten.«[13]

Diese Zahl von ca. 85 Plätzen erschien aber schon im WS 1984/85 durch die von der Stadt Naumburg angestrebten Sanierungsmaßnahmen gefährdet. Das Oberseminar blieb auch weiterhin vom Wohlwollen der Abteilung Wohnungspolitik beim Rat der Stadt abhängig. Keinesfalls reichte die Kapazität aus, um auf eine Richtgröße von 120–150 Studenten zu kommen, die in der Studie durchaus als sinnvoll zur Nutzung der Kapazitäten in Forschung und Lehre, als auch in Bibliothek und Küchenbereich angesehen wurde. Die Studie markierte damit einen lange gesehenen und neu akuten Handlungsbedarf sowie die Aufgabe, mitten im Alltag sozialistischer Planwirtschaft »durch den Erwerb von Eigentum« oder die »Schaffung neuer Gebäude« eine Lösung zu befördern.

Über Aktivitäten der Studierenden, die über den hausinternen Rahmen hinausgingen, findet sich in den Akten nichts. So nichts davon, dass die Leitung des Hauses es für angezeigt hielt, dass die Studenten jährlich vor Beginn des Wintersemesters einen Ernteeinsatz ableisteten (wie auch an den Universitäten weitgehend üblich). Ein Teil der Studenten fuhr zum kirchlichen Gut Oppin (bei Halle), die anderen wurden in Dörfern um Naumburg eingesetzt. Während eines solchen Einsatzes fiel den Studierenden der desolate Zustand der Dorfkirche in Eulau auf. Einige Kommilitonen verabredeten sich daher in der Folgezeit, um die Kirche zu verschönern. Sie wurde gereinigt, die Bänke wurden gestrichen, beschädigte Butzenscheiben ausgebessert, lauter Arbeiten, die ohne professionelle Hilfe ausgeführt werden konnten. Für das leibliche Wohl sorgten einzelne Gemeindeglieder. Nun wurde die Denkmalschutzbehörde aufmerksam. Die Studierenden fanden keinen Gefallen an den marmorierten Holzsäulen am Altar und nahmen theologisch Anstoß an

---

12 AKPS, Rep. D 3, Nr. 141.
13 Vgl. auch Kap. II.2.2.2, S. 94 und V.1, S. 234f.

der Kanzelaufschrift: »Gottes Wort und Luthers Lehr vergehen nun und nimmermehr«. Da wurden sie belehrt, dass Ersteres zu seiner Zeit »Kunst« gewesen sei und Letzteres »Bestandsschutz« genieße. Aber so weit reichte die handwerkliche Kompetenz der Studenten zur Verschönerung der Kirche ohnehin nicht.

Üblich waren aber auch besondere Einsätze im städtischen Bereich. So wurden Arbeiten auf den Grundstücken der zerstörten früheren Wenzelspfarrhäuser, die neu bebaut werden sollten, geleistet. Damit wurden die Leistungen erbracht, die für eine AWG-Wohnung (Arbeiter-Wohnungsgenossenschaft) nötig waren, wodurch Frau Haase, die Köchin des Oberseminars, und ihr Mann eine Wohnung bekamen.

Die Nationale Front erwartete die Beteiligung am Wettbewerb »Schöner unsere Städte und Gemeinden – Mach mit!« Am 1. Juni 1979 meldete Verwaltungsleiter Fischer, dass Studierende Arbeitseinsätze geleistet haben zur »Wiedergewinnung verworfenen Wohnraums« in der Schulstraße, Dompredigergasse, im Othmarsweg und dem Wilhelm-Pieck-Platz. Im Zeitraum vom 1. Januar bis 31. Mai 1979 seien ca. 300 Stunden im Wert von 10 000,– M erbracht worden, dazu kleinere Arbeiten für Fußwegabsperrung und Gartengestaltung.[14]

Zur Kommandantur der sowjetischen Streitkräfte im ehemaligen Oberlandesgericht kam es trotz der unmittelbaren Nachbarschaft nur ganz vereinzelt zu Kontakten mit Soldaten dort oder in der Stadt. Drei Beispiele seien hier genannt.[15]

Eines Tages klingelte ein Wachtposten von der Kommandantur am Gebäude des KOS und wies besorgt auf den Kinderwagen im Garten: »Baby weint«.

An eine andere Episode erinnert sich Andrea Richter[16]:

»Die Kohlen für den Badeofen, für den Küchenherd und die großen Kachelöfen in den Zimmern bekam man vors Haus auf die Straße gekippt, und eines Tages hat beim Hereintragen ein russischer Soldat geholfen. Er kam allein die Straße herauf und fragte, ob er mitmachen könnte. Beim Mittagessen erzählte er dann, dass seine Mutter eine Wolgadeutsche sei und ihm ans Herz gelegt hätte, sich mit Deutschen bekannt zu machen. Er selbst könnte nicht deutsch sprechen, aber ein paar deutsche Lieder könnte er – und er griff nach der Gitarre in der Küchenecke

---

14   AKPS, Rep. D 3, Nr. 274 .
15   Zu Begegnungen beim Fußball s. II.2.3, S. 102 und II.4.5, S. 153.
16   Vgl. Kap. V.1, S. 229, Anm. 6 und II.2.3, S. 102.

und sang etwas. Wir machten uns gar keine Gedanken, wieso ein einfacher Soldat allein durch die Gegend laufen konnte, die russischen Kasernen waren ja nur ein paar hundert Meter entfernt. Er trug ein Handtuch über der Schulter und sagte, er sei beim Arzt gewesen. Wir wollten uns wieder treffen und verabredeten uns für den Tag des nächsten Arztbesuches, aber wir sahen ihn nie mehr. Nur seine Kameraden waren manchmal unüberhörbar, nämlich dann, wenn sie in ihren Panzern unsere noch mit Feldsteinen gepflasterte Straße herabrollten, auch nachts, und dann alle Kinder im Haus ins Weinen gerieten.«

Ein Ereignis besonderer Art war ein Theaterbesuch in Schulpforte. Die Internatsschule Schulpforte war ja seit dem Ende der fünfziger Jahre für Außenstehende kaum zugänglich. Um 1970 herum gelang es Reiner Bohley, der im Zusammenhang mit seiner Qualifikationsarbeit Zugang zur dortigen Bibliothek gefunden hatte, eine Führung durch die Schule, Bibliothek und Kirche durch einen Lehrer aus Schulpforte zu ermöglichen. Und dann erging – irgendwann in den 70er Jahren – plötzlich eine Einladung an das Oberseminar: Eine russische Studententheatertruppe wolle in Schulpforte klassische griechische Theaterstücke in der Originalsprache aufführen, und es fehle dort an sprachkundigem Publikum für diese Aufführungen. So lud man denn Dozenten und Studierende des Oberseminars dazu ein.

* * * * * * *

Der eingangs beschriebene Gesamteindruck angesichts der lückenhaften Akten des Kreisarchivs Naumburg über das KOS dürfte erkennbar geworden sein: Es geht um die Lösung von Engpässen und Schwierigkeiten des Alltags, die vor allem die Mitarbeiter belasteten, die für die äußeren Lebensabläufe und -bedingungen zuständig waren. Diese Akten spiegeln jedoch nicht das innere Zittern wider. So erinnere ich mich an die ständige Angst der Wirtschaftsleiterin vor der Hygienekommission, die mit einem Federstrich die Küche hätte schließen können. Diese Abhängigkeit vom Wohlwollen der zuständigen Organe machte immer wieder bewusst, dass auf ganz unspektakuläre Weise das Leben am Oberseminar hätte zum Erliegen gebracht werden können, wenn man das denn gewollt hätte.

IV.2 Überwachung und Einflussnahme staatlicher Stellen auf das KOS

Harald Schultze

1 Der Status einer Kirchlichen Hochschule in der DDR

Das Katechetische Oberseminar in Naumburg hat während der ganzen Zeit der DDR nie die staatliche Anerkennung als Hochschule erhalten. Das hatte weitreichende Konsequenzen. Handelte es sich also um eine illegale Hochschule? Faktisch war es eher ein rechtsfreier Raum, in dem sie existierte. In der staatlichen Sprachregelung wurde immer wieder betont, man habe es mit einem Seminar (mit Seminaristen) zu tun. Das wurde im praktischen Vollzug nicht streng durchgehalten – mit den örtlichen Organen in Naumburg oder bei der Reichsbahn wurde durchaus von Studierenden gesprochen. Grundsatzpapiere aus der Dienststelle des Staatssekretärs für Kirchenfragen zeigen auch deutlich, dass dort bewusst war, dass man es mit einer Hochschule zu tun habe, deren Anspruch war, den Theologischen Fakultäten im Status der Dozenten wie in den Anforderungen des Studiums gleichrangig zu sein.

In der DDR gab es vier Kirchliche Hochschulen: in Ostberlin das Sprachenkonvikt, in Leipzig das Theologische Seminar, in Naumburg das Oberseminar und in Erfurt das Philosophisch-theologische Studium der katholischen Kirche. Die Rechtslage war unterschiedlich. Während das Berliner Sprachenkonvikt, aus einer Außenstelle der Kirchlichen Hochschule in Berlin-Zehlendorf nach dem Mauerbau konsequent umgebildet zur Kirchlichen Hochschule, in gleicher Lage war wie das Naumburger Oberseminar, hatte die Umbildung des Missionshauses in Leipzig zum Theologischen Seminar im Jahre 1964 durch den Eintrag in das Vereinsregister der Stadt Leipzig eine rechtliche Anerkennung gefunden – jedoch nicht als Hochschule. Der Status des Philosophisch-theologischen Studiums in Erfurt war insofern günstiger, da es an den DDR-Universitäten keine katholisch-theologische Fakultät gab. Während für die evangelische Kirche stets die Fakultäten als staatlich garantierte Ausbildungsstätten benannt werden konnten, musste für den Priesternachwuchs der katholischen Kirche eine entsprechende Ausbildung gewährleistet werden. Die Trägerschaft durch die katholische Kirche wurde nicht bestritten; durch die Verbindung mit der päpstlichen Gregoriana-Hochschule in Rom konnte den Dozenten auch der Professorentitel verliehen werden. Für die evangelischen Kirchlichen Hochschulen gab es weder Promotionsrecht noch den Professorentitel für die Dozenten.

2 Staatliche Kontrolle? Das Netzwerk der Staatsorgane

In einem zentralistisch aufgebauten Staat musste die Zuordnung der kirchlichen Ausbildungsstätten irgendwie verbindlich geregelt werden. Es wurde gründlich registriert, welchen Charakter kirchliche Seminare hatten – Ausbildung für Diakone, Kindergärtnerinnen, Kirchenmusiker, Krankenschwestern. Die Theologischen Fakultäten wurden nicht von der Kirche getragen, sie unterstanden mit den Universitäten dem Staatssekretariat (später Ministerium) für das Hoch- und Fachschulwesen. Eine Zuordnung der Kirchlichen Hochschulen zu diesem Ministerium hätte aber die Anerkennung des Hochschulstatus bedeutet. Das wurde konsequent abgelehnt. Für die Beziehungen zu den Kirchen war zunächst die Hauptabteilung Kirchen bei Otto Nuschke (CDU), dem Stellvertreter des Ministerpräsidenten, zuständig – seit 1957 der Staatssekretär für Kirchenfragen. Die Dienststelle dieses Staatssekretärs war jedoch kein Kontrollorgan. Kirchliche Ausbildungsstätten konnten von dort aus beobachtet und bewertet werden; sie waren aber der Regierung der DDR nicht rechenschaftspflichtig.

Das führte dazu, dass das, was der Staat an Aufsicht und Kontrolle wahrzunehmen gedachte, faktisch nicht von der Regierung aus geleistet werden konnte, sondern den regional zuständigen Staatsorganen oblag – dem Rat des Bezirkes und nachgeordnet dem Rat des Kreises. Das entsprach den Erfahrungen, die das Oberseminar bereits in den ersten Jahren seiner Existenz gesammelt hatte. Beispielhaft wurde das deutlich, als die sowjetische Heeresgruppe in Naumburg die Gebäude des Domstifts in Anspruch nahm, in denen das Oberseminar bis 1952 hatte arbeiten können. Hier gelang es, mit dem Rat der Stadt Naumburg und dem Domkapitel eine Ersatzregelung zu finden, die von allen Seiten akzeptiert wurde: der Umzug in die Domkurie Domplatz 8 mit der Ägidienkapelle. Mit den Organen der Stadt mussten Wohnungsangelegenheiten für Dozenten und Studierende, Baufragen, Druckgenehmigungen und die Probleme des Küchenbetriebes geregelt werden. Auf dieser Ebene gab es aber keine Zuständigkeit für hochschulpolitische Fragen. Komplizierter waren die Regelungen für die Bewilligung von Gastvorlesungen westlicher Professoren, Besuchseinreisen aus der Bundesrepublik oder die Genehmigung zur Teilnahme von Dozenten an ökumenischen Arbeitsprojekten und internationalen wissenschaftlichen Kongressen. Der Rat des Kreises hatte bei diesen Anlässen Stellung zu nehmen, konnte durch sein Votum gegebenenfalls ein Vorhaben verhindern. Kirchenpolitisch wichtige Entscheidungen wurden aber auf anderen Ebenen getroffen.

Das Netzwerk der Behandlung von Kirchenangelegenheiten in der DDR ist zeitgeschichtlich gründlich durchleuchtet worden. Das wichtigste Arbeitsgremium war die Arbeitsgruppe Kirchenfragen beim Zentralkomitee der SED. Die genaueste Sachkenntnis lag sicherlich in der Dienststelle des Staatssekretärs für Kirchenfragen vor. Marginal war die Rolle der CDU. Seitens des Hochschulministeriums wurde die Vorrangstellung der Theologischen Fakultäten peinlich eingehalten.

Weder die SED noch das MfS waren Verhandlungspartner der Kirchen. Der offizielle Weg, um Angelegenheiten der kirchlichen Ausbildungsstätten zu regeln, waren die Gespräche mit dem Staatssekretär für Kirchenfragen, den Räten der Bezirke beziehungsweise dem Rat des Kreises. Umgekehrt musste der Staatsapparat Beschwerden, mit denen er die Kirche oder das KOS direkt konfrontieren wollte, über diese Staatsorgane vorbringen. Das nötigte die Staatsführung ihrerseits, den Partner (Gegner!) zu überzeugen. Das geschah freilich mit der deutlichen Absicht, die Kirchenleitung zu »Disziplinierungsmaßnahmen« zu veranlassen. Bischof Johannes Jänicke und Bischof Werner Krusche machten dagegen geltend, dass Dozenten nicht wegen deren eigener Meinungsäußerungen »diszipliniert« werden müssten. Es war eine Partnerschaft ohne Gleichgewicht – aber die kirchliche Seite behauptete konsequent die Selbstverantwortung und Freiheit der kirchlichen Lehre, der Meinungsäußerung – und eben auch der Eigenständigkeit ihrer Ausbildungsstätten.

Angesichts dieses eher umständlichen Gefüges ergab sich, dass die Kontrolle faktisch effektiv durch das Ministerium für Staatssicherheit (MfS) wahrgenommen wurde. Dort wurden Informationen gesammelt, ausgewertet und komprimiert an die Berliner Hauptabteilung des MfS weitergegeben.

3 Entwicklungen von Kontakt und Überwachung

3.1 1949-1959 Reaktionäre Elemente?

Der Aufbau des Katechetischen Oberseminars in Naumburg mit der wachsenden Profilierung zur Kirchlichen Hochschule wurde von der Stadt Naumburg und dem Rat des Kreises zunächst ohne starken Widerstand zur Kenntnis genommen. Möglicherweise war es auch dem Verhandlungsgeschick von Rektor Ernst Kähler zu danken, dass bestimmte Hürden genommen werden konnten. Der entscheidende Erfolg war das Gelingen des Umzugs 1952 in die alte Domkurie Domplatz 8. Dazu gehörte die Bereitschaft, in diesem Gebäudekomplex Wohnungen freizuräumen, Dienstwohnungen von Dozenten in der Stadt und auch Studentenzimmer zur Verfügung zu stellen. Beachtlich waren ebenfalls der Neubau des Mehrfamilienhauses in der Rosa-Luxemburg-

Straße mit Dozentenwohnungen und die Ermöglichung des Ankaufs des Gebäudes für das Proseminar in der Charlottenstraße.

Hochschulpolitisch gab es zunächst keine klare Position. Lebhaft und kontrovers wurde in den Leitungsgremien der SED diskutiert, ob den Theologischen Fakultäten ein Existenzrecht an den Universitäten zukomme. Im Sommer 1952 wurde den Kirchen von Otto Grotewohl der Vorschlag unterbreitet, die Theologischen Fakultäten zu schließen und im Gegenzug der Kirche die Möglichkeit zur Errichtung einer Evangelischen Akademie zur Ausbildung von 500 Theologiestudenten zu ermöglichen. Hochschulort solle keine Universitätsstadt sein. Bischof Dibelius widersprach.[17] Die Theologischen Fakultäten widerrieten ebenfalls – der Vorschlag wurde fallengelassen. So konnte auch im ersten Jahrzehnt des Katechetischen Oberseminars ein relativ entspanntes Klima herrschen, das erlaubte, dass Dozenten der Fakultät in Halle Lehraufträge in Naumburg wahrnahmen.

Am 14. Dezember 1955 befasste sich das Sekretariat des ZK der SED ausführlich mit der Situation der Theologischen Fakultäten und den dort gegebenen Chancen für politische Einflussnahme. Nur am Rande erörterte man die Frage der Kirchlichen Hochschulen. Es legte unter anderem fest:

>»Das Staatssekretariat für Hochschulwesen und das Ministerium des Innern werden beauftragt, eine Klärung über die Unterstellung und Aufgaben der kirchlichen Hochschulen in Naumburg und Erfurt herbeizuführen. Termin: 14 Tage.«[18]

Interessant ist, dass hier das KOS als »kirchliche Hochschule« benannt wird. Die Unterstellung unter das Hochschul-Staatssekretariat ist aber nicht zustande gekommen.

Dem sachlich-neutralen Klima auf örtlicher Ebene stand auf Seiten der politischen Organe auf Regierungsebene ein wachsendes Misstrauen entgegen. Dies führte zum öffentlichen Eklat mit der überfallartigen Bücherrevision im Sommer 1958.[19]

Am 6. Juni – noch während der Tagung der Provinzialsynode in Halle – erschienen zunächst sechs Mitglieder einer Kontrollkommission im Auftrag des Rates des Kreises Naumburg im Katechetischen Oberseminar Naumburg, um die Bibliothek zu überprüfen. Am gleichen Nachmittag kam eine weitere Kommission von 16 Personen dorthin. Gleiches erfolgte in mehreren Orten

---

17 KJ 1952, S. 229 f.; vgl. Stengel 1998, S. 22 f., 62–64 und Kap. II.2.1, S. 38.
18 Stengel 1998, S. 695.
19 Vgl. auch Kap. II.2.1, S. 41 und Kap. V.3, S. 240 f.

des Bezirkes Halle – Quedlinburg, Thale, Halle, Freyburg/Unstrut, Delitzsch (Bez. Leipzig). Möglicherweise handelte es sich um eine Aktion, die auch in Antiquariaten und privaten Leihbibliotheken das Angebot älterer Literatur unter Kontrolle stellen wollte; in Naumburg ist ein Antiquariatsbuchhändler verhaftet worden.[20] Die Kontrollen erfolgten in Einrichtungen der katholischen und der evangelischen Kirche, auch bei einzelnen Mitarbeitern. In Halle wurde die Bibliothek der Evangelischen Studentengemeinde untersucht; ein erheblicher Bestand der Bücher wurde beschlagnahmt, obwohl es sich vornehmlich um belletristische Titel handelte. Der Vorwurf, dass hier westliche hetzerische Literatur vorgehalten und an Studierende ausgeliehen werde, war nicht gerechtfertigt. Der Studentenpfarrer protestierte schriftlich – ohne Erfolg.[21] Anscheinend ist aber jene generell organisierte Aktion als willkommene Möglichkeit genutzt worden, kirchliche Einrichtungen zu überprüfen.

Zum Schwerpunkt der Vorgänge wurde Naumburg wegen der dortigen Konzentration kirchlicher Ausbildungsstätten. Das Naumburger Proseminar als kirchliche Oberschule verfügte über Belletristik-Bestände, die beanstandet wurden. Die größte Bibliothek befand sich im Katechetischen Oberseminar. Dort wurden ca. 300 Bände aussortiert und im Kapellenraum eingeschlossen. Beanstandet wurde Literatur, die in der NS-Zeit und nach 1945 in westdeutschen Verlagen erschienen war. Die Überprüfung erfolgte offensichtlich ohne echte Fachkenntnis, so dass auch Titel aussortiert wurden, von denen Lizenzausgaben in der DDR erschienen waren. Bei der Literatur aus der NS-Zeit wurde nicht beachtet, dass darunter auch Publikationen von Autoren der Bekennenden Kirche waren, die sich kritisch mit der NS-Ideologie auseinandersetzten. Die Kontrolle brachte freilich die Bibliotheksleitung des Katechetischen Oberseminars in eine gewisse Verlegenheit, weil durch die Übernahme von Nachlass-Bibliotheken auch Bücher vorhanden waren, deren Inhalt nicht gebilligt werden konnte. Das war jedoch nur ein geringfügiger Anteil. Für den wissenschaftlichen Gebrauch durfte das Vorhandensein auch von Werken, die für einen Leihverkehr nicht zugelassen werden durften, gerechtfertigt werden. Im Nachgang zu der Kontrolle wurden Regelungen getroffen, die derartige Titel ausschließlich zum wissenschaftlichen Gebrauch – nach vorheriger Genehmigung des Bibliotheksdirektors – zur Verfügung stellten.

---

[20] Zeitzeugengespräch mit OKR i. R. Dr. Konrad von Rabenau am 7. 4. 2008.

[21] Auskunft von Andreas Thulin. Die Bände sind bis heute noch nicht wieder zurückgegeben worden!

KR. Dr. Erich Holdefleiß reiste sofort an und protestierte gegenüber den Vertretern des Rates der Stadt gegen Rechtsverstöße.[22] Vorschriften der Strafprozessordnung waren außer Acht gelassen worden, eine Anweisung zur Ermächtigung von Beschlagnahmen lag nicht vor. Die Aktion kulminierte, als am 2. August 1958 in einem Ladenschaufenster am Markt in Naumburg eine Ausstellung mit konfiszierten Büchern aus den Seminaren eröffnet wurde. Die Erläuterungen zu der Ausstellung hatten den Tonfall hetzerischer Polemik:

>»Arbeiterkontrolle deckt auf Schund- und Schmutzliteratur, faschistische Ideologie und Hetze gegen die DDR Bücher, die den Faschismus verherrlichen, [...] die illegal aus Westdeutschland eingeschleust wurden
>[...] Warum werden dann solche Schriften an zukünftige Katecheten und Geistliche ausgeliehen?
>Will man sie zu Nazis und Feinden unserer Arbeiter- und Bauernmacht heranziehen? [...]«[23]

Bischof Jänicke richtete am 5. August 1958 eine schriftliche Beschwerde an den Vorsitzenden des Rates des Bezirkes Halle, Otto Leopold. Da die katholische Kirche ebenfalls angegriffen worden war, konnte Jänicke gemeinsam mit Weihbischof Friedrich Rintelen am 11. August eine Gemeindeversammlung im Naumburger Dom abhalten, bei der die Beschwerden und Klarstellungen vorgetragen wurden. Am 20. August schrieb Jänicke noch einmal an den Bezirksratsvorsitzenden in Halle.[24]

Im Katechetischen Oberseminar entstand die Befürchtung, dass die Bibliotheksaktion zum Vorwand genommen werden solle, um diese Theologische Hochschule zu schließen. Johannes Hamel hielt sich vorsichtshalber in jenen Wochen in Westberlin auf, um einer Verhaftung zu entgehen.[25]

Die kirchlichen Beschwerden hatten Erfolg. Dr. Konrad von Rabenau konnte dem Katechetischen Seminar helfen, indem er sämtliche beanstandeten Titel (bis auf eine Ausnahme) über die Bibliotheksfernleihe bestellen und damit nachweisen konnte, dass diese Bücher also dem öffentlichen Leihverkehr in der DDR zugänglich waren. Die staatlichen Vorwürfe waren demnach unbegründet.

---

[22] Vermerke und Schriftwechsel in AKPS, Rep. A. Gen., Nr. 2702.
[23] Ebd., Bl. 63.
[24] Ebd., Bl. 57–61, 76–78.
[25] Bericht von OKR i. R. Dr. Konrad von Rabenau, 7. 4. 2008.

Am 19. August kamen zwei Vertreter der Volkspolizei in das Oberseminar, um das weitere Verfahren zu besprechen. Dies erfolgte in ruhigem, sachlichem Ton. Möglicherweise hatte es sich ausgewirkt, dass mit dem Kommuniqué vom 21. Juli 1958 eine gewisse Entspannung im Verhältnis von Staat und Kirche bewiesen werden sollte. Dem hatten die örtlichen Organe in Naumburg mit ihren Aktionen vom 2. und 6. August noch nicht Rechnung getragen. Angesichts der bedrohlichen Entwicklung hatte sich der Rektor des Katechetischen Seminars, Dr. Horst Bretschneider, zur Westflucht mit seiner Familie entschlossen – wurde aber bei einer Kontrolle in Kirchmöser am 9. August 1958 festgenommen. Wegen der Strafverfügung kam es zum Prozess vor dem Kreisgericht Naumburg am 8. September 1959; das Verfahren wurde eingestellt.

Im Nachgang zu dieser Bücherrevision ist in der neuen Dienststelle des Staatssekretärs für Kirchenfragen von Dr. Hans Wilke (GI des MfS »Horst«) am 1. Oktober 1958 ein Bericht mit klaren Maßnahmevorschlägen vorgelegt worden.[26] Besonderes Augenmerk wurde darin auf die NS-Vergangenheit von einigen Dozenten gerichtet: Dr. Steinkopf und Dr. Bretschneider standen jeweils hochrangig im Dienst des Heeres; ebenso wird notiert, dass der Halbbruder von Dozent Dr. Horst Lahr »Sonderbevollmächtigter Adenauers in der SU« sei. Kontakte mit der FDJ würden abgelehnt. Kritisiert wird weiter, dass Studenten, die in Leipzig und Dresden von den Universitäten relegiert wurden, nun in Naumburg studieren konnten. Im Resümee heißt es dann:

> »daß es sich bei dieser kirchlichen Ausbildungsstätte um eine Einrichtung handelt, die Jugendliche unserer Republik bewußt vom gesellschaftlichen Geschehen fernhält, sie darüber hinaus negativ beeinflußt, duldet, daß von Schülern [sic! H.S.] dieser Einrichtungen Provokationen gegen unseren Staat gestartet werden [...]«

Abschließend wird als nötig erklärt,

> »gemeinsam mit dem Ministerium für Volksbildung und dem Staatssekretariat für das Hoch- und Fachschulwesen einen Vorschlag zur Schließung aller dieser illegalen Ausbildungsstätten zu erarbeiten.«

---

26 Dok. 6.

3.2 1960–1980 Arrangement mit dem Bestehenden

Das kontinuierliche Interesse des Staatsapparates an der Existenz des Naumburger Oberseminars ist mit sehr unterschiedlichen Akzenten, jedoch auf mehreren Ebenen nachweisbar.

Ein singuläres Ereignis war der Besuch des 1. Sekretärs der Bezirksleitung der SED in Halle Horst Sindermann am 28. November 1966 im Oberseminar. Hamel war es gelungen, diesen profilierten, eigenständigen Funktionär (1973–1976 Ministerpräsident, 1976–1989 Präsident der Volkskammer der DDR) einzuladen (vgl. o. S. 70). An seinen Vortrag schloss sich ein lebhaftes Gespräch mit Studierenden und Dozenten an, mit offener Debatte über das Verhältnis der beiden deutschen Staaten und über Repressalien der DDR bei der Büchereinfuhr und Einreisen aus dem Westen. So offen, so höflich wurde sonst nicht geredet – das blieb aber unwiederholbar.[27]

Dem Sekretariat des ZK der SED wurde 1968 von der »Arbeitsgruppe Kirchenfragen« eine Vorlage zur Initiative für die »Veränderung der politisch-ideologischen Situation« und zur »Durchsetzung gesetzlicher Normen« an den kirchlichen Ausbildungsstätten der DDR zugeleitet.[28] Dieses Arbeitspapier war von Staatssekretär Seigewasser und von dem Chef der Abteilung Kirchenfragen beim ZK der SED Willi Barth unterzeichnet.[29] Die Liste der Maßnahmen »zur Herbeiführung geregelter Verhältnisse« zeigt, wie wenig es bisher gelungen war, die Kirchlichen Hochschulen in ein staatliches Kontrollsystem einzubinden. Gefordert wurde deshalb die »Fixierung des Rechtsstatus«, die »Festlegung der Kapazität«, die Kontrolle der Immatrikulationsentscheidungen (Zugang ohne staatliches Abitur, Aufnahme von ehemals straffälligen Bürgern oder Jugendlichen). Geregelt werden müsse auch die staatliche Aufsichtspflicht – faktisch bei dem Stellvertreter für Inneres bei den Räten der Bezirke. Diese Anforderungen wurden durch die Feststellung begründet, dass es den Kirchen gelungen sei, ein eigenes Ausbildungssystem zu schaffen, »das weitgehend dem staatlichen Einfluß entzogen« sei und dazu diene, »die heranzubildenden kirchlichen Kader gegenüber der sozialistischen Bewußtseinsentwicklung abzuschirmen«.

Interessant ist besonders, dass auch die Einführung »eines staatsbürgerlichen Unterrichts« durch staatlich beauftragte Dozenten für Gesellschaftswissenschaft (Ge-Wi-Dozenten) gefordert wurde. Diese Initiative

---

[27] BStU MfS HA XX/4 Nr. 795, Bl. 51–54; ein kirchlicher Vermerk war nicht auffindbar.
[28] BArch DO 4, Nr. 582, Bl. 1049–1057; ohne Datum und ohne Beschlussvermerk.
[29] Vgl. Stengel 1998, S. 672–673.

wurde für das Theologische Seminar Leipzig 1968 realisiert durch die Einführung von obligatorischen Volkshochschulkursen für das Grundlagenstudium des Marxismus-Leninismus. Das Kuratorium des Theologischen Seminars musste sich – im Nachgang zu den Konfrontationen wegen der Sprengung der Universitätskirche – auf diese Zumutung einlassen, konnte aber verhindern, dass Dozenten dieses Volkshochschulunterrichts zu Mitgliedern des eigenen Dozentenkollegiums wurden.[30] Für das Sprachenkonvikt Berlin und das Oberseminar Naumburg wurden derartige Kurse nicht durchgesetzt.

In der Vorlage der »Arbeitsgruppe Kirchenfragen« beim ZK der SED zeigt sich das Interesse des Staatssekretärs für Kirchenfragen, Einfluss zu gewinnen in die Aufsicht gegenüber den Kirchlichen Hochschulen. Eine Rahmenvereinbarung für diese Maßnahmen sollte durch den Staatssekretär für Kirchenfragen den Räten der Bezirke vorgegeben werden. Dazu ist es anscheinend nicht gekommen.

Wichtig in jener Vorlage ist weiter die Aufforderung an das Verteidigungsministerium, keine Freistellungen vom Wehrdienst für Angehörige der kirchlichen Ausbildungsstätten mehr zuzulassen. Zu einer entsprechenden Beschlussfassung im ZK ist es nicht gekommen: offenkundig verbot sich angesichts der kirchenpolitischen Gesamtkonstellation des Jahres 1968, eine so spektakuläre Maßnahme durchzusetzen. Das hinderte jedoch nicht, dass die Klärung der Kontrollfunktionen durch die Räte der Bezirke und der Kreise übernommen wurde.

Im Herbst des Jahres 1975 sollte eine Delegation der Kirche von Schottland auf Einladung der Evangelischen Kirche der Union in die DDR kommen und dabei auch das Katechetische Oberseminar in Naumburg besuchen. Zu diesem Besuchsprogramm verweigerte die Regierung der DDR die Einreise – wegen des Oberseminars. Daraufhin sagte die EKU die Reise ab – was nun umgekehrt zu einer Verstimmung auf Seiten des Staates führte. Der Präsident der Kirchenkanzlei der EKU (Bereich DDR), Dr. Reinhold Pietz, wandte sich deshalb an Staatssekretär Hans Seigewasser mit der Bitte um ein Gespräch mit dem Ziel, »die Beschwernisse zu klären und zu beseitigen«, die zwischen seiner Dienststelle und dem Oberseminar bestünden. Nach einigem Zögern wurde das Gespräch anberaumt. Bischof Krusche, Dr. Pietz und Dr. Martin Seils als Rektor des KOS nahmen kirchlicherseits daran teil. Auf der Beteiligung von Dr. Seils hatte der Staatssekretär bestanden, weil Seils als Mitglied

---

[30] Vogler/Kühn 1993, S. 28 f., 42 ff.; vgl. auch Kap. II.4.2, S. 131.

der CDU als loyal denkender Dozent galt. Mitarbeiter Seigewassers hatten das Gespräch gründlich vorbereitet und notiert, dass das Oberseminar als »die reaktionärste kirchliche Ausbildungsstätte der DDR« eingeschätzt werden müsse.[31]

Bei diesem ausführlichen Gespräch vom 23. Januar 1976 trug Dr. Wilke, Referatsleiter bei Staatssekretär Seigewasser, in pointierter Form die kritische Beurteilung der Situation am Naumburger Oberseminar vor. Man habe den Besuch der schottischen Delegation in Naumburg abgelehnt, erläuterte der Staatssekretär, weil es problematisch sei, wenn ausländische Besucher »sich Informationen über die DDR bei Menschen suchen, die eine negative Haltung« zur DDR einnehmen. Insbesondere wurden Vorwürfe gegen die politische Position von Johannes Hamel vorgetragen. Ausdrücklich wurde die Forderung erhoben, dass das Ziel der Ausbildung in Naumburg darin bestehen müsse, Pfarrer zu erziehen, die sich positiv als Staatsbürger in der DDR verstünden. Diese Zielstellung sei bisher nicht gewährleistet. Kuratorium und Dozentenschaft müssten eine solche Änderung herbeiführen – dann könnten auch Einreisen von Delegationen bewilligt und Reiseanträge von Dozenten zu internationalen Konferenzen wohlwollend geprüft werden. In diesem Gespräch wird brennpunktartig deutlich, mit welch vorwurfsvoller Distanz die Regierung der DDR noch in der Mitte der 70er Jahre das Profil dieser kirchlichen Hochschule betrachtete.

In dem Vorbereitungsmaterial zum Gespräch mit Seigewasser wird ausdrücklich zitiert: die Studierenden verstünden sich als »Opfer der sozialistischen Bildungspolitik«, weil sie »aktiv in der Jungen Gemeinde gearbeitet haben oder ihr Vater kirchlicher Amtsträger ist«. Es wird also staatlicherseits registriert, dass die Verweigerung der Zulassung zur Erweiterten Oberschule Jugendliche dazu nötige, in kirchlichen Seminaren die Schulbildung zu erwerben, um studieren zu können. An den Universitäten gäbe es für sie keine Chance zur Immatrikulation (Ausnahmen ergaben sich in den 80er Jahren) – wie ebenfalls für Wehrdienstverweigerer oder Haftentlassene. Damit sammele sich an den Kirchlichen Hochschulen ein Potential von jungen Menschen, die wegen ihres Bildungsgangs eine negative Einstellung zur DDR gewonnen hatten.

---

[31] Das Gespräch ist dokumentiert mit einer Analyse aus der Dienststelle Seigewasser, gezeichnet mit »Gotthardt«, der Konzeptionsvorlage von Dr. Hans Wilke und dessen Vermerk über das Gespräch (BArch DO 4, Nr. 658, Bl. 37–41, 46–50). – Vermerk von Dr. Pietz (AKPS, Rep. D 3, Nr. 274).

Trotz dieses hochrangigen Versuchs, durch die Regierung der DDR Einfluss auf das Naumburger Oberseminar auszuüben, blieb es bei den faktisch negativen Einschätzungen der Staatsorgane. Die Abteilung XX des MfS im Bezirk Halle gab am 1. Juli 1976 folgende Charakteristik nach Berlin weiter:

>»Gesamt gesehen wird das KOS als reaktionäres Zentrum in der KPS eingeschätzt. Bis auf wenige Ausnahmen lehnen die Dozenten Gespräche mit staatlichen Organen ab bzw. suchen solchen Gesprächen auszuweichen. Bei Gesprächen selbst bringen diese immer wieder zum Ausdruck, daß in der DDR die politischen Freiheiten ›unterdrückt‹ würden. [...] Außerdem, so wird weiter inoffiziell eingeschätzt, kommt es bei Gesprächen zwischen Staatsapparat und Dozenten immer wieder zu massiven Angriffen, gegen die Bildungs- und Wehrpolitik unseres Staates, durch die Dozenten. Diese negativen Argumente werden auch in die Studentenschaft hineingetragen.«[32]

Zu den Zersetzungsmaßnahmen gegen das KOS gehörte – verstärkt seit Beginn der 70er Jahre – die staatliche Polemik gegen Johannes Hamel.

Das waren alte Rechnungen. Obwohl Hamel 1953 ohne Verurteilung aus der Haft entlassen worden war, hatte die staatliche Seite doch aufmerksam registriert, dass Hamel zwar kritisch gegen den »Dibelianismus« und dessen Verteufelung der Obrigkeit der DDR Position bezogen hatte, jedoch ebenso kritisch blieb gegen Bemühungen um einen angepassten Kurs im Sinne der »Christlichen Kreise« der Nationalen Front. Wahrscheinlich war es den Funktionären auch nicht verborgen geblieben, dass es innerhalb des Kollegiums des KOS zur Kontroverse zwischen Hamel und Seils gekommen war, als dieser sich öffentlich als Mitglied der CDU auch auf Tagungen der Partei zu Wort meldete.

Dass Hamel zu den federführenden Theologen in dem Ausschuss der EKU, der das Positionspapier zum Weg der Christenheit in der DDR ausarbeitete, und als Mitglied des Theologischen Ausschusses der EKU an der Ausarbeitung zu Barmen II beteiligt war mit der kritischen Analyse zur »Mitarbeit von Christen« in der DDR – das formte sich auf der Seite des Staates zu einem Feindbild, das wiederholt der Magdeburger Kirchenleitung und dem Kuratorium des KOS vorgehalten wurde. Der Staat musste zur Kenntnis nehmen, dass sich aber das Dozentenkollegium (einschließlich von Martin

---

[32] »Einschätzung der politisch-operativen Situation an kirchlichen Ausbildungsstätten ...« (BStU MfS HA XX/4, Nr. 795, Bl. 90).

Seils) und die Kirchenleitung nicht zu einer Distanzierung von Hamel veranlassen ließen. Mit dem Eintritt des Ruhestandes schied Hamel 1976 aus dem aktiven Dienst am KOS aus.

3.3 1981–1990 Burgfrieden der 80er Jahre – und der politische Untergrund

Der relativen Konsolidierung des Verhältnisses zwischen dem DDR-Staat und den Kirchen seit dem Spitzengespräch vom 6. März 1978 scheint es zu entsprechen, dass das Verhältnis der Staatsorgane zum Katechetischen Oberseminar in einer gewissen Ruhe weitergeführt wurde. Man hatte sich an die Sachlichkeit des Umgangs gewöhnt, den Hochschulcharakter – *stillschweigend!* – zur Kenntnis genommen. Seit Johannes Hamel im Ruhestand war, gab es unter den Dozenten keine markante Feindfigur mehr. Auffallend war, dass nach 1981 sowohl Martin Seils wie Nikolaus Walter an die Sektion Theologie Jena berufen werden konnten. In früheren Jahren waren vergleichbare Berufungsvorhaben vom Hochschulministerium abgeblockt worden.

Im Hintergrund gab es jedoch in manchen der theologischen Sektionen eine ängstliche Beobachtung der vermeintlichen Privilegierung der Kirchlichen Hochschulen. Studierende der kirchlichen Ausbildungsstätten waren bisher vom Wehrdienst freigestellt worden; Wehrdienstverweigerer konnten dort studieren, nicht aber an den Sektionen. Dem Ministerium für Nationale Verteidigung wurde daher signalisiert, dass jene Sonderregelung annulliert werden müsse. Das ist in den 80er Jahren auch geschehen.

Wie brüchig aber diese Ruhe war, ergab sich aus Aktivitäten in Teilen der Studentenschaft, die vom MfS als »*politische Untergrundtätigkeit*« gewertet wurden. Um den Studentenpfarrer Edelbert Richter sammelte sich in der Studentengemeinde eine Gruppe aktiver Studierender, die bewusst politische Verantwortung in der Frage des Friedens und des Umweltschutzes wahrnehmen wollten. Für die Staatssicherheit war das ein Alarmsignal. Denn »politische Untergrundtätigkeit« sei eine »der gefährlichsten Erscheinungsformen subversiver Tätigkeit«, da sie sich gegen die Grundlagen der sozialistischen Gesellschaftsordnung richte.

4 Die besondere Rolle des MfS

Das MfS hat durch die Jahrzehnte hindurch eine intensive Kontrolle ausgeübt. Über mehrere der Dozenten wurden »Operative Personenkontrollen« angelegt; die Dossiers der Kreisdienststelle Naumburg sind wahrscheinlich 1989 vernichtet worden; ältere Akten liegen zum Teil den Betroffenen vor. Nach dem Schema der Personenaufklärung »Wer ist wer?« wurden die Dozenten klassifiziert – ob sie loyal eingestellt seien, reaktionär oder feindlich-negativ. Bei einigen wurde konstatiert, dass sie *politisch-ideologische Diversion* betreiben – d. h. antimarxistische Auffassungen verbreiten, wie z. B. den »Sozialdemokratismus«.

Von keinem der hauptamtlichen Dozenten ist bekannt, dass er als »Inoffizieller Mitarbeiter« des MfS geführt worden wäre. Nur einer der Gastdozenten, Aleksander Radler, ist als IM tätig gewesen.[33] Welche Studierenden Berichte gegeben haben, ist nicht bekannt – außer Karl-Otto Launicke, der aktiv im Friedenskreis der ESG tätig war, aber eines Tages von dem Mitstudenten Karim Saab als IM entlarvt wurde.[34]

1986 wurde in den Frauenfriedenskreis IMS »Sabine Schneider« eingeschleust. Der Archivar der Stadt Naumburg Walter Wirth hat als IM »Günter« von 1962 bis 1988 über Veranstaltungen des KOS und Vorgänge in den Naumburger Kirchengemeinden ausführlich berichtet.

Eine Schlüsselfigur für die Ausspähung des KOS war OKR Dr. Detlef Hammer (1950–1991), der als OibE »Günther« hauptamtlich für das MfS eingesetzt war. Als zuständiger juristischer Dezernent im Konsistorium verfügte er über die Unterlagen des Verwaltungsausschusses und organisierte die Übermittlung der westdeutschen Zuschüsse für die Finanzierung des Oberseminars. Sein Führungsoffizier Major Rudibert Jonak (BV Halle) konnte deshalb, durch Hammers Vermittlung, seiner Diplomarbeit über die Kirchenprovinz Sachsen Kopien von Bewilligungsbescheiden der EKD für Bauvorhaben des Katechetischen Oberseminars und des Kirchlichen Proseminars Naumburg aus dem Jahr 1981 beifügen. Dies war ein besonders heikles Thema für den DDR-Staat: Finanzhilfen aus Westdeutschland – die geduldet wurden, weil sie wirtschaftlich willkommen waren. Trotzdem provozierten sie das starke Misstrauen gegen eine solcherart unterstützte Institution.

Einen großen Überwachungserfolg erzielte das MfS 1978 mit der Einschleusung von Peter Fischer als Verwaltungsleiter des KOS und des Proseminars. Die Begründung zu seiner Einschleusung zeigt klar den politischen Hintergrund:

> »Das Katechetische Oberseminar bildet auf Grund der Konzentration klerikaler Kräfte – 16 Dozenten und 86 Seminaristen – einen langfristigen politisch-operativen Schwerpunktbereich. […]

---

[33]   Hinweise bei Linke 1994, S. 276 f. und Anm. 83 sowie 84 und Stengel 1998, S. 586, Anm. 33.

[34]   Saab 2009, S. 48–55.

Zur wirkungsvollen Bearbeitung dieser operativen Materialien und der weiteren Aufklärung, Verhinderung, Zersetzung staatsfeindlicher Tätigkeiten im klerikalen politischen Untergrund in diesem Schwerpunktbereich macht sich die direkte Einschleusung eines IM erforderlich.

Es ist vorgesehen, den IMS ›Burger‹ zum IME zu qualifizieren und die objektive Möglichkeit der Einschleusung ins KOS zu nutzen, die darauf basiert, daß der jetzige Verwaltungsleiter des KOS seine Tätigkeit aufgibt.

Der IMS ›Burger‹ könnte somit eine Schlüsselposition am KOS einnehmen.«[35]

Peter Fischer, bereits als Mitarbeiter im Gaststättenwesen von Naumburg als IM tätig, wurde mit umständlicher Legendierung vermittelt; ein fingiertes ärztliches Attest sollte den Berufswechsel glaubhaft machen. Wegen des geringeren kirchlichen Gehalts wurde ihm bereits beim Start zugesagt, dass man vom MfS die Gehaltsdifferenz zu seinem bisherigen Einkommen zahlen werde. Auf Grund seiner Bewährung in dieser Funktion wurde er im März 1988 zum hauptamtlichen Mitarbeiter des MfS befördert.

Unter kontinuierlicher Schulung und Begleitung lieferte Fischer (IMB »Helmut Albrecht«, später »Arno Scheibner«) bis 1989 Auskünfte über Verwaltungsvorgänge, Kopien der Verwaltungspapiere, Personallisten der Studierenden mit ihren West-Verbindungen. Außerdem berichtete er über die Aktivitäten der Studentengemeinde, deren Friedens- und Ökologie-Initiativen und verschaffte sich illegal Zugang zur Wohnung des Studentenehepaares Joachim Goertz und Esther, geb. Ullmann.[36]

Als sich der Pfarrer Oskar Brüsewitz am 18. August 1976 vor der Michaeliskirche in Zeitz selbst verbrannte, um ein Zeichen zu setzen gegen die Bildungspolitik der DDR, eröffnete sich ein Konfliktfeld. In der Öffentlichkeit herrschte große Aufregung, Proteste gegenüber der Pressekommentierung in der DDR und auch gegen die Reaktionen in den Kirchenleitungen wurden laut. Studenten des Oberseminars knüpften Kontakte zum Nachbarkirchenkreis Zeitz, einige nahmen an der Beerdigung von Oskar Brüsewitz teil. Eine Reihe von Studenten solidarisierte sich öffentlich mit den Protesten gegen die

---

[35] BStU MfS BV Halle / KD Naumburg Reg. Nr. VIII 641/65, Bl. 76, 21. 2. 1978: Plan zur Qualifizierung des IMS »Burger«. Vgl. auch Kap. II.2.2.2, S. 93 f.

[36] Das umfangreiche Aktenmaterial des MfS belegt die kontinuierliche Arbeit mit Peter Fischer: BV Halle / KD Naumburg VIII 641/65 Teil I / Bd. I/1 235 S.; VIII 641/65 Bd. I/2, 117 S.; Bd. II/1, 142 S.; Bd. II/2, 275 S.; Bd. II/3, 386 S.; Bd. II/3, 386 S.; Bd. II/4, 334 S.; Bd. II/5, 333 S.; Bd. II/6, 314 S.; Bd. II/7, 99 S. (Treffberichte 13. 1. 1989–1. 11. 1989); Bd. III; BV Halle / Abt. XX, Sachakte, Nr. 348; BV Halle KD Naumburg, Sachakte, Nr. 25.

DDR. Enger Kontakt entstand zu der Aktion von Superintendent Wolfram Nierth /Schraplau und dem katholischen Pfarrer Dieter Tautz in Eisleben und deren »Querfurter Papier«. Mit der Ausbürgerung von Wolf Biermann eskalierte diese Protestbewegung. Die KOS-Studenten Lothar Tautz und Christian Radeke verfügten über Kontakte zu den ČSSR-Dissidenten der »Charta 77«. Besonders brisant war eine Dokumentation, die Günther Schau, zeitweilig ebenfalls Student am KOS, erstellt hatte: »Ein Biermann ging, aber 13 Schriftsteller kamen, seine Freunde jedoch – ins Gefängnis«.[37] Standen somit »konterrevolutionäre Aktivitäten« im Kontakt mit Studierenden am KOS? Im Nachgang wurde der ZOV »Korinther« im Juli 1977 eröffnet. Es folgten eine Reihe weiterer Operativ-Vorgänge.[38]

Aufmerksam war die Einführung des Wehrkundeunterrichts 1978 verfolgt worden. Die »Erziehung zum Frieden« war ein Thema, das zum Kristallisationspunkt wachsender Opposition wurde. Zeitgleich mit den Friedensgruppen an anderen Orten der DDR wurde im »Arbeitskreis Frieden« der ESG im Herbst 1980 ein »Offener Brief« vorbereitet, der – mit konkreten pazifistischen Forderungen – an sämtliche Leitungsorgane der evangelischen Kirchen, an die Bischöflichen Ämter der katholischen Kirche, Institutionen der kirchlichen Jugend- und Studentenarbeit und an die Christliche Friedenskonferenz gehen sollte. Im Zusammenhang mit friedensethischen und -pädagogischen Forderungen wurde ausdrücklich an Friedensinitiativen aus Polen angeknüpft. Das musste der DDR-Führung bedrohlich erscheinen. Durch den IM Peter Fischer gelangte der Entwurf sofort an das MfS, das ihn in der Absicht, durch eine konzertierte Aktion solche Aktivitäten zu verhindern, an das Ministerium des MfS nach Berlin weiterleitete. Von dort wurde der Vorgang am 12. Januar 1981 an das Politbüro des ZK berichtet.[39] Zum 15. Januar bestellte der Leiter des Sektors Kirchenfragen beim Rat des Bezirkes Halle, Frank Voigt (zugleich Mitarbeiter des MfS) – unter Überschreitung seiner Amtsvollmacht! – Rektor Ingo Klaer ein, um ihm deutlich zu machen, dass dieser Brief nicht gebilligt werden dürfe. Der Rektor versprach, bei der ent-

---

[37]   MfS 9272/78, Bd. 10, Bl. 129–157.

[38]   ZOV »Korinther« Teil II; OV »Kleber«; OV »Mühle« = Christian Radeke; OV »Organisator« = Edelbert Richter; OV »Seminarist« = Joachim Goertz, Esther Goertz, geb. Ullmann und Dorothea Hoeck; OV »Pazifist« = Andreas Schaller; OPK »Vorstoß« = Michael Kleim; OPK »Konfrontation« (ab 1986?); OPK »Kontra« (ab 1986?) Studentin am KOS; OPK »Rektor«; OPK »Ethik« = Hartmut Genest; OPK »Kerze« = Christian Dietrich; OV »Nica« = Karim Saab; OV »Kreis« = Ulrich Stockmann.

[39]   BStU MfS ZAIG, Nr. 3100, Bl. 1–8. Text s. u. Dokument 11. Vgl. auch Kap. II.2.2.2, S. 89.

scheidenden Vollversammlung der Studentenschaft des KOS darauf hinzuwirken, dass der (überarbeitete) Brief nur an die Kirchenleitung der Kirchenprovinz Sachsen geschickt werde. Klaer hat diese Entscheidung der Vollversammlung tatsächlich erreicht, aber damit einen lang wirkenden Groll der studentischen Wortführer gegen seine eigene Person hervorgerufen. Propst Bronisch schaltete sich ein, das Gespräch mit der Kirchenleitung wurde gewährleistet – stand doch die Kirchenleitung intentional auf Seiten der Briefschreiber. Es hatte sich aber gezeigt, dass die energische Demarche des Staatsapparates in der Dozentenschaft – die mit dem Rektor einig war – wieder das Trauma der Rechtsunsicherheit für das KOS hervorrief. Faktisch bestand eine Körperschaftshaftung zwischen den Aktivitäten der Studenten und der Institution des Oberseminars.

Das MfS hatte mit verstärkter Aktivität reagiert. Mit zahlreichen Schriftproben wurde versucht zu ermitteln, auf wessen Maschine der Briefentwurf geschrieben wurde. Von Hauptakteuren wurden konspirativ Geruchsproben abgenommen.

Mit gesteigerter Nervosität beobachtete das MfS 1984 Treffen von Friedenskreisen verschiedener Studentengemeinden in Naumburg. Die Aktivität der Naumburger Studenten, motiviert durch weitgreifende Denkanstöße von Edelbert Richter, äußerte sich in einem phantasievollen Spektrum von legalen Denk-Zeichen und Aktionen in der Öffentlichkeit, um die Konsequenz pazifistischer Überzeugung und die Gefahren der Umweltzerstörung ins Bewusstsein der Gesellschaft zu tragen. Ein Treffen in Naumburg am 18. Februar 1984 wurde dann mit einem großen Aufwand überwacht. In Nachbarinstitutionen wurden vom MfS Räume in Anspruch genommen – von der sowjetischen Heeresgruppe wurden sogar zwei Uniformen ausgeliehen, weil Beobachter in einem Dienstgebäude der Sowjets stationiert wurden. Die Hauptabteilung XX des MfS übergab dem ZK der SED einen Maßnahmeplan zur Verhinderung solcher Aktivitäten. Das Programm enthält unter anderem folgende Anordnung:

Theo Pöhner, stellvertretender Vorsitzender des Rates des Bezirkes Halle, solle mit Bischof Christoph Demke sprechen.

»Ihm wird eindeutig erklärt, daß der Staat von der Leitung der Evangelischen Kirche der Kirchenprovinz Sachsen erwartet, daß derartige Aktivitäten künftig unterbleiben. Er wird aufgefordert, disziplinierend auf die Initiatoren des für den 18. Februar 1984 vorgesehenen Folgetreffens einzuwirken.«[40]

---

[40] BStU MfS ZAIG, Nr. 3417, Bl. 6.

Es wurde niemand von kirchlicher Seite diszipliniert. Das Treffen fand ungehindert statt, mit ca. 40 Teilnehmern aus verschiedenen Hochschulorten der DDR.[41]

Ähnlich aufgeregt reagierte das MfS auf eine öffentliche Aktion auf dem Marktplatz von Naumburg am 2. Februar 1988. Wegen der Verhaftungen in Berlin nach der Rosa-Luxemburg-Demonstration versuchten Studenten (unter anderen Andreas Schaller, Michael Kleim, Bettina Walter) zu protestieren; innerhalb von zwei Minuten wurde die Aktion unterbunden.[42]

Der Überwachungsaufwand des MfS war unverhältnismäßig. Wie groß waren die Gefahren, die von solch bescheidenem Netzwerk evangelischer Studentengemeinden ausgehen konnten? Wenn die Wohnung eines Studenten am KOS konspirativ – mit Nachschlüssel! – durchsucht wurde, wenn von Akteuren Schrift- und Geruchsproben genommen wurden, wenn die Teilnehmer an einem Treffen der Friedenskreise komplett fotografiert wurden – wurden sie faktisch wie Spione, wie Staatsfeinde observiert. Diagnose: »Politischer Untergrund«. Für die Institution des Oberseminars – und damit auch für die verantwortliche Kirchenleitung – war eine solche Konstellation ein Risiko. Inhaltlich bestand mit den Zielsetzungen Einvernehmen. Trotzdem muss man feststellen, dass zwischen den Aktionen der Studenten und der Position der Dozenten und der Kirchenleitung ein Interessengegensatz vorlag. Die Studenten wollten in der Öffentlichkeit als Mahner (und Vorkämpfer) wahrgenommen werden. Das war bewusstes politisches Handeln – die Kirchenleitung dagegen blieb darum bemüht, offene Provokationen zu vermeiden.

Dass hier ein Gefährdungspotential gegeben war und blieb, erwies sich 1990. In den Akten der Bezirksleitung Halle des MfS wurde der Plan gefunden, im Krisenfall den »Personalbestand« des KOS zu internieren.[43]

5 Theologische Ausbildung in den Lücken des Systems

Die DDR hat – nach den Erfahrungen der Jahre 1952/53 – keinen aggressiven Kirchenkampf mehr geführt. Sie rechnete damit, mit ideologischer Indoktrination, mit ihrer Kaderpolitik und mit der konsequenten Einengung

---

[41] Ausführlicher Bericht des Leiters der BV Halle, des MfS Generalmajor Schmidt, vom 20. 2. 1984, BStU BV Halle / KD Naumburg, Nr. 32, Bl. 57–61.

[42] BStU MfS BV Halle Abt. IX, Sach., Nr. 680 Teil 2 von 2, Bl. 296–326; BV Halle / KD Naumburg Sach., Nr. 281, Bl. 1–5; siehe auch Kap. II.4.6, S. 167.

[43] Lux (AKPS, Rep. D 3, Nr. 146) 1990, S. 2.

kirchlicher Handlungsmöglichkeiten zum »Absterben der Religion« beizutragen. Die Existenz renommierter Kirchlicher Hochschulen passte nicht in das System.

Die Diagnose war klar: da eine illegale Hochschule nicht dem Ministerium des Hochschulwesens unterstellt sein konnte, mussten die anderen Kontroll- und Einflussmöglichkeiten konsequent genutzt werden. In der Dienststelle des Staatssekretärs für Kirchenfragen wurde im Juli 1984 jedoch festgestellt, dass die bisherigen Pläne nicht richtig durchgeführt worden waren. Faktisch gab es immer noch diese Hochschulen, in kirchlicher Regie, mit zunehmender internationaler Anerkennung, mit stabilen Partnerbeziehungen zur EKD und finanzieller Unterstützung aus dem Westen.

Deshalb wurde erneut eine Konzeption »zur gezielten politischen Einflußnahme auf ausgewählte kirchliche Ausbildungsstätten« ausgearbeitet, die deutlich erkennen lässt, dass die seit Jahrzehnten geforderte Einflussnahme auf die Kirchlichen Hochschulen nicht den gewünschten Erfolg erbrachte.[44]

> »In Materialien der Dienststelle sowie in Berichten der Räte der Bezirke wird im Zeitraum von 1950–1976 grundsätzlich von einer ›staatlichen Aufsichtspflicht‹ gegenüber den kirchlichen Ausbildungsstätten ausgegangen, die allerdings nicht durchgesetzt wurde.«

Erneut wird eine eindeutige juristische Grundlage für die Tätigkeit der Ausbildungsstätten gefordert. Mit der zuständigen Landeskirche müsse der Rechtsstatus, das Ausbildungsprofil, die Kapazität geregelt werden; die Zahl der im kirchlichen Bereich Ausgebildeten solle nicht weiter ansteigen. Gedacht wurde an die Entsendung von Vertretern staatlicher Organe in die Kuratorien.

Das also blieben – leere! – Forderungen. Mit Unwillen wurde vielmehr konstatiert, dass die Kirchlichen Hochschulen im Rahmen ökumenischer Kontakte, auch bei Delegierungen zu internationalen Konferenzen etc. faktisch zu gleicher Bedeutung wie die Sektionen gekommen waren. Man hatte zwar wahrgenommen, dass das KOS anscheinend in der Normalität der DDR angekommen war, dass in der Dozentenschaft die »loyalen« oder »realistischen« Kräfte in der Mehrheit zu sein schienen. Und doch blieb das Miss-

---

[44] BArch DO 4, Nr. 818, Bl. 1633–1640. Die Konzeption ist von dem Mitarbeiter Handel / Abt. II unterzeichnet.

trauen, das Feindbild bis zum Schluss. Die Verbundenheit mit westdeutschen Partnern, die Weigerung, sich auf Mitarbeit in der FDJ oder auf Ausbildungsgänge des marxistischen Grundlagenstudiums einzulassen, blieben deutliche Zeichen.

Die Regierung der DDR hat also pragmatisch Konstellationen hingenommen, die aus gesamtpolitischer Rücksichtnahme nicht geändert wurden. Der SED-Staat erwies sich in dieser Hinsicht als *eine imperfekte Diktatur*. Eine kluge Diagnose von Martin Fischer – vorgetragen auf der EKD-Synode im Oktober 1952 in Elbingerode – hatte sich bewährt:[45]

> »… wir leben von den Inkonsequenzen der Ideologie, und d. h., wir leben in dem Raum, den Gott, so lange es ihm gefällt, ausspart von der fälligen Selbstvernichtung menschlicher Willkür, um in diesem Raum seine Gemeinde zu erhalten …«

---

[45] Fischer 1959, S. 289.

V Rahmen- und Arbeitsbedingungen einer Kirchlichen Hochschule

V.1 Gebäude, Wohnraum und Wohnen

1 Ägidienkurie und Ägidienkapelle,[1] ESG-Baracke, Dozentenwohnungen

Ulrich Schröter

Die Unterbringung des Katechetischen Oberseminars in Domnähe war ein Glücksfall, sowohl Hinterm Dom 1–2 , als auch ab 1952 in der zum Domstift gehörenden Ägidienkurie Domplatz 8. Dieses Anwesen wurde erstmals 1305 erwähnt und ist im Laufe der Zeit vielfach verändert worden, das Haupthaus erst nach 1890 neu errichtet. Tritt man aus der Tür, steht der Dom vor Augen. In Domnähe aber studiert es sich anders.

> »Ich erinnere mich noch an den Besuch des damals für sächsische Theologiestudenten zuständigen Referenten Steffen Heitmann (später als sächsischer Justizminister und glückloser Bewerber für das Bundespräsidentenamt bekannt geworden). Mit glänzenden Augen sagte er nach dem Semestereröffnungsgottesdienst: ›Es muss doch etwas Besonderes sein, im Angesicht dieses berühmten Wahrzeichens zu studieren‹.«[2]

In der Tat! Das jahrhundertealte Gebäude, die berühmten Kunstschätze, allen voran der Westlettner und die Stifterfiguren, weisen auf eine Kontinuität christlichen Lebens hin, die über ein Studiensemester und über mögliche Probleme während des Studierens weit hinausgehen. Das schafft befreiende Distanz zu eigenen Fragestellungen und fördert die Erkenntnis, dass man selbst nicht im Zentrum der Weltgeschichte steht.

---

[1] Zur Geschichte und Ausstattung des Gebäudes und der Kapelle s. Kunze 2009.
[2] Biewald 2009, S. 38.

Mit der Ägidienkurie war die Ägidienkapelle verbunden und konnte von der ersten Etage aus betreten werden. Beide, Dom und Ägidienkapelle, in unmittelbarer Nähe zur Ausbildungsstätte waren eine Bevorzugung! Dieser romanische Bau wurde um 1180 errichtet und bietet noch einige Farbreste aus dieser Zeit. Der Raum fasst gut 80 Personen, aber schon drei oder vier haben nicht mehr den Eindruck, allein zu sein. Ihr Gesang füllt ihn. Lange war auch der romanische Kruzifixus über dem Altar zu bewundern, ehe er wieder in der Domkrypta seinen Platz fand. Aber auch das Kreuz aus Schienenstahl, das in der Werkstatt von Fritz Cremer gefertigt wurde, lädt zur Meditation ein. Ernst Koch beklagt in seinem Rückblick als »erschwerend für ein geistliches Leben am Theologischen Seminar bzw. der Kirchlichen Hochschule« Leipzig, dem Schwesterinstitut des KOS, »das Fehlen einer Kapelle oder eines Raumes, der ausschließlich für Gottesdienste zur Verfügung stand«[3]. Dass auch noch ein ansehnliches Park- und Gartengelände zu der Ägidienkurie gehörte, bot zusätzlich die Möglichkeit, Studium und Entspannung miteinander zu verbinden.

Bücherregale über Bücherregale umgaben alle verfügbaren Wände der Vorlesungs-, Seminar- und Arbeitsräume in der Ägidienkurie. Selbst ein kleines Fenster der Ägidienkapelle gab die Umrisse der theologischen Bücher im angrenzenden Arbeitsraum frei: Beten und Forschen, Glaube und Wissen – ein faszinierendes und prägendes Zusammenspiel!

Die Ägidienkurie beherbergte neben dem großen und kleinen Saal – zugleich für Vorlesungen, Seminare und Mensa genutzt, Arbeitsräume und Clubraum, Bibliothek, Verwaltung und Küche. Alles war unter einem Dach vereint. Erst später konnten Teile der überquellenden Bibliothek in die umgestaltete St. Othmarskirche verlagert werden. Vor allem wohnte 25 Jahre lang Eva Heßler als wachsamer Geist und vielfache Gastgeberin in diesem Haus. In einem separaten Teil war auch die Wirtschaftsleiterin untergebracht.

Ohne einzuübende Toleranz wäre dieses Miteinander nicht zu bewältigen gewesen. Es war daher entlastend, dass Studierende und Lehrende außerhalb des Hauses ihren eigenen Bereich hatten und sich dorthin zurückziehen konnten.

Anfang der 70er Jahre wechselte auch die Evangelische Studentengemeinde[4] aus der Ägidienkurie in die kleine Baracke auf dem Gelände der »Herberge zur Heimat«.[5] Das förderte ihre Eigenständigkeit gegenüber dem KOS erheblich.

---

[3]   Vogler/Kühn 1993, S. 75.
[4]   Siehe Kap. II.4.6 und Kap. III.3, S. 191.

Einige Häuser in kirchlichem Besitz boten die Möglichkeit, sie Dozenten zur Verfügung zu stellen. Aber das war nur eine geringe Anzahl. Es kam also auch auf das Wohlwollen bzw. das Verhandlungsgeschick an, bekannt gewordene leer stehende oder eintauschbare Möglichkeiten zu ergreifen. Am Ende gelang es, fast alle hauptamtlichen Dozenten in der Stadt unterzubringen. Zwei wollten ihre Wohnungen in Jena oder bei Bad Lauchstädt nicht aufgeben, wohnten aber während der Woche in einem Naumburger Zimmer. Dies und manchmal auch ihre Teilnahme am gemeinsamen Mittagessen bot Gelegenheit, den direkten Kontakt mit den Studierenden über die Vorlesungen und Seminare hinaus aufzunehmen.

2 Wohnen in den Häusern des kirchlichen Siedlungsfonds Medler- und Zetkinstraße

Andrea Richter[6]

In diesen Häusern, bei deren Belegung die Kirchengemeinde aufgrund ihres Besitzrechtes ein eingeschränktes Mitspracherecht hatte, wohnten vorwiegend Menschen, die in irgendeiner Weise mit der Kirche verbunden waren: Katechetinnen, Sekretärinnen im kirchlichen Dienst, amtierende und emeritierte Pfarrer mit ihren Familien, Studentinnen und Studenten. Es wohnten auch Leute hier, die nichts mit Kirche zu tun hatten, und zu ihnen gab es schon eine größere Distanz und ein angestrengteres Verhältnis als zu den anderen Mitbewohnern. Man fühlte sich als kirchliche Mitarbeiterin oft sehr kritisch betrachtet: Das soll nun Kirche sein? Und wir wollten doch gern den Erwartungen entsprechen.

Für die Studierenden und auch für unsere Familie war das Wohnen in diesen Häusern sehr beengt, weil nur Teilwohnungen oder Mansardenräume zur Verfügung standen. Wir wohnten dicht gedrängt, und die Schlüssel steckten an den Türen, so dass wir uns jederzeit besuchen konnten – allerdings nicht an allen Wohnungstüren, aber an denen, deren Bewohner etwas mit dem Oberseminar zu tun hatten, und so sah es ein bisschen nach Wohngemeinschaft aus.

Da wohnte zum Beispiel in der Medlerstraße eine Studentin in einer winzigen Dachstube, mehr als Schreibtisch, Bett und Schrank passten nicht hinein. Wasser und Toilette gab es zwei Etagen tiefer bei den beiden Vermieterinnen, die ihr auch schon mal den Kachelofen heizten, wenn sie spät nach

---

5   Siehe Kap. II.2.2.1, S. 67 und II.4.6, S. 158.

6   Andrea Richter war Jugendpfarrerin im Kirchenkreis Naumburg.

Hause kam, sie zu einer heißen Milch mit Honig einluden, wenn sie erkältet war, und ihr das Patience-Spiel beibrachten. Ihr Zimmer hatte trotz seiner Kleinheit zwei Fenster – aus dem einen blickte man aufs Gefängnis, sah und hörte die Hunde, die an langen Laufketten um die Mauer herumhetzten, konnte die oberen Fensterreihen des Gebäudes sehen und dahinter sogar die Gefangenen hören. Deshalb machte die Studentin dieses Fenster am ersten Advent weit auf und veranstaltete mit anderen Studierenden zusammen ein Weihnachtsliedersingen für die Gefangenen. Die Gefängnisleitung intervenierte zwar beim Rektor des Oberseminars, aber weitere Folgen hatte das nicht und im nächsten Jahr wurde wieder gesungen.

Unsere Mansardenwohnung in der Zetkinstraße 10 war die schönste Wohnung der Welt, hier wollte ich nie wieder ausziehen. Der Garten des Hauses grenzt an einen Weinberg. Von diesem Garten bekamen wir ein kleines Stück, die Fläche war so groß wie der Durchmesser der Krone des Sauerkirschbaumes, der dort stand. Unter den Sauerkirschbaum konnte man einen Tisch und ein paar Stühle stellen, im Sommer da draußen sitzen, wenn es in der Wohnung unter dem Dach zu heiß wurde und sich die Sauerkirschen in den Mund fallen lassen.

Das Unter-dem-Dach-Wohnen war auch wegen des Blicks aus dem Küchenfenster richtig schön: Keiner sonst im Haus konnte über das ganze Saale-Unstrut-Tal schauen, bis zur Neuenburg. Die Küche war der größte Raum, die zwei anderen Räume waren kleiner, aber es gab keine schrägen Wände, sondern tiefe Fensternischen, ins Dach hinaus gebaut. Das winzige Wohnzimmerchen hatte an zwei Seiten Fenster und an den zwei anderen Seiten Türen, so dass an jeder Seite nicht viel Wand übrig blieb und man die Möbel eigentlich nur über Eck stellen konnte. Ein Bad gab es auch mit einem kupfernen Badeofen, der wunderbar heizte.

Nach unserem Umzug in die Medlerstraße war das Wohnzimmer für die Studentengemeinde, die mein Mann, und für die Junge Gemeinde, die ich leitete, so etwas wie ein Gemeinderaum, in dem verschiedene Veranstaltungen stattfanden. Die anderen Hausbewohner haben das ganz gut ertragen, nur wenn mal ein Jugendlicher über den Balkon hereinkletterte, weil auf sein Klingeln niemand reagiert hatte, meldeten sie doch ihre Bedenken an, und als dann auch noch in unserer Mansarde zwei Punks schliefen, weil ihre Eltern sie rausgeworfen hatten, war die Grenze dessen, was sie dulden konnten, überschritten und sie protestierten. Auch meine eigene Grenze war manchmal erreicht: Als ich eines Abends von einer Veranstaltung nach Hause kam und durchs Fenster sah, dass das Wohnzimmer voll von jungen Leute war, habe ich vor der Haustür kehrt gemacht und bin zu einer befreundeten Pfarrfrau geflüchtet.

3 Private Unterkünfte der Studierenden

Heidi Freistedt[7]

Die Unterbringung der Studierenden und des Mittelbaus bereitete immer wieder logistische Probleme. Einige Studenten bewohnten allein, seit den 70er Jahren auch mit ihren Ehepartnern oder teilweise mit ihren Familien möblierte Zimmer, Kleinst- oder Kleinwohnungen in Naumburg, seltener in der Umgebung, wie Almrich, Freyburg, Pödelist oder Schönburg. Singulär blieb, dass ein Student – ohne Wissen des Seminars – in einem Garten der Umgebung sein Zelt aufschlagen durfte und jeden Abend zurückkehrte.

In Naumburg gab es einige wenige Hauseigentümer, die freie Räume in ihrem Haus oder möblierte Zimmer in ihren eigenen Wohnungen an Studenten vermieteten. Sie standen entweder der Kirche nahe oder wollten den Studenten helfen oder wollten nicht allein sein. Insbesondere ältere Damen, die in ihren alten Villen noch ungenutzte Räume hatten, waren aus studentischer Sicht sehr gute Vermieterinnen.

Aber es gab eben auch diese kaum vermietbaren Notunterkünfte, die dem Wohnungsamt abgerungen wurden. Was da für möglich und zumutbar gehalten und von Studierenden genutzt wurde, war manchmal sehr fragwürdig. Diese Wohnmöglichkeit hatte jedoch auch Vorteile. Man wohnte in Eigenregie, unabhängig von manchen Eigentümlichkeiten und Erziehungsversuchen der Wirtsleute. Das spartanische Leben förderte zudem die Zusammengehörigkeit. Man besuchte sich, half einander, teilte seine Freuden und Leiden. Vor allem aber rückte das oft kärgliche Wohnen das gemeinsame Studieren in den Mittelpunkt.

Wir wohnten z. B. in der Schulstraße gegenüber der Schule. Unser Haus Nr. 39 lag in Hanglage zur Straße, die den tiefsten Punkt darstellte. Der Gebäudekomplex war immer nass und durch die Nässeschäden stark sanierungsbedürftig. Es handelte sich im Einzelnen um ein kleines Vorderhaus mit zwei Wohnungen, einer oben und einer unten, einem kleinen dunklen Hof, der einen defekten Zugang zur Kanalisation hatte, und ein Hinterhaus, in dem es ebenfalls zwei Wohnungen gab. An das Hinterhaus angebaut, war ein Holzverschlag errichtet, in dem sich zwei separate Trockenklos befanden.

---

[7] Heidi Freistedt war Studentin in Naumburg.

Hier wohnten zusammen mit einem Naumburger Ehepaar zeitweilig mehrere Studierende: im Vorderhaus oben eine Familie mit Kind, unten je ein Ehepaar hier und im Hinterhaus.

Ich berichte von der unteren Wohnung des Vorderhauses. Sie hatte ihren Zugang vom Hof aus. Sie war ebenerdig und bestand aus drei kleinen Durchgangsräumen. Der erste Raum hatte ein kleines Fenster zum Hof, der dritte Raum hatte zwei Fenster zur Straße. Diese Fenster hatten eine Einfachverglasung, waren alt, undicht und hatten eine Brüstungshöhe von ca. 75 cm. Sie lagen gegenüber dem Schuleingang.

Betrat man diese Wohnung durch die verwitterte, alte, undichte Eingangstür, sah man im ersten Raum hinter einem Vorhang Holz und Kohlen liegen. In diesem Raum existierten die Wasserentnahmestelle und ein Ausgussbecken. Hier hat man sich gewaschen. Dieser Raum war etwa 2 × 3 m groß. Da er nicht beheizbar war, kam es vor, dass im Winter die Wasserleitung einfror. Die Wohnungseingangstür musste stets geschlossen gehalten werden, da die kaputte Kanalisation Ratten einen Lebensraum bot. Die Staunässe in den Wänden des Raumes ließ deren Putz rieseln. Hier konnte man wirklich nicht wohnen.

Von diesem Raum aus betrat man einen weiteren kleinen Raum, der als Küche diente. Hier gab es eine Steckdose für eine Elektroplatte. Der Raum war ca. 2,5 × 5 m lang.

Durch eine Glastür kam man in den dritten Raum von ca. 4,5 × 4 m. Hier gab es einen transportablen Kachelofen mit einem langen Ofenrohr, der den Raum gut beheizte und die Wände zum großen Teil im Sommer trocknete. Der Ofen befand sich neben der Zimmertür. An der Wand zwischen Ofen und Fenster standen ein Bett und daneben ein kleines Schränkchen, dann kam die Fensterseite und an der anderen Wand, gegenüber dem Bett, standen ein kleiner Sekretär, ein Klavier und ein Bücherregal. Es reichte aus, sich dem Studium zu widmen und sich zwischendurch an guter Musik zu erfreuen. In dieser Wohnung haben wir geheiratet und mit Freunden gefeiert.

4 Studentenwohnheim »Herberge zur Heimat«, Neuengüter 16

Ingeborg Schröter[8]

1973 wurde das Katechetische Seminar in der Lepsiusstraße aufgelöst. Die Wohnräume übernahm das Kirchliche Proseminar und zog die bis dahin genutzte alte »Herberge zur Heimat« frei. In früheren Zeiten hatten hier durch die Lande wandernde Handwerker Kost und Logis bekommen, was sie mit Holzhacken und anderen Tätigkeiten bezahlen konnten. Die Straße »Neuengüter« liegt nur einen Steinwurf von dem Domizil des Katechetischen Oberseminars entfernt und es war eine gute Lösung, dort von nun an Oberseminaristen zu beherbergen.

Mit den Studenten zogen auch wir ein. Unsere Wohnung war durch ihre frühere Nutzung geprägt. Das Wohnzimmer, 42 m² groß, war Speiseraum gewesen und mit Sprüchen wie »Zehre wenig, zahle bar!« bemalt, die frühere Handwerksburschen gemahnt hatten. Unsere große Küche mit einem altertümlichen Herd diente ursprünglich für die Bewirtung von vielen Menschen.

Die »Herberge zur Heimat« war nicht nur Wohnung für uns und ein Wohnheim für die Studierenden, sondern es gab auch alteingesessene Mieter. Im Erdgeschoss war die Schwesternstation der Kirchengemeinde mit der Gemeindeschwester, die auch für unsere Familie und ebenso für manchen studentischen Bewohner eine sehr treue Betreuerin wurde. Gleich hinter unserer Wohnung zum Seitenflügel hin befanden sich schon viele Jahre die Räume der Christengemeinschaft, die regelmäßig jeden Sonntag um 10.00 Uhr ihren eigen geprägten Gottesdienst feierte. Wir lernten es schnell, uns zu diesen Zeiten zurückzuhalten, und hatten bald ein freundliches Nebeneinander und manches gute Gespräch nach der gottesdienstlichen Feier.

Auch das Verhältnis zur Gemeinde der Siebenten-Tags-Adventisten, die hier ebenfalls Quartier hatten, verlief im Großen und Ganzen ungestört. Sicher war dieses Miteinander für die angehenden Pfarrerinnen und Pfarrer eine gute praktische Übung auch in Sachen Ökumene. In größeren Abständen, einmal monatlich oder seltener, nutzte auch die »Johannesgemeinde« den Saal, aber der Kontakt zu dieser Gruppe war nie besonders intensiv.

Wir hatten zunächst insgesamt neun Studentenzimmer mit den Nummern 1–11. Zimmer 9 war unserer Wohnung als Arbeits- und Studierzimmer für meinen Mann zugefügt worden, Zimmer 8 wurde als Gästezimmer für das

---

[8] Ingeborg Schröter, geb. Meißner, war Studentin und Hausmutter der »Herberge zur Heimat« in Naumburg.

Seminar und auch für die Studenten zum Anerkennungspreis für eine Mark pro Nacht reserviert. Mit sechs Einzel- und drei Doppelzimmern hatten wir also zunächst Herberge für zwölf Studierende.

Geheizt wurde mit Kohle, wie damals allgemein üblich. Riesige Brikett-haufen wurden jährlich im Sommer oder Herbst auf den Hof gefahren und ab-geladen. Welche Erleichterung spürte ich jedes Mal, wenn alle Kohlen »ein-gebunkert« waren. Das nahm erhebliche Zeit und Kraft in Anspruch. Es gab neben notorischen Drückebergern auch immer wieder sehr einsichtige Haus-bewohner, die mit zupackten, weil sie wussten, dass ihre Kommilitonen in der Stadt das gleiche Problem hatten.

Das Gleiche galt für die Ordnung in Küche und Bad. Manche lieben das Chaos, andere sind penibler, aber da vertraute ich darauf, dass sich dieses Problem letztendlich von selbst regelte. Manchmal macht ja Abwaschen auch richtig Spaß![9] Später bekamen wir sogar vom Oberseminar für einen Tag pro Woche eine Wirtschaftsmitarbeiterin. Sie übernahm die Reinigung der Trep-pen und Flure, von Bad und Küche, manchmal auch den Abwasch. Ich erin-nere mich noch gern an die Frühstückspausen mit ihr bei netten Gesprächen in unserer Küche.

Gleich nach unserem Einzug in die »Herberge zur Heimat« entdeckten wir zwei bisher ungenutzte, völlig vermölte Bodenkammern mit den schönen Namen »Domblick« (nach Osten) und »Giebelstübchen« (nach Westen). Wir be-schlossen sofort, auch diese Zimmer für Studenten nutzbar zu machen, und nach der Entrümpelung und dem Einbau je einer Außenwandgasheizung wurden das die begehrtesten Zimmer im Haus.

Auch im Keller musste entrümpelt und aufgeräumt werden. Heute noch tut es uns leid, dass wir eine alte gewaltige Wäschemangel einfach abmontiert und vernichtet haben, anstatt sie dem Heimatmuseum zur Verfügung zu stel-len. Dafür konnten wir später in diesem Kellerraum eine Dusche einbauen, die für 50 Pfennig sehr gerne und häufig genutzt wurde.

Alle Studierenden des KOS mussten vor Beginn des Herbstsemesters ei-nen zweiwöchigen Arbeitseinsatz leisten, die meisten in der Ernte auf staat-lichen oder kirchlichen Feldern (z.B. in Oppin), einige bei notwendigen Ar-beiten für das Haus Domplatz 8. Es gelang mir, auch für die »Herberge zur Heimat« regelmäßig eine Fünfergruppe zu bekommen, die die neu zu be-setzenden Zimmer gründlich reinigte, Matratzen klopfte, manchmal auch malerte oder neu erworbene Möbel nach Bauanleitung zusammenzuset-zen versuchte. Natürlich war das eine sehr kommunikative Angelegenheit,

---

[9]   Vgl. Kap. V. 2, S. 238.

und es gab auch immer viel Spaß und auf jeden Fall einen Frühstückskaffee dabei.

Besondere Veranstaltungen (Lesungen, Gesprächsabende etc.) haben wir im Haus nicht angeboten, es gab deren genug im Oberseminar. Auch Übungen sprachlicher oder theologischer Art boten wir nicht an. Das Einpauken und Abfragen hebräischer Vokabeln vor dem Ersten Examen ergab sich nebenbei und blieb ein Einzelfall.

Dagegen erkoren wir den Abend des 1. Advent als festen Termin für eine Einladung an alle Hausbewohner in unser großes Wohnzimmer. Da konnte bei Holunderpunsch und Adventsplätzchen über alles geredet werden. Alle ließen sich gerne einladen und die meisten kamen dann auch.

Auch wurde unsere »offene Wohnung« sehr gerne bei Fußballübertragungen in Anspruch genommen, denn in den Studentenzimmern gab es damals Fernseher so gut wie gar nicht. Ich erinnere mich an die Fußballweltmeisterschaften 1974 und 1978, wo die Turniere auf drei Rängen zu verfolgen waren. Die einen saßen auf dem Fußboden, die nächsten auf Stühlen und die letzten auf unserem großen Esstisch. Die Säule, die sich in dem 6 × 7m großen Zimmer befand, gaben wir frei als Info-Säule für Zeitungsausschnitte mit den letzten Ergebnissen.

In den 70er Jahren gab es noch keine Handys und Telefonanschlüsse waren in der DDR überhaupt eine Rarität. Da war das Telefon auf unserem Flur für die Studenten ein begehrter Anlaufpunkt. Unserer Bitte, für die Gebühren die Gespräche in ein dabei liegendes Heft einzutragen, wurde in der Regel entsprochen, manchmal erst nachträglich auf dringliche Bitte.

Hin und wieder, vor allem in den Sommermonaten, klingelte es und ich wurde nach Übernachtungsmöglichkeiten gefragt. Naumburg hatte damals noch keine Jugendherberge und die Aufschrift an unserem Haus »*Herberge zur Heimat*« in großen gotischen Lettern berechtigte ja auch zu dieser Anfrage. Ein Gästezimmer hatten wir ja, aber was tun, wenn zum Beispiel drei Stuckateure aus Berlin mit ihren Fahrrädern vor dem Haus standen? Mit denen hatten wir am Ende einen wunderbaren Abend mit interessanten Gesprächen. Einmal brachte ich ein junges Paar in unserem Arbeitszimmer unter, da mein Mann gerade nicht zu Hause war. Am nächsten Morgen stellte sich heraus, dass sie am Tag zuvor geheiratet und ein Zimmer für ihre Hochzeitsnacht gebraucht hatten …

Später habe ich die Studenten gefragt, ob ich Herberge suchende Gäste gegebenenfalls in ihren Zimmern unterbringen dürfe, wenn sie in den Semesterferien nicht da sind. Einige haben sich darauf eingelassen, andere nicht. Jedenfalls hatte ich in den Sommermonaten kaum mehr Probleme mit der Unterbringung von Quartier suchenden Gästen. Solche Gastfreundschaft war bei dem Mangel an Möglichkeiten zur Unterbringung in der DDR einfach notwendig, und sie gehört zu den guten Erinnerungen.

Das studentische Wohnen in der «Herberge zur Heimat» war nicht sehr anders als das Wohnen in vielen Zimmern der Stadt. Das Besondere war, dass man im Haus immer Ansprechpartner hatte. Dieses Miteinander war ganz wichtig. Wie oft blieb man auf der Treppe zu einem Schwatz stehen oder klopfte schnell mal an der Tür der Nachbarin. Ich denke, dass in unserem Haus gute Voraussetzungen für das Studium am Katechetischen Oberseminar gegeben waren, ganz im Einklang mit den damaligen Möglichkeiten.

V.2 Wirtschaftsführung und Küche

1 Wirtschaftsführung

Ulrich Schröter

Während sich der Verwaltungsleiter besonders um den äußeren Bestand des Hauses einschließlich der Dozentenwohnungen, um die Anleitung der Angestellten zu kümmern hatte und mit ihnen unter anderem um die Rechnungsführung, hatte die Wirtschaftsleiterin insbesondere die häusliche Pflege des Hauses und die Verhandlungen um die Studentenwohnungen und deren Vergabe zu regeln, zeitweilig darin insbesondere auch von der Studieninspektorin Anna-Barbara Klaer unterstützt. Vor allem aber hatte sie für das leibliche Wohl Sorge zu tragen.

Während der gesamten Zeit des Oberseminars war es ein nicht geringes Kunststück, ein regelmäßiges Mittagessen, bis 1966 auch Abendbrot zu gewährleisten. Im Wirtschaftsplan der Stadt, das heißt im Großhandelskontingent war das KOS nicht einbezogen. So kam alles auf das Organisationstalent des Verwaltungsleiters und der Wirtschaftsleitung an.

Wie schwierig die Lage auch nach der Zeit der Lebensmittelkarten mitunter blieb, kann man daran ablesen, dass die Naumburger Teilnehmer an der Eröffnung des WS 1962 um Verständnis gebeten wurden, dass sie wegen »Engpaß der Fleischbeschaffung« nicht zum Mittagessen eingeladen werden konnten.[10] Und noch bis 1989 waren die Beziehungen zu Privatgärten äußerst

---

[10] Möller (AKPS, Rep. D 3, Nr. 148) 1962, S. 6.

wichtig, um Obst und Gemüse zu sichern. Einmal sprach es sich herum, dass die LPG »Philipp Müller« die Blumenkohlfelder witterungsbedingt nicht mehr voll abernten konnte. Schnell wurde Selbsthilfe organisiert und der Essensplan zeitweilig umgestellt.

Die Küche hatte normale Zimmergröße, der anschließende Raum barg die beiden großen Abwaschbecken und Geschirrschränke. Regelmäßig arbeiteten am Vormittag neben der Wirtschaftsleiterin zwei Küchenangestellte, die sonst auch für die Sauberkeit des Hauses Sorge trugen.

Die Ausstattung war einfach, wurde aber mit der Zeit modernisiert. Dabei profitierte die technische Ausstattung von der Unterstützung westlicher Gliedkirchen. Manch technisches Gerät allerdings ging am Bedarf ein wenig vorbei. Die Kartoffelschälmaschine zum Beispiel sollte die Arbeit der Küchenfrauen eigentlich erleichtern, produzierte aber neben fertig geschälten Kartoffeln so viel, dass schon nach kurzer Zeit wieder zum Schälen per Hand übergegangen wurde. Angesichts der immer angespannten Lieferbeschränkungen und der Preise auch für Kartoffeln war das eine unbedingt notwendige Maßnahme. Und auch die beeindruckende Kipp-Bratpfanne wurde keineswegs täglich genutzt, da sie angesichts der begrenzten Fleischrationen überdimensioniert war.

Studenten und Dozenten war bewusst, dass die Mitarbeiterschaft in der Küche ihr Möglichstes leistete und nicht alles bieten konnte, was im Privathaushalt möglich war.

2 Die Küche des Hauses – Erinnerungen

Anne-Christina Wegner[11]

Wichtig war das Lehren und Lernen, wichtig das geistliche Leben – und nicht minder wichtig das gemeinsame Essen. Wer das Oberseminar betrat, traf fast unmittelbar auf die Küche. Ein voller Bauch studiert zwar nicht gern, aber dem Studenten, der sich müht, sollte das Maul ebenso wenig verbunden werden wie dem dreschenden Ochsen. Für das ausgewogene Verhältnis zwischen Völlerei und Mangel sorgte die Küche. Und ganz nebenbei sorgte sie lange Zeit auch für Ertüchtigung der Studierenden in den praktischen Dingen des Lebens und bis zum Ende für eine redefreudige Tischgemeinschaft. Wie das geschah, davon soll hier in gebotener Kürze und vollkommen subjektiv die Rede sein.

---

[11] Anne-Christina Wegner war Studentin, Repetentin und Studieninspektorin in Naumburg.

Als ich Anfang der achtziger Jahre nach Naumburg kam, prägte sich von den vielen Hinweisen zum Studium einer sofort ein: Das gemeinsame Mittagessen ist Pflicht. Die Begründung, auf diese Weise solle dafür gesorgt werden, dass jeder einmal am Tag eine ausgewogene Mahlzeit zu sich nehme, leuchtete mir zunächst nicht ein. Als Werktätige mit einem intakten Elternhaus hatte ich noch kein Gefühl für den Mangel. Das änderte sich in dem Maße, wie mein Geld für Bücher und studentische Belustigung draufging. Da erschloss sich mir dann nicht nur die Sinnhaftigkeit eines verbindlichen Mittagessens, sondern auch die zusätzliche Bereitstellung von Fett und Brot im Durchgang vor dem Clubraum. Die Frauen der Küche (später übernahm mit Herrn Zeutschel ein Koch das Regiment) waren freundliche Seelen, die immer mal über das Übliche hinaus Speise zu ihrer Zeit gaben. Und zum Semesterschluss gab es die Gelegenheit für das Küchenteam, sich selber zu übertreffen: Manche Agape ist mir in sinnfälliger Erinnerung.

Die Küche nährte aber nicht nur den Leib, sie übte auch in Fertigkeiten ein. In der ersten Zeit gehörte zum Tischdienst nicht nur das Eindecken und Abräumen, sondern auch der Abwasch. Nie vorher hatte Abwaschen sportlichen Ehrgeiz in mir geweckt, das geschah erst hier. Unter den aufmerksamen Blicken und deutlichen Kommentaren von »Tante« Ritter und Frau Wagner taten wir, was zu tun war in der kürzestmöglichen Zeit. Und wir waren nicht schlecht – es ging erstaunlich wenig zu Bruch und es wurde erstaunlich viel sauber. Nebenbei lernte man die oberen Semester als tiefgründige, redegewandte Geister kennen – für Neulinge immer eine beeindruckende Erfahrung. Fast tat es mir leid, als uns der Abwasch von der Hygiene verboten wurde.

Die redefreudige Tischgemeinschaft von Studierenden und Dozierenden blieb die ganze Zeit erhalten. Gemeinsam wurde begonnen, gemeinsam gegessen und geendet. Die ersten Mahlzeiten im Großen Saal betäubten mich – dabei war ich durch meine Familie schon einiges an Gesprächsintensität gewöhnt. Das Ohr gewöhnt sich aber schnell und man lernte sie schätzen, die guten Gespräche, die Blödeleien und gegenseitigen Bestärkungen in trüben Lagen, die sich unter der Geräuschkulisse entfalteten. Und so manches Problem konnte auch durch einen Griff in die jeden Winkel der Wände füllende Präsenzbibliothek im Rücken gelöst werden.

Nach einiger Zeit erst stellte sich heraus, dass es auch in der Gemeinschaft des Essens durchaus kleine Nuancen gab. Während im Großen Saal im Obergeschoss die Gemeinschaft bei Tisch den Gepflogenheiten des Hauses im Großen und Ganzen zu folgen gewillt war, war die Tischgemeinschaft im kleineren Saal unten eher geneigt, das eine oder andere auch einmal zu variieren. Das Tischgebet fiel da schon einmal etwas kürzer aus, und in der Regel war das Essen auch schneller beendet – alles etwas schlichter eben. Dem harmonischen Miteinander tat das überhaupt keinen Abbruch. Schließlich konnte ja jeder frei entscheiden, wo im Haus und damit in welcher Weise er sein Essen einnehmen wollte.

Die Küche des Oberseminars / der Kirchlichen Hochschule brachte Körperliches und Geistiges in wohltuender Weise zusammen, die Frauen (und der Mann) der Küche beförderten das gemeinsame Lehren und Lernen in höherem Maße, als dies gemeinhin mit ihrem Dienst verbunden wird.

V.3 STUDIEN- UND FORSCHUNGS-BIBLIOTHEK UND DER ZENTRALKATALOG

Ulrich Schröter mit Informationen und Beiträgen
von Hannelore Götting und Konrad von Rabenau[12]

Der in recht kurzer Zeit erfolgte Aufbau und die stufenweise Ausgestaltung einer großen Bibliothek für das Katechetische Oberseminar in Naumburg, die dem Studium und der theologischen Forschung dienen sollte, verdient Beachtung und Erinnerung.

1 Wittenberg: Voraussetzungen (1949–1950)

Während der Anfangszeit des Seminars in Wittenberg wurden einzelne Bücher für den Unterricht erworben, es kam noch nicht zu einer eigenen Büchersammlung, da die wertvolle Bibliothek des Predigerseminars zur Verfügung stand.

Mit dem Programm, Katecheten für den Oberschulbereich auszubilden, war aber ein Erwerbungsprogramm für die dafür notwendigen Bücher vorgegeben. Nicht nur neue und neuste Bücher für die theologische Arbeit, sondern auch solche über Pädagogik, Philosophie, Literatur, Kunst, Naturwissenschaften und weitere Wissensgebiete waren zu berücksichtigen, um die Absolventen in Sachen Christusnachfolge und Weltverantwortung gesprächsfähig zu machen.

---

[12] Hannelore Götting war Mitarbeiterin und Leiterin der Bibliothek, Konrad von Rabenau Dozent und Leiter der Bibliothek in Naumburg.

2 Naumburg (1950–1993)

2.1 Startphase (1950–1958)

Der Umzug nach Naumburg und vor allem die bald danach folgende Erweiterung des Lehrauftrags auf Theologen im allgemeinen Gemeindedienst nötigten zu einem intensiven Ausbau einer eigenen Bibliothek. Da die staatlichen Verlage der DDR keine theologische Literatur herausbrachten und die Möglichkeiten der Evangelischen Verlagsanstalt und des katholischen St. Benno Verlages eingeschränkt waren, lag der Schwerpunkt auf dem Erwerb der Bibliotheken von Pfarrern und Wissenschaftlern und auf Bestellungen nach Antiquariatskatalogen. Sehr hilfreich aber war es, dass Buchbestellungen aus der Bundesrepublik Deutschland durch die großzügige finanzielle und organisatorische Hilfe der dortigen Kirchen und auch der Bundesregierung möglich waren.

Der Initiative des ersten Rektors Ernst Kähler, der von der Universität Halle-Wittenberg kam, sind die grundlegenden Erwerbungen zu verdanken: die der Privatbibliotheken der verstorbenen Hallenser Professoren Julius Schniewind (NT), Hans Schmidt (AT) und Paul Menzer (Philosophie). Er vermittelte auch, dass die wertvollen Bibliotheken des Tholuck-Konvikts, des Schlesischen Convicts in Halle (Saale) und Martin Kählers (NT) sowie die Archivalien August Tholucks dem Oberseminar als Deposita anvertraut wurden. Es war daher ein Zeichen von Verpflichtung und Dankbarkeit, dass das KOS Dr. Robert Mommert, einen katholischen Theologen, beauftragte, ein Repertorium des Archivs von August Tholuck, besonders seines Briefwechsels, zu erarbeiten.

Untergebracht war die Bibliothek zunächst in Räumen des Hauses am Domberg, erhielt aber 1952 einen eigenen Arbeitsraum und ein Büchermagazin in der Ägidienkurie. Die Bibliotheksleitung lag in dieser Zeit in den Händen von Dozent Rudolf Lorenz (Kirchengeschichte), die Bibliotheksverwaltung bei dem Pfarrer i. R. Friedrich Wilhelm Leonhardt, den seine Frau sehr unterstützte. 1954 kam Eberhard Meyer als Mitarbeiter hinzu. In dieser Zeit kam es schon zu einem Bestand von etwa 15 000 eigenen und 25 000 Deposita-Bänden.

Wie argwöhnisch der Aufbau des Oberseminars und seiner Bibliothek von staatlicher Seite gesehen wurde, zeigte die Überprüfung der Bibliothek durch eine sogenannte »Volkskontrolle« im Sommer 1958.[13] An der Abwendung der Gefährdung von Bibliothek und Seminar, die in die Sommerferien fiel, be-

---

[13] S. Kap. II.2.1, S. 41 und Kap. IV.2, S. 211–214.

teiligten sich besonders die Dozenten Eva Heßler und Konrad von Rabenau. Seither wurden alle Bücher geprüft und »Für den kirchlichen Dienstgebrauch« deklariert, einige wenige auch sekretiert. Die Anschaffung politischer Kontrovers-Literatur (z.B. der Werke von George Orwell, Boris Pasternak, Alexander Solschenizyn) wurde den einzelnen Dozenten und Studenten überlassen.

2.2 Ausweitung (1958–1972)

Nach der Krise übernahm Dozent Konrad von Rabenau die Leitung der Bibliothek. Sie erfuhr durch ihn einen nachhaltigen Impuls. Von Rabenau war bereits in Halle mit der Bibliotheksverwaltung der Theologischen Fakultät und der Erfassung der Bibliotheken von Hans Schmidt und Gerhard Heinzelmann betraut gewesen. Zusammen mit Eberhard Meyer, der seine Kenntnisse aus seiner früheren Tätigkeit als Briefmarkenhändler für die Vermehrung des Bestands einbringen konnte, und der Mitarbeiterin Dorothea Bierenheide wurde der Bestand jährlich regelmäßig um etwa 3000 Bände vermehrt, die oft aus Pauschalankäufen stammten. Der Bestand erhöhte sich in dieser Zeit auf ca. 100 000 Bände. Dabei lagen bei dem Bibliotheksleiter die Auswahl der aus diesen Ankäufen nützlichen Bücher und die Durchsicht der Antiquariatskataloge, auch die Neubestellungen sowie die Systematik, Signierung und Umsignierung der Bücher. Eduard Meyer dagegen führte die Kaufgespräche, organisierte den Weiterverkauf von Dubletten an Dozenten, Studenten und das Staatliche Antiquariat in Leipzig und war für alle finanziellen Aspekte zuständig. Dorothea Bierenheide erfasste die Titel und bereitete die Bücher für die Aufstellung vor.

Da die Bibliothek ständig weiter wuchs und auch sehr altes Bibliotheksgut zu bearbeiten war, konnte 1970 die Theologin Hannelore Götting zur Mitarbeit herangezogen und zur »Bibliothekarin im wissenschaftlichen Dienst« ausgebildet werden,[14] hatte man doch inzwischen in Naumburg mit der Weiterbildung vorhandener und der Ausbildung künftiger Bibliotheksmitarbeiter begonnen. Als am 1. April 1972 Eberhard Meyer in den Ruhestand ging, wurde Frau Götting zur Leiterin der Bibliothek ernannt, während Konrad von Rabenau sich auf das Bibliotheksreferat im Dozentenkollegium beschränkte.

Besondere Bedeutung für neuere theologische und allgemeine Literatur hatten weiterhin die großzügigen Geschenke westlicher Kirchen, die über das

---

[14]   Ihre wissenschaftliche Arbeit s. unter Götting 1992.

Lutherische Kirchenamt in Berlin-Zehlendorf abgewickelt wurden. Der dortige Buchhändler Horst Soyka bearbeitete die großen Listen und lieferte die Bücher aus. Die reguläre Einfuhr wurde der Bibliothek und den Dozenten nur einmal 1965 bei einem Besuch des Oberseminars durch Gerald Götting, den Vorsitzenden der CDU, gestattet.[15] Sonst gab es für diese Literatur keine Einfuhrgenehmigung. Die Verantwortung für die »illegale Einfuhr« übernahm deshalb von Rabenau und beteiligte, um unmittelbare Gefährdungen begrenzt zu halten, nur wenige Helfer aus dem Oberseminar, unter anderen die Sekretärin Ruth Strien und die Studieninspektorin Renate Friebe (verheiratete Bernau) sowie seine Mutter Elisabeth von Rabenau. Passierte diese nach dem Mauerbau die Kontrollstelle Bahnhof Friedrichstrasse, versteckte sie Bücher und Zeitschriften in ihren Kleidern. Dass alle diese Aktionen wegen der ständigen Personenkontrollen nicht risikolos waren, hat sich an einem Zugriff des Staatssicherheitsdienstes gezeigt, der Dr. von Rabenau und seine Mutter betraf.

Durch die Anschaffungen wurde in dieser Periode der theologisch-katechetische Bereich stark ausgeweitet. Darüber hinaus galt weiter den Gebieten Literatur und Kunst besondere Aufmerksamkeit. Bei dem Ausmaß der Ankäufe und Bestellungen spielte der Standort des Oberseminars eine Rolle. In Naumburg gab es nicht wie etwa in Berlin und Leipzig umfassende wissenschaftliche Bibliotheken. Deshalb sollten »möglichst viele Gebiete, die es mit der Kultur- und Geistesgeschichte im Abendländischen Raum zu tun haben, wenigstens partiell« erfasst werden.[16]

Die Sammlung war aber auch über Naumburg hinaus der Wissenschaft von Nutzen. Der Universitätsbibliothek Halle wurden die meisten Neuerwerbungen gemeldet. Durch sie war das Oberseminar auch der staatlichen Fernleihe als wissenschaftliche Fachbibliothek angeschlossen.

Zwei spezielle Erweiterungen des Ausbildungsprogramms setzten der Bibliothek zusätzliche Aufgaben. So wurde wegen der Ostkirchenkunde[17] besonders Literatur zur Orthodoxie und zur russischen Literatur gesammelt. Und wegen der Ausbildung von Kirchenjuristen[18] entstand eine Abteilung für Kirchenrecht und allgemeines Recht. Ohne speziellen Auftrag wurden Broschüren (»graue Literatur«) besonders zum Kirchenkampf zusammengetra-

---

[15]   Von Rohden (AKPS, Rep. D 3, Nr. 148) 1965, S. 7.
[16]   Walter (AKPS, Rep. D 3, Nr. 141) 1986, S. 8; vgl. auch Klaer (AKPS, Rep. D 3, Nr. 141) 1988, S. 11 und 1988a, S. 8–10.
[17]   Siehe Kap. II.4.3, S. 135–138.
[18]   Siehe Kap. II.3.1, S. 110–115.

gen, um die genauere Kenntnis der jüngsten Kirchengeschichte zu ermöglichen.

Die Bibliothek war als Freihand-Bibliothek aufgestellt und ermöglichte damit ihren Nutzern den unmittelbaren Zugang zu den Büchern. Bei der Masse
der Bücher entsprach das in der Naumburger Anfangszeit gewählte große
Raster dem Suchen nach Büchern mit spezielleren Themen nicht mehr. Es
wurden daher besonders in den Sommerferien umfangreiche Umsignierun-
gen und Neuaufstellungen vorgenommen, später auch Revisionen. Diese Arbeiten wären ohne die Mithilfe von Studierenden, Assistenten und Dozenten
unmöglich gewesen. Durch die Arbeitseinsätze der Studierenden in den Fe-
rien wurden Regale in der Ägidienkurie bis unter die Decke aufgestockt,
ganze Abteilungen umgeräumt.

Das schnelle Anwachsen schuf das Dauerproblem, wie Raum für das Auf-
stellen der Bücher geschaffen werden könnte. Zunächst wurden alle Wände
der Lehr- und Unterrichtsräume, auch des Speisesaals gefüllt, dann das Ge-
wölbe unter der Ägidienkapelle und ein zweiter Wohnturm der alten Kurie.

Die größte und schwierigste Expansion vollzog sich, als mehrere Kir-
chenbibliotheken der Kirchenprovinz Sachsen als Deposita im Oberseminar
aufgestellt wurden. Sie waren dazu bestimmt, für Forschung und Ausbildung
auch theologische Werke des späten Mittelalters, der Reformation und der
Orthodoxie (15.–17. Jahrhundert) zur Hand zu haben, da der Fundus der
Tholuck-Bücherei nur bis in das 18. Jahrhundert zurückging. So wurde die
Kirchenbibliothek der Naumburger Wenzelskirche einbezogen und die
Sammlungen aus Großurleben bei Langensalza, Heringen an der Helme,
Nordhausen und Stolberg im Harz zwischen 1970 und 1973 im Turm der
Wenzelskirche aufgestellt. Studenten halfen bei dem Transport und bauten
dafür hohe Regale.

Leider kam es kurz nach der Ankunft der Bücher im Wenzelsturm durch
Bauarbeiter, die im Kirchenschiff tätig waren, zu einem Einbruchs-Diebstahl.
Der Schaden konnte gemindert werden, weil der Naumburger Buchhändler
Erwin Kohlmann dem mit ihm befreundeten Konrad von Rabenau von ihm
frisch erworbene Bücher zeigte und sie nach Klärung der Herkunft ohne
Geldforderungen an das Oberseminar zurückgab.

2.3 Weiterentwicklung, Grenzen und Ende (1972–1993)
Der Wechsel von Konrad von Rabenau 1973 in die Ausbildungsarbeit des
Bundes und der EKU führte dazu, dass andere Dozenten die Hauptverant-
wortung für die Bibliothek übernahmen; Nikolaus Walter (NT) und zuletzt
Rüdiger Lux. Die Bibliotheksleitung lag bis 1991 bei Hannelore Götting, bis

1993 bei Susanne Kröner unterstützt von jetzt vier, zuletzt fünf Mitarbeiterinnen.

Der Bestand wurde kontinuierlich erweitert. Da die ältere Literatur gut vertreten war, lag die Konzentration jetzt darauf, neuere und neuste Literatur für die Grenzgebiete der Theologie zu beschaffen: Psychologie, Pädagogik, Philosophie inklusive Sprachphilosophie, philosophische Ethik, Ökumene, Soziologie. Alle diese Literatur erschien größtenteils im »kapitalistischen Ausland«.

Die Bestellung und der Transport der westlichen Literatur wurde weiter von Konrad von Rabenau betreut, der mit den Geldgebern verhandelte und die Naumburger Bestellungen weiterleitete. Den Transport über die Grenze hatten mit ihren Fahrzeugen von der Grenzkontrolle ausgenommene Pendler zwischen West- und Ostberlin übernommen. Der Ephorus des Sprachenkonvikts Gerhard Lorenz übernahm von ihnen die für Naumburg bestimmten Bücher und transportierte sie abends zu der Garage von Dr. von Rabenau in Schöneiche. Dort wurden sie von einem Naumburger Auto abgeholt. Wegen eines anderen Bauvorhabens im Sprachenkonvikt wurde Lorenz verhaftet. Die Gefahr, die damit dem Bücherschmuggel drohte, wurde durch die Verhandlungen von Manfred Stolpe, dem Leiter des Sekretariats des Bundes der Evangelischen Kirchen, mit inoffiziellen Stellen der DDR abgewendet. Er organisierte auch zusammen mit Roswitha Bodenstein und Konrad von Rabenau den legalisierten Bezug theologischer Zeitschriften sowohl für die kirchlichen Hochschulen wie für die Theologischen Fakultäten.

Bereits Mitte der 70er Jahre wurden die Grenzen des Machbaren, vor allem im Blick auf die Unterbringung der Bücher deutlich. Dazu kam wegen zu hoher Luftfeuchtigkeit ein gravierender Schimmelbefall der Deposita Tholuck, Kähler, Schlesisches Convict. Um den Befall zu stoppen, erfolgte mit Hilfe der Studenten eine Reinigung der Bücher. Da aber der begutachtende Restaurator Günter Kreienbrink (Erfurt) eine luftige Aufstellung des Bestandes für zwingend notwendig hielt, wurden mit Zustimmung des zuständigen Kuratoriums in Halle viele als Dubletten nachgewiesene Bücher besonders aus dem Bestand des Schlesischen Convicts verkauft. Aus dem Erlös wurden restauratorische Maßnahmen bezahlt.

Eine wesentliche Entlastung bei den Nöten der Unterbringung brachte erst der Umbau der St. Othmarskirche, die eine Zwischendecke (1976–1977) erhielt. Diese umfangreiche Bauaufgabe war durch das Sonderbauprogramm des Bundes der Evangelischen Kirchen, also durch die westliche Finanzhilfe möglich. Ab 1978 standen der Bibliothek damit im Erdgeschoss zusätzliche neue Stellflächen zur Verfügung. Im Obergeschoss wurden neben dem großen Gemeinderaum ein Katalograum, ein Lesesaal und drei Räume für die Bibliotheksverwaltung eingerichtet.

Der nach genauem Plan vollzogene Umzug in die Othmarskirche und auch die Neuaufstellung der verbliebenen Bücher in Domplatz 8 waren eine Meisterleistung aller Beteiligten, auch der Studierenden und Assistenten. Insgesamt wurden etwa 78 000 Bücher aus dem eigenen Bestand und die etwa 4 800 Bände der deponierten Kirchenbibliotheken (insgesamt ca. 1 950 laufende Meter) bewegt. Damit hatte die große Sammlung für die letzte Phase ihres Bestehens ein richtiges Bibliotheksgebäude erhalten.

Angesichts eines Bestands von 150 000 Bänden und in der Erwartung weiteren Zuwachses musste seit 1986 über eine »drastische Veränderung des Gesamtkonzepts der Bibliothek« nachgedacht[19] und Teile aus einzelnen Spezialabteilungen der Sammlungen (Kirchenrecht, Marxismus/Leninismus, Mehrfachexemplare von Klassikertexten) an andere Institutionen abgegeben werden. Als auch in den Kirchengemeinden teilweise das Interesse an ihren Kirchenbibliotheken neu erwachte, wurden 1988 die Bestände von Großurleben und Stolberg zurückgeführt. Der durch den Schädlingsbefall schlecht erhaltene Bestand der Kirchenbibliothek in Heringen war bereits früher im Auftrag der Gemeinde ausgedünnt worden, wobei auch ein Abgleich mit der Marienbibliothek Halle (Saale) erfolgte. Den verbliebenen Bestand sowie das Depositum von Nordhausen übernahm im April 1989 die Bibliothek des Predigerseminars Wittenberg.

Aus dem Beschluss der Kirchenleitung in Magdeburg, die Arbeit der Kirchlichen Hochschule in Naumburg zu beenden, ergab sich auch die Auflösung ihrer Bibliothek. Sie umfasste 1991 etwa 155 000 Bände.

Die aus Halle stammenden Bibliotheken Tholuck, Kähler, Schlesisches Convict wurden 1993 dorthin zurückgeführt und gelangten an die Bibliothek der Franckeschen Stiftungen. Die Bestände zur Ostkirchenkunde wurden dem an diesem Thema arbeitenden Institut der Theologischen Fakultät Halle (Saale) übergeben. In der Hoffnung, dass es in Erfurt zum Aufbau einer Evangelisch-theologischen Fakultät mit Dozenten der Kirchlichen Hochschule Naumburg kommen werde, entsprach das Konsistorium der Kirchenprovinz Sachsen dem Wunsch des Thüringer Wissenschaftsministeriums und übergab den Hauptbestand der Naumburger Bibliothek der Universitätsbibliothek Erfurt. Obwohl der Fakultätsplan scheiterte, beließ man die Bibliothek in Erfurt, damit sie dort helfen könnte, die in der DDR-Zeit entstandene große Lücke an wissenschaftlicher Literatur zu schließen.

---

[19]   Walter (AKPS, Rep. D 3, Nr. 141) 1986, S. 9.

3 Zentralkatalog kirchlicher Bibliotheken[20]

Schon vor der Übernahme von Kirchenbibliotheken als Deposita ist etwa ab 1958 die Erfassung des kirchlichen Buchgutes in einem Zentralkatalog in Angriff genommen worden. Sie wurden vorher am angestammten Ort nach den neueren bibliographischen Regeln katalogisiert und auch auf ihre Herkunft, ihren Einband und ihre wissenschaftliche Bedeutung untersucht. Dafür waren viele Besuchsreisen nötig, die Konrad von Rabenau und Hannelore Götting unternahmen.

Der Zentralkatalog sollte für die theologische Forschung in Naumburg, aber auch überhaupt das wertvolle kirchliche Überlieferungsgut nachweisen. Darüber hinaus sollte er die Beschaffung der neuesten, vor allem der westlichen Literatur erleichtern. Die Kirchlichen Hochschulen in Berlin (Sprachenkonvikt) und Leipzig (Theologisches Seminar) konnten zur Mitarbeit gewonnnen werden, ebenso die Bibliothek des Konsistoriums in Magdeburg und die großen städtischen Kirchenbibliotheken in Erfurt (Ministerialbibliothek) und Halle (Marienbibliothek).

Da die Weiterführung dieses Katalogs für das Oberseminar eine zu große Belastung bedeutet hätte, wurde er ab 1974 mit Unterstützung von Manfred Stolpe am Sekretariat des Bundes weitergeführt und mit einer Bibliothekarsstelle ausgestattet. Auch die Aus- und Weiterbildung für die kirchlichen Bibliothekare sowie die Zusammenarbeit dieser Bibliothekare in einer lebhaften Arbeitsgemeinschaft konnte sich in diesem Rahmen weiter entfalten. Die Veränderungen nach 1989 haben alle diese Bemühungen zum Erliegen gebracht. Geblieben sind eine Mikroficheausgabe des Zentralkatalogs und ein Aufsatzband mit Examensarbeiten der »Bibliothekare im kirchlichen Dienst«.[21] Die Handbibliothek des Zentralkatalogs gelangte mit der Bibliothek des Oberseminars an die Universitätsbibliothek Erfurt.

---

[20] Siehe auch von Rabenau 1992.
[21] Czubatynski / Laminski / von Rabenau 1992.

V. 4 Finanzierung (Haushalt, Betriebsmittel, Patenschaft)[22]

Hans-Georg Hafa und Martin Kramer[23]

Die Evangelische Kirche der Kirchenprovinz Sachsen hatte sich selbst die Aufgabe gestellt, eine Kirchliche Hochschule für die Ausbildung von Pfarrern im katechetischen Dienst, später für Pfarrer überhaupt aufzubauen. Das bedeutete, dass die nötigen Haushaltsmittel ausschließlich von kirchlicher Seite aufzubringen waren. Ein staatlicher Zuschuss war ausgeschlossen, da ja die sechs Theologischen Fakultäten in der DDR vom Staat finanziert wurden. Entsprechend den allgemeinen Regelungen in der DDR mussten außerdem für die Studierenden Stipendien aufgebracht werden.

In der Startphase musste die Kirchenprovinz Sachsen die Finanzierung allein gewährleisten. Indem sich aber bald herausstellte, dass auch andere Landeskirchen an dieser Ausbildung interessiert waren und Studierende aus dem ganzen Gebiet der DDR kamen, ergab sich die Erwartung, dass die anderen Kirchen an diesen Lasten beteiligt würden. Dies musste aber verrechnet werden mit der Unterhaltung des Theologischen Seminars in Leipzig und des Sprachenkonvikts in Berlin.

Seit 1953 finden sich in den Akten der Kirchenkanzlei der EKU Hinweise darauf, dass die EKU zu finanziellen Leistungen für das KOS bereit war. Zunächst musste geklärt werden, wie seine Zukunft in der KPS selbst gesehen wurde. Die EKU drängte auf einen Ausbau als Hochschule und die Anerkennung der abgelegten Prüfungen als Erstes Theologisches Examen. Andere Kirchen – etwa Berlin-Brandenburg – waren zögerlich. Die Abklärung des innerkirchlichen Status des Kirchlichen Oberseminars in Potsdam stand noch aus; in dieser Kirche gab es in Berlin-West schon eine kirchliche Hochschule, eine unmittelbare Folge des Kirchenkampfes. Aus dem Kirchlichen Oberseminar in Potsdam wurde schließlich eine Institution zur Vorbereitung für das Theologiestudium; heute ist es ein kirchliches Gymnasium. Trotz der

---

[22] Als Quellen wurden neben den in Kap. III.2, S. 247, Anm. 96 genannten benutzt: AKPS, Rep. D 3, Nr. 307 und 313 sowie Evangelisches Zentralarchiv Berlin: Kirchenkanzlei der EKU Bestände 107 und 108 (1953–1992); Berliner Stelle der Kirchenkanzlei der EKD Bestand 4.

[23] Hans-Georg Hafa war Absolvent des ersten Kurses für die Juristenausbildung (siehe II.3.1.), Martin Kramer als Konsistorialpräsident Mitglied des Kuratoriums in Naumburg.

noch ungeklärten Fragen ging die EKU voran und bewilligte für die Besoldung einzelner Dozenten und die Beschaffung von Büchern namhafte Beträge. Endgültig wurde ab dem Haushaltsjahr 1962 ein allgemeiner Haushaltszuschuss nach Naumburg gezahlt; im Haushaltsplan 1966 hatte der Zuschuss der EKU mit 125 000,– Mark fast die gleiche Höhe wie der Zuschuss der KPS. Die EKU handelte hier auch im Interesse ihrer ostdeutschen Gliedkirchen, die deshalb keine eigenen Leistungen zu erbringen hatten. Den gleichen Betrag erhielt das Sprachenkonvikt – rechtlich ein Ableger der Kirchlichen Hochschule in Berlin-West – als die andere Kirchliche Hochschule im östlichen EKU-Bereich. Die Haushaltszuschüsse wurden bis zuletzt von der EKU gezahlt. In den letzten Jahren vor der Wende pegelten sie sich auf 110 000,– Mark ein; selbst nach der Währungsunion wurden diese Zuschüsse unverändert umgestellt; erst mit dem rechtlichen Ende des KOS endete auch diese Zahlung. Dazu kam eine Besonderheit. Das KOS und das Sprachenkonvikt Berlin (Ost) unterhielten gemeinsam eine Philosophie-Dozentur; diese wurde zu einem erheblichen Teil ebenfalls aus EKU-Mitteln bezuschusst. Der letzte Dozent auf dieser Stelle war Richard Schröder, der nach der Fusion der Berliner theologischen Ausbildungsstätten als Professor in die Theologische Fakultät der Humboldt-Universität Berlin übernommen wurde.

Allein am Volumen des ordentlichen Haushalts wird bereits deutlich, dass die Evangelische Kirche der Kirchenprovinz Sachsen die Steigerungsraten im Laufe der Jahrzehnte fast allein aufbringen musste. 1962 kamen aus Magdeburg etwa die Hälfte der Zuschüsse (110 000,– DDR-Mark), die Evangelische Kirche der Union steuerte 80 000,– DDR-Mark bei, das Lutherische Kirchenamt 15 000,– DDR-Mark, das Diakonische Werk – und zwar zweckbestimmt für die Verbesserung der Qualität des Essens – 15 000,– DDR-Mark, die Evangelische Kirche Anhalts 2 000,– DDR-Mark und das Görlitzer Kirchengebiet 3 000,– DDR-Mark. Später fiel der Anteil des Lutherischen Kirchenamtes weg und wurde von der EKU übernommen. Die symbolischen Anteile der kleinen Landeskirchen fielen weg, und es wurde ein Anteil der EKD/Berliner Stelle (ab 1970 vom Bund der Evangelischen Kirchen in der DDR) ausgewiesen.

Die übrigen Kosten mussten von der KPS getragen werden, dies war eine ständig steigende Belastung (z. B. Haushaltsjahr 1975 160 000,– Mark, 1982 248 000,– Mark und 1987 234 700,– Mark); dagegen blieben die Zuschüsse der EKU auf der bisherigen Höhe. Der Bund der Evangelischen Kirchen in der DDR (BEK) beteiligte sich bis zu seinem Ende mit jährlich 15 000,– Mark. In dieser Situation kam ein jahrelang gehegter Plan zur Ausführung. 1988 tauchten im Haushalt des KOS erstmalig »Erhalterbeiträge« auf. Der Gedanke dieser Ausgleichsmaßnahme bestand darin, dass jede Landeskirche für »ihre« Studierenden einen Zuschuss an die betroffene Ausbildungsstätte zahlte. Auf diese Weise wurden die Landeskirchen ohne eigene Ausbildungsstätte ebenfalls zur Kasse gebeten. Dies wirkte sich so aus, dass die KPS 1988 nur noch 35 340,– Mark als allgemeinen Zuschuss zu zahlen hatte, während an Erhalterbeiträgen insgesamt – also einschließlich der Erhalterbeiträge der KPS 192 000,– Mark eingeplant werden konnten.

Über den ordentlichen Haushalt hinaus kamen – vermittelt durch das Sekretariat des Kirchenbundes – außerordentliche Zuwendungen aus der Evangelischen Kirche in Deutschland. Hervorstechend ist z. B. der Umbau der Othmarskirche zu einer Bibliothek. Das war ein Projekt im Sonderbauprogramm der evangelischen Kirchen im Wege des Inlandsexports. Dieser scheinbar unlogische Begriff beschreibt das Verfahren, wenn Bauleistungen durch Firmen in der DDR ausgeführt werden und diese ihre Leistungen durch DDR-Mark von den Außenhandelsorganen vergütet bekommen. Die EKD bringt das Geld auf, bezahlt dafür aber Warenlieferungen innerhalb der Bundesrepublik. Die Waren werden in die DDR eingeführt und von den Außenhändlern der staatlichen Wirtschaft zur Verfügung gestellt. Darüber hinaus wurden durch Partnerkirchen über das Diakonische Werk Materialien oder PKW zur Verfügung gestellt und eingeführt. Die Einfuhr wissenschaftlich-theologischer Literatur wurde durch die EKU vermittelt, zum erheblichen Anteil aber von den westlichen Gliedkirchen der EKD finanziert. Vertreter der Partnerkirchen oder aus dem für das Hilfsprogramm der EKD zuständigen Sonderausschuss besuchten auch direkt Naumburg, um sich von den Ergebnissen des Programms zu überzeugen.

Angesichts der Bewirtschaftung des Wohnraums war es nicht einfach, für die Studierenden Wohnraum zu finden. Jede Wohnung und jedes Zimmer musste grundsätzlich eine Zuweisung der örtlichen Stelle für Wohnungswirtschaft haben. Mitte der 80er Jahre versuchte das Oberseminar deshalb beim Rat des Kreises zu sondieren, ob nicht sanierungsbedürftiger Wohnraum mit Valutamitteln hergerichtet werden könne und dann dem Oberseminar zur Verfügung stünde. Diese Überlegung wurde zurückgewiesen. Nachträglich kommt einem die Überlegung, ob das damals nicht erfolgversprechender an zentraler Stelle vorgetragen worden wäre. Den örtlichen Organen konnte nicht an einer Verstärkung des studentischen Unruhepotentials liegen, und von etwaigen Valutaeinnahmen hätten die örtlichen Stellen wohl nichts gesehen. Andererseits wäre es aber auch nicht so sehr sinnvoll gewesen, von kirchlicher Seite aus in Berlin auf das Thema der Ausbildungsstätte zu sprechen zu kommen.

Die Hauptgebäude des Oberseminars waren von den Vereinigten Domstiften zu Merseburg und Naumburg und des Kollegiatstifts Zeitz, einer Stiftung öffentlichen Rechts, gemietet. In den 80er Jahren wurde versucht, mit dem Vermieter über den – eigenfinanzierten – Einbau einer Heizung zu verhandeln. Der Dechant des Domkapitels erklärte, der Mietvertrag gehe von Räumen mit Ofenheizung aus, und dabei solle es bleiben.

Neben den beschriebenen Finanzierungen gab es noch weitere Quellen. In den Akten der Berliner Stelle der Kirchenkanzlei der EKD finden sich zahlreiche Hinweise auf die Gewährung von einzelnen Beihilfen. Die Bibliothek des KOS war hier der größte Nutznießer. Als sich die preußische Landeskirche nach 1945 unter veränderten Bedingungen als EKU neu konstituierte, legte sie in ihrer Ordnung fest, dass viermal jährlich in allen Gliedkirchen eine Kollekte für besondere Notstände gesammelt werden sollte. Die Kollektenerträge kamen auch dem KOS zugute. Die Akten der Kirchenkanzlei der EKU weisen seit 1953 fast jährlich Einzel-Zuschüsse zwischen 5 000,- und 50 000,- Mark aus. Damit wurden Wohnunterkünfte der Studierenden ausgebaut, die Bibliotheksräume verbessert oder Zuschüsse für die Behebung baulicher Mängel gewährt; selbst Stipendien für die weitere wissenschaftliche Qualifikation bereits fertiger Theologen lassen sich nachweisen. Der Kollektenausschuss der EKU, der als gesamtdeutscher Ausschuss immer gemeinsam tagte, stand den Anliegen aus Naumburg regelmäßig positiv gegenüber. Man kann ohne Übertreibung sagen, dass die Finanzierung des KOS in nennenswerter Weise eine gesamtkirchliche Angelegenheit war.

VI Dokumente

Dokument 1

Beschlüsse der Kirchenleitung der Kirchenprovinz Sachsen zur Einrichtung des Kirchlichen Oberseminars 1949

Quelle: Vom Menschen 1993, S.147.

a) Protokoll der Sitzung der Kirchenleitung der Kirchenprovinz Sachsen vom 23. März 1949, TOP 12, Vervielf.

Einrichtung eines katechetischen Seminars für Oberschulen (Ratsbeschluß vom 3.3., Ziffer 9), Abteilung KA – (Ref. Kons. Rätin Zippel)

Es hat sich als notwendig erwiesen, eigens für die Oberschulen geeignete Katecheten vorzubilden. Die üblichen katechetischen Seminare reichen nicht aus, da die Katecheten an Oberschulen eine umfassende Bildung vor allem auch naturwissenschaftlicher Art haben müssen. Es wird daher ein besonderes Seminar von akademischer Grundhaltung geplant, in welches geeignete Abiturienten aufgenommen werden. Auch hierfür sind in Wittenberg die Räume und sonstigen Möglichkeiten gegeben. Es müßte nur ein geeigneter hauptamtlicher Leiter gefunden werden. Finanziell wird das Katechetische Amt diese Aufgabe dadurch tragen können, daß einmal für diese Aufgabe höhere Unterrichtsbeiträge erhoben werden können als an den übrigen Seminaren, zum andern einige der bisherigen Seminare, die nur für die Übergangszeit geschaffen waren, stillgelegt werden können. Über die Ausbildungsdauer (4 oder 8 Semester) und die Pläne kann erst entschieden werden, wenn durch Fühlungnahme mit ähnlichen Instituten die Vorfragen geklärt sind.

Die Kirchenleitung stimmt dem Plan zu. Es ist zu erstreben, ab 1.8.1949 ein solches Seminar in Wittenberg zu eröffnen. Alles Übrige bleibt dem Katechetischen Amt überlassen. Der Rat wird ermächtigt, über Ausbildungsdauer und Pläne zu entscheiden.

b) Protokoll der Sitzung der Kirchenleitung der Kirchenprovinz Sachsen vom 15. Dezember 1949, TOP 13, Vervielf.

Verlegung des Katechetischen Oberseminars von Wittenberg
nach Naumburg

Nachdem der Provinzial-Synodalverband nunmehr den Mietvertrag mit dem Domgymnasium in Naumburg abgeschlossen hat, erscheint die Verlegung des Katechetischen Oberseminars von Wittenberg nach Naumburg als erwünscht. In Naumburg ist auf diese Weise eine größere Konzentrierung der gesamten Arbeit möglich. Zudem ist die bewährte Leitung von Professor Güldenberg hier gegeben. Die Referentin (Zippel) trägt vor, daß die erforderlichen Umbauten und Renovierungen der Räume aus Haushaltsmitteln des Katechetischen Amtes zu decken sind. Die Kirchenleitung beschließt einmütig die Verlegung des Oberseminars nach Naumburg nach Schluß des jetzt laufenden Semesters (Februar 1950).

Dokument 2

Kanzelabkündigung 1949

Quelle: AKPS, Rep. A Gen., Nr. 4005

Evangelisches Konsistorium
der Kirchenprovinz Sachsen
Katechetisches Amt –
KA – 2255

Magdeburg, den 7. Juli 1949

Wir bitten, Nachstehendes in geeigneter Weise (durch Kanzelabkündigung, Besprechung in Jugend- und Bibelkreisen, persönliche Werbung usw.) in den Gemeinden bekannt zu geben:

Am 1. September ds. Js. soll in Wittenberg ein Katechetisches Seminar für die Ausbildung von Katecheten an Oberschulen eröffnet werden. Es gehört eine besondere Zurüstung dazu, unsere Jungens und Mädels an den Oberschulen das Wort Gottes so zu lehren, daß sie es zu ergreifen vermögen in ihrer besonderen Situation, die durch den höheren geistigen Anspruch und die tiefergreifende weltanschauliche Auseinandersetzung – insbesondere auch auf naturwissenschaftlichem und geschichtsphilosophischem Gebiet – gekennzeichnet ist. Darum rufen wir junge Menschen, die dazu geeignet und willens sind, daß sie sich um Christi willen rüsten lassen möchten zu solchem Dienst an der getauften Jugend unseres Volkes, die einmal in den geistigen Berufen Entscheidendes leisten soll.

Voraussetzung für diese Ausbildung ist, daß die Bewerber bisher schon am Leben der Kirche teilgenommen und sich zum Wort und Tisch des Herrn gehalten haben und der Nachweis des erlangten Abiturs einschließlich griechischer und lateinischer Sprachprüfung. Letzteres kann auch an der Ausbildungsstätte nach entsprechendem Sprachstudium abgelegt werden. Der Ausbildungsplan umfaßt 3 Jahre nach der letzten Sprachprüfung und schließt mit einer Prüfung, die die Befähigung zur Anstellung als Katechet an Oberschulen ergibt. Die Kosten der Ausbildung belaufen sich auf 120,- DM monatlich (einschließlich Wohnung und Verpflegung im Internat). Meldungen sind bis zum 10. August ds. Js. über den Gemeindepfarrer auf dem Weg über die Propsteikatecheten an das Evangelische Konsistorium, Katechetisches Amt, zu richten. Der Bewerbung ist Abschrift des Reifezeugnisses oder Bescheinigung der Schule über das voraussichtliche Bestehen der

Reifeprüfung, Tauf- und Konfirmationsschein, amtsärztliches Gesundheitszeugnis, Lebenslauf und ein Gutachten des Gemeindepfarrers beizufügen.

gez. D. Müller, Bischof

An alle Pfarrer, Propstei- und Kreiskatecheten
unseres Aufsichtsbereichs.

Dokument 3

Prospekt über die Ausbildung am Katechetischen Oberseminar 1951

Quelle: AKPS, Rep. A Gen., Nr. 4005

Katechetisches Oberseminar der Kirchenprovinz Sachsen
Naumburg (Saale),
Hinterm Dom 1

Das Katechetische Oberseminar der Kirchenprovinz Sachsen in Naumburg (Saale) dient der **wissenschaftlichen** und **praktischen, theologischen** und **pädagogischen** Ausbildung von **hauptamtlichen Katecheten** vornehmlich für die Jugendlichen **des Oberschul- und Berufsschulalters** sowie für den gehobenen katechetischen Dienst.

Nachdem lt. Artikel 40 der Verfassung der DDR der Religionsunterricht ausschließlich Angelegenheit der Religionsgemeinschaften geworden und die christliche Jugendunterweisung wieder der Kirche zugefallen ist, hat diese auch die erforderlichen Lehrkräfte auszubilden. Für die Jugendlichen des Oberschulalters standen früher Philologen zur Verfügung, welche auf der Universität außer anderen Fächern des Unterrichts an höheren Schulen auch evangelische Religionslehre studiert hatten. Nachdem eine derartige Möglichkeit nicht mehr besteht, schuf die Evangelische Kirche der Kirchenprovinz Sachsen in dem Katechetischen Oberseminar eine Ausbildungsstätte, wie sie die gegenwärtige Christenlehre im Unterschied sowohl zum früheren Religionsunterricht wie zum Predigt- und Seelsorgeamt des Pfarrers erfordert: sie soll den künftigen Katecheten für die Jugend des Oberschulalters wissenschaftlich zu seinem kirchlichen Lehramt rüsten, und zwar sowohl theologisch, wie es an den theologischen Fakultäten geschieht, als auch pädagogisch, wie es früher vorwiegend erst nach Abschluß des Studiums in der praktischen Vorbereitungszeit des Oberlehrers geschah. Außerdem wird der künftige Katechet gründlich eingeführt in die Naturwissenschaften und in die Philosophie.

In der katechetischen Arbeit mit jungen Menschen von 14–18 Jahren liegt eine große Aufgabe, aber auch eine große Verheißung beschlossen. Wir brauchen dazu Menschen, die sich lebendig mit den schweren Fragen der Gegenwart auseinandersetzen und unserer Jugend zu klarer Orientierung von der Schrift her helfen wollen: ein besonderer, so von niemand anderem zu leistender Dienst, der die ganze Kraft eines reifen Lebens erfordert.

Der **Lehrplan** des Katechetischen Oberseminars umfaßt:

a) **2 Vorsemester** (1 Jahr) für solche, die keine humanistische Vorbildung haben, zur Erlernung der lateinischen, griechischen und – freiwillig – der hebräischen Sprache. Die Vorsemester schließen mit den Ergänzungsprüfungen in den alten Sprachen ab (großes Latinum, Graecum, gegebenenfalls Hebraicum), die vor einer Prüfungskommission des Konsistoriums stattfinden.

b) **6 Fachsemester** (3 Jahre) mit durchschnittlich je
3 Wochenstunden im Alten Testament
4 Wochenstunden im Neuen Testament
2 Wochenstunden in Kirchengeschichte
2 Wochenstunden in Glaubenslehre
8 Wochenstunden in Katechetik
2 Wochenstunden in Philosophie
3 Wochenstunden in Naturwissenschaften
dazu eine musikalische Grundausbildung, innerhalb deren auch die Möglichkeit besteht, Instrumente einschl. Orgel spielen zu lernen.
Dauer der Semester jeweils vom 15. 9.–15. 2. und 1. 4.–31. 7.

Die **Leitung** des Oberseminars, das dem Evangelischen Konsistorium der Kirchenprovinz Sachsen unmittelbar untersteht, liegt außer bei dem Dozentenkollegium in den Händen des unterzeichneten Rektors.

Die **Dozenten** sind:

im Alten Testament:	Provinzialpfarrer für den katechetischen Dienst Otto Glüer
	Pastor Konrad von Rabenau
im Neuen Testament:	Rektor Dr. theol. Ernst Kähler
in Katechetik:	Provinzialkatechet Prof. lic. theol. h.c. Dr. phil. Otto Güldenberg
	Dozentin Eva Heßler
in Systematischer Theologie:	Pfarrer lic. Dr. Heinrich Benckert, Erfurt
in Naturwissenschaften:	Dr. rer. nat. Bruno Wiese, Leipzig
in Philosophie:	Professor Dr. phil. Gerhard Stammler, Halle/S.
in Griechisch und Lateinisch:	Dozent Dr. phil. Gerhard Steinkopf
im Hebräischen:	lic. theol. Margarete Möller, Bad Kösen

Erweiterungen des Lehrkörpers sind in Aussicht genommen.

Die **Wohn- und Unterrichtsräume** des Oberseminars befinden sich in der »Curia sanctae crucis« und im ehemaligen Domgymnasium. Diese zum Dom gehörigen ehrwürdigen alten Bauten sind für ihre neue Bestimmung baulich verändert und neu eingerichtet worden. Je 2–5 Studierende haben gemeinsame Wohn- und Schlafräume. In späteren Semestern kann auf Wunsch auch Unterbringung in der Stadt erfolgen. Mit der Leitung des Konvikts ist die Dozentin Frl. Eva Heßler beauftragt.

Eine gute **Bibliothek** für alle Fächer steht den Studierenden zur Verfügung. Außerdem ist das Seminar dem Leihverkehr der Universitäts- und Landesbibliothek Halle angeschlossen.

Den **Abschluß** des Studiums bildet eine schriftliche und mündliche Prüfung in sämtlichen unterrichteten Fächern, die vor einer Prüfungskommission des theologischen Ausbildungsamtes des Konsistoriums abgelegt wird. Nach dem Bestehen der Prüfung kann der Katechet von der Evangelischen Kirche der Kirchenprovinz Sachsen hauptamtlich angestellt und nach feierlicher Einsegnung einem Propsteikatecheten zur Einweisung in sein Amt zugewiesen werden. Wünsche werden dabei nach Möglichkeit berücksichtigt. Die Besoldung erfolgt nach der Tarifordnung für Kirchliche Angestellte vom 15. Dezember 1949.

Aufgenommen werden jeweils zum 15. 9. jeden Jahres junge Männer und Mädchen, denen es wichtig geworden ist, unsere Jugend im Worte Gottes zu unterweisen. Erforderlich ist der Nachweis des Abiturs (nach Möglichkeit des humanistischen) oder für Nichtabiturienten die Ablegung einer Aufnahmeprüfung vor einer Kommission des Oberseminars, deren Bestehen von der Kirchenleitung dem Abiturientenexamen gleichgeachtet wird.

Die Kosten für 9 Studienmonate im Jahr betragen monatlich 25,– DM an Studiengebühren und 75,– DM für Pensionsgeld. Stipendien oder Ausbildungsdarlehen können beantragt werden.

Bewerbungen sind jeweils bis spätestens 1. 9. zu richten an das Evangelische Konsistorium der Kirchenprovinz Sachsen, Katechetisches Amt, Magdeburg, Am Dom 2. Der Bewerbung sind folgende **Unterlagen** beizufügen:
    Reifezeugnis in beglaubigter Abschrift oder – bei Nichtabiturienten – Gesuch um Zulassung zur Aufnahmeprüfung mit Angabe der bisherigen Aus-

bildung und Vorbereitung, handgeschriebener Lebenslauf, amtsärztliches Gesundheitszeugnis, Tauf- und Konfirmationsschein in Abschrift, pfarramtliches Gutachten (letzteres in versiegeltem Umschlag). Die Bewerbungsunterlagen sind bei den zuständigen Kreiskatecheten zur Weiterleitung über den zuständigen Propsteikatechen an das Katechetische Amt des Konsistoriums abzugeben.

Wir bitten die jungen Menschen unserer Kirchen, die Notwendigkeit der vor uns und auf uns liegenden Aufgabe der katechetischen Arbeit an der heranwachsenden Jugend zu erkennen und dabei zu bedenken: das Maß ihrer Schwierigkeit ist ein Maßstab für ihre Bedeutung.

Wir bitten die bereits in einem kirchlichen Amt stehenden Brüder und Schwestern sowie die sonstigen erwachsenen Glieder unserer Kirchen, bei dem Rat, den sie zu geben haben, oder der bei ihnen gesucht wird, junge Menschen auf diesen Dienst unserer Kirche hinzuweisen.

Wir bitten Gott, er möge uns dazu brauchen, daß im Lichte seines Evangeliums eine Schar freier und frommer, gut gerüsteter junger Menschen heranwachse, tüchtig zum Dienst an diesem Teil des einen Auftrages der Kirche, die Völker halten zu lehren alles, was Er uns geboten hat.

Rektor und Dozenten des Katechetischen Oberseminars
gez. Dr. theol. Ernst Kähler

DOKUMENT 4

Statut des Katechetischen Oberseminars in der Fassung von 1972

Quelle: AKPS, Rep. D 3, Nr. 246.

S t a t u t

des Katechetischen Oberseminars in Naumburg/Saale

§ 1 Rechtsstellung

Das Katechetische Oberseminar in Naumburg ist eine theologisch-wissenschaftliche Lehranstalt der Evangelischen Kirche der Kirchenprovinz Sachsen.

§ 2 Zweck

Das Katechetische Oberseminar bereitet Studenten für den katechetischen Dienst, das Pfarramt und das Lehramt an Ausbildungsstätten der Kirche vor. Es dient der theologischen Forschung der Kirche.

§ 3 Organe

Organe des Katechetischen Oberseminars sind

1. das Kuratorium,
2. der Verwaltungsausschuß,
3. das Dozentenkollegium,
4. der Konvent,
5. der Rektor.

Das Kuratorium

§ 4 Rechtsstellung

Das Kuratorium ist von der Kirchenleitung der Evangelischen Kirche der Kirchenprovinz Sachsen bevollmächtigt, das Katechetische Oberseminar – unbeschadet der Befugnisse des Dozentenkollegiums, des Verwaltungsausschusses, des Konvents und des Rektors – zu leiten und die Kirchenleitung in Sachen des Katechetischen Oberseminars nach Maßgabe des vorliegenden Statuts nach innen und außen zu vertreten.

§ 5 Vertretungsbefugnis

Willenserklärungen, die die Evangelische Kirche der Kirchenprovinz Sachsen rechtlich verpflichten, sind von dem Vorsitzenden des Kuratoriums und dem

Schatzmeister oder deren Stellvertretern unter Beidrückung des Siegels des Katechetischen Oberseminars zu vollziehen. Dadurch wird Dritten gegenüber deren Rechtswirksamkeit festgestellt.

§ 6 Zusammensetzung

(1) Dem Kuratorium gehören kraft Amtes an:
1. der Bischof der Evangelischen Kirche der Kirchenprovinz Sachsen,
2. der Präsident der Kirchenkanzlei der EKU, Bereich DDR,
3. der Präsident des Evangelischen Konsistoriums der Kirchenprovinz Sachsen,
4. der für Naumburg zuständige Propst,
5.-6. der theologische und der juristische Dezernent des Konsistoriums für die theologische Ausbildung,
7. der für die theologische Ausbildung zuständige Referent im Sekretariat des BEK in der DDR,
8.-9. der Rektor und der Prorektor des Katechetischen Oberseminars.
(2) Das Kuratorium ergänzt sich durch Zuwahl von:
10. einem Leiter eines Predigerseminars,
11. einem rechtskundigen Laien,
12. einem Vertreter der katechetischen Arbeit,
13. einem Vertreter einer Sektion Theologie oder einer anderen theologisch-wissenschaftlichen Einrichtung.
(3) Die übrigen Gliedkirchen des Bundes der Evangelischen Kirchen in der DDR können jeweils für die Dauer von vier Jahren je einen Vertreter in das Kuratorium entsenden.

§ 7 Wahlen

(1) Den Vorsitz im Kuratorium führt der Bischof der Kirchenprovinz Sachsen. Das Kuratorium wählt aus seiner Mitte für jeweils 4 Jahre einen Stellvertreter im Vorsitz, einen Schatzmeister und einen Vertreter des Schatzmeisters.
(2) Im Verhinderungsfall treten an die Stelle der Mitglieder des Kuratoriums zu § 6 (1) ihre Vertreter im Amt.
(3) Die Mitglieder zu § 6 (2) werden jeweils auf 4 Jahre gewählt.
(4) Wiederwahl ist zulässig.

§ 8 Aufgaben

(1) Das Kuratorium hat in Vertretung der Kirchenleitung nach Maßgabe dieses Statuts die Verantwortung für das Katechetische Oberseminar.

(2) Es beantragt bei der Kirchenleitung den Stellenplan der hauptamtlichen Dozenten und ihre Berufung und Entlassung.

(3) Es stellt die nebenamtlichen Dozenten sowie die Angestellten des Katechetischen Oberseminars an.

(4) Es verwaltet das zum Katechetischen Oberseminar gehörende kirchliche Vermögen, sorgt für die Aufbringung der finanziellen Mittel und stellt den Haushaltsplan auf. Es nimmt die vom Schatzmeister zu legende und vom Konsistorium geprüfte Rechnung ab.

(5) Beschlüsse des Kuratoriums bedürfen zu ihrer Gültigkeit der Zustimmung der Kirchenleitung der Evangelischen Kirche der Kirchenprovinz Sachsen in folgenden Fällen:
   a) bei Erwerb, Veräußerung und dinglicher Belastung von Grundeigentum,
   b) bei Annahme von Darlehen, soweit sie nicht während desselben Haushaltsjahres zurückgezahlt werden.

(6) Das Kuratorium beschließt auf Vorschlag des Dozentenkollegiums die Zulassungsordnung, die Ordnung für die Prüfungen des Katechetischen Oberseminars und die Ordnung für die Repetenten und Assistenten. Die Zulassungsordnung bedarf der Bestätigung durch die Kirchenleitung.

(7) Das Kuratorium beschließt auf Vorschlag des Konvents die Hausordnung und die Ordnung der Studentenschaft.

§ 9 Beschlußfassung

(1) Das Kuratorium wird nach Bedarf, in der Regel zweimal im Jahr, vom Vorsitzenden einberufen. Es muß einberufen werden, wenn mindestens 4 seiner Mitglieder es verlangen. Die Verhandlungen des Kuratoriums sollen wenigstens einmal im Jahr in Naumburg stattfinden.

(2) Das Kuratorium ist beschlußfähig, wenn außer dem Vorsitzenden oder dessen Stellvertreter mindestens die Hälfte seiner sonstigen Mitglieder anwesend ist.

(3) Die Beschlüsse werden, soweit nicht anderes bestimmt ist, mit Stimmenmehrheit gefaßt. Bei Stimmengleichheit entscheidet die Stimme des Vorsitzenden.

(4) Über die Verhandlungen und Beschlüsse des Kuratoriums ist ein Protokoll anzufertigen, das von dem Vorsitzenden und dem Protokollführer zu unterschreiben ist.

Der Verwaltungsausschuß

§ 10 Zusammensetzung

(1) Der stellvertretende Vorsitzende des Kuratoriums und der Rektor des Katechetischen Oberseminars bilden zusammen mit einem rechtskundigen Mitglied des Kuratoriums, das dieses für vier Jahre wählt, den Verwaltungsausschuß.

(2) Im Falle der längeren Verhinderung eines Mitgliedes des Verwaltungsausschusses kann der Vorsitzende des Kuratoriums aus dessen Mitte ein anderes Mitglied zum Vertreter bestellen.

(3) Der für das nächste Amtsjahr gewählte Rektor des Katechetischen Oberseminars nimmt an den Sitzungen des Verwaltungsausschusses beratend teil.

§ 11 Aufgaben

(1) Der Verwaltungsausschuß nimmt folgende Aufgaben des Kuratoriums wahr:

   a) Regelung der Arbeitsrechtsverhältnisse der Mitarbeiter im Verwaltungs- und Wirtschaftsdienst im Rahmen der im Haushalt verfügbaren Stellen.

   b) Verwaltung des zum Katechetischen Oberseminar gehörenden kirchlichen Vermögens.

(2) Andere Aufgaben des Kuratoriums hat der Verwaltungsausschuß wahrzunehmen, wenn seine Mitglieder einstimmig feststellen, daß der Gegenstand keinen Aufschub bis zur nächsten Sitzung des Kuratoriums duldet und die sofortige Einberufung einer Sitzung des Kuratoriums nicht rechtfertigt.

(3) Über die Beschlüsse des Verwaltungsausschusses nach Abs. (1) wird das Kuratorium in dessen nächster Sitzung durch Vorlage der Protokolle unterrichtet. Das Kuratorium kann die Bearbeitung jederzeit an sich ziehen.

(4) Die Beschlüsse des Verwaltungsausschusses nach Abs. (2) bedürfen der Bestätigung durch das Kuratorium. Wird die Bestätigung versagt, so wird der Beschluß damit aufgehoben. Maßnahmen, die auf Grund dieses Beschlusses bereits getroffen und nicht nur vorläufiger Art sind, bleiben gültig.

Das Dozentenkollegium

§ 12 Zusammensetzung

(1) Zum Dozenten kann nur berufen werden, wer einer christlichen Kirche angehört und auf Grund wissenschaftlicher Leistungen für Lehre und Forschung als geeignet angesehen wird.

(2) Das Dozentenkollegium besteht aus den hauptamtlichen Dozenten des Katechetischen Oberseminars.

(3) Wird eine hauptamtliche Dozentur durch einen nebenamtlichen Dozenten wahrgenommen, so ist dieser stimmberechtigtes Mitglied des Dozentenkollegiums.

(4) Die nebenamtlichen Dozenten können jeweils für die Dauer eines Jahres einen Vertreter wählen, der dem Dozentenkollegium stimmberechtigt angehört.

(5) Hauptamtliche Dozenten haben nach ihrer Berufung eine Antrittsvorlesung zu halten.

§ 13 Pflichten und Rechte

Das Dozentenkollegium hat insbesondere folgende Pflichten und Rechte:

(1) Es trägt die Verantwortung für die wissenschaftliche Lehre und Forschung am Katechetischen Oberseminar. Die Dozenten üben ihre Lehrtätigkeit in kirchlicher Verantwortung aus. Sie sind dabei an das Christuszeugnis der Schrift in der Auslegung der reformatorischen Bekenntnisschriften gebunden. Sie dürfen von keiner Seite Weisungen annehmen, die ihre Freiheit und eigene Verantwortung im Lehramt beeinträchtigen.

(2) Vor der Berufung und Anstellung eines haupt- oder nebenamtlichen Dozenten hat das Kollegium dem Kuratorium entsprechende Vorschläge zu machen. Das Gleiche gilt hinsichtlich der Errichtung einer neuen oder Aufhebung einer bestehenden Dozentur im Stellenplan. Handelt es sich um die Berufung in eine hauptamtliche Dozentur, so hat dem Vorschlag eine Probevorlesung voranzugehen. Der Vorschlag bedarf der Zustimmung von zwei Dritteln aller stimmberechtigten Mitglieder des Kollegiums.

(3) Das Dozentenkollegium macht dem Kuratorium Vorschläge zur Erteilung von Repetenten- und Assistentenaufträgen. Es ist für die Einhaltung der Repetenten- und Assistentenordnung verantwortlich.

(4) Es beschließt über Immatrikulationen und Exmatrikulationen auf Antrag des Studenten.

(5) Ihm obliegt die Beurteilung der Studenten. An der Beurteilung sind ein Vertreter der Repetenten und Assistenten und ein Vertreter der Studenten zu beteiligen, die vom Konvent gewählt werden.

(6) Es ist für die Prüfungen des Katechetischen Oberseminars verantwortlich.

(7) Es beschließt in Stipendienangelegenheiten, soweit es dazu von den Gliedkirchen des Bundes der Evangelischen Kirchen in der DDR ermächtigt ist.

(8) Es verwaltet das Katechetische Oberseminar nach den Weisungen des Kuratoriums und des Verwaltungsausschusses.

§ 14 Beschlußfassung

(1) Das Dozentenkollegium soll während eines Semesters in der Regel einmal monatlich zu einer Konferenz zusammentreten.

(2) Der Rektor führt den Vorsitz.

(3) Das Dozentenkollegium ist beschlußfähig, wenn mehr als die Hälfte der stimmberechtigten Mitglieder anwesend ist. Die Beschlüsse werden mit Stimmenmehrheit gefaßt. Bei Stimmengleichheit entscheidet die Stimme des Vorsitzenden.

Der Konvent

§ 15 Zusammensetzung

(1) Der Konvent besteht aus

1. dem Rektor als Vorsitzenden,
2. dem Prorektor als stellvertretendem Vorsitzenden,
3. drei hauptamtlichen Dozenten, die mit drei Stellvertretern vom Dozentenkollegium für zwei Semester zu wählen sind,
4. einem Assistenten oder Repetenten, der zugleich mit einem Stellvertreter von den Assistenten und Repetenten für ein Semester zu wählen ist,
5. zwei Senioren,
6. drei Studenten, von denen zwei dem 4.–6. Studienjahr und einer den Sprachsemestern angehören muß, die mit drei Stellvertretern von der Vollversammlung der Studentenschaft für ein Semester zu wählen sind.

(2) Die Amtszeit der gewählten Mitglieder des Konvents läuft vom Beginn des auf die Wahl folgenden Semesters bis zum Beginn des nächsten bzw. übernächsten Semesters.

§ 16 Pflichten und Rechte

Der Konvent hat folgende Pflichten und Rechte:

(1) Er ist zuständig für die Gestaltung des Studiums im Rahmen der durch die Prüfungsordnungen gestellten Aufgaben und für die Erhaltung der Studiendisziplin. Er ist mitverantwortlich für die Studienberatung.

(2) Er beschließt im Einvernehmen mit den jeweils betroffenen Dozenten den Plan der Vorlesungen und Gastvorlesungen.

(3) Er kann dem Dozentenkollegium Anregungen für Vorschläge zur Berufung von haupt- und nebenamtlichen Dozenten geben. Er gibt ein Votum zu den Vorschlägen des Dozentenkollegiums ab. Sein Votum ist dem Kuratorium zusammen mit dem Vorschlag des Dozentenkollegiums vorzulegen.

(4) Er ist zuständig für die Fragen der Hausordnung und des gemeinsamen Lebens am Katechetischen Oberseminar.

§ 17 Beschlußfassung

(1) Der Konvent tritt, mindestens zweimal im Semester, in geschlossener Sitzung zusammen. Außerdem ist er vom Rektor einzuberufen, wenn mindestens 4 Konventsmitglieder oder 4 Dozenten oder 15 Studenten dieses verlangen.

(2) Der Konvent ist beschlußfähig, wenn seine Mitglieder zwei Werktage vorher unter Mitteilung der Tagesordnung geladen worden sind und wenn wenigstens

der Rektor oder der Prorektor,

drei Dozenten,

einer der beiden Senioren und

drei Studenten

anwesend sind.

(3) Die gefaßten Beschlüsse, soweit sie nicht Anträge oder Voten an das Kuratorium darstellen, sind vom Rektor zu veröffentlichen. Der Vorsitzende bestimmt, über welche Verhandlungsgegenstände Stillschweigen zu bewahren ist.

(4) Die nicht zum Konvent gehörenden Mitglieder des Dozentenkollegiums können an den Sitzungen des Konvents mit beratender Stimme teilnehmen, wenn über Fragen gemäß § 16 (1) und (2) beraten und beschlossen werden soll.

(5) Die Studieninspektorin kann mit beratender Stimme hinzugezogen werden.

(6) Der Konvent beschließt mit einfacher Mehrheit der anwesenden Mitglieder. In den Fällen des § 16 Abs. 1 und § 8 Abs. 7 ist Zweidrittel-Mehrheit erforderlich.

(7) Über jede Sitzung ist ein Protokoll zu führen, das vom Vorsitzenden, einem der beiden Senioren und dem Protokollführer zu unterschreiben ist.

Der Rektor

§ 18 Wahl

(1) Der Rektor und sein Vertreter (Prorektor) werden vom Dozentenkollegium aus dem Kreis der hauptamtlichen Dozenten auf ein Jahr gewählt. Das Dozentenkollegium kann ihre Amtszeit um ein Jahr verlängern. Die Wahl und die Verlängerung bedürfen der Bestätigung durch die Kirchenleitung.

(2) Die Übernahme des Rektorats gehört zu den Amtspflichten jedes hauptamtlichen Dozenten.

(3) Wiederwahl nach Unterbrechung von einem Jahr ist zulässig.

§ 19 Aufgaben

Der Rektor leitet unbeschadet der Zuständigkeit der übrigen Organe das Katechetische Oberseminar. Er repräsentiert es in allen akademischen Angelegenheiten und sorgt für die Erledigung der laufenden Geschäfte sowie für Durchführung und Koordinierung der Beschlüsse der übrigen Organe.

§ 20 Amtseinführung

Der Rektor wird durch den Bischof der Kirchenprovinz Sachsen oder seinen Stellvertreter in sein Amt eingeführt. Er hat dabei eine wissenschaftliche Antrittsrede zu halten. Bei der Übergabe des Amtes an den Nachfolger erstattet er einen Rechenschaftsbericht über die Arbeit des Katechetischen Oberseminars während der Zeit seines Rektorates.

Exmatrikulation ohne Antrag des Studenten

§ 21 Beschlußverfahren

(1) Über die Exmatrikulation ohne Antrag des Studenten entscheiden die hauptamtlichen Dozenten und die studentischen Vertreter sowie der Vertreter der Repetenten und Assistenten des Konventes gemeinsam.

(2) Der Rektor führt den Vorsitz.

(3) Zur Beschlußfähigkeit ist die Anwesenheit des Vorsitzenden und mindestens der Hälfte der übrigen Mitglieder erforderlich.

(4) Beschlüsse werden mit einfacher Mehrheit gefaßt. Bei Stimmengleichheit gibt die Stimme des Vorsitzenden den Ausschlag.

(5) Der Rektor kann bis zur Entscheidung über die Exmatrikulation den Studenten mit sofortiger Wirkung vom Studienbetrieb ausschließen.

§ 22 Beschwerderecht

Über Beschwerden gegen Exmatrikulationen entscheidet ein Ausschuß des Kuratoriums, der sich aus dem Bischof der Kirchenprovinz Sachsen, dem Präsidenten des Konsistoriums der Kirchenprovinz Sachsen, dem juristischen und dem theologischen Dezernenten des Konsistoriums für die theologische Ausbildung zusammensetzt. Im Fall der Beschwerde eines Studierenden aus einer anderen Gliedkirche des Bundes der Evangelischen Kirchen in der DDR ist diese Kirchenleitung zu bitten, einen stimmberechtigten Vertreter zu diesem Ausschuß zu entsenden.

§ 23 Schlußbestimmungen

Über Änderungen des Statuts entscheidet die Kirchenleitung nach Anhörung oder auf Vorschlag des Kuratoriums. Entsprechende Beschlüsse des Kuratoriums bedürfen der Zustimmung von zwei Dritteln aller Stimmberechtigten.

DOKUMENT 5

Vorlesungs- und Dozentenverzeichnisse

Evangelische Kirche
der Kirchenprovinz Sachsen
Katechetisches Oberseminar Naumburg (S.)
Domplatz 8

Vorlesungs- und Dozentenverzeichnis
für das
Wintersemester 1954/55
(20. 10. 1954 - 15. 2. 1955)

I. Vorlesungsverzeichnis

Altes Testament

Hebräisch für Anfänger	4 stdg.	Möller
Hebräisch für Fortgeschrittene	2 stdg.	Möller
Bibelkundliche Übung für Anfangssemester: Auswahltexte aus den Geschichtsbüchern .	2 stdg.	Glüer
Psalmen	4 stdg.	v. Rabenau
Die Religion des Judentums (Fortsetzung der Theologie des Alten Testaments) (in Jena!)	2 stdg.	Meyer
Proseminar: Urgeschichten	2 stdg.	Störmer
Seminar: Die prophetische Zukunftsverkündigung und ihre Geschichte	2 stdg.	v. Rabenau

Neues Testament

Bibelkundliche Übung für Anfangssemester: Apostelgeschichte, ergänzt durch Briefe . . .	2 stdg.	Wildgrube
Kursorische Lektüre des griechischen Neuen Testaments: Paulusbriefe	2 stdg.	Störmer
Synoptiker	4 stdg.	Grundmann
Gefangenschaftsbriefe	4 stdg.	Schubert
Proseminar: Passionsgeschichte nach Markus .	2 stdg.	Steinkopf
Seminar: Die hellenistische Urgemeinde und die Theologie des Paulus	2 stdg.	Grundmann
Hellenisticum: Philostrat, Apollonius v. Tyana	2 stdg.	Steinkopf

Kirchengeschichte

Kirchengeschichte der Reformationszeit . .	3 stdg.	Lorenz
Calvin	2 stdg.	Kähler
Seminar: Feuerbach	2 stdg.	Lorenz

Systematische Theologie

Seminar: Ethik unter besonderer Berücksichtigung der Sozialethik	2 stdg.	Stolzenburg
Offenbarungslehre	2 stdg.	Schott
Seminar: Ausgewählte Texte zum lutherischen, reformierten und römisch-katholischen Amtsbegriff	2 stdg.	Lahr

Praktische Theologie

Homiletik	2 stdg.	Hamel
Homiletisches Seminar	2 stdg.	Hamel
Geschichte und Prinzipien der kirchlichen Jugendarbeit II	1 stdg.	Waldmann

Katechetik

Grundriß der Katechetik	2 stdg.	Güldenberg
Katechetische Übung zur Urgeschichte . . .	2 stdg.	Heßler
Katechetische Stufungsübung	2 stdg.	Güldenberg
Pädagogische Übung: Jean Paul „Levana" .	2 stdg.	Heßler
Psychologie: Typenlehre II, Kretzschmer, Jung, Jaensch	2 stdg.	Heßler
Werkarbeitsgemeinschaft	2 stdg.	Heßler

Philosophie

Philosophie des Altertums	2 stdg.	Wichmann
Übungen über Platons Gorgias	2 stdg.	Wichmann

Naturwissenschaften

Kosmologie und Kosmogonie	2 stdg.	Boost
Vererbungs- und Abstammungslehre	2 stdg.	Boost

Alte Sprachen

Griechisch für Anfänger	12 stdg.	Steinkopf
Latein für Anfänger	6 stdg.	Behne
Latein für Fortgeschrittene	6 stdg.	Behne
Dichterlektüre: Euripides, Bakchen	2 stdg.	Scheibner

Neue Sprachen

Französisch	2 stdg.	Sauerbrey
Russisch	2 stdg.	v. Lilienfeld

Musik

Chorsingen	2 stdg.	Moering
Musikgeschichte	2 stdg.	Moering
Musiktheorie	2 stdg.	Moering
Orgelunterricht	nach Vereinbarung	Wagner; Albrecht
Sprecherziehung	nach Vereinbarung	Wagner

II. Der Lehrkörper
des Katechetischen Oberseminars

Rektor: K ä h l e r, Ernst, Dr. theol., Professor für Kirchengeschichte an der Universität Greifswald, Naumburg (Saale), Kösener Straße 23, Telefon 3086.
Stellvertreterin des Rektors: H e ß l e r, Eva, Dozentin für Katechetik, Naumburg (Saale), Domplatz 8, Telefon 3446.

Dozenten:
A l b r e c h t, Christoph, Domkantor (Orgelspiel), Naumburg (Saale), Dompl. 19.
B e h n e, Erich, Oberstudienrat i. R. (Alte Sprachen), Naumburg (S.), Luxemburgstraße 13.
B o o s t, Charlotte, Dr. phil. (Naturwissenschaften), Wittenberg, Melanchthonstr. 2.
G l ü e r, Otto, Provinzialpfarrer für den katechetischen Dienst, (AT), Naunburg (Saale), Kösener Straße 24, Telefon 3524.
G r u n d m a n n, Walter, Dr. theol., Professor, Pfarrer, (NT), Waltershausen (Thüringen), Schulplatz 16, Telefon 220.
G ü l d e n b e r g, Otto, lic. theol., Dr. phil., Professor, Provinzialkatechet, (Katechetik), Naumburg (Saale), Poststraße 40, Telefon 2578.
H a m e l, Johannes, Pfarrer, (Praktische Theologie), Halle (S.), Zeppelinstr. 58.
L a h r, Horst, Dr. theol. (Systematische Theologie), Naumburg (S.), Bebelstr. 5.
v. L i l i e n f e l d, Fairy, Lehrbeauftragte für Russisch an der Universität Jena, (Russisch), Naumburg (Saale), Domplatz 8.
L o r e n z, Rudolf, lic. theol., Pfarrer, Naumburg (Saale), Moritzberg 31.
M e y e r, Rudolf, D., Professor für AT an der Universität Jena, Jena, Otto-Devrient-Straße 16, Telefon 2772.
M ö l l e r, Margarethe, lic. theol., (Hebräisch), Bad Kösen, An der Brücke 10.
M o e r i n g, Ilsabe, Dozentin für Musik, Naumburg (Saale), Domplatz 6.
v. R a b e n a u, Konrad, Pastor, wissenschaftl. Assistent und Lehrbeauftragter an der Universität Halle, (AT), Halle (Saale), Kleine Klausstraße 12.
S a u e r b r e y, Gertrud, Dr. phil., (Französisch), Naumburg (Saale), Bürgergartenstraße 24.
S c h e i b n e r, Gerhard, Dr. phil., (Alte Sprachen), Naumburg (Saale), Charlottenstraße 1, Telefon 2487.
S c h o t t, Erdmann, lic. theol., Professor für Systematische Theologie an der Universität Halle (Saale).
S c h u b e r t, Peter, cand. theol., wissenschaftl. Assistent mit Lehrauftrag, (NT), Leipzig C 1, Käthe-Kollwitz-Straße 9.
S t a m m l e r, Gerhard, Dr. phil., Professor, (Philosophie), Bad Salzelmen, Calbesche Straße 38, Telefon 2903 (liest z. Z. nicht).
S t e i n k o p f, Gerhard, Dr. phil., (Alte Sprachen), Naumburg (S.), Buhholzstr. 38.
S t o l z e n b u r g, Arnold, D., Professor, Pfarrer, (Systematische Theologie), Naumburg (Saale), Dompredigergasse 5, Telefon 3355.
S t ö r m e r, Walter, Vikar, Naumburg (Saale), Bürgergartenstraße 34.
W a g n e r, Elisabeth, (Orgelspiel), Naumburg (S.), Moritzberg 31, Telefon 3154.
W a l d m a n n, Heinz, Provinzialjugendpfarrer, (Praktische Theologie), Naumburg (Saale), Samterstraße 16, Telefon 3168.
W i c h m a n n, Ottomar, Dr. phil., Professor, Pfarrer, (Philosophie), Eichholz, Kreis Zerbst.
W i l d g r u b e, Günther, Pfarrer, (NT), Naumburg (Saale), Käthe-Kollwitz-Straße 3, Telefon 2871.

Evangelische Kirche der Kirchenprovinz Sachsen
Katechetisches Oberseminar Naumburg (Saale), Domplatz 8
Vorlesungs- und Dozentenverzeichnis
für das Wintersemester 1972/73
(17. Oktober 1972 bis 2. Februar 1973)

* * * * * * *

I. Vorlesungsverzeichnis

Interdisziplinäres Kolloquium

Von der Exegese zur Predigt . . . . 2-stdg. Hamel/
v. Rabenau/
Schenk/Schultze

Studieneinführung

Grundworte des christlichen Glaubens. . . . . 3-stdg. Seils

Altes Testament

Der Hexateuch (Einführung und
Exegese ausgewählter Stellen) . . . . 4-stdg. v. Rabenau
Seminar:
Messianische Weissagung im
Alten Testament . . . . 2-stdg. v. Rabenau

Neues Testament

Römerbrief. . . . . 4-stdg. Schenk
Glaube im Neuen Testament . . . . 2-stdg. Walter
Proseminar:
Einführung in die neutestamentliche
Exegese . . . . 2-stdg. Walter
Kursorische Lektüre (für Teilnehmer am
Proseminar obligatorisch):
Gleichnisse und Bildreden. . . . . 2-stdg. Walter

Kirchengeschichte

Kirchengeschichte I. . . . . 4-stdg. Schulz

Dogmengeschichte der wichtigsten
    Bekenntnisse vom Apostolicum
    bis zur Basis von New Delhi 1961 . . . . 4-stdg.   Ullmann
Proseminar:
    Der Kirchenkampf in der Kirchenprovinz
    Sachsen . . . . 2-stdg.   Ullmann
Seminar: Texte zum hesychastischen Gebet. . . . 2-stdg.   Schulz

Systematische Theologie

Dogmatik III. . . . . 4-stdg.   Schultze
Seminar: Paul Tillich, Der Mut zum Sein
    (1953). . . . . 2-stdg.   Seils
Luther-Arbeits-Gemeinschaft: Kursorische
    Lektüre der Schrift »Grund und Ursach
    aller Artikel« (1521). . . . . 1-stdg.   Seils

Praktische Theologie

Predigt über alttestamentliche Texte. . . . . 2-stdg.   Hamel
Geschichte der Katechetik . . . . 4-stdg.   Heßler
Erwägungen zum gegenwärtigen
    Katechumenatsverständnis . . . . 2-stdg.   Heßler
Einführung in den Konfirmandenunterricht . . . 2-stdg.   Blühm
Seminar: Die Suche nach einer Frömmigkeit
    für unsere Zeit . . . . 2-stdg.   Blühm
Kolloquium: Strukturwandel der Kirchen . . . . . 2-stdg.   Hamel
Katechetische Übung über Passions-
    und Ostergeschichten. . . . . 4-stdg.   Heßler
Übung: Texte zur Geschichte der christlichen
    Erziehung . . . . 2-stdg.   Bohley

Philosophie

Geschichtsphilosophisches Kolloquium . . . . 2-stdg   Schultze/
                                                  Ullmann
Übung: Thomas Hobbes »Vom Bürger« (1646). . 2-stdg.   Richter

Antike Geistes- und Kulturgeschichte

Kultur des Hellenismus . . . . 2-stdg.   Scheibner

Musik

Heinrich Schütz . . . . 1-stdg.   Heller
Harmonielehre . . . . 1-stdg.   Heller
Orgel- und Klavierunterricht . . . . n. V.   Moering

Sprecherziehung

Einzel- und Gruppenunterricht . . . . n. V.   Wagner

Sprachen

Hebräisch . . . . 6-stdg.   Schröter
Griechisch III . . . . 4-stdg.   Heller
Biblisch-Aramäisch . . . . 2-stdg.   v. Rabenau
Altkirchenslawisch . . . . 2-stdg.   Schulz

Theologischer Sonderkurs für Katecheten

Theologie des Alten Testaments I
  mit exegetischen Übungen . . . . 4-stdg.   Schröter
Grundfragen der neutestamentlichen
  Theologie . . . . 4-stdg.   Walter
Hauptthemen dogmatischer Christologie
  in der Gegenwart . . . . 2-stdg.   Seils
Katechetische Grundlagendiskussion . . . . 3-stdg.   Blühm
Probleme des Kirchenkampfes . . . . 2-stdg.   Ullmann

* * * * * * *

II. Das Dozentenkolegium

...

Evangelische Kirche der Kirchenprovinz Sachsen
Katechetisches Oberseminar Naumburg (Saale)

Vorlesungs- und Dozentenverzeichnis für das Sommersemester 1985

(10. 04. –12. 07. 1985)
Domplatz 8 Telefon 3038
Bibliothek, Othmarsplatz 14 Telefon 2990

* * * * * * *

I. Vorlesungsverzeichnis

STUDIENEINFÜHRUNG (für das 1. Studienj. obligatorisch)

Bibelkunde Neues Testament . . . . 2-stdg.   A.-B. Klaer

ALTES TESTAMENT

Psalmen . . . . 3-stdg.   Meinhold
Hauptprobleme der Geschichte Israels
(mit Kolloquium) . . . . 3-stdg.   Lux
Proseminar: Der Dekalog . . . . 2-stdg.   Meinhold
Kursorische Lektüre (für Teilnehmer des
    Proseminars obligatorisch):
    Rechtssatzreihen im Alten Testament . . . . . 2-stdg.   Meinhold

NEUES TESTAMENT

Theologie des Neuen Testaments . . . . 4-stdg.   Walter
Seminar: Auferstehung Christi –
    Auferstehung der Toten . . . . 2-stdg.   Walter
Übung: Grundbegriffe der rabbinischen
    Überlieferung . . . . 1-stdg.   Walter
Kolloquium: Probleme der
    neutestamentlichen Forschung . . . . 1-stdg.   Walter

KIRCHENGESCHICHTE

Kirchengeschichte II . . . . 4-stdg.   Onnasch
Seminar: Franz von Assisi . . . . 2-stdg.   Onnasch

Übung: Friedrich Naumanns
»Briefe über die Religion« . . . . 2-stdg.   Onnasch

SYSTEMATISCHE THEOLOGIE

Ethik II . . . . 4-stdg.   I. Klaer
Proseminar: Luthers Großer Katechismus . . . . . 2-stdg.   I. Klaer

PRAKTISCHE THEOLOGIE

Die Struktur der Kirche
(Einführung in das Kirchenrecht). . . . . 2-stdg.   Genest
Ökumenisches Lernen (Einführung in das
katechetische Handeln der Kirche). . . . . . . 2-stdg.   NN
Religionspädagogische Modelle
(mit Kolloquium). 3-stdg.   Hoenen
Einführung in die Psychologie. . . . . 2-stdg.   Blühm
Homiletisches Seminar. . . . . 4-stdg.   Genest
Seminar: Ökumenische Texte
und Stellungnahmen in ihrer Bedeutung
für das katechetische Handeln der Kirche
(vorwiegend am Beispiel der Lima-Texte) . . 2-stdg.   NN
Katechetische Übung I . . . . 2-stdg.   Hoenen
Übung: Seelsorgerliches Gespräch . . . . 2-stdg.   Blühm
Übung: Glaube im Gespräch . . . . 2-stdg.   Genest
Kolloquium: Lernen in Gemeinschaft.
Einsichten und Erfahrung aus
der Ökumene. . . . . 2-stdg.   NN

PHILOSOPHIE

Geschichtsphilosophie . . . . 2-stdg.   Schröder
Übung: Hegel, Phänomenologie des Geistes. . . . 2-stdg.   Schröder

MUSIK

Johann Sebastian Bach . . . . 2-stdg.   Heller
Orgelunterricht . . . . 1-stdg.   Ohse
Übung: Interpretation von Orgelwerken. . . . . . . 1-stdg.   Ohse

SPRECHERZIEHUNG

n. V. Graf

SPRACHEN

Latein II . . . . 8-stdg.   Placke
Griechisch I . . . . 6-stdg.   Placke
Griechische Lektüre: Auszüge aus
     Platons Gastmahl . . . . 2-stdg.   Placke
Englisch II . . . . 2-stdg.   Glüer

* * * * * * *

II. Das Dozentenkollegium

...

DOKUMENT 6

Bericht über die Situation des Oberseminars Naumburg 1958
Dienststelle des Staatssekretärs für Kirchenfragen

Quelle: BStU, MfS HA XX/4, Nr. 795, Bl. 1–5

Berlin, den 1. 10. 1958

B e r i c h t
über die Situation in dem Oberseminar in Naumburg

In Naumburg gibt es seit 1950 ein sogenanntes Katechetisches Oberseminar. Es soll 1949 in Wittenberg gegründet worden sein und dann nach Naumburg verlegt sein.

Über die Rechtsgrundlage des Seminars ist nichts zu erfahren gewesen. Es gibt in den entsprechenden örtlichen Organen keine Unterlagen darüber und es ist auch nicht bekannt, daß irgendwelche Unterlagen bestanden haben.

In Naumburg besteht ein Katechetenseminar, ein sogenanntes Proseminar und ein Oberseminar.

Das Proseminar ist die Vorbereitungsstufe zum Oberseminar und trägt den Charakter einer Oberschule.

Das Oberseminar trägt den Charakter einer theologischen Hochschule, wie aus den Lehrplänen zu ersehen ist.

In Westdeutschland wurde auch des öfteren von einer »kirchlichen Fakultät« in Naumburg gesprochen. Die dort Studierenden werden auch offiziell als Studenten bezeichnet.

Die Kapazität des Oberseminars beträgt nach Angaben der Leitung des Seminars 60 Personen, aber z. Zt. befinden sich 64 ständig dort, wobei eine andere Information besagt, daß es sich sogar um 85 Jugendliche handelt.

Leiter des Oberseminars ist der Pfarrer Hamel. Dieser Rektorenposten wird jedes Jahr neu vergeben und der Rektor wird vom Lehrkörper gewählt.

Zur Charakterisierung der Lehrkräfte.

Der Leiter des Proseminars Steinkopf ist republikflüchtig.

Der Leiter des katechetischen Seminars Bretschneider versuchte die Republikflucht, wurde aber von unseren Sicherheitsorganen daran gehindert.

Beide haben Verbindung zu dem Dozenten Lahr des Oberseminars, dessen Bruder Sonderbevollmächtigter Adenauers in der SU ist.

Steinkopf war hoher Offizier im Heereskommando Süd oder Nord der faschistischen Wehrmacht und erzählte vor seiner Flucht, daß er in Westdeutschland nicht weiter im kirchlichen Dienst bleiben wolle, sondern in die Bundeswehr eintreten würde.

Bretschneider ist seit 1924 im aktiven Heeresdienst gewesen und war Ministerialrat im OKW der faschistischen Wehrmacht.

Bei beiden wurden in den Wohnungen Aufstellung bzw. die Telefonnummern der LPG des gesamten Kreises Naumburg gefunden. Bei Steinkopf ebenfalls eine Anzahl Ampullen Morphium aus Beständen der Naziwehrmacht.

Am Oberseminar ist <u>Studentenpfarrer</u> der <u>Dozent</u> Lorenz. Er ist vor allem für die soziale Betreuung der Lernenden verantwortlich.

Die <u>Dozentin Lack</u> war bis 1945 im Schuldienst tätig, ebenso die <u>Dozentin Möller</u>. Beide gingen dann in den Dienst der Kirche.

Die Jugendlichen, die dort ihre Ausbildung erhalten, werden von jeder gesellschaftlichen Betätigung ferngehalten. In diesem Jahr beteiligten sie sich allerdings auf Anforderung durch den Rat des Kreises bei der Ernte.

In Burghardshausen [sic! = Burgholzhausen H. S.] bei Naumburg machte ein Schüler des Oberseminars im letzten Jahr sein Praktikum. Hier erreichte er es, indem er Filme vorführte und interessante Veranstaltungen durchführte, Zwiespalt in die FDJ-Gruppe zu tragen und ihre Arbeit lahmzulegen.

Im Oberseminar sind eine ganze Reihe FDJ-ler, die aber inaktiv sind. Die FDJ-Kreisleitung versuchte mit einigen von ihnen Aussprachen zu führen, der Erfolg war, daß die Jugendlichen ihren Austritt aus der FDJ erklärten.

Ein Jugendlicher, der im Oberseminar lernt, fuhr jedes Jahr als Betreuer mit den Pionieren in ein Lager der Pionierorganisation. Im letzten Jahr wurde ihm das mit der Begründung verweigert, er würde die Arbeit nicht schaffen und schließlich wurde er aus dem Seminar entfernt. Er arbeitet jetzt aushilfsweise im Reisebüro in Naumburg als Führer.

Bei der letzten Wahl und bei einem Jugendforum der FDJ in Naumburg traten die Studenten des Oberseminars provokatorisch auf und versuchten das Forum zu sprengen. Bei der Volkswahl sollten die Stimmenauszählung gestört und die Stimmung der Bevölkerung gegen unseren Staat ausgerichtet werden.

Dazu siehe Berichte der FDJ in der Anlage.

Nach einer Information sollen 10 Studenten im Winter an die Kirchliche Hochschule nach Westberlin gehen, um dort weiterzustudieren.

Im Oberseminar wurden seit Juni 1958 ca. 15 Neuaufnahmen getätigt. Hierbei handelt es sich vor allem um solche Jugendlichen, die von staatlichen Universitäten verwiesen wurden. Aus der Evangelischen Studentengemeinde der Universitäten Leipzig und Dresden befindet sich ein Teil der dort entfernten Studenten hier im Seminar zusammen und arbeitet weiter.

Alleine aus der ESG in Leipzig handelt es sich um zwei Studenten, z. B. um die Studentin Lueken und den Studenten Hoffmann.

Das Seminar dient der Pfarrerausbildung

Begründet wird die Existenz dieser Ausbildungsstätte damit, daß die Anzahl der an den staatlichen theologischen Fakultäten ausgebildeten Pfarrer nicht ausreicht und die Kirche sich daher noch zusätzliche Ausbildungsmöglichkeiten schaffen müsse.

Im letzten Jahr ist zu verzeichnen, daß das Kontingent für die Immatrikulation von Studenten der Theologie an den Universitäten nicht voll ausgelastet wurde.

Die Kirche zieht bewußt immer mehr Studenten in kirchliche Ausbildungsstätten und von den staatlichen weg, um von vornherein den Einfluß, den die Gesellschaft auf den Universitäten auf sie ausüben würde, zunichte zu machen. Aus der Haltung der Dozenten und der Studenten zu politischen Ereignissen und zu unserem Staat ist deutlich, daß sie die Entwicklung zum Sozialismus ablehnen.

In diesem Zusammenhang muß darauf hingewiesen werden, daß zwischen der Universität Halle und dem Oberseminar in Naumburg eine Personalunion besteht. Die Dozenten Lorenz und von Rabenau sind beide Lehrbeauftragte an der Martin-Luther-Universität in Halle. Der jetzt republikflüchtige Dozent Freytag von Loringshofen war Assistent bei Prof. Winnefeld/Halle.

In der Anlage befindet sich eine Aufstellung der Dozenten und eine der Schüler des Seminars.

Interessant ist noch, daß Lehrer des Oberseminars sich aktiv an den Evangelischen Akademien betätigen, wie z. B. Stammler und Charlotte Boost.

Die Ausbildung umfaßt zuerst drei Sprachsemester, in denen die Prüfung in Griechisch und Latein und später auch in Hebräisch abgelegt werden muß. Nach einer Information wird diese letzte Prüfung an der Universität in Halle abgelegt. Die Gesamtstudiendauer beträgt 10 Semester. Die Gebühren im Seminar kosten pro Student 105,- DM.

Schlußfolgerungen

Die aufgezeigten Tatsachen weisen nach, daß es sich bei dieser kirchlichen Ausbildungsstätte um eine Einrichtung handelt, die Jugendliche unserer Republik bewußt von gesellschaftlichen Geschehen fernhält, sie darüber hinaus negativ beeinflußt, duldet, daß von Schülern dieser Einrichtungen Provokationen gegen unseren Staat gestartet werden und Jugendliche aufnimmt, die von staatlichen Universitäten verwiesen wurden.

Der Rechtsstatus dieser Seminare ist ungeklärt. Das Ober- und das Proseminar stellen illegale Oberschulen, bzw. Hochschulen dar.

Der Lehrkörper setzt sich im führenden Teil aus Personen zusammen, die nicht positiv zur Entwicklung in der DDR stehen und die Jugendlichen negativ beeinflussen.

Aus diesem Grunde wären folgende Maßnahmen nötig:

1) Überprüfung der vorhandenen Lehrpläne des Oberseminars durch das Staatssekretariat für das Hoch- und Fachschulwesen, um den Charakter einer illegalen Hochschule nachzuweisen.

2) Bis zur Klärung dieser Frage: Einleitungen von Maßnahmen, die die unbedingte Durchführung der staatlichen Aufsichtspflicht in allen drei Seminaren durch die örtlichen Organe garantieren.

3) Eine Kontrolle des Proseminars durch das Ministerium für Volksbildung mit dem Ziel, die gleichen Unterlagen zusammenzustellen, die vom Oberseminar bestehen.

4) Mit Hilfe der gesellschaftlichen Organisationen noch einmal zu versuchen, die positiven Kräfte im Seminar zu ermitteln und mit ihnen außerhalb des Seminars gesellschaftlich zu arbeiten.

5) Festzustellen, welche Personen außer den angeführten, noch von Universitäten (anderen) nach Naumburg gekommen sind und welche Personen von dort nach Berlin oder Westberlin zum weiteren Studium delegiert werden. (VP)

6) Gemeinsam mit dem Ministerium für Volksbildung und dem Staatssekretariat für das Hoch- und Fachschulwesen einen Vorschlag zur Schließung aller dieser illegalen Ausbildungsstätten zu erarbeiten.

[gez.] Wilke
(Wilke)

Dokument 7

Gespräch der Fakultät Halle mit dem Dozentenkollegium des KOS 1962

Quelle: AKPS, Rep. A Gen., Nr. 2648

Thesen
des Arbeitsausschusses für das Gespräch mit der Fakultät
und die Beratung des Kuratoriums.

These I: Für die Zurüstung künftiger Amtsträger zum Pfarramt durch wissenschaftlich-theologische Ausbildungsstätten ist erforderlich:
1. die Reife des Studienanfängers (Maturität),
2. das volle Angebot des wissenschaftlich-theologischen Studiums und dessen Wahrnehmung durch die Studierenden,
3. der Vollzug dieses Studiums in der verantwortlichen Teilhabe an der Gemeinschaft unter dem Wort.
Zu 1: Für Sonderreifeprüfungen und Aufnahmeprüfungen sind folgendes die Minimalforderungen: Die Sonderreifeprüfung muß mindestens enthalten die Prüfung in:
a) einer Fremdsprache nach den Maßstäben eines Abiturientenexamens,
b) deutscher Literatur und Fähigkeit zum deutschen Aufsatz nach den gleichen Maßstäben,
c) einem Problemkreis des kirchlichen Lebens.
Zu 2: Die Einübung des Studierenden in selbständiges theologisches Fragen und Urteilen muß intensiviert werden.

These II: Die theologische Forschung und das theologische Studium sind von Bindungen, die dem Wesen theologischer Wissenschaft fremd sind, freizuhalten, ohne daß dabei den Auseinandersetzungen mit den Zeitfragen ausgewichen wird.

Entfaltung der These II:
Die Ausbildungsstätten haben sich zu fragen, in welchem Maße und auf welche Weise den Studierenden Kenntnisse in den Grundlagen des Marxismus-Leninismus vermittelt und sie zu einer ihrer theologischen Existenz angemessenen Würdigung angeleitet werden können. Zu dieser Anleitung bietet gerade auch die Studiensituation an einer kirchlichen Ausbildungsstätte eine echte Möglichkeit.

These III: Der Beschluß der Synode der EKiD in Elbingerode 1952 hinsichtlich der Bedeutung des theologischen Forschens und Lehrens für die Wahrheitsfindung im geistigen Bereich unseres Volkes, der für das Verbleiben der theologischen Fakultäten an den Universitäten der DDR konstitutiv war, ist in seiner Grundabsicht auch heute noch gültig.

Entfaltung der These III:

1. Die Theologischen Fakultäten müssen sich fragen, inwieweit die Voraussetzungen des Beschlusses von Elbingerode in der gegenwärtigen Situation der Universitäten in der DDR noch gegeben sind.

2. Die Kirchlichen Ausbildungsstätten sind darauf hinzuweisen, daß ihre theologisch-wissenschaftliche Arbeit die Aspekte zu berücksichtigen hat, die in dem Beschluß von Elbingerode angesprochen sind. Sie sind zu fragen, in welcher Weise sie diese Aufgabe anzufassen in der Lage und bereit sind.

Dokument 8

ZK-Vorlage über die Kirchlichen Ausbildungsstätten in der DDR 1968

Quelle: BArch Berlin, DO 4 582, Bl. 1049–1057

Arbeitsgruppe Kirchenfragen   Berlin, am …1968
                                               … Exemplare je … Blatt
                                               … Exemplar   … Blatt

Vorlage
für das Sekretariat des ZK der SED

Betrifft: Kirchliche Ausbildungsstätten in der DDR
Die Kirchen und Religionsgemeinschaften unterhalten in der DDR ein ganzes
System von Ausbildungs- und Erziehungsstätten, das weitgehend der staatlichen Genehmigung und Aufsicht, sowie sozialistischen gesellschaftlichen
Einflüssen entzogen ist. Zur Veränderung der politisch-ideologischen Situation an diesen Einrichtungen und zur Durchsetzung gesetzlicher Formen beschließt das Sekretariat:

Beschlußentwurf:
1. Zur Herbeiführung geregelter Verhältnisse hinsichtlich der kirchlichen
   Ausbildungsstätten schließen die zuständigen Räte der Bezirke mit dem
   jeweiligen Landesbischof bzw. Vorsitzenden des Kuratoriums und dem Leiter der Ausbildungsstätte unter Anwesenheit eines Beauftragten des Staatssekretärs für Kirchenfragen auf der Grundlage des Artikels 39, Abschnitt
   2 der sozialistischen Verfassung der DDR Vereinbarungen ab, in denen folgendes festzulegen ist:
   – Fixierung des Rechtsstatus der betreffenden Ausbildungsstätte
   – Bestätigung der Zweckbestimmung
   – Gewährleistung der strikten Durchführung der gesetzlichen Bestimmungen für die Einstellung von Schulabgängern in die Berufsausbildung
     und in Arbeitsrechtsverhältnisse des Staatlichen Amtes für Berufsausbildung
   – Die Aufnahme von ehemals straffälligen Bürgern oder solcher Jugendlicher, die von staatlichen Universitäten, Hoch- und Fachschulen, sowie
     erweiterten Oberschulen verwiesen wurden, bedarf der Zustimmung
     der staatlichen Organe

- Einführung eines staatsbürgerlichen Unterrichts durch vom Staat beauftragte Gesellschaftswissenschaftler auf Kosten der Ausbildungsstätte
- Gewährleistung der staatlichen Aufsichtspflicht, die mit Ausnahme der kirchlichen Einrichtungen im Bereich des Gesundheitswesens und der Volksbildung, dem Stellvertreter für Inneres bei den Räten der Bezirke obliegt.

Der Staatssekretär für Kirchenfragen übergibt den Räten der Bezirke eine Rahmenvereinbarung, die u. a. eine zeitliche Begrenzung der zu treffenden Vereinbarungen vorsieht. Die abgeschlossenen Vereinbarungen bedürfen der Zustimmung des Staatssekretärs für Kirchenfragen.

2. Zur politisch-ideologischen Einflußnahme auf die kirchlichen Ausbildungsstätten sind folgende Maßnahmen einzuleiten:
    - In Zusammenarbeit mit dem Ministerium für das Hoch- und Fachschulwesen, dem Ministerium für Volksbildung bildet der Staatssekretär für Kirchenfragen eine Arbeitsgruppe zur Erarbeitung eines Lehrprogramms des staatsbürgerkundlichen Unterrichts an kirchlichen Ausbildungsstätten, zur Bestätigung und Anleitung der Lehrkräfte
    - Die Sekretariate der Bezirksausschüsse der Nationalen Front gewährleisten eine kontinuierliche politisch-ideologische Einflußnahme auf die in ihrem Bereich liegenden kirchlichen Ausbildungsstätten, wobei sie sich insbesondere auf den sozialistischen Jugendverband und die CDU stützen.
3. Mit den im Widerspruch zum Gesetz über das einheitliche sozialistische Bildungssystem noch bestehenden 5 kirchlichen Ausbildungsstätten mit allgemeinbildendem Charakter (ev. Oberseminar Potsdam-Hermannswerder, ev. Proseminar Naumburg, kath. Vorseminar Schöneiche b./Berlin) sind keine Vereinbarungen abzuschließen. Durch den Staatssekretär für Kirchenfragen ist nach Konsultation des Ministers für Volksbildung bei den betreffenden Kirchenleitungen Klarheit darüber zu schaffen, daß diese Einrichtungen zu einem noch festzulegenden Zeitpunkt ihre Tätigkeit einzustellen haben.
4. In den kirchlichen Ausbildungsstätten noch als verbindlich geltende sogenannte gesamtdeutsche kirchl. Gesetze, Bestimmungen und Lehrprogramme sind den politischen Realitäten entsprechend außer Kraft zu setzen. Die Realisierung ist im Rahmen der staatlichen Aufsichtspflicht der Räte der Bezirke zu gewährleisten.
5. Der Minister für Nationale Verteidigung sichert, daß Freistellungen vom

Wehrdienst für Angehörige der kirchlichen Ausbildungsstätten nicht erfolgen.

6. Gastvorlesungen an kirchlichen Ausbildungsstätten durch Referenten aus Westdeutschland, Westberlin und dem Ausland bedürfen der Zustimmung des Stellvertreter Inneres bei den Räten der Bezirke.

7. Der Minister für das Hoch- und Fachschulwesen legt dem Sekretariat des ZK der SED bis zu Beginn des Herbstsemesters eine Konzeption zur Durchführung der sozialistischen Hochschulreform an den theologischen Fakultäten vor.

[...]

Begründung:

[...]

Für den politisch-ideologischen Zustand an den meisten kirchlichen Ausbildungsstätten, insbesondere an den sogenannten kirchlichen Hochschulen sind folgende Faktoren bestimmend:

1.) Allen Ausbildungsstätten steht ein umfangreicher Lehrkörper zur Verfügung, die wichtigsten theoretischen Fächer weisen eine Doppelbesetzung auf. Von den Angehörigen des Lehrkörpers haben über 50% ihre eigene Ausbildung vor 1945 abgeschlossen. Ein weiterer Teil wurde nach 1945 in Westdeutschland und Westberlin ausgebildet. Nach der Zerschlagung des Hitler-Faschismus tauchte eine Reihe faschistischer und militaristischer Kräfte in den Kirchen unter. Einige übernahmen Lehrfunktionen an kirchlichen Ausbildungsstätten, die sie z. T. noch heute bekleiden. Ein solches Zentrum vorbelasteter, reaktionärer Kräfte stellt das Kirchl. Oberseminar in Naumburg dar. Führende Angehörige der Lehrkörper sind als politisch reaktionäre Ideologen bekannt. Sie sind geistige Inspiratoren kirchl. Dokumente und Handreichungen die sich gegen die gesellschaftliche Entwicklung in der DDR richten und der Konzeption der westdeutschen Regierungspolitik folgen. (Pfarrer Hamel, Naumburg, Dr. Voigt, Leipzig, Dr. Wätzel, Wittenberg.) Von einem großen Teil der Lehrkräfte werden im Rahmen ihrer Lehrtätigkeit Auffassungen und Konzeptionen der imperialistischen Ideologie vertreten wie z. B. die Konvergenztheorie, Futurologie, ideologische Liberalisierung und Koexistenz, die Nichtanerkennung der politischen Realitäten und die Konzeption einer sogenannten einheitlichen Kirche in Deutschland.

2.) Die Schüler und Seminaristen sind in der Mehrzahl Menschen, die zur DDR ein abwartendes oder feindliches Verhältnis einnehmen. Ein Teil von ihnen wurde von den staatlichen Bildungseinrichtungen wegen ihrer politisch-ideologischen negativen Haltung verwiesen oder dort nicht aufgenommen. Einige sind sogar vor der Aufnahme in die kirchl. Ausbildungsstätten oder während ihrer Ausbildung straffällig geworden.

Ein bedeutender Teil der Lernenden kommt aus Familien von Geistlichen und kirchlichen Amtsträgern die konservativ gegen die sozialistische Entwicklung in der DDR eingestellt sind.

[...]

[Das Dokument enthält keinen Vermerk über die Behandlung im Zentralkomitee der SED. Offenbar ist eine Inkraftsetzung nicht erfolgt. Konzipiert anscheinend im 1. Halbjahr 1968. H. S.]

DOKUMENT 9

Kolloquium des Dozentenkollegiums zum Thema Christ und Kirche im entwickelten System des Sozialismus 1971[1]

Thesen von Blühm/Onnasch und Hamel

Quelle: Privatarchiv Schröter

Naumburg, den 19. Januar 1971

Anfragen zum Thema:
Christ und Kirche im entwickelten System des Sozialismus
Reimund Blühm / Martin Onnasch

1.1. Die gegenwärtige spannungsreiche Profilneurose des Staates, der seit seiner Gründung ständig von außen und innen in Frage gestellt wurde, darf nicht verabsolutiert werden.

1.2. Unsere gesellschaftliche Zukunft liegt nicht in einem Absterben des Sozialismus, sondern in seiner Wandlung.

1.3. Zur Bewertung des Sozialismus ist die Frage nach der Verwirklichung von Gerechtigkeit in der Welt auch im Blick auf das Nord-Südproblem notwendig.

1.4. Das gegenwärtige Problem scheint zu sein: Anerkennung der führenden Rolle der SED – Bindung an die Weltanschauung des Marxismus-Leninismus – Gefahr der Vereinnahme.
Jedoch gilt es auch, den Überbaucharakter der Ideologie zu beachten. Auch die marxistisch-leninistische Ideologie leidet wie die kirchliche Verkündigung an Wirklichkeitsverlust. Anzeichen einer Trennung der »Welten« in »Sakrales« und »Profanes« sind unübersehbar. Wer im Profanen leben und mitwirken will bzw. muss, darf sich nicht »bannen« lassen durch den Blick auf den Überbau.

1.5. Das eigentliche Problem ist die Stellung zur Diktatur des Proletariats, d. h. einer marxistisch-leninistischen Partei. Ist diese Diktatur der Preis für eine konsequente Gesellschaftsänderung oder ihr bleibendes Ergebnis?

1.6. Muss das Wissen um die erklärten Ziele des Politbüros in Strategie und Taktik unsere Bereitschaft, an einer menschlichen Gesellschaft mitzu-

---

[1] Orthographisch überarbeitet; Abkürzungen wurden aufgelöst, z. B. kirchl. = kirchlich, marx.-len. = marxistisch-leninistisch.

arbeiten, ausschließen, wenn anders wir uns daran halten, dass Gott im Regiment sitzt und das Tun des Guten wandelnde Kraft hat?

2.1.1. Der Auftrag Christi gebietet, niemals von der Kirche her Begegnungen zu verhindern, sondern alles f ü r Begegnungen mit Nichtgläubigen zu tun.

Die Theologie darf die Kategorie der Königsherrschaft Christi nicht auf die Gestalt der Kirche und der Gemeinde übertragen. Da es um die Verkündigung in der Gemeinde und die Verkündigung der Gemeinde geht, ist gemeinsames Reden und Handeln eine notwendige Form. Die Theologie hat Praxisprobleme unter diesen Gesichtspunkten zu durchdenken und Folgerungen zu ziehen.

Maßstab für Begegnungen und Gespräche mit nicht-christlich-Bestimmten ist die Zuwendung Jesu zu den Sündern, Zöllnern und Heiden.

2.1.2. Im Sozialismus vollziehen sich Wandlungen. Die »Rolle des Bewusstseins« wächst. Der Theologe muss auf ein konstruktives Gespräch vorbereitet sein. Dieses Gespräch wird kommen. Es ist die Frage, ob er darauf zureichend vorbereitet ist. Hinter dem »Wir wollen nicht vereinnahmt werden« oder »Wir wollen uns nicht in außerkirchliche Bereiche einmischen« steht nicht selten die Unfähigkeit zur Kooperation.

2.1.3. Jede Organisation geht nicht in ihrem Selbstverständnis auf. Sollte ein Christ nicht von der Vorläufigkeit und Schwäche aller sich selbst setzenden Mächte ausgehen? Jede Organisation hat ihre Dynamik. Für ein Mitleben und Mitwirken in der DDR ist der Bereich der Massenorganisationen nicht aussparbar. Es ist die Frage, ob sich die kirchliche Verantwortung an den Ausnahmen und Schwächen orientieren sollte oder ob sie mehr als bisher denen, die in den Organisationen handeln, ihre Stärken bewusst machen und sie bei ihnen behaften sollte. Das kann nicht aus einem »Abseits« heraus erfolgen und bedingt ein grundsätzliches Ja zum Dasein dieses Staates.

2.1.4. Leiden für Christus vollzieht sich, wo man an überlieferten Glaubensauffassungen und Lebensformen festhält, aber auch da, wo man in einer veränderten Welt verantwortlich Entscheidungen zu treffen und Antwort zu geben hat.

2.1.5. Eine Ablehnung des sozialistischen Aufbaus in der DDR und bereits konsequente Distanzierung wird verstanden als eine Negierung des Sozialismus insgesamt als einer humanistischen Gesellschaftsordnung. Lässt die Kirche sich nicht auf diese Weise zu leicht in ein Ghetto abdrängen (»Raum der Kirche«)?

2.1.6. Die offiziellen Stellungnahmen der Kirche zum Sozialismus sind seit längerer Zeit positiv. Was für Folgerungen sollen die Gemeinden daraus ziehen?

2.1.7. Das Hinwirken auf Kontrolle der Regierenden und Durchsichtigkeit der Institutionen ist kein Problem der Technik, sondern menschlicher Einsicht und Verantwortung. Hier kann die Kirche Beispielhaftes leisten.

2.1.8. Ist es wünschenswert und dem Evangelium gemäß, wenn zu einem kirchlichen Engagement die Ablehnung des Aufbaus des Sozialismus (oder doch die Distanzierung von ihm) normalerweise gehörte? Auf diese Weise würde sich die Kirche von jeder eigenen konstruktiven Mitwirkung bei der Lösung dringender, gegenwärtiger und zukünftiger Aufgaben ausschließen.

2.1.9. Jeder Theologe hat seine Auffassung darüber, wie gesellschaftliche Verantwortung wahrzunehmen sei, im Zusammenhang seiner Lebensgeschichte gewonnen. Diese Erfahrungen können keine bleibende Gültigkeit beanspruchen.

2.2.1. In der Kirche sollten keine Postulate aufgestellt werden, welche die soziale Stellung des kirchlichen Mitarbeiters zur stillschweigenden Voraussetzung haben.

2.2.2. Wenn wir diese Welt als das uns von Gott angewiesene Wirkungsfeld ansehen, können wir uns nicht einen Raum aussuchen, in dem unser Gewissen ungetrübt bleibt. Für Kinder ist – mit wenigen Ausnahmen – die Aufgabe unlösbar, sich von ihrer Gruppe zu trennen, zumal in ihren Organisationen Sachbereiche eine größere Rolle spielen als der ideologische Überbau, der bereits in der Schule eine Anerkennung erfahren muss.

2.2.3. Es ist die Frage, ob die kirchliche Praxis sich nicht mehr darum bemühen sollte, den Kindern bei den unvermeidlichen Pflichtenkollisionen und Bewusstseinskonflikten zu helfen als eine andere Welt neben ihrer eigenen aufzubauen. Die Theologie gibt den hier praktisch Geforderten zu wenig Hilfe.

2.2.4. Kinder und Erwachsene sollten die Kirche nicht in erster Linie als einen Ort erfahren, da – oft unrealisierbare – Forderungen gestellt werden, sondern als einen Ort, da ihnen Verständnis und Barmherzigkeit widerfährt.

2.2.5. Zweifellos ist es sozialtherapeutisch wichtig und gut, dass die kirchliche Arbeit, insbesondere die Verkündigung, so angelegt ist, dass die Menschen zu ihren Lebensbezügen einmal Distanz gewinnen. Die überkommene Frömmigkeitspraxis ist dazu nicht geeignet.

2.2.6. Die Hauptaufgaben der Kirche liegen heute nicht so sehr auf dem Gebiet der pauschal-appellativen Verkündigung, sondern in der persönlichen Lebenshilfe und in der Ermöglichung »aktiver Erkenntnisgewinnung«.

2.2.7. Die Weisung, sich weder opportunistisch zu verhalten, noch glaubensloser Resignation zu verfallen, genügt nicht. Das »Wie dann?« ist gefragt.

2.2.8. Das Verhältnis zu einer Gesellschaft wird nicht zuerst auf theoretischem Wege gefunden, sondern der Mensch findet sich in einem bestimmten Verhältnis zur Gesellschaft vor. Was bedeutet das für das Gespräch zwischen der Kirche und der Jugend, die im sozialistischen Gesellschaftssystem aufgewachsen ist?

2.2.9. Um die strukturelle und habituelle Isolierung zu mindern, sollte die halbjährige Mitarbeit der Dozenten in einer Neubaugemeinde und einer überkommenen Dorfgemeinde angestrebt werden.

Regelmäßiger Austausch von Informationen, Problemstellungen und so weiter zwischen Dozenten und Praktikern muss organisiert werden.

Fragen an das Papier Blühm/Onnasch »Anfragen zum Thema: Christ und Kirche im entwickelten System des Sozialismus« vom 19.1.1971

I Allgemeine Fragen

a) Was meint das Papier mit dem Begriff »Sozialismus«, »entwickeltes System des Sozialismus«, »sozialistischer Aufbau in der DDR«, »Aufbau des Sozialismus«, »sozialistisches Gesellschaftssystem«?

b) Kann man – nützlich zur Gewinnung von Antworten – schon in der Fragestellung davon abstrahieren, dass die mit dem Wort »Sozialismus« anvisierte Wirklichkeit den Menschen in der DDR a u c h unter den Aspekten begegnet:
   a) Anwesenheit sowjetischer Streitkräfte pp;
   b) Über ¾ des restdeutschen Volkes leben in der BRD;
   c) Die alle zwei Jahre in überzeugenden Abstimmungen erfolgende 99%ige Zustimmung der Bürger der DDR zu diesem Staat?

c) Kann man andererseits davon abstrahieren, dass es auf der Welt eine ganze Reihe von politischen Realitäten, aber auch von mehr oder weniger geschlossenen Gedankensystemen gibt, die sich alle auf den »Sozialismus«, Karl Marx und Friedrich Engels berufen?

d) Was meint das Papier mit »Kirche«, »Kirche und Gemeinde«, »kirchliche

Verantwortung«, die »kirchliche Praxis«, »kirchliche Arbeit«, »Gespräch zwischen der Kirche und der Jugend«?

e) Ist die Alternative legitim, aus der heraus offenbar die Verfasser ihre Anfrage stellen?

Einerseits (abzulehnen): »Abseits« (2.1.3.), »Ablehnung des sozialistischen Aufbaus«, »konsequente Distanzierung«, »Negierung«, »Ghetto« (2.1.5.), »von jeder ... Mitwirkung ... ausschließen« (2.1.8.), »Raum aussuchen, in dem unser Gewissen ungetrübt bleibt«, »von ihrer Gruppe zu trennen« (2.2.2.), »eine andere Welt neben ihrer eigenen aufzubauen« (2.2.3.), »Kirche ... als ... Ort erfahren, da – oft unrealisierbare – Forderungen gestellt werden« (2.2.4.), »Begegnungen verhindern« (2.1.1.).

Andererseits: »Bereitschaft, an einer menschlichen Gesellschaft mitzuarbeiten« (1.6.), »alles f ü r Begegnungen mit Nichtgläubigen ... tun« (2.1.1.), »auf konstruktives Gespräch vorbereitet«, keine »Unfähigkeit zur Kooperation« (2.1.2.), »Mitleben und Mitwirken in der DDR«, »grundsätzliches Ja zum Dasein dieses Staates« (2.1.3.), »in einer veränderten Welt verantwortlich Entscheidungen ... treffen und Antwort ... geben ...« (2.1.4.), »Stellungnahmen der Kirche zum Sozialismus ... positiv« (2.1.6.), »konstruktiven Mitwirkung bei der Lösung dringender, gegenwärtiger und zukünftiger Aufgaben« (2.1.8.), »Verhältnis zu einer Gesellschaft« (2.2.8.).

f) Wie steht es um die »Fremdlingschaft« der Christengemeinde in dieser Welt?

g) Wo ist bei der Anfrage Platz für all jene Teile des Evangeliums, die die Christenheit vor der Verführung durch den »Antichristen« warnt?

h) Inwiefern berücksichtigen die Verfasser das in a l l e n Staaten des Warschauer Paktes zu beobachtende Phänomen, dass in zunehmendem[2] Maße kirchliche Amtsträger (je »höher« um so stärker) bei den Gläubigen dadurch das Vertrauen verlieren und das Misstrauen zwischen den kirchlichen Amtsträgern vermehren, dass sie sich als Galionsfiguren ohne echte Mitverantwortung und Mitbefugnis zur Verfügung stellen?

II Zu einzelnen Punkten der »Anfragen«

Zu

1.1 Das angesprochene Phänomen findet sich mutatis mutandis auch in der UdSSR (die seit 1917 besteht) und den meisten anderen Staaten des Warschauer Paktes. Es scheint wesensimmanent zu sein.

---

[2] Text: »zunehmenden«.

1.2 Sind sich die Verfasser darüber klar, dass damit eine Dynamitbombe gezeigt wird (»Wandlung«)?

1.4 Inwiefern wird damit außer Kraft gesetzt, dass »dem Kaiser geopfert« werden m u s s ?

1.5 Es handelt sich um das Politbüro, nicht um die Partei!

1.6 Ich stimme zu, aber: das Wissen um diese Ziele sollte uns vor allen Illusionen ebenso wie vor dem – unbewussten? – Drang bewahren, à tout prix »mitmachen« zu wollen, zu sollen, zu müssen, was die Verfasser gewiss auch nicht wollen, nicht wollen können.

2.1.1. Um was für »Begegnungen« soll es sich handeln? Der Normalchrist »begegnet« »Nichtgläubigen« auf Schritt und Tritt.[3] Inwiefern hat »die Kirche« solche »Begegnungen« »verhindert«? – Ich würde die Gespräche mit »nicht-christlich-Bestimmten« lieber nicht mit Jesu Annahme der »Sünder und Zöllner« verknüpfen. Es dürfte im Sinn der Linie der Verfasser sein, wenn wir diesen Menschen um uns herum nicht als den »Sündern und Zöllnern« entgegentreten!

2.1.2. Die »Wandlungen« provozieren die Christenheit zu viel mehr, als der T e x t der Verfasser erkennen lässt: Wenn schon Kommunisten[4] unter Einsatz ihrer Stellung, ihrer Freiheit, ihres Lebens für die »Elenden und Armen« einsetzten in i h r e m eigenen Bereich – wie beschämend für die Christenheit, die so oder so mit ihrem Über- oder Weiterleben beschäftigt erscheint!

2.1.3. Der Normalchrist ist längst i n den Massenorganisationen. Die Frage ist doch nur die, inwiefern es dem Auftrag kirchlicher Amtsträger dienlich ist, wenn e r in Massenorganisationen agiert.[5] Welches Bild haben die Verfasser von der Wirklichkeit dessen, was in diesen Massenorganisationen geschieht? Ermutigen eigentlich die Beispiele von kirchlichen Amtsträgern, die in diesen Organisationen agieren, zur Nachfolge? – Grundsätzliches »Ja«? Was heißt das?

2.1.4. Inwiefern ist das eine Entgegensetzung? Mit »Festhalten an überlieferten Glaubensauffassungen und Lebensformen« dürfte das, was an wirklichem »Leiden für Christus« seit 25 Jahren passiert ist, doch nur karikierend wiedergegeben sein. Sind wir Juden, die kein Schweinefleisch essen?

---

[3] Im Text »?« statt ».«.

[4] ergänze: sich.

[5] gemeint: ... wenn s i e in M. agieren.

2.1.5. und 2.1.6.: Sind die Alternativen richtig gezeichnet? Woran denken die Verfasser bei »offiziellen Stellungnahmen der Kirche zum Sozialismus« sowohl »seit längerer Zeit« wie davor?

2.1.7. Sinn?

2.1.8. In welchen Alternativen denken die Verfasser? Ist die (erstrebte) »Mitwirkung bei der Lösung dringender, gegenwärtiger und zukünftiger Aufgaben« durch »die Kirche« nicht ein Wunschdenken? Wie steht es in der UdSSR damit?

2.1.9. Das angesprochene Phänomen ist viel komplexer: außer der Erfahrung (z. B. in der Bekennenden Kirche) im Leben gibt es noch eine Menge anderer legitimer und illegitimer Motive, die heute zu Äußerungen über unser Thema treiben. Die »Neue Zeit«[6] ist jeden Sonnabend ein Muster dafür! Warum so einseitig?

2.2.1. Ist damit das Nein der Kirchen zu[7] Jugendweihe gemeint?

2.2.2. Ist damit das Problem recht gekennzeichnet? Wieso unterstellen die Verfasser all den Eltern und Jugendlichen, die es anders halten, dass sie ihr »Gewissen ungetrübt« erhalten wollen? Also fromme Egoisten, statt Zeugen Christi sind?

2.2.3. Sinn?

2.2.5. Sinn? Frömmigkeitspraxis?

2.2.6. Was für eine Alternative!

2.2.7. Diese Frage richtet sich an die »Anfragen« selbst!

2.2.8. Welchen Begriff von Kirche haben die Verfasser, wenn sie von einem Gespräch zwischen »Kirche und Jugend« reden können? Was meinen sie?

2.2.9. Um was für eine »strukturelle und habituelle Isolierung« handelt es sich? Im Duktus des Papieres kann es nur heißen: Isoliert von der Wirklichkeit, in der wir Menschen leben. Oder ist gemeint, dass zwar der Pfarrer nicht isoliert ist, wohl aber der Dozent? Wie kommen die Verfasser zu einem solchen Urteil?

Naumburg, den 20. 1. 1971   Johannes Hamel

---

[6] »Neue Zeit« hieß die maßgebliche Zeitung der CDU in der DDR (Anm. der Hrsg.).

[7] lies: zur

Dokument 10

Thesen zu Theologiestudium und geistlicher Erfahrung, Naumburg 1973[8]

von Ulrich Schröter / Johannes Hamel

Quelle: Privatarchiv Schröter

Text der Erklärung von P. Schröter vom 11.7.73 und Erläuterungen dazu vom 5.12.73 (von D. Hamel), beide vorgetragen in Versammlungen der Studierenden und Dozenten am Katechetischen Oberseminar in Naumburg/Saale[9]

Text: Liebe Kommilitonen! Im Einvernehmen mit dem Dozentenkollegium möchte ich als Studentenpfarrer zu Fragen, die uns alle bewegen und die manchen von Ihnen existentiell etwas bedeuten und Sie bedrücken, folgendes erklären: Wir freuen uns, wenn sich Theologiestudenten um die Bibel sammeln, miteinander beten, sich brüderlich beraten und entschlossen sind, ein Leben in der Nachfolge Jesu Christi zu führen. Solche freien Sammlungen von Studenten hat es immer wieder gegeben. Die Landeskirchen haben von daher viele gute Anstöße erhalten.

Erläuterung: Der Eingang »Wir freuen uns ...« ist wie der Eingang des 1. Korintherbriefes zu verstehen, wo Paulus schreibt:»Ich danke Gott allezeit eurethalben für die Gnade Gottes, die euch gegeben ist in Christus Jesus, dass ihr seid durch ihn an allen Stücken reich gemacht, an aller Lehre und aller Erkenntnis. Denn die Predigt von Christus ist in euch kräftig geworden, so dass ihr keinen Mangel habt an irgendeiner Gabe ...« (1. Kor. 1, 4–9).

Text: Wo Gottes Geist Menschen in Bewegung setzt, versucht der Widersacher sie für sich zu vereinnahmen. Davon weiß das Neue Testament viel zu berichten:

Erläuterung: Nach dem Dank fährt Paulus in V.10 fort:»Ich ermahne euch aber, liebe Brüder, durch den Namen unseres Herrn Jesus Christus, dass ihr allzumal einerlei Rede führet und lasset nicht Spaltungen unter euch sein,

---

[8] Orthographisch angepasst.
[9] Die 7 Thesen des Textes und die Erläuterungen stammen von Johannes Hamel, Ein- und Ausleitung des Textes von Ulrich Schröter, vgl. Kap. II.2.2.1, S. 76 und III.4, S. 197 f.

sondern haltet fest aneinander in e i n e m Sinne und e i n e r l e i Meinung.«
Alle folgenden Kapitel im Brief ringen darum, dass die geisterfüllten Korinther die Versuchungen erkennen und bestehen möchten, in die sie gerade
durch den Empfang des Heiligen Geistes geführt worden sind, die sie weithin
offenbar gar nicht bemerken und denen sie darum zu verfallen drohen. Wo
Weizen gesät ist vom Herrn, sät der Widersacher sein Unkraut dazwischen.
Wo Jesus in seinen Dienst ruft, beginnen die Jünger zu streiten, wer der erste im Reich Gottes ist. Als Jesus den Geist erhielt, führt ihn der Geist in die
Wüste, wo er vierzig Tage lang vom Teufel versucht wird. Wir Jünger Jesu sind
nicht über dem Meister. Darum heißt es: »Glaubet nicht einem jeglichen
Geist, sondern prüfet die Geister, ob sie von Gott sind …« (1. Joh. 4, 1.3.6) Und:
»Den Geist dämpfet nicht, Weissagung verachtet nicht. Prüfet a b e r alles, und
das Gute behaltet. Meidet das Böse in j e d e r Gestalt« (1. Thess. 5, 19–22).

Text: 1. Im Heiligen Geist rühmen wir den Herrn. Wo wir uns selbst rühmen
und meinen, nicht mehr vor dem Richter offenbar werden zu müssen, treibt
uns ein fremder Geist.

Erläuterung: »Wir müssen alle offenbar werden vor dem Richtstuhl Christi,
auf dass ein jeglicher empfange, wie er gehandelt hat bei Leibesleben, es sei
gut oder böse« (2. Kor. 5, 10) schreibt Paulus im Heiligen Geist an die Korinther. Der Heilige Geist lehrt uns, von uns nüchtern und bescheiden zu denken, aber groß vom Herrn. Der fremde Geist aber treibt uns zu Selbstruhm in
frommer Verkleidung. Er »bläht auf«, wie Paulus an den Korinthern feststellt
(1. Kor. 4, 6–8; 5,2; 8,1 f.; 10,12; 13,4). Durch den fremden Geist getrieben,
kehren wir das Wort vom Gericht gegen a n d e r e. Der fremde Geist lehrt uns
sprechen: »Wir, die wir den Geist empfangen haben, kommen nicht ins Gericht.« Der ganze Paulus, die Evangelien, der 1. Petrusbrief usw. stehen gegen
diesen fremden Geist, der den Selbstruhm der Christen mit dem Schein des
Ruhmes des Herrn bekleidet. – Die Geschichte der Christenheit ist voll dieser Versuchung!

Text: 2. Im Heiligen Geist sind wir der Zusage unserer Rettung gewiss und pochen gerade darum nicht auf unsere Heilsgewissheit.

Erläuterung: Der Heilige Geist macht uns des Heilandes gewiss. Der Widersacher lehrt uns sagen: »I c h – im Unterschied zu anderen Christen – habe
Heilsgewissheit.« Der Heilige Geist wendet unseren Blick von uns selbst weg
auf den Retter, der fremde Geist treibt uns zur Selbstbeurteilung. Paulus

kämpft in den Korintherbriefen und anderswo gegen diesen Geist der Selbstbeurteilung und des Selbstruhms in geistlicher Verkleidung.

Text: 3. Der Empfang des Heiligen Geistes lehrt uns bitten: »Komm, Heiliger
Geist, Herre Gott.« Er verwehrt es, sich des Besitzes des Heiligen Geistes zu
rühmen.

Erläuterung: Wo Gottes Geist Menschen ergreift und mit seiner Freude erfüllt,
lehrt er sie um den Geist zu bitten. Er gleicht dem Manna, das die Gemeinde
Gottes täglich neu zu suchen hatte. Als Vorwitzige es für den nächsten Tag
aufbewahren wollten, um sich das erneute Suchen zu sparen, ward es »voller
Würmer und begann zu stinken»(2. Mose 16,20), und Mose wurde zornig auf
sie«! Weil die Korinther sich ihres Geistbesitzes rühmten, zankten sie sich untereinander, wurden gegeneinander rücksichtslos und verachteten die anderen, ohne es zu merken.

Text: 4. Der Heilige Geist eint Frömmigkeit und Studium der Theologie. Wo eines sich vom anderen löst, regiert ein fremder Geist.

Erläuterung: Wo Theologie nicht in der Umkehr zum Herrn getrieben wird,
treibt der Widersacher seine Geschäfte. Die Geschichte der Theologie ist voll
von dieser Verkehrung. Wo aber fromme Christen theologisches Nachdenken
gering achten, täuschen sie sich über sich selbst: Sie merken gar nicht, dass
sie dann nur auf Grund von theologischen Vorstellungen, die sie in Bausch und
Bogen schlucken, das Evangelium einengen, umbiegen oder gar verfälschen.
Wo immer ein Mensch durch Gottes Geist zur Bibel geführt wird, beginnt er
Theologe zu werden, auch wenn er das nicht in sein Bewusstsein aufnimmt.
Wer rechte Theologie treibt, merkt, wie sehr alle noch so tiefe Erkenntnis
des Evangeliums Stückwerk ist und bleibt – im besten Fall (vgl. 1. Kor. 13,
9.12)! – Wer theologisches Nachdenken über Gottes Wahrheit gering achtet,
verachtet im Grunde seine Väter und Brüder, auch wenn er das nicht weiß und
nicht will. Im theologischen Ringen miteinander strecken wir uns aus nach
der Offenbarung des kommenden Herrn. Spart sich ein Theologe dieses brü-
derliche Ringen mit den theologischen Vätern und Brüdern, wird er ein recht-
haberischer Mensch und verfällt der rabies theologorum, der in seiner »Toll-
heit« Recht haben will und die Gemeinde Jesu Christi zerstört.

Text: 5. Wo Jesus Christus im Heiligen Geist Menschen versammelt, ist grundsätzlich jeder eingeladen. Wo wir Bedingungen für die Teilnahme an christlichen Versammlungen aufrichten, zeigt sich ein fremder Geist.

<u>Erläuterung:</u> Wo sich Menschen um das Evangelium im Heiligen Geist versammeln, folgen sie dem Herrn, der a l l e zu sich ruft. 1. Kor. 14,16 und 23 ff. rechnet Paulus ganz selbstverständlich damit, dass in den Versammlungen der Gemeinde, in der auch in Zungen Gott gelobt wird und Zungenrede ausgelegt wird, auch Nichtglaubende sind. Die Korinther haben es offenbar gewagt, auch Neugierige teilnehmen zu lassen. – In Antiochien kämpft Paulus dagegen, dass Bedingungen für die Teilnahme aufgestellt werden, die Heiden erst einmal erfüllen müssten, ehe sie als brüderliche Tischgäste des Herrn anerkannt werden. Bei dieser Offenheit für alle, die kommen wollen, geht es um »die Wahrheit des Evangeliums« (Gal. 2, 5.14), also um keine Ermessensfrage! – Davon ist die Frage zu trennen, was die Gemeinde tun soll und darf, um offenbaren Störenfrieden das Handwerk zu legen. Dagegen ist die Zulassung oder Nichtzulassung anderer nach dem Maßstab ihrer geistlichen Erkenntnis und ihres Glaubensstandes eine Versuchung, die uns vom einladenden Herrn abziehen will.

<u>Text:</u> 6. Der Heilige Geist lehrt uns, brüderlich und offen miteinander zu reden und nicht gleichgültig aneinander vorbeizugehen. Wo wir aber andere auf u n s e r e Art der Frömmigkeit festlegen, belasten wir sie mit einem Gesetz und sind nicht Boten des Evangeliums.

<u>Erläuterung:</u> Der Heilige Geist bewegt uns dazu, unter dem Evangelium der Sündenvergebung offen und brüderlich miteinander zu reden. Der Heilige Geist gibt die Bereitschaft, sich auf sein Tun und Unterlassen von den Brüdern anreden zu lassen und nicht mit dem Satz auszuweichen: »Das ist meine Privatsache, in die ich keine Einmischung dulde.« Aber der gleiche Geist verwehrt es uns, andere zu beherrschen, zu pressen, zu überfremden oder zu schulmeistern. Wer den Splitter im Auge des Bruders sieht und mit Recht helfen will, sehe zu, dass er den Balken im eigenen Auge nicht übersehe! Wir heutigen Christen pflegen oft links u n d rechts vom Pferde zu fallen: Entweder halten wir eine Distanz voneinander, die dem Geist der Bruderschaft widersteht, oder wir treten uns zu nahe. Der Geist aber lehrt uns, uns einander höher zu achten als uns selbst und verwehrt es uns, in die verborgene Geschichte Gottes mit einem jeden von uns selbstherrlich einzugreifen. – Es gilt, b e i d e Versuchungen zu erkennen und um den schmalen Weg zwischen beiden Irrwegen zu ringen.

<u>Text:</u> 7. Der Heilige Geist lässt uns immer wieder das Evangelium neu im Zusammenhang der Heiligen Schrift entdecken und gibt uns die Furcht Gottes.

– Wo wir Bibelworte zu Bestätigungen unserer Vorstellungen degradieren, treibt uns ein fremder Geist.

Erläuterung: Der Geist führt in alle, täglich neu zu erflehende Wahrheit. Ein Christ lernt immerzu in der Schule des Herrn. Und das geschieht im Hören auf die Schrift. – Der Sektengeist fixiert uns – im besten Fall – auf ein Stückchen Wahrheit, das wir aus dem Schriftganzen herausbrechen. Und dadurch wird das Stückchen Wahrheit zur Halbwahrheit und damit zur Unwahrheit. – Gottes Wort in der Heiligen Schrift stellt uns alle miteinander in Frage, sowohl unser Verhalten wie unsere Gefühle, unser Denken, unser Wollen, einschließlich unserer Vorstellungen, die wir von Glauben und Bekehrung, Geistempfang und Gehorsam, Beten und Lieben, Bruderschaft und brüderlicher Zucht aneinander haben.

Text: Das Vorgetragene soll ein Anfang und ein Angebot eines Gespräches sein, das wir im Herbst miteinander fortsetzen müssen, um die Gemeinschaft am Hause zu erhalten und zu einem neuen Miteinander zu kommen. Alle Dozenten, Assistenten und Repetenten stehen zu Gesprächen mit jedem Studenten bereit, besonders auch mit denen, die sich durch diese Problematik bedrängt wissen.

Erläuterung: Was zu Punkt 7 über die Infragestellung unserer Meinungen gesagt worden ist, gilt auch für den verlesenen Text und die eben vorgetragenen Erläuterungen.

* * * * * * *

An die »Erläuterungen« schloss sich eine lebhafte Aussprache der Versammelten (ergänzt: an), die gegen 22 Uhr 30 aus Zeitgründen abgebrochen werden musste (Beginn: 19 Uhr 30). Die Aussprache geht weiter.

Naumburg, den 8. 12. 1973
Innerkirchlicher Dienstgebrauch
141172/75/73
gez. D. Hamel

DOKUMENT II

»Offener Brief« der Studentenschaft des Katechetischen Oberseminars zur Friedenserziehung 1980/81

a) Information des MfS über die Vorbereitung eines sogenannten offenen Briefes ... vom 12. 1. 1981 (Auszug)

Quelle: BStU, MfS ZAIG, Nr. 3100, Bl. 1–3

MINISTERIUM FÜR STAATSSICHERHEIT

Streng geheim!
Um Rückgabe wird gebeten!

Berlin, den 12. Jan. 1981
3 Blatt
5 Blatt Anlage
7. Exemplar

Verteiler-Notiz: 1. Hon
2. Ver
3. Bell
4. Mittig
5. HA XX, Ltr
6. Schorm
7. Abl.[10]

Nr. 23/81

INFORMATION

über die Vorbereitung eines sogenannten offenen Briefes zur kirchlichen Friedenserziehung durch Seminaristen des Katechetischen Oberseminars Naumburg

Dem MfS wurde streng vertraulich bekannt, daß durch einen internen Kreis von Seminaristen des Katechetischen Oberseminars Naumburg (innerkirchliche theologische Ausbildungsstätte) am 16. Dezember 1980 eine Vorlage für einen »offenen Brief« als Aufruf zur Aktivierung der sogenannten Friedenserziehung durch die Kirche entworfen wurde. Die Vorlage soll zur nächsten studentischen Vollversammlung beschlossen und an alle kirchenleitenden In-

---

[10] 1. Erich Honecker, 2. Paul Verner, 3. Rudi Bellmann, 4. Rudi Mittig, 5. Joachim Wiegand, 6. Bernhard Schorm, 7. danach zur Ablage.

stitutionen des Bundes der Evangelischen Kirchen in der DDR sowie die bischöflichen Ämter der Römisch-katholischen Diözesen in der DDR verschickt werden. (Wortlaut der Vorlage siehe Anlage)

[...Wiedergabe einzelner Anliegen des Briefes, H. S.]

Von den Seminaristen werden in der Vorlage die sozialistische Friedenserziehung verunglimpft sowie kirchenleitende Vertreter aufgefordert, in ihren Gesprächen mit Verantwortlichen der Regierung der DDR sich u.a. um die Lösung folgender Probleme zu bemühen:

Einstellung der Produktion von Kriegsspielzeug sowie Kinderbüchern militärischen Inhalts,

Abschaffung von schulischen bzw. außerschulischen Veranstaltungen wehrsportlichen Charakters,

Einstellung repressiver Methoden bei der Werbung zum drei- und mehrjährigen Wehrdienst,

Einführung eines Schulfaches, das durch Problemorientierung in Fragen des Friedens und der Abrüstung und durch die Förderung friedlicher Verhaltensweisen geprägt ist.

Nach weiter vorliegenden streng vertraulichen Hinweisen soll der Rektor des Katechetischen Oberseminars Naumburg, I. Klaer zu den vorgenannten Aktivitäten einer Reihe von Seminaristen eine ablehnende Haltung einnehmen.

Wie intern bekannt wurde, bestehen zwischen den Bestrebungen der Seminaristen des Katechetischen Oberseminars Naumburg und den Aktivitäten der Arbeitskreise »Erziehung zum Frieden« der Evangelischen Studentengemeinden, insbesondere in Magdeburg, Berlin und Dresden offenkundig Zusammenhänge.

[...]

In diesem Sinne ist auch eine anonyme Briefaktion an Kindergärten in verschiedenen Kreisen des Bezirkes Magdeburg zu werten, wo Eltern aufgefordert werden, ihren Kindern die Beschäftigung mit Kriegsspielzeug zu verbieten.

Seitens des MfS sind entsprechende Maßnahmen zur weiteren Aufklärung und Verhinderung der beabsichtigten Aktivitäten von Seminaristen des Katechetischen Oberseminars eingeleitet worden.

Die Information ist wegen Quellengefährdung nur zur persönlichen Kenntnisnahme bestimmt.

[Anlage: Text des Entwurfs der Studentenschaft vom 16. 12. 1980, 5 Seiten]

b) Entwurf des »Offenen Briefes« vom 16. 12. 1980 (Auszug)

Quelle: BStU MfS ZAIG, Nr. 3100, Bl. 4–8

Die Studentenschaft des KOS   Naumburg, den 16. 12. 1980

<u>Vorlage an die KL</u>

An alle

- Kirchenleitungen der Kirchen des Bundes der Ev. Kirchen in der DDR, Pröpste, Generalsuperintendenten etc. der Kirchen des Bundes der Ev. Kirchen in der DDR
- Bischöflichen Ämter der Röm.-Kath. Diözesen in der DDR
- Vortheologische und Theologische Ausbildungsstätten der Ev. Kirchen in der DDR
- Landesjugendpfarrämter
- Zentrale Ämter der Jungmänner-Werke
- ESG-Geschäftsstelle
- Aktion Sühnezeichen (Geschäftsstelle)
- Christliche Friedenskonferenz

Die studentische Vollversammlung hat beschlossen, an die oben genannten Gremien einen offenen Brief zu schreiben. Wir sind beunruhigt über die immer stärker sichtbar werdenden mittelbar und unmittelbar negativen Folgen des Wettrüstens und der Abschreckungspolitik. Unsere Betroffenheit artikuliert sich in der elementaren Frage, wie sie die Synode der Kirchenprovinz Sachsen im November 1980 in Halle ausgesprochen hat: »Wie bleiben wir und die anderen am Leben?«

[H. S.: Die Intention des Entwurfes ist weitgehend identisch mit der redaktionell verbesserten Fassung des beschlossenen Textes vom 15. 1. 1981. Im Entwurf vom 6. 12. 1980 fällt jedoch folgende, später weggelassene Passage auf:]

Wir nehmen damit den von der Delegation der VR Polen in Belgrad 1977 unterbreiteten Vorschlag bezüglich der Erziehung im Geiste des Friedens auf. Es ist unumgänglich und möglich, diesen Vorschlag schon jetzt in die Tat umzusetzen. Wir halten als vertrauensbildende Maßnahme eine internationale Kontrolle von Schulbüchern und schulischen Lehrinhalten für wünschenswert, deren Ziel die Korrektur verzerrter Darstellungen der Geschichte, der gesellschaftlichen Situation und der Wertbegriffe anderer Völker sowie die Beseitigung von Feindbildern sein soll.

2. Die Bereitschaft zum Frieden kann nur dann glaubwürdig erwiesen werden, wenn die <u>volle</u> Glaubens-, Gewissens- und Meinungsfreiheit hinsichtlich des Friedenszeugnisses gewährt wird. [...]

c) Brief der Studenten des Katechetischen Oberseminars vom 15. 1. 1981 an die Kirchenleitung der KPS und KKL mit dem Begleitschreiben des Rektors

Quelle: Privatarchiv Schultze

Evangelische Kirche	48 Naumburg (Saale), den 15. l. 1981
der Kirchenprovinz Sachsen	Domplatz 8 Fernruf 3038
Katechetisches Oberseminar	Tgb. Nr./81/

Der Rektor

An die Evangelische Kirchenleitung
der Kirchenprovinz Sachsen
3010 Magdeburg
Postfach 122

Sehr geehrter Herr Bischof!
Sehr geehrte Mitglieder der Kirchenleitung!

Hiermit übersende ich Ihnen einen Brief, der von einigen Studenten des Katechetischen Oberseminars verfaßt und unter unseren Studenten mit großem Interesse besprochen worden ist, und unterstütze die darin ausgesprochene Bitte um ein Gespräch.

Hinter diesem Brief steht ein persönlicher Einsatz der Verfasser, der besonders in seinem ersten Teil und seinen Verzichtserklärungen zum Ausdruck gebracht werden soll. Obwohl sie dazu bereit waren, den Brief mit Unterschriften zu versehen, haben sie auf meine Bitte aus Gründen, die Sie verstehen werden, auf eine Unterschriftensammlung verzichtet. Ich wäre Ihnen sehr dankbar, wenn einige Vertreter der Kirchenleitung zu einem Gespräch mit den Studenten kommen und mit Ihnen darüber nachdenken würden, wie die im Brief ausgesprochenen Anregungen aufgenommen werden können.

Die Verfasser des Briefes bitten Sie, diesen Brief auch der Konferenz der Kirchenleitungen zu bedenken zu geben.

In der Verbundenheit des Dienstes

Ihr

I. Klaer

Studenten des Katechetischen Oberseminars

4800 Naumburg, den 15. 1. 1981

An die
Evangelische Kirchenleitung
der Kirchenprovinz Sachsen

und über die Ev. Kirchenleitung der Kirchenprovinz Sachsen an die Konferenz der Kirchenleitungen

»Wie bleiben wir und die anderen am Leben?«

Diese elementare Frage der Erhaltung und Forderung des Friedens, wie sie die Synode der Kirchenprovinz Sachsen im November 1980 in Halle ausgesprochen hat, betrifft auch uns – eine Gruppe Naumburger Theologiestudenten.

Wir sind beunruhigt über- die immer stärker sichtbar werdenden mittelbaren und unmittelbaren negativen Folgen des Wettrüstens und der Abschreckungspolitik.

In dem Wunsch, uns aus dem Gefühl unserer Ohnmacht heraus auf die gemeinsame Suche nach friedenssichernden und -fördernden Möglichkeiten zu begeben, fühlen wir uns mit Ihnen verbunden.

Jeden E i n z e l n e n, jede Institution, jede Regierung wissen wir vor Gott für die Zunahme friedensgefährdender Spannungen verantwortlich.

I

Mit der Eskalation des Wettrüstens kann die Wahrscheinlichkeit eines künftigen Krieges zur grausamen Realität werden. Die Hoffnung auf eine Sicherung durch das Gleichgewicht des Schreckens schwindet mehr und mehr.

Darum bekunden wir:

1. An dem Ziel der totalen allseitigen Abrüstung und einer gerechten internationalen Ordnung muß festgehalten werden.

2. Wir wollen nicht mehr durch die Vernichtungsmaschinerie des Schreckensgleichgewichtes »geschützt« werden.

3. Wir wollen uns nicht mehr direkt oder indirekt an der Aufrechterhaltung bzw. ideologischen Sanktionierung dieses Sicherheitsrisikos beteiligen.

4. Wir befürworten einseitige Schritte des guten Willens in der Abrüstung, da uns deren Risiko kleiner erscheint als das durch Rüstung und Abschreckung eskalierende Kriegsrisiko.

5. Wir wollen uns besonnen dafür einsetzen, daß die Gefahren des Wettrüstens überall, besonders in den Gemeinden, bekannt und bewußt werden.

6. Wir wollen eine Senkung unseres Lebensstandards in Kauf nehmen, damit dadurch die Entwicklung zum Frieden gesichert werden kann, indem Abschreckungssysteme und soziale Not abgebaut werden.

7. Wir wollen bereit sein, in unser Handeln für eine friedliche Zukunft unser eigenes Leiden und Opfer einzuschließen.

8. Wir betrachten den Friedensdienst ohne Waffe als das »deutlichere Zeugnis des gegenwärtigen Friedensangebotes unseres Herrn«, das bald zum einzig möglichen Friedenszeugnis im Bereich des Wehrdienstes werden wird.

Jeden Einzelnen, jede I n s t i t u t i o n, jede Regierung wissen wir vor Gott für die Zunahme friedensgefährdender Spannungen verantwortlich.

II.

Es kann nicht die Aufgabe der Kirche sein, ihre Existenz zu sichern, sondern in alleinigem Vertrauen auf den lebendigen Gott der Welt Zeugnis von ihm zu geben.

Während die militärische Aufrüstung mit all ihren Gefahren Unsummen finanzieller Mittel verschlingt, sterben schon jetzt täglich tausende von Menschen an den Folgen des Hungers.

Angesichts dieser Lage muß der Einsatz für Frieden und Abrüstung zu einer v o r r a n g i g e n Aufgabe der Kirche in aller Welt und so auch der Kirchen in der DDR werden.

Die Friedenserziehung in den Kirchen des Bundes genießt deshalb zu Recht »hohe Priorität« (Bundessynode Dessau).

Wir haben den Eindruck, daß in dieser Frage bereits intensive und ergiebige Arbeit geleistet worden ist. Christliche Friedenserziehung ist heute unter theologischen und friedensethischen Gesichtspunkten begründet, durchdacht und konzipiert.

Außerdem liegen praktisch-pädagogische Ansätze der Friedenserziehung in unserer Kirche vor. Dankbar verweisen wir beispielsweise auf das Mate-

rialangebot für einen Gemeindetag mit dem Thema »Was macht uns sicher?«
oder auf das Rahmenkonzept »Erziehung zum Frieden«. Dieses Rahmenkonzept enthält u. a. einen »Katalog möglicher Inhalte« der Friedenserziehung
(Punkt 12). Wir begrüßen neben dessen sachlicher und differenzierter Aus-
gewogenheit besonders, daß die »Bereitschaft eigenen Leidens für andere«,
z. B. durch »Verzicht« und »zum Annehmen persönlicher Nachteile« als Ziel
der Friedenserziehung festgehalten wurde. Wir meinen, daß erst eine positive
Wertung des Leidens in der Nachfolge Jesu Christi zu angstfreiem, aufbau-
endem Bekennen und Handeln der Gemeindeglieder führen kann. Zum anderen ist deutlich, daß das Programm der christlichen Friedenserziehung
nur ansatzweise in die Praxis der einzelnen Ortsgemeinden umgesetzt worden ist.

Hier hängt es – neben anderen Faktoren – sehr von den jeweiligen Interessen und Möglichkeiten der Pfarrer ab, ob die genannten Materialange-
bote und Konzepte sowie Orientierung gebende Verlautbarungen der Kirchenleitungen zur Friedensproblematik für die Gemeindearbeit genutzt
werden, oder in den Schreibtischen der Amtszimmer verschwinden.
Zur Lösung dieses Problems möchten wir zweierlei vorschlagen:

1. Christliche Friedenserziehung soll ein Bestandteil des Lehrangebotes
   kirchlicher Aus- und Weiterbildungsstätten werden.
2. Es soll ein eigenständiges Gremium aus Pfarrern, Katecheten und Laien gebildet werden, die folgende Aufgaben übernehmen:
   2.1. Fortlaufende Aufarbeitung der Fragen des christlichen Friedens-
        engagements hinsichtlich ihrer theologischen Begründung und im Ge-
        spräch mit der säkularen Friedensforschung.
   2.2. Arbeit mit den Ortsgemeinden im Sinne des Rahmenkonzepts »Erzie-
        hung zum Frieden« mit dem Ziel der
        – Vermittlung von Wissen
        – Veränderung von Einstellungen
        – Befähigung zum Handeln.

Dazu bedarf es folgender Aktivitäten:
– Koordinierung und Intensivierung schon bestehender Friedensinitiativen
– Ausgestaltung von Gemeindeabenden, Gemeindetagen und seminaristi-
  schen Veranstaltungen
– Erarbeitung von Vortragsreihen (evtl. mit Lichtbildern)
– Erstellung von zusammenfassenden Materialien, die jedem Gemeindeglied
  zugänglich gemacht werden können
– bewußte Vorbereitung der Wehrpflichtigen auf die von ihnen zu treffende

Gewissensentscheidung durch genaue Information über Möglichkeiten des waffenlosen Wehrdienstes oder der Wehrdienstverweigerung

Es sollte in der Gesellschaft und besonders in der Kirche ein guter Brauch werden, daß jeder sich ein bis zwei Jahre ausschließlich der Arbeit an sozialen Aufgaben als seinem Friedenszeugnis zuwendet. Ein guter Ansatz ist das diakonische Jahr; andere Möglichkeiten wären zu entwickeln, zu organisieren und zu publizieren.

Jeden Einzelnen, jede Institution, jede R e g i e r u n g wissen wir vor Gott für die Zunahme friedensgefährdender Spannungen verantwortlich.

III.

Wir sind besorgt darüber, daß die Kinder und Jugendlichen in unserem Land von der Krippe über den Kindergarten bis hin zur Schule nicht nur zu friedlichen Verhaltensweisen sondern auch verstärkt zu Haß und Gewaltbereitschaft erzogen werden.

Es ist hierzu auf folgende Erscheinungen zu verweisen:

- gewachsene und verfeinerte Produktion von Kriegsspielzeug sowie Kinderbüchern militärischen Inhalts
- Durchführung von schulischen bzw. außerschulischen Veranstaltungen wehrsportlichen Charakters wie Pioniermanöver »Schneeflocke«,
  Hans-Beimler-Wettkämpfe,
  Wehrunterricht einschließlich der mit ihm verbundenen wehrsportlichen Programme,
  durch die GST organisierte, militärisch ausgerichtete Kinder- und Jugendarbeitsgemeinschaften, z. B. Pionierpanzerbrigaden
- Werbung zum drei- u. mehrjährigen Wehrdienst in Schule und Lehrausbildung

Wir wissen um den geringen Einfluß, den wir Christen auf diesen Bereich der gesellschaftlichen Entwicklung haben. Dennoch sollten wir keine Gelegenheit verstreichen lassen, unsere Stimme helfend, mahnend und aufklärend zur Geltung zu bringen.

Wir möchten Ihnen für die Gespräche danken, die Sie als kirchenleitende Vertreter mit den Repräsentanten der Regierung der DDR führen und Sie ermutigen, konsequent auf die verhängnisvollen Folgen der gegenwärtigen Erziehungspolitik hinzuweisen.

Wir bitten Sie, deutlich darauf zu bestehen, daß die Propagierung von Feindbildern und Haß dem Evangelium von der Liebe Gottes für a l l e Menschen diametral entgegensteht und darum für uns Christen und für die Erziehung der Kinder unakzeptabel sein und bleiben muß.

Bitten Sie die Verantwortlichen unseres Staates eindringlich um die Einstellung der Produktion von Kriegsspielzeug.

Weisen Sie immer wieder darauf hin, daß die genannten vormilitärischen Projekte im Bereich von Schule und Erziehung den Frieden nicht sichern, sondern gefährden.

Appellieren Sie an die Einsicht der Vernunft:

Kinder und Jugendliche, die unreflektiert Einstellungen, Praktiken und Verhaltensweisen der Gewalt übernehmen und einüben, werden die großen Probleme der Welt wie Umweltzerstörung, Massenelend und Gefahr eines Kriegsausbruches weder sachgemäß einschätzen, geschweige denn lösen können. Auch den differenzierten Anforderungen im zwischenmenschlichen Bereich von Familie und Beruf werden sie auf Dauer nicht gerecht werden.

Weisen Sie darauf hin, daß die militärisch orientierte Erziehung der Kinder ein Argument für die Meinungen in der Bundesrepublik ist, die eine stärkere Militarisierung der Jugend fordern, und so den Kreislauf der Gewalt und Angst antreibt, anstatt abzubauen.

Wir unterstützen Sie in dem Bemühen um die Einrichtung eines zivilen Ersatzdienstes. Viele Wehrpflichtige erachten auch den Wehrdienst ohne Waffe als ein undeutliches Friedenszeugnis. Auch ihr Wille zum Frieden muß gesellschaftliche Anerkennung finden. Angesichts der schlechten personellen Lage in Krankenhäusern, Altersheimen und ähnlichen Fürsorge-Einrichtungen würde dies zusätzlich der Behebung eines gesellschaftlichen Mißstandes dienen.

Die Dringlichkeit der Friedenserziehung erfordert, daß in unserem Land eine offene Diskussion über Fragen des Friedens stattfinden kann, in der auch wirklich alle vorhandenen Standpunkte und Meinungen erörtert werden. Die ständige Propagierung von Feindbildern und Haß verhindert eine positive Einstellung zum Frieden. Bedenkenloses Mitläufertum aus Gründen der Angst oder um persönlicher Vorteile willen fördert diese Tendenz und macht uns mitschuldig. Deshalb unterstützen wir es, wenn immer wieder darauf hingewiesen wird, daß Christen und Nicht-Christen sich durch solches Handeln ihrer Verantwortung für die Gesellschaft entziehen.

Wir bitten Sie, die Anregungen unseres Briefes aufzunehmen. Wir würden uns freuen, mit Ihnen über die angesprochenen Fragen ins Gespräch zu kommen.

Dokument 12

Öffentliche Schweigestunde vor der Wenzelskirche Naumburg am 12. 12. 1982

Quelle: BStU, MfS BV Halle / KD Naumburg Nr. 189, Bl. 1–8; 18–20.

a) Information der BV Halle / KD Naumburg vom 3. 12. 1982

[H. S.: Fernschreiben. Empfänger:]
bv halle
abt. roem. 20
-leiter-
und
akg

information
durch den e-offizier des vpka naumburg wurde nach erfolgter information der sed-kreisleitung naumburg bekannt, dasz antragsformulare fuer die anmeldung einer veranstaltung auf dem postwege eingegangen sind.
inhalt der antragsformulare:
1. antrag auf erteilung einer erlaubnis fuer die durchfuehrung einer veranstaltung im freien
2. anmeldung einer veranstaltung am 12. 12. 82, von 14.00–14.30 uhr rpt 121282/1400–1430 in naumburg, holzmarkt.
   - art der veranstaltung: schweigestunde gegen den nachruestungsbeschlusz der nato.
   - Verantwortliche: evangelische studentengemeinde bzw. pfarrer richter, edelbert rpt richter, naumburg, medlerstr. 23
   - anzahl der teilnehmer: ca. 20 personen
   - datum vom 01. 12. 82 rpt 011282
   - unterschrift-: edelbert richter

der 1. sekretaer der sed-kreisleitung naumburg erteilte den auftrag, mit richter durch abt. inneres des rates des kreises bis zum 03.12.82, 12.00 uhr rpt 031282/1200 eine aussprache zu fuehren. Das ziel dieser aussprache bestand darin, auf den richter einzuwirken, damit diese veranstaltung nicht in der oeffentlichkeit stattfindet.
   durch den einsatz von im in schluesselpositionen erfolgte am 03.12., um 10.00 uhr rpt 0312/1000 mit dem richter (erfaszt fuer bv leipzig, abt. roem

20/3 im ov »platon«) auf der grundlage der vorgenannten konzeption ein gespraech. Der richter brachte zum ausdruck, dasz er jetzt noch keine eindeutige aussage dazu treffen koenne, da die initiativen von esg-studenten aus-
gingen und er diese ueber die staatliche entscheidung (benutzung der
kirchlichen raeume) informieren muesse. die jugendlichen wollen nicht einfach das uebernehmen, was der staat vorgibt und deshalb erfolge auch nicht
die mitarbeit im friedensrat der ddr. in derartigen veranstaltungen, inbeson-
dere bei einer solchen thematik, seien durch den staat keine konfrontations-
punkte zu sehen.

eine persoenliche stellungsnahme wurde von r. nach aufforderung dazu
nicht gegebenvv abgegeben. Mit r. wurde vereinbart, dasz er ueber das ergebnis mit den esg-studenten informieren wird. In abstimmung mit der abt.
roem 20/4 der bv halle erfolgt auf grund des ergebnisses des gespraeches mit
richter eine aussprache am 06.12. oder 07.12.82 rpt 0612/071282 zwischen
dem e-offizier, des im in schluesselposition und dem sup. seliger rpt seliger
und richter.

eine vorinformation erfolgte zum gesamten sachverhalt bereits an die abt.
roem 20/4.

ueber das ergebnis der aussprache wird sofort berichtet und in abstimmung mit der abt. roem. 20 bei operativer notwendigkeit weiterfuehrende
maßnahmen festgelegt.

bv halle/kd naumburg
i.v. schlehahn
cfs 506

* *

b) ergaenzungsinformation zum cfs 506 vom 03.12.82 [auszugsweise:]

08. Dez. 1982

[...] durch die richter, andrea wurde im gespraech am 08.12. erklaert, dasz
sie es nicht fuer notwendig erachtete, den propst mit zum gespraech einzuladen. durch den e-offizier wurde der r. mitgeteilt, dasz die geplante »schweigestunde« auf der grundlage der veranstaltungsordnung am 12.12.82 rpt
121282 im freien verboten wird.

Durch die r. die im gesamten gespraech sehr aggressiv auftrat, wurde erklaert, dasz am 07.12. rpt 0712 ein gespraech mit den studenten stattfand,
die am 12.12. die veranstaltung durchfuehren wollen. es wurde dort festgelegt, dasz am 12.12. die »schweigestunde« auf den stufen vor der wen-

zelskirche naumburg stattfinden wird. die studenten und sie wuerden nicht einsehen, die innerkirchlichen raeume zu benutzen, da sie oeffentlichkeitswirksam werden wollen. auf diesen standpunkt beharrte die r. im gesamten gespraech und bezeichnete das vorgehen der dvp und staatlichen organe als einmischung in innerkirchliche probleme. die r. aeuszerte, dasz mit den studenten ein nochmaliges gespraech stattfinden wird, sie aber nicht bereit ist, ueber das ergebnis zu informieren.

der r. wurde eindeutig dargelegt, dasz durch die dvp gegen [*Name geschwärzt*] ein ordnungsstrafverfahren dann eingeleitet wird, wenn sie die »schweigestunde« im freien, auch bei benutzung der stufen vor der kirche, durchfuehren. […]

• •

c) ergaenzungsinformation zum cfs 511 [auszugsweise:]

vom 8. 12. 82

am 8. 12. 1982, um 15.00 uhr fand ein gespraech durch den vorsitzenden des rates des kreises naumburg und dem im in schluesselposition mit dem propst bronisch und dem rektor des kos naumburg dr. meinhold, zur geplanten schweigestunde am 12.12.1982 statt, nachdem dem propst und dem rektor die argumente uebermittelt wurden, dasz diese »veranstaltung« im freien verboten wird, erklaerte meinhold, dasz er nicht verstehen kann, dasz er wieder wegen einer solchen »veranstaltung« vorgeladen wird. nachdem ihm die begruendung mitgeteilt wurde, erklaerte er sich damit einverstanden.

im gespraech brachten der propst und meinhold uebereinstimmung zum ausdruck, dasz sie bereit sind, mit den studenten zu sprechen, da sie die argumente gehoert haben […] gleichzeiig erklaerten beide kirchlichen amtstraeger aber nicht, dasz diese »veranstaltung« nicht stattfinden werde, mit der begruendung, dasz sie beide nicht den richtigen einflusz auf die studenten haetten. […]

alle weiterfuehrenden masznahmen werden in enger zusammenarbeit mit der abt. roem.020 der bv halle abgestimmt und realisiert. […]

* * * * * * *

[Maßnahmen zur »Absicherung« wurden am 9. 12. festgelegt: fotografische Sicherung der »Schweigestunde«; Einsatz von 2–3 Mitarbeitern der DVP – für den

Fall eines notwendigen Einschreitens; Auftrag an 2–3 Genossen, gegebenenfalls Plakate zu entfernen. H. S.]

* * * * * * *

d) Bericht über den Ablauf einer nichtgenehmigten Veranstaltung der ESG Naumburg [Auszug]

Naumburg, 12. 12. 1982

[…] Am 12. 12. 1982 sammelte sich ab 13.35 Uhr vor der Wenzelskirche eine Personengruppe an, die sich 13.41 in die Kirche begab. Um 14.00 befanden sich ca. 20 Personen in der Kirche.

Von einer männlichen Person, mit hoher Wahrscheinlichkeit handelte es sich um den Studenten am KOS [*Name geschwärzt*], wurde zu den Anwesenden gesprochen.

Er brachte zum Ausdruck:

– Beispielcharakter für Schweigedemonstrationen aus der Zeit der französischen Revolution,
– Unverständnis über die Ablehnung der geplanten Veranstaltung durch die staatlichen Organe,
– Kurt Hager hat gesagt, daß Christen, Pazifisten und Marxisten gemeinsam den Friedenskampf bestreiten.

Anschließend wurde ein Gebet durchgeführt. Um 14.05 Uhr verließen 18 Personen die Kirche und blieben bis 14.10 Uhr auf der Treppe stehen. Plakate oder sonstige Hinweise, die auf den Charakter der Handlungen aufmerksam machten, wurden nicht gezeigt.

Von Passanten erfolgten keinerlei Reaktionen, da die Gruppe den Eindruck erweckte, als warte sie auf den Beginn einer Veranstaltung.

Leiter der Kreisdienststelle	Leiter der Abt. XX
E b e r l e y	Gröger
Oberstleutnant	Oberstleutnant

[Ausführlicher, kommentierender Bericht, mit Liste der Beteiligten, erstellt von der BV Berlin, Abt. XX/4 am 30.12.1982. H. S.]

Dokument 13

Beschluss der Kirchenleitung der Kirchenprovinz Sachsen vom 09. Mai 1992 über die Kirchliche Hochschule Naumburg, Vervielf.

Quelle: Vom Menschen 1993, S. 147 f.

»Die Kirchenleitung hat am 9. Mai 1992 in Mühlhausen folgenden Beschluß gefaßt:

1. Die Ausbildung von Theologen für das Pfarramt an der Kirchlichen Hochschule Naumburg wird mit Abschluß des Sommersemesters 1993 eingestellt. Die Kirchenleitung begrüßt es, wenn Mitglieder des Lehrkörpers am PTI (Pädagogisch-theologisches Institut) tätig werden oder sich für den Aufbau einer religionspädagogischen Ausbildung an Pädagogischen Hochschulen zur Verfügung stellen.
2. Die Kirchenleitung spricht sich für den Aufbau eines Theologischen Stiftes (A.-Tholuck-Stift) in den Franckeschen Stiftungen Halle aus mit eigenen Veranstaltungsangeboten. Die Kirchenleitung beauftragt das Konsistorium, für die Ausarbeitung des Konzeptes, in dem auch die Tätigkeit von Repetenten vorzusehen ist, Sorge zu tragen und sofort die Bereitstellung von Investitionsmitteln im Zusammenwirken mit der EKD und den Gliedkirchen zu betreiben.
3. Das Konsistorium wird beauftragt, die Gestaltung des Rechtsverhältnisses zwischen Kirchlicher Hochschule und PTI zu prüfen.
4. Das Kuratorium wird gebeten, für die Mitarbeiter der Kirchlichen Hochschule die notwendigen Übergänge zu schaffen. Dabei muß sichergestellt werden, daß Assistenten und Repetenten die ausgesprochenen Berufungszeiträume realisieren können sowohl im Interesse der Forschungsarbeit als auch im Interesse der in Naumburg nach Beendigung der Theologenausbildung notwendigen Überleitungsmaßnahmen.«

VII Abkürzungen, Literaturverzeichnis

0 Abkürzungen

AKPS	Archiv der Evangelischen Kirche der Kirchenprovinz Sachsen, Magdeburg
Ass.	Assistent
BEK	Bund der Evangelischen Kirchen in der DDR
BK	Bekennende Kirche
BStU	Der [Die] Bundesbeauftragte für die Unterlagen des Staatssicherheitsdienstes der ehemaligen Deutschen Demokratischen Republik
BV	Bezirksverwaltung (des MfS)
CFK	Christliche Friedenskonferenz
ChL	Die Christenlehre. Zeitschrift für den katechetischen Dienst
DEK	Deutsche Evangelische Kirche
EKD	Evangelische Kirche in Deutschland
EKU	Evangelische Kirche der Union
ESG	Evangelische Studentengemeinde [heute: Evangelische Studierendengemeinde]
FDJ	Freie Deutsche Jugend
GeWi	Gesellschaftswissenschaft
GI	Geheimer Informant des MfS
Habil.	Habilitation
Hpred.	Hilfsprediger
IM	Inoffizieller Mitarbeiter des MfS
IMB	IM mit Feindberührung
IMS	IM Sicherheit
Kap.	Kapitel
KHN	Kirchliche Hochschule Naumburg
KiHo	Kirchliche Hochschule
KJ	Kirchliches Jahrbuch
KOK	Kirchliche Ostkonferenz
KOS	Katechetisches Oberseminar
KPS	Kirchenprovinz Sachsen
KR	Konsistorialrat
KRn	Konsistorialrätin
Lic	Licentiat (der Theologie)
LK	Landeskonzil
LPG	Landwirtschaftliche Produktionsgenossenschaft

MAK	Melanchthonkreis. Evangelischer Arbeitskreis [der EKU] für den Kontakt mit den Kirchen im Osten
MfS	Ministerium für Staatssicherheit
Mgl.	Mitglied
ML	Marxismus-Leninismus
ÖRK	Ökumenischer Rat der Kirchen
OibE	Offizier im besonderen Einsatz des MfS
OKR	Oberkirchenrat / Oberkonsistorialrat
OKR	Orthodoxe Kirche in Russland
OKW	Oberkommando der Wehrmacht
OStD	Oberstudiendirektor
Pfr.	Pfarrer
Prfg.	Prüfung
SBZ	Sowjetische Besatzungszone
SED	Sozialistische Einheitspartei Deutschlands
SGR	Gemeinderat der ESG
SMAD	Sowjetische Militäradministration
StR	Studienrat
VELK	Vereinigte Evangelisch-Lutherische Kirche
VELKD	Vereinigte Evangelisch-Lutherische Kirche Deutschlands
VELKDDR	Vereinigte Evangelisch-Lutherische Kirche in der DDR
VP	Volkspolizei
Wiss.	Wissenschaftlich/Wissenschaften
ZdZ	Zeitschrift: Die Zeichen der Zeit
ZK	Zentralkomitee

Unveröffentlichte Quellen

1. Archiv der Evangelischen Kirche der Kirchenprovinz Sachsen (AKPS),[1]

Rep. A Gen., Nr.
   2458 2476 2477 2525 2526 2527 2575 2648 2702 3392 3760 4005 6467 6698
   7209
Rep. B 1, Nr. 114

---

[1] Die Rektoratsberichte finden sich in AKPS, Rep. D 3, Nr. 141, 142, 146, 148, 179.
Die öffentlichen Rektoratsberichte zum Beginn des WS werden so zitiert:
   Heßler (AKPS, Rep. D 3, Nr. 148) 1964;
die für die Kuratoriumssitzung des KOS im Frühjahr (gewöhnlich April) durch Hinzufügen von a: Heßler (AKPS, Rep. D 3, Nr. 148) 1964 a;
die für die Kuratoriumssitzung des KOS im Herbst (gewöhnlich Oktober) durch Hinzufügen von b: Heßler (AKPS, Rep. D 3, Nr. 148) 1964 b.

Rep. C 1, Nr. 81

Rep. C 2, Nr. 5, 6, 120

Rep. D 2

Rep. D 3, Nr.

    60 126 127 141 142 146 148 152 179 187 188 199 200 211 212 246 250 251 274
275 282 300 306 307 313 340 355

Rep. F 2, Nr. 142.

2. Evangelisches Zentralarchiv Berlin

Akten der Kirchenkanzlei der EKU über das KOS Naumburg Bestände 104/859 107 und
108 (1953–1992)

Akten der Berliner Stelle der Kirchenkanzlei der EKD, Kirchlicher Hilfsplan Bestand 4

3. Bundesarchiv

Bestände des Staatssekretärs für Kirchenfragen

BArch DO 4, Nr. 658

BArch DO 4, Nr. 582

BArch DO 4, Nr. 818.

4. Archiv des Rates des Kreises Naumburg Abt. Inneres, AB Kirchenfragen,

    Nr. 11293 11295 11296

5. MfS/BStU

BStU MfS HA XX/4, Nr. 795

BStU MfS ZA, HA XX/4, Nr. 489

BStU MfS ZAIG, Nr. 3100

BStU MfS ZAIG, Nr. 3417

BStU MfS, Nr. 9272/78

BStU MfS BV Halle / KD Naumburg, Nr. 32

BStU MfS BV Halle / KD Naumburg Sach., Nr. 281

BStU MfS BV Halle Abt. IX, Sach., Nr. 680 Teil 2

BStU MfS BV Halle / Abt. XX Sachakte, Nr. 348

BStU MfS BV Halle / KD Naumburg VIII 641/65

BStU MfS BV Halle / KD Naumburg Sachakte, Nr. 25

Dissertationen des MfS

BERGMANN, P[ETER]: Subversive Bestrebungen im kirchlichen Gruppentourismus aus nichtsoz. Staaten und WB und Methoden ihrer Aufdeckung, MfS JHS VVS o0001 – 387/84 [= 1984].

FLOTH, KARL-HEINZ: Politisch-operative Hauptaufgaben, Erfahrungen u. Erkenntnisse zu feindl.-negativen Aktivitäten reaktionärer klerikaler Kräfte im Rahmen sogenannter Partnerschaftsbeziehungen unter besonderer Beachtung der kirchlichen Jugendarbeit, MfS JHS VVS o0001 – 309/83 [= 1983].

HEINRICH, BERND: Die Kenntnis über die Evangelischen Studentengemeinden der Evangelischen Kirche der Kirchenprovinz Sachsen im Verantwortungsbereich der BV Halle. Voraussetzung für eine wirksame politisch-operative Arbeit. Diplomarbeit (2 Bde.) eingereicht am 10.10.1985; BStU, ZA, JHS 20332 und 20333 [= 1985].

JÄNISCH, D[ETLEF]: Das operative Zusammenwirken ausgewählter Kräfte und Mittel des MfS zur Kontrolle und Verhinderung des politischen Mißbrauchs kirchlicher Partnerschaftsarbeit. MfS JHS VVS o0001 – 303/88 [= 1988].

JONAK, RUDIBERT: Die Kenntnis der Evangelischen Kirche der Kirchenprovinz Sachsen – Voraussetzung für eine wirksame politisch-operative Arbeit. MfS JHS VVS o0001 – 230/83 [= 1983]; im Anhang: Informationsmaterial über die Kirchenprovinz Sachsen.

II Veröffentlichte Quellen und Darstellungen

Internetverweise

http://www.ekd.de/ezw/dateien/EZWOB9.pdf
http://www.ekd.de/ezw/dateien/EZWOB14.pdf
http://www.mv-naumburg.de/component/content/article/46/350-voll-fritz-b
http://www.christian-sachse.de/20110709_Naumburg.htm

Buchform

ALBRECHT, RUTH / KOCH, RUTH (Hrsg.): Fairy von Lilienfeld 1917–2009. Basel 2011.

BARTH, KARL: Kirchliche Dogmatik IV/4: Die Taufe als Begründung des christlichen Lebens. Zürich 1967.

BARTHEL, ALBRECHT / FURIAN, HANS-OTTO / SCHRÖTER, ULRICH / WINTER, FRIEDRICH: Generalsuperintendent Horst Lahr. Ein Sammelbericht. In: Jahrbuch für Berlin-Brandenburgische Kirchengeschichte 67/2009, S. 325–381.

BERKHOF, HENRIKUS: Theologie des Heiligen Geistes. Neukirchen-Vluyn 1968.

BLÜHM, REIMUND: Auf dem Wege zu einer theologischen Didaktik. ChL 28/1975, S. 300–305, 340–348.

BONHOEFFER, DIETRICH: Gemeinsames Leben. München 1939 = 9. Aufl. 1958.

DIE CHARISMATISCHE ERNEUERUNG UND DAS EVANGELIKALE ANLIEGEN. Evangelische Zentralstelle für Weltanschauungsfragen (Hrsg.), Orientierungen und Berichte Nr. 9, IV/1980. Stuttgart 1980 (= http://www.ekd.de/EZW/dateien/EZWOB9.pdf).

DER CHRISTLICHE STUDENT Nr. 10 (1948)

CZUBATYNSKI, UWE: Amaria ecclesiae. Studien zur Geschichte des kirchlichen Bibliothekswesens (= Veröffentlichungen der Arbeitsgemeinschaft der Archive und Bibliotheken in der evangelischen Kirche, Bd. 24), Neustadt/Aisch 1998.

CZUBATYNSKI, UWE / LAMINSKI, ADOLF / VON RABENAU, KONRAD: Kirchenbibliotheken als Forschungsaufgabe (= Veröffentlichungen der Arbeitsgemeinschaft der Archive und Bibliotheken in der evangelischen Kirche, Bd. 19) Neustadt/Aisch 1992.

DIEDRICH, HANS-CHRISTIAN (Hrsg.): Das Glaubensleben der Ostkirche. Eine Einführung in Geschichte, Gottesdienst und Frömmigkeit der orthodoxen Kirche. Leipzig 1988 und München 1989.

DIETRICH, CHRISTIAN: Im Vorfeld der friedlichen Revolution – Die Bedeutung der Evangelischen Studentengemeinde. In: Hoenen/Lehmann/Rabenau/Schröter 2009, S. 44–48.

DOKUMENTE ZUR CHARISMATISCHEN BEWEGUNG, zusammengestellt von Hans-Diether Reimer: Evangelische Zentralstelle für Weltanschauungsfragen (Hrsg.), Orientierungen und Berichte Nr. 14, VI/87, Stuttgart 1987 (= http://www.ekd.de/ezw/dateien/EZWOB14.pdf).

DAS EVANGELIUM UND DAS CHRISTLICHE LEBEN IN DER DEUTSCHEN DEMOKRATISCHEN REPUBLIK. Handreichung, entgegengenommen durch die Synode der EKU im Februar 1959. Witten/Ruhr o. J. [1959]. Als Manuskript gedruckt; vgl. auch 2. Aufl. mit dem Titel: Vom Bleiben in der DDR (s. u.).

FINDEIS, HAGEN: Das Licht des Evangeliums und das Zwielicht der Politik. Kirchliche Karrieren in der DDR. Frankfurt a. M. 2002 [zu Johannes Hamel, S. 78-121; vgl. auch Findeis/Pollack 1999].

FINDEIS, HAGEN / POLLACK, DETLEF [Hrsg.]: Selbstbewahrung oder Selbstverlust. Bischöfe und Repräsentanten der evangelischen Kirchen in der DDR über ihr Leben. 17 Interviews. Berlin 1999 [zu Johannes Hamel S. 140-177; vgl. auch den Kommentar dazu in Findeis 2002].

FISCHER, MARTIN: Die öffentliche Verantwortung des Christen. In: Wegemarken. Berlin 1959.

FRIEDRICH, GÖTZ: Meine Mutter ist meine Jugend. Gerda Friedrich geb. Hagen. In: Meine Mutter. Ein deutsches Lesebuch. Hrsg. von Werner Filmer u. Heribert Schwan. Düsseldorf 1989, S. 77–83.

GÖTTING, HANNELORE: Geschichte und Bedeutung der Kirchenbibliothek St. Blasii in Nordhausen. In: Uwe Czubatynski / Adolf Laminski / Konrad von Rabenau (Hrsg.): Kirchenbibliotheken als Forschungsaufgabe (= Veröffentlichungen der Arbeitsgemeinschaft der Archive und Bibliotheken in der evangelischen Kirche, Bd. 19), Neustadt/Aisch 1992, S. 21–34.

GOLTZ, HERMANN (Hrsg.): Tausend Jahre Taufe Russlands. Russland in Europa. Leipzig 1993.

Grengel, Christa: Verständniswecken für Orthodoxie. Erinnerungen an gemeinsame Arbeit 1977–1991. In: Spuren in der Vergangenheit. Begegnungen in der Gegenwart. Glauben, Lehren und Leben in orthodoxen, altorientalischen und evangelischen Kirchen. Festschrift für Hans-Dieter Döpmann (hg. Katharina Gaede u. a.), Berlin 1999, S. 72–86.

Güldenberg, Otto: Lehrplan-Entwurf für die Christenlehre. Berlin 1952.

Günther, Karl-Heinz / Uhlig, Gottfried: Geschichte der Schule in der Deutschen Demokratischen Republik 1945–1971. Berlin 1974.

Hahn, Matthias: Eva Heßler. In: Klaus Petzold / Michael Wermke (Hrsg.): Ein Jahrhundert Katechetik und Religionspädagogik in Ostdeutschland. Leipzig 2007, S. 43–58.

Hamel, Johannes: Christ in der DDR. unterwegs. Eine evangelischen Zeitbuchreihe, Bd. 2. Berlin 1957.

Ders.: Christenheit unter marxistischer Herrschaft. unterwegs. … Bd. 7. Berlin 1959.

Ders.: Wahrnehmung gesellschaftlicher Verantwortung durch die evangelischen Kirchen in Deutschland – ein Rückblick. In: Alfred Burgsmüller (Hrsg.): Zum politischen Auftrag der christlichen Gemeinde (Barmen II). Gütersloh 1974, S. 19–33.

Ders.: Echt und aus Vollmacht (Hrsg. Jürgen Runge). Stuttgart 2009 (darin auch: Christ in der DDR 1957, S. 27-50; Christenheit unter marxistischer Herrschaft 1959, S. 15–26 + 68–92).

Handbuch der historischen Buchbestände in Deutschland. Digitalisiert von Günter Kükenshöner. Hrsg. Bernhard Fabian. Hildesheim, 2003.

Harder, Hans-Martin: Kirche – Recht – Wirtschaft. Aufsätze und Beiträge aus vier Jahrzehnten, hrsg. Susanne Harder-Sdzuj u. a. Frankfurt/M u. a. 2007.

Heidtmann, Günter (Hrsg.): Hat die Kirche geschwiegen? Das öffentliche Wort der evangelischen Kirche aus den Jahren 1945–64. 3. Aufl., Berlin 1964.

Heitmann, Steffen / Knoth, Hans Dietrich: Die Sonderausbildung der Kirchenjuristen. Ausbildung von Juristen durch die evangelischen Landeskirchen in der DDR. In: Aufarbeitung von Geschichte und Folgen der SED-Diktatur in Deutschland, Bd. IV Recht, Justiz und Polizei im SED-Staat. Nomos-Verlag 1995, S. 533–545.

Hessler, Eva: Zeitgemäße Gedanken über das Verhältnis von Theologie und Pädagogik, 1974. In: Aufbrüche. Hausnachrichten des Pädagogisch-Theologischen Institutes Wernigerode-Naumburg [jetzt: Drübeck] 1994/2, S. 15–22.

Hoenen, Raimund: Vom Religionsunterricht zur kirchlichen Unterweisung. Otto Güldenberg und die Anfänge der ostdeutschen Katechetik. Leipzig 2003.

Ders.: Otto Güldenberg. In: Klaus Petzold / Michael Wermke (Hrsg.): Ein Jahrhundert Katechetik und Religionspädagogik in Ostdeutschland. Leipzig 2007a, S. 77–96.

Ders.: Vom Ende des Zweiten Weltkriegs bis zur Wiedervereinigung: Deutsche Demokratische Republik. In: Lachmann, Rainer / Schröder, Bernd (Hrsg.): Geschichte des evangelischen Religionsunterrichts in Deutschland. Ein Studienbuch. Neukirchen 2007b, S. 299–330.

Ders.: Institutionalisierung von »Katechetik« in der DDR. In: Bernd Schröder (Hrsg.): Institutionalisierung und Profil der Religionspädagogik. Historisch-systematische Studien zu ihrer Genese als Wissenschaft. Tübingen 2009, S. 89–115.

HOENEN, RAIMUND / LEHMANN, PETER / VON RABENAU, KONRAD / SCHRÖTER, ULRICH (Hrsg.): Katechetisches Oberseminar – Kirchliche Hochschule Naumburg (Saale) 1949–1993, Dokumente und Berichte. [Wernigerode 2009].

HOLTERMANN, MECHTHILD: Oberschulkatechetik von 1963 bis 1971 – eine Zeitzeugin berichtet. In: Hoenen/Lehmann/Rabenau/Schröter 2009, S. 21 f.

DIES.: Wöchentliche Schülerkreise – Oberschulkatechetik in Erfurt (1963–1971). In: Hoenen/Lehmann/Rabenau/Schröter 2009, S. 32–34.

JACOB, GÜNTER: Der Christ in der sozialistischen Gesellschaft. Ein Sagorsker Vortrag. Stuttgart 1975.

KÄHLER, CHRISTOPH: Kirchliche Hochschulen in der DDR. In: Peer Pasternack (Hrsg.): Hochschule & Kirche. Theologie & Politik, Besichtigung eines Beziehungsgeflechts in der DDR (= Berliner Debatte). Berlin 1996, S. 241–250.

KÄHLER, ERNST: Woher kommen die Katecheten für Ober- und Berufsschüler? In: ChL 4/1951, S. 250 f.

KASPARICK, SIEGFRIED T.: Der Melanchthon-Arbeitskreis. Erinnerung an eine Lernwerkstatt. In: Ruth Albrecht / Ruth Koch (Hrsg.): Fairy von Lilienfeld 1917–2009. Basel 2011, S. 43 - 47.

KIRCHE ALS LERNGEMEINSCHAFT. Dokumente aus der Arbeit des Bundes der Evangelischen Kirchen in der DDR. Berlin 1981.

KIRCHLICHES JAHRBUCH. Gütersloh 1952 ff.

KIRCHNER, HUBERT / PLANER-FRIEDRICH, GÖTZ / SENS, MATTHIAS / ZIEMER, CHRISTOPH (Hrsg.): Charismatische Erneuerung und Kirche. Berlin 1983.

Krötke, Wolf: Das Profil des Sprachenkonvikts in Berlin für die selbständige Theologenausbildung. In: Herbergen der Christenheit. Jahrbuch für deutsche Kirchengeschichte Bd. 32/33, 2008/2009, S. 197–208.

DERS.: Das Gesicht der Evangelischen im Osten Deutschlands. Wahrnehmungen 20 Jahre nach der »Wende«, 2009 (= www.wolf-kroetke.de/vortraege).

KRUSCHE, WERNER: Verheißung und Verantwortung. Orientierungen auf dem Weg der Kirche. Berlin 1990.

KÜHNE, MICHAEL (Hrsg.): Die Protokolle der Kirchlichen Ostkonferenz 1945–1949 (= Arbeiten zur Kirchlichen Zeitgeschichte, Reihe A: Quellen, Bd. 9). Göttingen 2005.

Ders.: Die Gemeinschaft der evangelischen Christenheit im Osten und Westen Deutschlands und die Kirchliche Ostkonferenz 1945–1969. In: Kirche im Profanen. Festschrift für Martin Onasch zum 65. Geburtstag. Frankfurt/M. 2009 (= Greifswalder theologische Forschungen, Bd. 18), S. 389–414.

KUNDGEBUNGEN: Worte und Erklärungen der Evangelischen Kirche in Deutschland 1945–1959. Hrsg. von Merzyn. Hannover o. J.

KUNZE, MARTIN: Die Ägidienkurie zu Naumburg. Halberstadt 2009.

LAMINSKI, ADOLF: Das kirchliche Bibliothekswesen in der ehemaligen DDR, Zeitschrift Bibliotheksdienst 24/1990, S. 1641–1644.

LILIENFELD, FAIRY VON: Nil Sorskij und seine Schriften. Die Krise der Tradition im Russland Ivans III. Berlin 1963.

Linke, Dietmar: Theologiestudenten der Humboldt-Universität. Zwischen Hörsaal und Anklagebank. Darstellung der parteipolitischen Einflußnahme auf eine Theologische Fakultät in der DDR anhand von Dokumenten (= Historisch-Theologische Studien zum 19. und 20. Jahrhundert [Quellen], Bd. 3). Neukirchen-Vluyn 1994.

Löhr, Christian: »Von der Lust an der Erkenntnis aus dem Glauben und der Gabe, diese Lust zu lehren«, in zwei Teilen veröffentlicht in: Mitteilungsblätter der Eugen Rosenstock-Huessy Gesellschaft »Hört auf euch zu fürchten!« (= stimmstein 11), Körle 2006, S. 43–60 und »Die Suche nach einem menschlichen Recht« (= stimmstein 12), Körle 2007, S. 57–76 (Die Thesen Wolfgang Ullmanns finden sich S. 63–69).

Maser, Peter: Die Kirchen in der DDR (hrsg. von der Bundeszentrale für politische Bildung). Bonn 2000.

Mau, Rudolf: Das »Sprachenkonvikt«. Theologische Ausbildungsstätte der Evangelischen Kirche Berlin-Brandenburg (»Kirchliche Hochschule Berlin-Brandenburg«) 1950–1991. In: Berliner Theologische Zeitschrift 9, 1992, S. 107–118 sowie in: Der Wahrheit Gottes verpflichtet. Theologische Beiträge aus dem Sprachenkonvikt Berlin für Rudolf Mau, hrsg. Matthias Köckert. Berlin 1993, S. 11–25.

Moderow, Hans-Martin / Sens, Matthias: Orientierung Ökumene. Ein Handbuch (hrsg. im Auftrag der Theologischen Studienabteilung beim Bund der Evangelischen Kirchen in der DDR). Berlin 1979.

Müller, Renate: Das Projekt »Oberschulkatechetik« – Ein Experiment in der Kirchenprovinz Sachsen. In: Hoenen/Lehmann/Rabenau/Schröter 2009, S. 23–25.

Onnasch, Martin: Das Katechetische Oberseminar – die Kirchliche Hochschule. Ein Rückblick und eine Bilanz. In: Vom Menschen. Die letzte Ringvorlesung der Kirchlichen Hochschule Naumburg mit einem Rückblick auf ihre Geschichte 1949–1993. Naumburg 1993, S. 134–146.

Ders.: Vom Umgang der Kirchen mit ihrer Vergangenheit. Versuch einer Bilanz der Arbeit der Forschungsstelle für kirchliche Zeitgeschichte 1985–1993. In: Evangelische Theologie 54/1994, S. 566–576.

Ders.: Kirchliche Hochschule in Naumburg. In: Peer Pasternack (Hrsg.): Hochschule & Kirche. Theologie & Politik, Besichtigung eines Beziehungsgeflechts in der DDR (= Berliner Debatte). Berlin 1996, S. 251–259.

Petereit, Karin: Studie zum Verhältnis von Glauben und Gewissensbildung beim Kind. ChL 24/1971, S. 65–73 und in: Christenlehre und Katechumenat in der DDR – Grundlagen, Versuche, Modelle. Gütersloh 1975, S. 160–172.

Placke, Ulrich: Geistliches und geselliges Leben am KOS (1973–1983). In: Hoenen/Lehmann/Rabenau/Schröter 2009, S. 30 f.

Rabenau, Konrad von: Die Bedeutung des Kirchlichen Zentralkatalogs für die Erfassung historischer Buchbestände. In: Uwe Czubatynski, Adolf Laminski, Konrad von Rabenau (Hrsg.): Kirchenbibliotheken als Forschungsaufgabe (= Veröffentlichungen der Arbeitsgemeinschaft der Archive und Bibliotheken in der evangelischen Kirche, Bd. 19). Neustadt a. d. Aisch 1992, S. 11-19.

RAHNER, CHRISTA MARIA: »Ich bin mir selbst kein Thema« (Eva Heßler). In: Anabelle Pithan (Hrsg.): Religionspädagoginnen des 20. Jahrhunderts. Göttingen / Zürich 1997, S. 240 ff.

REINMUTH, ECKHART: Naumburger Kirchliche Hochschule wird geschlossen. Votum von Prof. Dr. Eckart Reinmuth zur Kirchenleitungsentscheidung am 9. 5. 1992, die Kirchliche Hochschule mit Ende des Sommersemesters 1993 zu beenden, ZdZ 5/1992, S. 230-231.

RICHTER, EDELBERT: Der Götzendienst der Produktion reißt die Gräben auf. Zu den inneren Ursachen der Blockkonfrontation in Europa. In: Kirche im Sozialismus 6 (1985), Heft 11, S. 247-249.

SAAB, KARIM: Ersehnte Versenkung. In: Hoenen/Lehmann/Rabenau/Schröter 2009, S. 48-55.

SACHSE, CHRISTIAN: Der Einfluss des MfS auf den Naumburger Brief von 1980/1981. Vortrag, gehalten auf der Arbeitstagung »Einflussversuche des MfS auf das Katechetische Oberseminar Naumburg«, 8.-9. Juli 2011 in Naumburg.
(= http://www.christian-sachse.de/20110709_Naumburg.htm)

SCHRÖDER, RICHARD: Denken im Zwielicht. Vorträge und Aufsätze aus der alten DDR. Tübingen 1990.

DERS.: Kirche im geteilten Deutschland. In: Kirche im geteilten Deutschland. Bewahrung in der Bedrängnis. Diskussionsbeiträge und ergänzende Materialien von der 3. Tagung der 8. Synode der Evangelischen Kirche in Deutschland November 1992, Suhl, Hrsg. v. Kirchenamt der EKD. Hannover [1992], S. 10-27.

SCHRÖTER, ULRICH: Theologie an Universitäten und Hochschulen in der DDR. In: Theologische Rundschau 75/2010, S. 342-354.

SCHULTZE, HARALD (Hrsg.): Berichte der Magdeburger Kirchenleitung zu den Tagungen der Provinzialsynode 1946-1989 (= Arbeiten zur Kirchlichen Zeitgeschichte, Reihe A: Quellen, Bd. 10). Göttingen 2005.

DERS.: Im Kontext verschärfter Angriffe auf die Kirche. Kurt Grünbaum und der Geldumtauschprozess 1957/58. 2. Aufl. Leipzig 2011.

SCHULZ, GÜNTHER: Die sieben Sagorsker Gespräche 1974-1990. Versuch einer Bestandsaufnahme. Ökumenische Rundschau 4/1991, S. 457-475.

DERS.: Das Landeskonzil der Orthodoxen Kirche in Rußland 1917/18 - ein unbekanntes Reformpotential (= Kirche im Osten, Bd. 23). Göttingen 1995.

SCHULZ, GÜNTHER / KRAVECKIJ, ALEKSANDR G. / PLETNEVA, ALEKSANDRA A. / SCHRÖDER, GISELA-A.: Svjaščennyj Sobor Pravoslavnoj Rossijskoj Cerkvi 1917-1918gg, Bd. 1-3. Moskau 2000-2002.

SCHULZ, GÜNTHER / SCHRÖDER, GISELA-A. / RICHTER, TIMM C.: Bolschewistische Herrschaft und Orthodoxe Kirche in Russland. Das Landeskonzil 1917/1918. Münster 2005.

SCHULZ, GÜNTHER / ZIEMER, JÜRGEN: Mit Wüstenvätern und Wüstenmüttern im Gespräch. Zugänge zur Welt des frühen Mönchtums in Ägypten. Göttingen 2010.

Schwerin, Eckart: Evangelische Kinder- und Konfirmandenarbeit. Eine problemge-schichtliche Untersuchung der Entwicklungen auf der Ebene des Bundes der Evangelischen Kirchen in der DDR von 1970–1980. Würzburg 1989.

Snigula, Michael: Juristenausbildung am Katechetischen Oberseminar. In: Hoenen/Lehmann/Rabenau/Schröter 2009, S. 42 f.

Stengel, Friedemann: Die Theologischen Fakultäten in der DDR als Problem der Kirchen- und Hochschulpolitik des SED-Staates bis zu ihrer Umwandlung in Sektionen 1970/71 (= Arbeiten zur Kirchen- und Theologiegeschichte, Bd. 3). Leipzig 1998.

Tautz, Lothar (Hrsg.): Friede und Gerechtigkeit heute. Das »Querfurter Papier« – ein politisches Manifest für die Erhaltung der Menschenrechte in der DDR (= Sachbeiträge 22 der Landesbeauftragten für die Unterlagen des Staatssicherheitsdienstes der ehemaligen DDR in Sachsen-Anhalt). Magdeburg 2002.

Theologische Kommission des Bundes der Evangelischen Kirchen in der DDR. »Die Gemeinde braucht die Theologie. Zur Kritik der ›Theologieverdrossenheit‹«. ZdZ 3/1989, S. 81 ff.

Ullmann, Wolfgang: Was ist Theologie? In: ders.: Zukunft Aufklärung, Berlin 1995, S. 249–273.

Vogler, Werner / Kühn, Ulrich (Hrsg.): Vier Jahrzehnte kirchlich-theologische Ausbildung in Leipzig. Das Theologische Seminar / Die Kirchliche Hochschule Leipzig. Leipzig 1993.

Voll, Fritz B.: In großem Bogen von Naumburg bis Naumburg (= http://www.mv-naumburg.de/component/content/article/46/350-voll-fritz-b).

Vom Bleiben in der DDR. 2. Auflage der EKU-Handreichung über das Evangelium und das christliche Leben in der DDR. 36 Seiten, Separatdruck der EKU-Kirchenkanzlei. Berlin 1960.

Vom Menschen. Die letzte Ringvorlesung der Kirchlichen Hochschule Naumburg mit einem Rückblick auf ihre Geschichte 1949–1993 [Hrsg. Eckart Reinmuth]. [Naumburg] 1993.

Wichmann, Barbara: Aus der Anfangszeit des Katechetischen Oberseminars. In: Hoenen/Lehmann/Rabenau/Schröter 2009, S. 28 f.

Winter, Friedrich: Mitteilungen. Theologische Literaturzeitung 116/1991, Nr. 10, Sp. 798.

Ders.: Die politischen Beziehungen des »Sprachenkonvikts« in Berlin, Abhängigkeit und Freiheit. In: Jahrbuch für Berlin-Brandenburgische Kirchengeschichte 62/1999, S. 201–226.

Ziegner, Oskar: Lehrplanentwurf für das neunte bis zwölfte Christenlehrejahr. In: ChL 8/1955, S. 27–34.

VIII REGISTER[1]

VIII.1 Biogramme der hauptamtlichen Dozenten

Die biographischen Angaben geben nur eine stark verknappte Information. Auf Publikationen konnte – aus Raumgründen – nicht hingewiesen werden.
Sofern Dozenten zunächst nebenamtlich, später hauptamtlich tätig waren, sind die Jahre ihrer nebenamtlichen Lehrtätigkeit zusätzlich in Klammern aufgeführt. Für die Abkürzungen wird – soweit sie nicht allgemein verständlich sind – auf das Abkürzungsverzeichnis verwiesen.

BERNAU, HEINZ, Dr. theol.
1958–1965 Dozent f. Systematische Theologie
* Stendal 09. 04. 1912, † Bernburg 22. 12. 1992, ord. 1940; 1940–1944 Hpred. Schöna b. Herzberg/Elster, 1944–1955 Hpred., sp. Pfr. Salzwedel, 1955–1958 Doz. Pastoralkolleg Ilsenburg, Verh., gesch. 1965, II. Ehe 1969 mit Dr. Renate Friebe, gesch., 1965–1969 Wartestand, 1969 Pfr. Großpaschleben, krankheitshalber Ruhestand 1971.

BIEWALD, ROLAND, Dr. theol.
(1988–1990) 1990–1991 Dozent, seit 1990 Prof. f. Praktische Theologie u. Katechetik
* Rochlitz 18. 2. 1955, 1973–1979 Studium KOS u. Theol. Seminar Leipzig, 1979 1. theol. Prfg., 1981 2. theol. Prfg., 1979–1981 Studieninspektor am KOS, 1981–83 Ass. KOS. 1983–1984 Studium an d. Facolta Valdese Roma. 1985 Dr. theol. Halle; 1984–1989 Pfr. Regis-Breitingen/Sa., 1991–1993 Gründung d. Pädagog.-Theol. Instituts Naumburg, Direktor desselben. Seit 1993 Prof. f. evang. Religionspädagogik TU Dresden.

BLÜHM, REIMUND, Dr. theol.
1969-1986 (1992–1993) Dozent f. Praktische Theologie / Katechetik
* Nordhausen 12. 7. 1929, 1949–1955 Studium Univ. Greifswald, 1955 1. theol. Prfg., 1962 2. theol. Prfg., 1962 Dr. theol., 1962 ord. – 1956–1962 Ass. f. Prakt. Theologie Univ. Greifswald u. Pfarrverw. Kemnitz b. Greifswald, 1962–1969 Pfr. ebd., verh. 1956 Dr. Anna-Elisabeth Glöckner, † 02. 07. 2001; 2 Kinder, 1986 Übersiedlung in d. Bundesrepublik Deutschland ohne Verlust d. Ordinationsrechte aufgrund schwerer Erkrankung seiner Frau, 1988–1993 Lehrstuhlvertreter, sp. Prof. (1991) f. Prakt. Theologie KiHo Wuppertal, 1993–1995 Doz. Praktisch-Theologisches Institut Naumburg, 1995–1996 Lehrstuhlvertreter f. Prakt. Theologie Univ. Greifswald.

---

[1] Die Register 1-3 ergänzen und korrigieren die Übersichten aus: Vom Menschen 1993, S. 149–152.

GENEST, HARTMUT, Dr. theol.

1977–1993 Dozent, seit 1990 Prof. für Praktische Theologie

* Emmerich 19.1.1941, 1971 2. theol Prfg., 1971 ord., 1971–1973 Hpred. Nordhausen, 1973–1976 Pfr. ebd., verh. mit Gisela Liebermann, 2 Kinder, 1994 Rektor u. Doz. Theol. Sem. Paulinum/Berlin, 1997 Prof. f. Sozialethik Evg. Fachhochschule Berlin.

GÜLDENBERG, OTTO, Dr. phil., Lic. theol.

(1950–1952) 1952–1957 (1957–1959) Dozent für Katechetik

* Hecklingen 28.9.1891, † Weinheim/Bergstraße 4.10.1975. 1906–1912 Landesseminar Köthen, 1912 Schulamtsprüfung; 1914 Anstellungsprüfung; 1914–1918 Hilfslehrer am Landesseminar Köthen. 1916 verh. mit Margarethe Schröter, 3 Kinder. 1918–1921 Lehrer Polenzko/Krs. Zerbst. 1921–1926 Studium Theologie, Deutsch u. philosoph. Propädeutik Halle, 1925 Dr. phil. Halle. 1926 ff. Assessor, dann Studienrat Halle; 1933 Lic. theol. Halle; 1933 Lehrstuhlvertretung Hochschule f. Lehrerbildung Halle; 1934–1937 Prof. f. Evang. Religionslehre Hochschule f. Lehrerbildung Hirschberg/Schles., 1937–1941 dsgl. Hannover, 1937 Mitglied d. NSDAP. 1941 Studienrat Domgymnasium Naumburg, 1946 Entlassung. 1946 Mgl. d. Synode d. KPS, 1947–1957 Provinzialkatechet, 1948–1951 Leitung d. Katechet. Seminars Naumburg; 1957 Ruhestand. Übersiedlung nach Bensberg bei Köln.

HAMEL, JOHANNES, D. theol. h. c.

1954–1976 Dozent f. Praktische Theologie

* Schöningen 19.11.1911, † Wernigerode 1.8.2002, Studium Tübingen, Königsberg, Halle, 1936 1. theol. Prfg., 1938 2. theol. Prfg. (Prov. Bruderrat), 1938 ord., Adjunkt am Auslandsseminar d. DEK Ilsenburg, 1938 Studentenamtsleiter d. BK Halle, 1938 verh. mit Renata Schomerus, 5 Kinder, 1982 verw., 1939 Hpred. Beckwitz, 1940 Kayna, 1942 Heuckewalde, 1942–1946 Soldat, verwundet, amerik. Kriegsgefangenschaft, Lagerpfarrer in Florenz u. Pisa, 1946 Studentenpfarrer Halle, 1953 mehrere Monate in Haft, 1951–1973 Mgl. d. Synode d. KPS, Mgl. d. Synode d. EKU, 1966 Dr. theol. h. c. Göttingen; 1976 Ruhestand, Übersiedlung nach Gräfelfing b. München.

HELLER, WERNER

1959–1978 Dozent f. Griechisch u. Latein

* 18.1.1913, † Nordhausen 3.4.2002. Studium in Köln, Leipzig, Marburg; Staatsexamen 1938, 1939 Studienreferendar Marburg, 1940 Studienassessor Frankfurt/M., 1941 dgl. Kassel, 1941–1945 Heeresdienst, 9.5.–15.12.1945 Kriegsgefangener, 1946–1951 Oberschullehrer Gotha, 1952–1954 Ohrdruf, 1954–1958 Gotha, verh. 1967 mit Hannelore Wöller, 2 Kinder, 1978 Ruhestand.

HESSLER, EVA, Dr. theol.

1950–1978 Dozentin f. Katechetik

* Burgholzhausen 18.5.1914, † Hildesheim 13.12.2003, Lehrerinnenausbildung Schneidemühl, 1. Lehramtsprfg. 1938, 2. Prfg. 1941, 1941–1945 Lehrerin, 1945–1948 Kreiskatechetin Eckartsberga, 1948–1950 Leitung d. Katechetischen Seminars Seehausen/Altmark. 1955–1957 Theologiestudium, 1961 Dr. theol. Greifswald. 1978 Ruhestand, Übersiedlung nach Hildesheim.

HOENEN, RAIMUND, Dr. theol.
1984–1993 Dozent, seit 1990 Prof. f. Katechetik/Religionspädagogik
* Erfurt 17. 6. 1939. 1957–1962 Studium Humboldt-Univ. Berlin.1967 2. theol. Prfg., 1967 ord.; 1967 Dr. theol. Jena. 1964 verh. mit Charlotte Rathmann, 3 Kinder. 1963–1968 Studieninspektor Predigerschule Erfurt, 1968–1975 Pfr. Erfurt u. Dozent Predigerschule Erfurt; 1975–1984 Rektor d. Kirchl. Oberseminars Potsdam-Hermannswerder; 1993-1995 Prof. Pädagogische Hochschule Erfurt-Mühlhausen, 1995–2004 Prof. Halle. 2004 Ruhestand.

KÄHLER, ERNST, Dr. theol., Dr. theol. h. c.
1950–1955 Dozent f. Kirchengeschichte
* Duisburg-Meiderich 7. 6. 1914, † Greifswald 17. 11. 1991, Studium Tübingen, Göttingen, Halle, Basel, 1939 theol. Prüfung (BK), 1940 Dienst in der Wehrmacht, verwundet. 1942 Ass. Verh. 1943 mit Sibylla v. Kirchbach, 1948 Dr. theol. u. Doz. f. Landes-Kirchengeschichte u. Kirchl. Kunst Halle, Februar–April 1950 Entzug d. Lehrauftrags, 1952 habil. theol., 1953 Lehrauftrag f. Kirchengeschichte u. Dogmengeschichte Halle, 1954 Prof. f. Kirchengeschichte Greifswald, 1957 Dr. theol. h. c. Göttingen,1978 Ruhestand, Mgl. des Kuratoriums des KOS.

KLAER, INGO, Dr. theol.
1974–1993 Dozent f. Systematische Theologie
* Magdeburg 13. 10. 1937, Studium KOS Naumburg, Sprachenkonvikt Berlin, 1965 2. theol. Prfg., 1965 ord., 1963 Vik. Wittenberg, 1963–1964 Vik. Berlin-Weißensee u. Repetent Sprachenkonvikt, 1965–1969 Hpred. Rüdersdorf-Tassdorf, 1969 Promotion (Qualifikationsverfahren); 1969–1973 Pfr. Waldsieversdorf u. Doz. Sprachenkonvikt, 1993-1996 Pfr. Droyßig, verh. mit Anna-Barbara Demke, 1996 Ruhestand, Übersiedlung nach Bad Oeynhausen.

LAHR, HORST, Dr. theol.
1954–1963 Dozent f. Systematische Theologie
* Halle 2. 9. 1913 (Horst Lahr-Eigen), † Potsdam 26. 6. 2008, 1940 ord.; Kriegsdienst, EK II, Silbernes Verwundetenabzeichen. 1943–1944 Referent im Ev. Hilfswerk f. Kriegsgefangene u. Internierte, Außenamt der DEK Berlin-Charlottenburg, 1944–1951 Pfr. Brumby, 1951 verh. mit Mechthild Leo, 3 Kinder. 1951–1954 wiss. Ass. Pastoralkolleg Ilsenburg, 1963–1978 Generalsuperintendent Potsdam; 1978 Ruhestand.

LILIENFELD, FAIRY VON, geb. v. Rosenberg, Dr. theol., Dr. theol. h. c.
1962–1966 Dozentin f. Kirchengeschichte und Russisch
*Riga/Lettl. 4. 10. 1917, † Höchstadt a. d. Aisch 12. 11. 2009, verh., 1 Kind, 1947–1951 Stu-

dium Philosophie, Slawistik u. Philologie Jena, Lehraufträge f. altslawische u. altrussische Sprache u. Literatur, Dozentin bis 1955 in Jena, 1953–1957 Studium Theologie KOS, 1961 Promotion; 1962 ord., 1966–1984 Professorin Erlangen f. Geschichte u. Theologie d. christl. Ostens, 1985 Ehrenmitglied der Moskauer Geistl. Akademie, 1990 Dr. theol. h. c. Helsinki, 2002 Bundesverdienstkreuz 1. Kl., 2010 postum Silberne Rose d. Hl. Nikolaus.

LORENZ, RUDOLF, Lic., Dr. h. c.
1953–1959 (1959–1960) Dozent f. Kirchengeschichte
* Kritschen Kr. Oels/Schles. 10. 7. 1914; † Göttingen 23. 10. 2003. 1941 ord.; 1941 Lic. theol.; 1945–1948 Hpred. Mösthinsdorf, 1948–1954 Pfr. ebd.; 1957 Privatdozent f. Kirchengeschichte Halle, 1959–1962 Prof. KiHo Berlin-Zehlendorf, 1962–1979 Prof. Mainz; 1964 Dr. h. c. Göttingen.

LUX, RÜDIGER, Dr. theol.
1985–1993 Dozent, seit 1990 Prof. f. Altes Testament
* Jena 25. 3. 1947. 1965–1970 Studium Halle u. Greifswald; 1970 1. theol. Prfg., 1974 2. theol. Prfg., 1975 ord. Verh. mit Maria Müncker, 3 Kinder. 1970–1972 Forschungsstipendiat; 1977 Dr. theol. Leipzig; 1992 Habil. Halle. 1975–1979 Pfr. Cottbus, 1979–1981 Studentenpfr. ebd., 1982–1985 ProvPfr. Studentengemeinde Halle, 1993–1995 Prof. Pädagogische Hochschule Erfurt-Mühlhausen, ab 1995 Prof. u. 2. Universitätsprediger Leipzig. – Mitglied der Sächs. Akademie d. Wiss.

MEINHOLD, ARNDT, Dr. theol.
1977–1993 Dozent, ab 1990 Prof. f. Hebräisch u. Altes Testament
* Scheibenberg/Erzg. 24. 11. 1941. 1960–1965 Studium Leipzig; 1966/67 Bausoldat; deshalb Assistentur in Greifswald abgelehnt. Mgl. d. Methodistischen Kirche. Verh. Dorothea, geb. Georgi, 3 Kinder. 1971 Dr. theol., 1990 Habil., 1993–2007 Professor f. AT Halle.

MÖLLER, MARGARETE, Lic. theol.
(1950–1958) 1958–1968 (1968–1980) Dozentin f. Altes Testament, Hebräisch u. neue Sprachen
* Schlieben / Krs. Schweinitz 11. 3. 1904, † Bad Kösen 22. 1. 1997. 1931 Studienassessorin, ab 1940 Studienrätin an höheren Mädchenschulen in Potsdam, 1942–1945 in Soldin/Neumark. 4 Pflegekinder. Promotion, 1968 Ruhestand, jedoch noch weitere Lehrtätigkeit bes. in neueren Sprachen.

MOERING, ILSABE
(1951–1954) 1954–1967 (1967–1980) Dozentin für Musik und Orgel
* Halle 31. 12. 1919, † Steyr/Ob.-Österr. 9. 8. 2011. Studium Wien, Abschluss: Organistik-Dozentin. Ca. 1946 Übersiedlung nach Naumburg; nebenberuflich Katechetin Naumburg. 1985 Übersiedlung nach Steyr.

NEUGEBAUER, FRITZ, Dr. theol.
(1959–1960) 1960–1964 Dozent f. Neues Testament
* Bunzlau/Schles. 16.03.1932. 1956 2. theol. Prfg.; 1956 ord., 1971–1997 Pfr. Seehausen
b. Wittenberg. Aus Gesundheitsgründen 1964–1971 im Wartestand; Verh. mit Erika, geb.
Zerling, 5 Kinder, 1997 Ruhestand.

NOETZEL, HEINZ, Dr. theol.
1955–1959 Dozent f. Neues Testament
* Groß-Mantel b. Königsberg/Ostpr. 14.1.1914, † Jena 11.4.1959. 1933–1940 Studium
Greifswald, Dorpat, Marburg, Halle. 1934 Mitglied der BK. 1940 Notexamen, 1941 Promotion; 1943 2. theol. Prfg., 1944 ord., 1942 verh. mit Anna Hilde Rabe, 4 Kinder.
1942–1955 Pfr. Osterwohle.

ONNASCH, MARTIN, Dr. theol.
(1978–1979) 1979–1993 Dozent, seit 1990 Prof. f. Kirchengeschichte
* Köslin 20.5.1944. 1964–1969 Studium Halle. 1972 2. theol. Prfg., 1972 ord.; 1968 verh.
mit Susanne Dell, gesch. – 1972 II. Ehe mit Doris Klenke, 2 Kinder. 1970–1974 Repetent
u. Ass. am KOS, 1974–1979 Pfr. Osterweddingen. 1993-1996 Prof. Pädagogische Hochschule Erfurt, 1994–1997 stellv. Direktor d. Hannah-Arendt-Instituts f. Totalitarismusfor-
schung Dresden; 1996–2009 Prof. Univ. Greifswald; 2009 Ruhestand.

PLACKE, ARMGARD, geb. Werneburg
1978–1990 Dozentin f. Griechisch und Latein
* Neumark/Geiseltal 16.2.1953. 1971–1975 Studium Klassische Philologie Jena, 1975
Diplom; 1975–1978 Repetentur Theol. Seminar Leipzig. 1980 verh. mit Dr. Ulrich Placke,
2 Kinder. 1990–2000 Lehrerin Jena, seit 2000 Christliches Gymnasium Jena.

RABENAU, KONRAD VON, Dr. theol.
(1951–1956) 1956–1974 Dozent f. Altes Testament
* Berlin-Schöneberg 3.2.1924. 1942–1946 Studium Tübingen, Göttingen, Jena, Berlin-Zehlendorf; 1949 ord.; 1949–1950 Konviktsinspektor KiHo Berlin-Zehlendorf, 1950–1956
Ass. Theol. Fakultät Halle, 1951–1956 nebenamtl. Dozent am KOS. 1948 verh. mit Marie
Ilse Doubs, 2000 verw., 1 Kind. 2001 II. Ehe mit Dr. Elke Blumenthal. 1974-1989 OKR
in d. Kirchenkanzlei der EKU-Bereich DDR u. Sekretär d. Ausbildungskommission d. BEK.
1989 Ruhestand.

RADLER, ALEKSANDER, Dr. theol.
1978–1979 Dozent, 1992–1993 Professor f. Systematische Theologie
* Wien 17.5.1944. 1963–1970 Studium Theologie, Philosophie, Nordische Sprachen
Humboldt-Univ. Berlin u. Lund; 1972 Höheres Examen Lund; 1977 Promotion, Habilitation,
Ordination in Lund. 1980–1982 Dozent f. Systemat. Theologie Lund, 1982–1992
Prof. f. Systemat. Theologie in Turku u. Lund; 1993–1995 Prof. f. Systemat. Theol. Univ.
Halle. Seit 1995 Pfr. Burträfk/Schweden u. Prof. f. Systemat. u. Historische Theol. Univ.
Umeå/Schweden.

REINMUTH, ECKART, Dr. theol.

1986–1993 Dozent, seit 1990 Prof. f. Neues Testament

* Rostock 27. 5. 1951. 1969–1974 Studium Greifswald; verh. mit Christine, geb. Wolf, 4 Kinder. 1974–1981 Ass. Theol. Fakultät Halle; 1978 2. theol. Prfg., 1981 Promotion, 1992 Habil. Jena. 1981–1986 Gemeindepfarramt. 1993–1996 Prof. f. Evang. Theologie an d. Pädagog. Hochschule Erfurt-Mühlhausen; seit 1995 Prof. Rostock.

ROHDEN, WILHELM VON, Dr. theol., D. theol. h.c.

(1953, 1958–1963) 1963–1967 Dozent f. Neues Testament

* Düsseldorf 14. 11. 1901, † Magdeburg 30. 9. 1990. Studium Marburg, Berlin, Jena, Halle; 1. theol. Prfg. / 2. theol. Prfg.; 1928 ord., 1928 Dr. theol., 1928 Studieninspektor Predigerseminar Wittenberg; 1930 verh. mit Anna Fabricius, 5 Kinder. 1930–1934 Pfr. Rosian, 1934–1946 Eichenbarleben; Mgl. des Pfarrernotbundes u. d. BK.1939–1945 Soldat; 1946–1948 KonsR Magdeburg, 1948-1960 Rektor d. Pastoralkollegs Ilsenburg. 1960–1963 Rektor Kirchl. Proseminar Naumburg. Ehrenpromotion Münster. 1965 Ruhestand; 1967–1971 Dozent am Sprachenkonvikt Berlin.

SCHENK, WOLFGANG, Dr. theol.

1967–1976 Dozent f. Neues Testament

* Jena 29. 4. 1934. 1952–1956 Studium Jena, 1956 1. theol. Prfg., 1959 2. theol. Prfg., 1958 ord. Eisenach. Verh. 1957 mit Dietlind Dietze, gesch., II. Ehe mit Gudula Lenssen, gesch. 1958–1961 Hprd. Tautenburg, 1961–1967 Pfr. Hirschberg/Saale (Sperrgebiet). 1967–1973 nebenamtlich Studentenpfarrer Naumburg. 1965-1981 Mitarbeit an d. zentralen Vorbereitung d. Bibelwochen. 1973–1976 Mgl. d. Landessynode Thüringen. 1976 Ausscheiden aus d. kirchl. Dienst wegen d. Ehescheidung. 1979 Gastprofessur Amsterdam; 1981 Übersiedlung in die BRD. Zwischen 1981 u. 1998 Lehrstuhlvertretungen in Göttingen, Uppsala, Frankfurt/M., Bonn, Wien. Ruhestand in Saarbrücken.

SCHRÖDER, RICHARD, Dr. theol., Dr. theol. h.c.

1977–1991 Dozent f. Philosophie am KOS u. Sprachenkonvikt Berlin

* Frohburg/Sa. 26. 12. 1943. 1962–1968 Studium KOS u. Sprachenkonvikt Berlin; 1971 ord.; 1968 Ass. Sprachenkonvikt, 1971 Hprd. Petershagen, 1973–1977 Pfr. Wiederstedt, verh. mit Christa, geb. Kohli, gesch., 2 Kinder. 1977 Promotion (Qualifikationsverfahren), 1991 Habil. Leipzig, 1992 Dr. theol. h. c. Göttingen; 1993–2009 Prof. f. Philosophie u. Systematische Theol. Humboldtuniv. Berlin. 1990 Mgl. d. Volkskammer, 1990 Mgl. d. Bundestages. 1991–1997 Mgl. d. Rates d. EKD; 1993–2009 Verfassungsrichter Berlin-Brandenburg; 2001 Mgl. d. Nationalen Ethikrates; Präsident d. Deutschen Nationalstiftung Weimar; Mgl. d. Berlin-Brandenburger Akademie d. Wissenschaften. Zahlreiche Ehrungen, 1992 Großes Bundesverdienstkreuz. 2009 Ruhestand.

SCHRÖTER, ULRICH, Dr. theol.

1969–1983 Dozent f. Hebräisch u. Altes Testament

* Berlin-Wilmersdorf 15. 6. 1939, Studium Sprachenkonvikt/KiHo Berlin-Zehlendorf, KOS, Heidelberg; 1966 ord.; verh. mit Ingeborg Meißner, 4 Kinder, 1969 Promotion (Qua-

lifikationsverfahren); 1977–1983 Mgl. d. Synode d. EKU; 1983 Ausbildungsdezernent im Konsistorium Berlin (OKR); 1990 Koordinator der Auflösung des MfS, 1991 Beauftragter der Evang. Kirchen bei d. Ländern Berlin u. Brandenburg, 1999 Ruhestand. 2000–2005 Vorsitzender d. Arbeitsgemeinschaft f. Berlin-Brandenburgische Kirchengeschichte.

SCHULTZE, HARALD, Dr. theol.
1967–1973 Dozent f. Systematische Theologie
* Jena 16. 12. 1934. 1953–1954 Studium Biologie Jena, 1954–1959 Studium Theologie Leipzig, Rostock, Jena; 1963 2. theol. Prfg., 1963 ord., 1964 Dr. theol. Jena. 1959 verh. mit Sigrid Brückner, 5 Kinder. 1960–1962 Ass. Theol. Fakultät Jena. 1963–1967 Hprd. u. Pfr. Neundorf Krs. Schleiz. 1973–1986 Mgl. d. Konsistoriums Magdeburg (OKR), 1986–1991 Dozent, dann Prof. f. Prakt. Theologie Sprachenkonvikt Berlin. 1991 Habil. Halle. 1991–1999 Beauftragter d. Evang. Kirchen bei Landtag u. Landesregierung Sachsen-Anhalt, 1993–2001 Richter beim Landesverfassungsgericht Sachsen-Anhalt. 1997 apl. Prof. f. Prakt. Theologie Halle. 2000 Ruhestand. 2001–2009 Geschäftsführer d. Evang. Hochschulbeirats Magdeburg. 2006 Bundesverdienstkreuz 1. Klasse.

SCHULZ, GÜNTHER, Dr. theol.
1970–1992 Dozent, seit 1990 Prof. f. allg. u. osteuropäische Kirchengeschichte
* Lomke (Krs. Mogilno) 1. 3. 1936. 1953–1957 Studium Slawistik Halle mit Staatsexamen 1957; 1958–1963 Studium Theologie KOS; 1963 1. theol. Prfg., 1966 2. theol. Prfg., 1966 ord.; 1970 Promotion Greifswald. 1961 verh. mit Charlotte Mechthild Röhrig, 3 Kinder. 1964–1970 Ass. KOS. 1992–2001 Prof. Evang.-Theol. Fakultät Münster u. Direktor des Ostkircheninstituts. 1974–1992 Teilnehmer an d. Sagorsker Gesprächen d. BEK, später d. EKD mit d. Russischen Orthodoxen Kirche. 2001 Ruhestand.

SEILS, MARTIN, Dr. theol.
(1957–1960) 1960–1963 Dozent f. Kirchengeschichte, 1963–1982 f. Systematische Theologie
* Schlatkow 4. 7. 1927. 1943–1944 Luftwaffenhelfer, später Soldat; 1945–46 Rundfunkinstandsetzerlehrling, Katechet in Grimmen, 1947–1951 Studium KiHo Berlin-Zehlendorf, Greifswald, Leipzig; 1953 Dr. theol. Rostock; 1959 Habil. Halle; 1960 ord.; 1952 verh. mit Margarete Werther, 5 Kinder. 1951 Vikar Altenkirchen/Rügen, 1952–1954 Ass. Theol. Fakultät Rostock, 1954–1959 Ass. Halle. 1982–1992 Prof. f. Systematische Theol. Jena. 1969–1973 Mgl. d. Synode d. BEK, 1972–1980 d. Synode d. KPS. Delegierter bei d. Vorversammlungen zur Ausarbeitung der Leuenberger Konkordie (LK), 1973 Unterzeichner der LK. Mgl. d. Kommission zur Herausgabe d. Werke Luthers.

STAMMLER, GERHARD, Dr. phil.
(1949–1961) 1961–1967 Dozent f. Philosophie
* 3. 5. 1898, † 20. 2. 1977. 1917–1921 Studium Mathematik, Naturwiss. u. Philosophie Berlin, 1921 Dr. phil. Berlin, 1924 Habil. Halle. Privatdozent; 1929 verh. mit Dorothee Anna Margarete Meinhof; 1938–1945 Prof. Halle; 1945–1947 Mitarbeiter Univ.-Bibl. Halle, dann

freier Schriftsteller. 1948–1959 Stellv. Leiter d. Evang. Akademie Sachsen-Anhalt. 1967 Ruhestand.

STEINKOPF, GERHARD, Dr. phil.
1950–1958 Dozent f. Griechisch und Latein
* Unterröblingen / Mansfelder Seekreis 7. 5. 1913, † Hilden 7. 6. 1976. 1931–1936 Studium Klassische Philologie u. Theologie Rostock, Halle, 1936 Dr. phil. Halle, 1937 Prüfung f. höheres Lehramt, 1942 Studienassessor; 1942 verh. mit Estella Koebs, 2 Kinder. 1939–1945 Heeresdienst; 1945–1950 Lehrer in Halle. 1954 Direktor d. Proseminars Naumburg. 1958 Flucht in die Bundesrepublik, Lehrer in Hilden.

ULLMANN, WOLFGANG, Dr. theol.
1963–1978 Dozent f. Kirchengeschichte
* Gottleuba 18. 8. 1929, † Adorf/Vogtl. 30. 7. 2004. 1948–1954 Studium KiHo Berlin-Zehlendorf u. Göttingen, 1954 Dr. theol. Göttingen. 1956 ord.; verh. mit Christa-Irene Kohse, 2002 verw., 3 Kinder. 1954–1963 Vik., dann Pfr. Colmnitz. 1978–1990 Dozent f. Kirchengeschichte Sprachenkonvikt Berlin. 1979–1990 Mgl. d. Luth.-Orthodoxen Kommission d. LWB, 1984–1989 Mgl. d. Kommission »Faith and Order« d. ÖRK. 1989 Mitbegründer »Demokratie jetzt«, Mitglied d. Zentralen Runden Tisches Berlin. Versetzung in d. Wartestand. 1990 Mgl. d. Volkskammer, 1990–1994 Mgl. d. Bundestages, 1994–1999 Mgl. d. Europaparlaments.

WALLBRECHT, FRIEDRICH, Dr. theol.
(1988–1989) 1989–1993 Dozent, ab 1990 Professor f. Neues Testament
* Altenburg/Thür. 25. 6. 1951. verh., 1970–1975 Studium Theologie Jena; Ass. Theol. Fakultät Jena, 1982 Dr. theol. Verh. mit Dorothea, geb. Harr, 2 Kinder. 1993–2003 Pfr. Jena, seit 2003 Schwäbisch Gmünd.

WALTER, NIKOLAUS, Dr. theol.
1964–1986 (1991–1992) Dozent f. Neues Testament
* Wolfen 11. 3. 1932. 1949–1954 Studium Halle, 1954 1. theol. Prfg., 1962 2. theol. Prfg., 1963 ord.; Dr. theol. Halle 1961, Habil. Halle 1967. 1954–1964 Ass. bei d. Kommission f. spätantike Religionsgeschichte d. Dt. Akademie d. Wiss. in Halle. 1967 verh. mit Katharina Wossidlo, 3 Kinder. 1986–1997 Prof. f. Neues Testament Jena. 1997 Ruhestand.

WINTERBERG, JOHANNA, verh. Heckmann
1949–1950 Leiterin des KOS in Wittenberg (WS); Dozentin für Methodik und Musik
* Wuppertal 7. 6. 1905, † Kiel 7. 10. 1964. 1926 Prüfung als Hortnerin; 1929 Prüfung als Volkspflegerin; bis 1934 Jugendpflegerin in Lüdenscheid. 1934 Leiterin d. Landesstelle d. evangelischen Jugendwerkes im Rheinland, 1935–1940 Leiterin d. Landesstelle in d. KPS; Reisedienst im Auftrag des Burckhardt-Hauses Berlin-Dahlem. 1943–1945 Synodalhelferin im Kkrs. Herzberg (Wohnsitz Schlieben). 1943 Ordination, 1947 Anstellungsfähigkeit als Vikarin. Bis 1948 Leitung d. Katecheten-Kurse in Schlieben. Eheschließung am 27. 1. 1950; daraus resultierte d. Ausscheiden aus d. kirchlichen Dienst. 1954 Übersiedlung nach Kiel.

WOLFRUM, GERHARD, Dr. phil.
1990–1993 Dozent f. Griechisch u. Latein
* Leipzig 10. 10. 1926, † Stade 9. 9. 2010. 1946–1951 Studium Germanistik Leipzig; 1951–1975 wiss. Mitarbeiter d. Sächs. Akademie d. Wiss.; 1977–1990 Dozent (Oberstudienrat) am Proseminar Naumburg. 1990 verh. mit Barbara Löffelmann. 1991 Ruhestand, 1993–1996 weitere Lehrtätigkeit am Pädagogisch-Theologischen Institut in Naumburg u. Drübeck.

2 Rektoren

Ernst Kähler	1950–1955
Horst Lahr	1955–1956
Heinz Noetzel	1956–1957
Johannes Hamel	1957–1959
Konrad von Rabenau	1959–1960
Heinz Bernau	1960–1961
Margarete Möller	1961–1962
Martin Seils	1962–1963
Eva Heßler	1963–1964
Wilhelm von Rohden	1964–1965
Johannes Hamel	1965–1967
Konrad von Rabenau	1967–1968
Wolfgang Ullmann	1968–1969
Nikolaus Walter	1969–1970
Eva Heßler	1970–1971
Harald Schultze	1971–1972
Wolfgang Schenk	1972–1973
Reimund Blühm	1973–1974
Johannes Hamel	1974–1975
Martin Seils	1975–1976
Günther Schulz	1976–1977
Wolfgang Ullmann	1977–1978
Ulrich Schröter	1978–1979
Nikolaus Walter	1979–1980
Ingo Klaer	1980–1981
Hartmut Genest	1981–1982
Arndt Meinhold	1982–1983
Martin Onnasch	1983–1984
Reimund Blühm	1984–1985
Nikolaus Walter	1985–1986
Günther Schulz	1986–1987
Ingo Klaer	1987–1988
Raimund Hoenen	1988–1989
Rüdiger Lux	1989–1990

Hartmut Genest	1990-1991
Arndt Meinhold	1991-1992
Eckart Reinmuth	1992-1993

3 Gastdozenten, nebenamtliche Dozenten und Lehrbeauftragte

Christoph Albrecht	Musik, Liturgie	1954-1959
Johannes Althausen	Missionswissenschaft	1963
Timotheus Arndt	Hebräisch	1984-1985
Dieter Baumgärtner	Neues Testament	1959-1962
Ulrich Becker	Religionspädagogik	1985
Erich Behne	Altphilologie	1952-1961
Michael Beintker	Systematische Theologie	1988-1989
Heinrich Benckert	Systematische Theologie	1951-1955
Lieselotte Beyer	Sprecherziehung	1985-1993
Karlheinz Blaschke	Geschichte	1972
Charlotte Boost	Naturwissenschaften	1953-1958
Horst Bretschneider	Altphilologie	1950-1952
Gerhard Delling	Neues Testament	1952
Eberhard Dutschmann	Kunst	1969-1970, 1971
Otto Eißfeldt	Altes Testament	1952-1954
Ludwig Ehrler	Kunst	1988
Gudrun Elger	Sprecherziehung, Gesang	1976-1981
Martin Fiedler	Neues Testament	1959-1964
Wolf Dietrich von Freytag-Loringhofen	Psychologie	1956-1958
Anneliese Fritz-Jatzky	Sprecherziehung	1960-1961
Gerhard Gloege	Systematische Theologie	1952-1954
Otto Glüer	Altes Testament	1949-1955
Ute Glüer	Englisch	1980-1993
Annerose Graf	Sprecherziehung	1984-1985
Gerhard Graf	Kirchengeschichte	1985-1986
Michael Greßler	Neues Testament	1993
Walter Grundmann	Neues Testament	1952-1956, 1961-1962
Gertraude Heber	Katechetik	1957-1958
Harald Hegermann	Neues Testament	1967
Martin Henschel	Systematische Theologie	1953
Georg Hentschel	Altes Testament	1983-1984
Heinrich Heubner	Altphilologie	1949-1950
Reinhard Hillmann	Arabisch, Ugaritisch	1960, 1966-1967
Erwin Hinz	Systematische Theologie	1955
Fritz Hoffmann	Fundamentaltheologie	1978-1979
Traugott Holtz	Neues Testament	1986
Udo Kern	Philosophie	1990-1992

Paul-Gerhard Keyser	Praktische Theologie	1953
Gisela Kittel	Religionspädagogik	1992–1993
Anna-Barbara Klaer	Bibelkunde, Katechetik	1980–1981, 1985–1987
Klaus Peter Köppen	Neues Testament	1962–1963
Wolf Krötke	Systematische Theologie	
	Philosophie	1969–1970
Werner Krusche	Systematische Theologie	1985–1986
Hildegard Lack	Katechetik	1957–1958
Klaus Lämmel	Altphilologie	1984–1985
Kurt Lattermann	Philosophie	1958–1959
Ilse von Loewenclau	Altes Testament	1973
Werner Meyknecht	Naturwissenschaften,	
	Philosophie	1970, 1982
Karl-Heinz Meißner	Kunst	1981, 1984–1987, 1990
Rudolf Meyer	Altes Testament	1953–1955
Helga Neumann	Kunstgeschichte	1973, 1989
Christoph Nippert	Altes Testament	1973–1974
Reinhard Ohse	Orgel	1981–1993
Eva Oßwald	Altes Testament	1953–1954
Eleonore Pape	Altphilologie	1958–1959
Dieter Reiher	Katechetik	1961–1966
Joseph Reindl	Altes Testament	1976–1977
Hannelore Rempt	Sprecherziehung	1963
Edelbert Richter	Philosophie	1989–1991
Gertrud Sauerbrey	Englisch, Französisch	1954–1959
Gerhard Scheibner	Altphilologie,	
	Geschichte der Spätantike	1953–1977, 1980–1985
Erdmann Schott	Systematische Theologie	1954–1955
Stefan Schreiner	Altes Testament	1975–1976
Peter Schubert	Neues Testament	1953–1959
Hansjürgen Schulz	Systematische Theologie	1989
Zola Sonkosi	Ökumenische Theologie	1990–1991
Wolfgang Staemmler	Neues Testament	1949–1950
Marion Staude	Kirchenrecht	1987–1988
Walter Störmer	Neues Testament	1954–1955
Arnold Stolzenburg	Systematische Theologie	1952–1959, 1962
Lothar Ullrich	Systematische Theologie	1983
Rainer Unglaub	Sprecherziehung	1981–1983
Walter Verwiebe	Praktische Theologie,	
	Ökumenische Theologie	1953, 1964, 1968
Werner Vogler	Neues Testament	1986
Elisabeth Wagner	Sprecherziehung	1953–1958, 1966–1974
Heinz Waldmann	Jugendarbeit	1954–1955

Jürgen Weiß	Praktische Theologie	1988
Ottomar Wichmann	Philosophie	1954–1955
Joachim Wiebering	Systematische Theologie	1973–1974
Hans Wiede	Publizistik	1987–1988
Bruno Wiese	Naturwissenschaften	1949–1953
Günther Wildgrube	Neues Testament	1952–1955
Friedrich Winnefeld	Psychologie	1962–1963
Elisabeth Winter-Günther	Germanistik,	
	(Kirchen-) Geschichte	1954–1956
Christian Wolff	Neues Testament	1983

4 Repetenten und Assistenten[2]

		Repetent	Assistent
Roland Biewald[c]	Praktische Theologie	——	1981–1983
Reiner Bohley[b]	Praktische Theologie	1971–1972	1972–1975
Christoph Carstens	Neues Testament	1984	
Christian Dietrich	Systematische Theologie	1993	
Tobias Eichenberg[f]	Altes Testament	1986–1987	1987–1990
Renate Friebe[c]	Altes Testament	1963–1964	1964–1965
Angela Fuhrmann	Altes Testament	1989–1991	1991–1993
Christian Fuhrmann	Praktische Theologie	1987–1989	1989–1992
Michael Greßler	Neues Testament	1993	
Martin Groß	Philosophie	——	1972–1974
Wolfgang Harnisch	Systematische Theologie	1981–1982	1982–1983
Wolfgang Haugk	Neues Testament	1972–1974	

---

[2]   Nach dem Ersten Theologischen Examen wurden Repetenten, nach dem Zweiten Assistenten berufen;

[a] mit in Naumburg erarbeiteter Qualifikationsarbeit, aber ohne Qualifikationsprüfung (A Noack);

[b] mit in Naumburg abgelegter Qualifikationsprüfung (Bohley † 1988);

[c] mit in Naumburg erarbeiteter Qualifikationsarbeit, die bis 1985 an einer Universität als Promotion angenommen wurde (Biewald, Friebe, Onnasch, Schulz, Sens);

[d] mit in Naumburg abgelegter Qualifikationsprüfung, wobei die veränderte Fassung der Qualifikationsarbeit im Promotionsverfahren an der Universität Leipzig 1988 eingebracht wurde (Weiß);

[e] mit in Naumburg abgelegter Qualifikationsprüfung, die 1990 als Promotion (Dr. theol.) bestätigt wurde (Lieberknecht, Löhr, Pietz, Placke, Richter, Schröter, Stawenow, Vosberg), s. Winter 1991;

[f] mit Promotion an der Kirchlichen Hochschule Naumburg (Eichenberg, Jäger, Kühne, Lindner);

[g] mit einer späteren Promotion an einer Fakultät (vor 1990 Nippert, nach 1993 Kramer-Mills, Steinhäuser);

[h] mit Promotion an der Universität Halle (Schreiner).

Martin Herche	Kirchengeschichte	1980–1982	1982–1983
Karl-Ludwig Ihmels	Praktische Theologie /		
	Kirchengeschichte	1985–1987	——
Mathias Imbusch	Systematische Theologie	1990–1992	1992–1993
Hagen Jäger[f]	Systematische Theologie	——	1990–1992
Waltraut Kern	Katechetik	——	1963–1965
Kramer-Mills[g]	Kirchengeschichte	1992–1993	——
Regine Krause /			
Huppenhauer-Krause	Praktische Theologie	1982–1984	1984–1988
Hans-Dieter Kübler	Kirchengeschichte	1987–1989	1989–1991
Michael Kühne[f]	Kirchengeschichte	1984–1985	——
Sophie Kühne	Praktische Theologie	1985–1987	1987–1990
Johannes Kwaschick	Neues Testament	1976–1978	1978–1979
Karl Eugen			
Langerfeld	Kirchengeschichte	1968–1970	——
Ulrich Lieberknecht[e]	Praktische Theologie	——	1986–1988
Andreas Lindner[f]	Kirchengeschichte	——	1991–1993
Christian Löhr[e]	Systematische Theologie	1969–1972	——
Karl-Siegfried Melzer	Systematische Theologie	1977–1979	——
Hartmut			
Christoph Nippert[g]	Altes Testament	——	1966–1967
Arndt Noack	Systematische Theologie	——	1979–1981
Axel Noack[a]	Kirchengeschichte	1976–1978	——
Martin Onnasch[c]	Kirchengeschichte	1970–1972	1972–1974
Hans-Wilhelm Pietz[e]	Systematische Theologie	1983–1985	1985–1986
Ulrich Placke[e]	Neues Testament	——	1980–1982
Edelbert Richter[e]	Philosophie	1968–1970	1972–1974
Stefan Schreiner[h]	Altes Testament	——	1974–1976
Ulrich Schröter[e]	Altes Testament	1964–1966	1966–1970
Günther Schulz[c]	Kirchengeschichte	1964–1967	1967–1970
Matthias Sens[c]	Kirchengeschichte	1972–1974	1974–1975
Christian Stawenow[e]	Neues Testament	1981–1983	1983–1984
Ekkehard			
Steinhäuser[g]	Praktische Theologie	1993	
Walther Hartmut			
Stier	Katechetik	——	1969–1970
Reinhard Voitzsch	Neues Testament	1974–1976	1976–1978
Lothar Vosberg[e]	Altes Testament	1968–1970	——
Werner Wedler	Kirchengeschichte	1976–1978	1978–1980
Jürgen Weiß[d]	Praktische Theologie	1975–1977	1977–1979
Anne-Christina			
Wegner	Altes Testament	1991–1993	——
Dieter Ziebarth	Neues Testament	1966–1968	1968–1970

5 Studieninspektorin (Domina) und Studieninspektor[3]

Johanna Winterberg	1949–1950
Eva Heßler	1950–1955
Fairy von Lilienfeld	1955–1956
Barbara Wichmann	1956–1958
Ruth Kahlweiß	1958–1959
Eveline Berg	1959–1961
Renate Friebe	1961–1963
Wiltrud Ludolphy	1963–1964
Christa Kurtztisch	1964–1965
Katharina Wossidlo	1965–1967
Edith Fleck	1967–1968
Barbara Will	1968–1969
Regina Hänsel	1969–1970
Renate Wegener	1970–1971
Waltraut Hinz	1971–1972
Wanda Gille	1972–1973
Veronika Benecke	1973–1974
Anna-Barbara Klaer	1974–1980
Roland Biewald	1980–1981
Anna-Barbara Klaer	1981–1985
Karl-Ludwig Ihmels	1985–1986
Cornelia von Uckro	1986–1988
Albrecht Steinhäuser	1988–1991
Susan Kramer-Mills	1991–1993
Anne-Christina Wegner	1992[4]

6 Studentenpfarrer

Rudolf Lorenz	1957–1959
Johannes Hamel	1959–1966
Wolfgang Schenk	1967–1973
Ulrich Schröter	1973–1977
Edelbert Richter	1977–1987
Ulrich Stockmann	1988–1990

---

[3]   Winterberg, verh. Heckmann; von Lilienfeld, geb. Rosenfeld; Kahlweiß, verh. John; Ludolphy, verh. Bohm; Kurtztisch, verw. Drehphal, verh. von Maltzahn; Wossidlo, verh. Walter; Will, verh. Wedler; Hänsel, verh. Sens; Gille, verh. Krüger; Klaer, geb. Demke.

[4]   Während des Schwanger- und Mutterschaftsurlaubs von Susan Kramer-Mills.

7 Verwaltungsleiter

Kurt Gratz	1952–1972
Detlef Lintzel	1972–1978
Peter Fischer	1978–1991
Kerstin Vogt	1991–1993

8 Wirtschaftsleitung[5]

Eva Crato	1950–1951
Annette von Haeseler	1951–1958
Else Pietsch	1958–1969
Elsa Wiesner	1969–1982
Jutta Frickel	1984–1985
Helmut Zeutschel	1986–1990

9 Chefsekretärin

| Ruth Strien | 1951–1974 |
| Christa Scheibe | 1973–1993 |

10 Bibliothek

Bibliotheksleitung durch Vertreter des Dozentenkollegiums[6]

Rudolf Lorenz	1951–1954
Konrad von Rabenau	1958–1973
Nikolaus Walter	1974–1986
Martin Onnasch	1986–1988
Rüdiger Lux	1988–1993

Bibliotheksverwaltung

| Friedrich Wilhelm Leonhardt | 1952–1957 |
| Eberhard Meyer | 1957–1972 |

Bibliotheksleitung

| Hannelore Götting | 1972–1991 |
| Susanne Kröner | 1991–1993 |

---

[5] 1982–84; 85–86; 90–93 vakant; durch Verwaltungsleiter Peter Fischer, Küchenleiterin Daniela Klein und 82–84 Anna-Barbara Klaer wahrgenommen.
[6] Kommissarisch während des Rektorats der Leiter: Reimund Blühm 1985/86; Martin Onnasch 1989/90.

11 Personenregister

12 Fotonachweis

Die Herausgeber danken für die Bereitstellung der Fotos:

Stephan Schiller, Berlin: Foto Wolfgang Ullmann

Archiv der Kirchenprovinz Sachsen:
stud. theol. Eberhard Jüngel (am Tag »junge Autoren«):
AKPS, Rep. D 3, Nr. 342, Foto 64.
Die Mitarbeiterinnen in der Küche (Frl. Beisel, Frau Thiel, Frau Kampf, Frau Voigt, Frau Haase u. »Tante Ritter«): AKPS, Rep. D 3, Nr. 344, Foto 23.

Fritz Hege, Naumburg: Foto Ernst Kähler und Horst Lahr;
sowie Hintergrundfoto Naumburger Dom (Cover)

Presse-photo Stümpel-Klein, Erlangen: Foto Fairy von Lilienfeld

Privatarchiv Hans-Martin Harder, Greifswald: Foto des 1. Juristenkurses mit folgenden
Teilnehmern:
Peter Belling, Hans-Georg Hafa, Barbara Wendelin (verh. Schnerrer), Gottfried Stor-
nowski, Siegmar Piske, Peter Müller, Michael Snigula, Ernst Friedrich, Hans-Dietrich
Knoth, Gerd-Eckhard Krone, Peter Zweynert, Hartwin Müller, Hans-Martin Harder,
Thomas Denneberg

Privatarchiv Martin Kunze, OT Ditfurt / Verbandsgemeinde Vorharz, u. a.
Gebäude Domplatz 8 (Cover)

Privatarchive Sigurd Susch, Naumburg und Axel Noack, Halle
mit Fotos von Studierenden und Dozenten

Weitere Porträtfotos der Dozenten wurden persönlich zur Verfügung gestellt.

Für diejenigen Autoren, die als Dozenten am Katechetischen Oberseminar in Naumburg tätig waren, wird auf die Biogramme (S. 325–332) verwiesen: Raimund Hoenen, Martin Onnasch, Konrad von Rabenau, Richard Schröder, Ulrich Schröter, Harald Schultze und Günther Schulz.

DR. EICHENBERG, TOBIAS (Jg. 1955), war Student, Repetent und Assistent am KOS/KHN; Pfarrer in Stendal

FREISTEDT, HEIDI (Jg. 1953), war Studentin am KOS; Sozialmanagerin, Petershagen

GÖTTING, HANNELORE (Jg. 1939),war Mitarbeiterin und Leiterin der Bibliothek des KOS; Bibliotheksleiterin i. R., Dessau

HAFA, HANS-GEORG (Jg. 1939), war Absolvent des ersten Kurses für die Juristenausbildung am KOS; Oberkirchenrat bei EKU und BEK i. R., Berlin

HARDER, HANS-MARTIN (Jg. 1942), war Absolvent des ersten Kurses für die Juristenausbildung am KOS; Präsident a. D. des Konsistoriums der Pommerschen Evangelischen Kirche in Greifswald

HELD, ROSE (Jg. 1929), war Teilnehmerin am ersten theologischen Sonderkurs für Katecheten am KOS; Kreiskatechetin i. R. des Kirchenkreises Erfurt

KRAMER, MARTIN (Jg. 1933), war Kuratoriumsmitglied des KOS; Präsident a. D. des Konsistoriums der Evangelischen Kirche der Kirchenprovinz Sachsen, Magdeburg

DR. KÜHNE, MICHAEL (Jg. 1956), war Student, Repetent am KOS und Mitarbeiter in der Forschungsstelle für kirchliche Zeitgeschichte in Naumburg; Sup. in Hildburghausen

Kühne, Sophie (Jg. 1956), war Studentin, Repetentin und Assistentin am KOS; Pfarrerin i. R., Magdeburg

LEHMANN, PETER (Jg. 1938), war Student am KOS; Provinzialpfarrer i. R., zuletzt Dozent für Gemeindepädagogik am Pädagogisch-Theologischen Institut Drübeck, Wernigerode

LOBERS, PETER (Jg. 1937), war Student am KOS; Pfarrer i. R., Görlitz

DR. LÖHR, CHRISTIAN (Jg. 1945), war Student und Repetent am KOS; Pfarrer i. R., Brandenburg

Noack, Axel (Jg. 1949), war Student und Repetent am KOS; Bischof a. D. der Evangelischen Kirche der Kirchenprovinz Sachsen, Prof. für Kirchengeschichte in Halle

PAULSEN, JOHANNES (Jg. 1952), war Student am KOS; Pfarrer in Tastungen / Krs. Mühlhausen

DR. PIETZ, HANS-WILHELM (Jg. 1956), war Student, Repetent und Assistent am KOS; Regionalbischof a. D. der Evangelischen Kirche Berlin-Brandenburg-schlesische Oberlausitz, Pfarrer in Görlitz

PLÖTNER-WALTER, BETTINA (Jg. 1969), war Schülerin am Kirchlichen Proseminar sowie Studentin in Naumburg; Pfarrerin in Eckartsberga

RICHTER, ANDREA (Jg. 1944), war Jugendpfarrerin im Kirchenkreis Naumburg; Pfarrerin i. R., Weimar

Scheidig, Annelotte (Jg. 1932), war Teilnehmerin am ersten theologischen Sonderkurs fü
Katecheten am KOS; Kreiskatechetin in Naumburg (Saale) i. R.

Schröter, Ingeborg (Jg. 1939), war Studentin und Hausmutter der »Herberge zur Heimat‹
in Naumburg; Theologin, Berlin

Dr. Sens, Matthias (Jg. 1944), war Student, Repetent und Assistent am KOS; Propst zu
Magdeburg i. R., Magdeburg

Sims, Hans-Michael (Jg. 1947), war Student am KOS; Provinzialpfarrer in Schönebeck-Sal-
zelmen

Dr. Stawenow, Christian (Jg. 1955), war Student, Repetent und Assistent am KOS; Sup.
des Kirchenkreises Torgau-Delitzsch, Delitzsch

Stecklina, Gudrun geb. Zander (Jg. 1941), war Teilnehmerin am ersten theologischen Sonderkurs für Katecheten am KOS; Pfarrerin i. R., Nennhausen OT Liepe (Krs. Rathenow)

Steinhäuser, Albrecht (Jg. 1962), war Student und Studieninspektor am KOS/KHN; Beauftragter der Evangelischen Kirchen bei Landtag und Landesregierung Sachsen-Anhalt, Magdeburg

Walter, Katharina geb. Wossidlo (Jg. 1940), war Studentin und Studieninspektorin am
KOS; Theologin, Naumburg

Wegner, Anne-Christina (Jg. 1962), war Studentin, Repetentin und Studieninspektorin am
KOS; Pfarrerin in Laucha / Unstrut

Harald Schultze

Im Kontext verschärfter Angriffe auf die Kirche

Kurt Grünbaum und der Geldumtauschprozess 1957/58

328 Seiten | Paperback
ISBN 978-3-374-02684-5
EUR 24,80 [D]

Nach 1953 setzt die SED-Regierung neu zum Kampf gegen die Kirchen in der DDR an. In dieser Zeit streitet der Konsistorialpräsident Kurt Grünbaum für die verfassungsmäßigen Rechte der Kirche.

Die Einführung der Jugendweihe, die Agitation gegen die Leitung der Evangelischen Kirche in Deutschland und weitere Angriffe fordern die Kirchen zu scharfen Erwiderungen heraus. Gleichzeitig führt die antikirchliche Wirtschaftspolitik in den Jahren 1954–1958 zu einer finanziellen Notsituation der Kirche. 1957 werden der profilierte Kirchenjurist Kurt Grünbaum (1892–1982) und Finanzdezernent OKR Dr. Siegfried Klewitz verhaftet. Sie hatten heimlich westdeutsche Geldmittel in die DDR eingeschleust. Das vorliegende Buch stellt den unermüdlichen Einsatz Grünbaums für die Kirchen in der DDR biographisch dar.

EVANGELISCHE VERLAGSANSTALT
Leipzig   www.eva-leipzig.de

Tel +49 (0) 341/ 7 11 41 -16   vertrieb@eva-leipzig.de